# 山海经濮语解读

张明友 著

竹和松出版社

出版：竹和松出版社 (Zhu & Song Press)

Zhu & Song Press, LLC

North Potomac, Maryland

责任编辑：朱晓红

责编信箱：editor@zhuandsongpress.com

封面设计：竹和松传媒

出版社网址：www.zhuandsongpress.com

印刷地：美国，英国

发行：全球（中国大陆除外）

ISBN-13: 978-1-950797-26-4

ISBN-10: 1-950797-26-0

《山海经濮语解读》作者简介

张明友，1957 年生于贵州省贵阳市，1980 年毕业于昆明地质学校探矿工程专业。曾就职于贵州地矿局第二水文工程勘察院、中化贵州地质勘查院，任工程师、高级工程师。业余爱好古濮文研究、夜郎文化研究，对贵州红崖碑文、青海柳湾遗址彩绘文、姜寨、大溪、台西、半坡、仰韶文化刻文、安徽蚌埠刻文、良渚和龙山文化刻文有详细的濮文化解读，对夜郎文化有独立的见解，对《山海经》的解读更为详细、真实。

《山海经濮语解读》校对编辑简介

张小蓉，1952 年生于青海省西宁市，前国家游泳队队员，中国社会科学院研究生院新闻采编专业毕业，现旅居美国。张小蓉参与张明友先生的《山海经濮语解读》一书的校对编辑，并合作在美国加州伯克利学术网站 Academia 上发表了该书的中英双语文本，为该书的英语文本的翻译者。

## 前言

《山海经》是一部以商周文化之前的夏文化濮文编写的地理丛书，尽管战国时期及汉代对该书籍进行过翻译、汇总整理，但《山海经》的原书分册成书年代却是在夏末商初时期，《山经》的成书是在夏朝，《海经》的成书是在商朝。区别两者的依据是“可以”一词，这个词汇在《山经》中有，《海经》中没有，“可以”在濮语中是指“夏国的”。书中表达的基本概念是濮文化概念。笔者在研究夜郎文化的过程中，得到一个粗浅的认识，即商周文化之前的夏文化是已经很成熟的濮文化，这个阶段的濮文文字称为六划文，文字的笔划不能超过六划，这个规定说明，夏朝的濮文不能像甲骨文那样用原始的象形图形来表达。所以濮文与甲骨文之间反映出一个因战争和政权的变故出现的文化否定与倒退现象。这一现象促使夏王朝通行的濮语与濮文被边缘化，从而也使《山海经》不能让人读懂，甚至被译为风马牛不相及的奇形异物。如开篇的“狌狌”，原是指面部刺青的氏族，被译成了野生动物；江西峡江南段有个峡阳国，被译成在一万年前就绝迹于江南与两广地区的红毛猩猩。由于语言系统不同，后人用汉文化去解读濮文化的语言，就会出现偏差，以至生成怪象，表示种粮氏族的饶族饶夷被译成八足八尾，表示有“九”概念的九夷或共工氏族被译为有九个头，表示大城山地区的缴夷牧民被译为青丘九尾狐。

晋朝记室参军郭璞说：“物不自异，待我而异，异果在我，非物异也”。又如司马迁因张骞从西域回来，对西域的地理民风了解甚详，也未见到西王母，所以对《山海经》中的所有怪物不敢评论。其实司马迁之所以不敢评论，是因为他不知道汉文化对濮文化做了些什么。《山海经》就其书名而言已经说得很明白，是地理人文书籍，而不是《神异经》，我们有责任还原《山海经》的本来面目。

《山海经》在夏商时期成书，为我们提供了一些人们已经忘却的历史资料，如“二负杀窫窳”将夜郎国兴起的历史推至于商朝早期；“鲧窃息壤”记录了夏启北上收复失地的事件；

“有易杀王亥”记录了黑龙江双鸭山地区部落兼并的事件；“东海夔牛”记录了夏族的北僚支系开辟流球群岛的事件；“九丘建木”记录了黄帝统一华夏后将国家划分为九个管理区的事件等等。

综观《山海经》全书，其内容表述的语言，至今仍包含在仡佬语、凉山彝语、阿坝羌语、布衣语、苗语、壮语、越闽语、粤语、古印度语、阿拉伯语、北非语、古希腊语、拉丁语、通古斯语、日语和雅利安语中。这些语言或多或少存在于夜郎文化的语言系统中，也存在于全国各族的地区方言中。如印度的“雅利安”，德国的“宝马”“雪福莱”，法国的“嘎纳”，奥地利的“维也纳”，英国的“不列颠”、“枪炮”，日本的“山”、“阿基姆族”、“樱花”，利比亚的“的里毫里”、“班加西”，古巴比伦的“汉莫拉比”，红海湾的“索马里”、“莫桑比给”等等都是用濮语表达的。我们可以用濮文来解读古希腊神话，可以用濮文来读印度河流域出土的陶制印章，也可以通过濮文了解德国和英国所保持的十字太阳崇拜的传统。在我国北方，蒙古语的“索额济纳”、赫哲族、满族的狩猎概念“腊博”、狩猎氏族“拉拉”、渔业氏族“赫哲”与仡佬语的表达相同，所以南方也有拉拉氏族和赫哲氏族。凉山彝族的语言与贵州的布衣族、仡佬族的语言基本相同，他们都以“阿”作否定语，以“灭蒙”表示母亲，所以“凉山”原是指“娘山”，凉山的彝族，《山海经》记录为“灭蒙僚”（汉译为灭蒙鸟）。这些民族的语言在新石器时代就已经融合、并普及为夏朝行政濮语语言。《山海经》就是一部用濮文编写的书籍。

笔者以濮文对汉译《山海经》进行还原和解读，除了尽可能恢复《山海经》作为地理、人文和历史读本的原貌外，还想证明“夜郎自司马相如进入后才有文化”的观点是不正确的。文化的概念不是以某种语言、文字试图覆盖其它的语言、文字而称其所有所无，商周文化之所以未能盖住《山海经》的传承，其原因就是人们希望读懂它隐藏的奥秘。

《山海经》的记述范围涵盖整个亚洲板块，东北至白令海峡的楚科奇山，东至日本列姑射岛，东南至菲律宾棉兰佬岛，西北至高加索山，西至土耳其阿菲永地区，西南至波斯湾霍尔姆斯海峡，南至我国的海南岛南端，北至西伯利亚北端的泰梅尔半岛。从记述的范围来看，在远古时期地理资料欠缺的情况下，《山海经》这部书，或《山经》、《海经》、《大荒经》《海内经》这类书籍非一两个人能够编著完成，它应是夏王朝和商王朝的国家行为，是由一个聚各方经商而来的智者的写作班子集体编纂而成。写作的成员包括阿基姆人（汉语称倭奴）、棉兰人、通古斯人、丁零人、犬戎人、突厥人，鞑靼人、俄罗斯人、氐羌人、百濮人和中原的妥鲁则柯人。这些人从自己的家乡带来了他们所熟知的地理知识，将其汇总编纂成为夏王朝和商王朝的地理书籍，分为《山经》、《海经》、《大荒经》、《海内经》四个部分。这些书籍原本并无重复的记述，后人将其合编为《山海经》后就出现了重复之处，但记述的内容还是各有侧重。本人采用濮语解读，尽最大可能还原古书的原意，对一些大的神话还原，采用地理图片支持，比如三个表达西王母的地理举用昆仑山和乔戈里峰来说明；“钟山烛阴”附“天山草原”图片来说明；“狌狌”附面部刺青的黎族的图片来说明。因本人能力有限，不可能收集到所有的地理人文图片，书中所用图片，皆为借用各位摄影作者的图片，为参与诠释华夏古濮文化，望各位作者给予支持。读者在阅读《山海经濮语解读》时，可参照《中国地图册》和《世界地图册》，能够形成较为清晰的地理映像。

## “龙”的起源与《山海经》的关系提示

《山海经》是濮文书籍，没有龙的概念与读音表达。“龙”的读音在《山海经》中主要是指“僚”音，意思是“人”与“河流”。而龙的概念的产生起源于红山文化的“天空王”概念，“天空王”在濮语中读为“幕古瓦”，“幕古”是指天空，“瓦”是指猪，濮文化的“王”是由猪概念演绎而成的，原因是一猪二熊三老虎，猪是老大。“天”字在濮文中写为“丁”，而且横笔划一般写成波浪形，“空”字在濮文中写为反“C”字，可以与“丁”字合形，就成了“玉猪龙”的形像，以猪头代替“王”字既形像，又有美感。但这个造型饰品产生时并不读“龙”，只读“慕古瓦”，简称“古瓦”，主要用作对上苍的祭祀，再后来，成为部落姜央宫围的专用玉勾以显示其王者的身份。龙的概念的真正产生，是黄帝族“燕僚”被谐音解读为应龙，王者古瓦的概念同时被移植到应龙身上，此时王者古瓦的文化意识才开始显现在“僚”的谐音“龙”的概念上，而且，商周甲骨文对此有明确的注释，说明古瓦为龙是商周时期才开始拟定的。虽然夏王朝已有初步的龙凤概念，但这个概念是以东西方位的洛汾概念来表达的，只是代替男女阴阳关系，而并不表达王者意识。因为人类社会的发展进程是从濮到僚，从母系到父系，所以用方位概念与用濮僚概念一样，都是对阴阳概念的一种比拟。而商王朝的以阳性表达天王的意识还来源于他们的太阳崇拜，“古瓦”同时也谐音为“寡”，所以从商王朝开始，那些自比至高无上的王者们总以“寡人”自称。在继承燕僚为龙的王者概念的基础上，商族这个狼崇拜的氏族开始将猪龙的形象修改为狼龙的形象，而且还给龙加了两只前脚。到了周朝晚期，龙才开始有了四只脚可以腾云驾雾。那么在此之前的夏文化和商初文化中，我们根本找不到成熟的龙文化概念，所以《山海经》的汉译本的龙的牵强附会是可想而知的，我们在阅读《山海经》时，应当注意这个问题。

## 《山海经》常用濮语词例

鸟： nao 人、人群、河流。
兽： shu 属、族、氏族。
鱼： yi 夷，zhe 哲氏族。
虫： chuo 移民、草、人。
蛇： sai 塞族、集市， yi 夷。
蝮虫： fucu 濮族。
水： shui 水， shu 属、族。
虎： fu 濮族,hu 胡族、牧业。
豹： bo 僰、农业。
熊： su 肃慎族、狩猎业。Xu 华胥氏。
罴： bi 蚂蚁、手工业、工业、河。
鸾： luo 西、西方。
凤： fu 东、东方。
歌： go 城、皋。
帝： di 狄、北、北方。
无： wu 做、部落、北方。
巫： wu 部落。
人： re 惹、永、定居、聚落、集镇。
婴儿： ying e 阴阿、北面。
舞： wu 部落、北。
草： chuo 移民。
木： mu 中心。
建木：jiemu 管理中心。
可以： ko e 夏国的。
其音如：qiyinre 歇脚在、住在。
尸： si 肆、集市。
舜葬：sengzang 纹身氏族疆域。

夸父： kuohu 北胡、卓资联盟。
彘： zhi 种植、鞣鞨。
豕： she 插、种植。
马： ma 马， mang 莽、蒙、苗。
马腹： mangfu 莽山濮。
比： bi 河。
臂： bi 河。
首： shou 族、属。
窫窳： yeyi 大河、大河边。
二负： lehu 能洪鲁（山名）。阿富（指阿富汗）。
杀： se 入侵，sa 外边、旁边、远。
八： rao 饶、粮食、种植。
食： si 始、古老的。
毒： du 古老的。
毒鱼： duyi 古老的夷人。
此： ci 移民、迁徙、游。
黄帝： hudi 黄帝、北山、北胡、大自然。
帝俊：dijin 世间、大自然、北方、北方部落。
太昊：tohou 宇宙、世间、大自然。
嘎： ga 外边、旁边。
龙身鸟首：lusenglaosu 普通僚族。
鸟身龙首：laosenglusu 僚族的普通人。
人面马身：remimengseng 定居的蒙族、定居的胡族。
羊身人面：hosengremi 牧羊的居民。
人身龙首：resengleshu 定居的牧族。
兽首人面：susuremi 狩猎的居民。
人身羊角：resengcigo 定居的东部氏族，定居的东夏族。
人面兽身：remisuseng 定居的狩猎氏族。
马身龙首：mangsenglaoshu 苗族僚属。
西王母： xiwumu 雪域高原。
开明兽： kemieshu 丝绸族。
共工： shudixi 共和、索额羲、数底羲、叔德羲。
颛顼： zhongxi 长河、贤德、贤明者。Zhaoxi 照羲。
奚仲： xizhong 贤德、贤明者。
鸟鼠同穴：luosituoxi 俄罗斯（罗斯妥羲）、大草滩国。
轩辕： xieye 大的、首脑的、主席。
珥践： erjie 管理。
四蛇： buyi 四夷、四方百姓。
一足： yezhu 崇拜虎,大支系。
使四鸟： shibulao 从事四种劳动。鸟，同僚。
见则： jinjio 那里、那个。
佩之： peize 经常，常用于。
瘕疾： jiaoji 首饰。
据比： jibi 清河。

目　　录

山　　经

南山经



西山经

北山经

东山经

中山经

海内东经



大荒东经



大荒西经

大荒北经



海内经

# 第一卷　南山经

## 鹊山 招摇山

（105,6759E；23,61161N）

南山经之首曰鹊山[1]。其首曰招摇[2]之山，临于西海之上，多[3]桂，多金玉。有草[4]焉，其状如韭而青花[5]，其名曰祝余[6]，食之不饥[7]。有木[8]焉，其状如榖而黑理[9]，其花四照[10]，其名曰迷榖[11]，佩之不迷[12]。有兽[13]焉，其状如禺而白耳[14]，伏行人走[15]，其名曰狌狌[16]，食之善走[17]。丽麂（ji)之水出焉，而西流注于海[18]，其中多育沛[19]，佩之无瘕疾[20]。

注释：[1]鹊：指向阳之方、南边、最南边。在此指最南边。

[2]招摇：指瑶山，在此指上瑶山，音译为六诏瑶，简称六诏，今广西六诏山。

[3]多：指多、生长着、生活着、出产。

[4]草：指移民氏族。

[5]韭而青花：指广原的穄禾支系。广原即广西。

[6]祝余：指僮（zhong)夷，濮族的支系氏族，今称壮族。

[7]食之不饥：古老的广原氏族。

[8]木：指苗瑶氏族。

[9]榖而黑理：唱歌的能手。

[10]其花四照：才华是天生的。

[11]迷榖：迷指舞，榖指歌；迷榖指歌舞氏族。

[12]佩之不迷：经常跳舞。

[13]兽：指氏族。

[14]禺而白耳：水边的部落氏族。白耳即"巴莱"、部落。

[15]伏行人走：善于织花。

[16]狌狌：指舜舜，即纹身氏族和刺绣氏族，在此指二者兼备的氏族。

[17]食之善走：古老的纹身氏族。

[18]丽麂（ji)之水出焉，而西流注于海：驮娘江发源于这座山，向东流入大海。濮语"东"的读音为xi。

[19]育沛：指水晶。

[20]佩之无瘕疾：常用于做首饰。无，指舞弄、做；瘕疾，指首饰。

译文：南山经的第一山系称为鹊山山系，鹊山最西边的山叫六诏山，临于西部的边缘，出产桂树、金矿和玉石。那里有一个移民氏族，是广原的穄禾支系，名叫僮夷，是古老的广原氏族。那里有一个苗瑶氏族，是著名的唱歌能手，才华是天生的，称为歌舞氏族，他们经常跳舞。那里还有一个氏族，是水边的部落氏族，善于织花，名叫舜舜，是古老的纹身氏族。驮娘江发源于这座山，向东流入大海，驮娘江中有许多水晶，常用于做首饰。

被称为狌狌的纹身氏族

张明友

## 堂庭山

（107,14334E；23,08145N）

又东三百里，曰堂庭之山[1]，多棪木[2]，多白猿[3]，多水玉[4]，多黄金[5]。

注释：[1]堂庭山：指天地山，今称天等山，今广西崇左市天等县城。

[2]多棪木：住着丽川氏族。多，指住着；棪，读 you，指丽；木，读 me，指川。

[3]白猿：指百灵氏族。猿，读琊，指灵。

[4]水玉：指虽夷，即青云夷，今称水族。

[5]黄金：指放更氏族，今称更放氏族。

译文：由六诏山往东三百里，有座山叫天地山，那里住着丽川氏族，住着百灵氏族，住着水族，住着放更氏族。

## 猨翼山

（108,47848E；22,74757N）

又东三百八十里，曰猨翼之山[1]，其中多怪兽[2]，多怪鱼[3]，多白玉[4]，多蝮虫[5]，多怪蛇[6]，多怪木[7]，不可以上[8]。

注释：[1]猨翼山：指大堂山，汉译为堂俞山，今谐音称为铜鱼山。实际指南宁地区。

[2]怪兽：南宁古称蓝舍，濮语读为灌舍，灌舍的氏族谐音称为怪兽。

[3]怪鱼：蓝舍夷。

[4]白玉：百越氏族。

[5]蝮虫：濮族。

[6]怪蛇：蓝舍。

[7]怪木：蓝舍苗。

[8]不可以上：夏族以外的氏族。

译文：由天地山往东三百八十里，有座山叫铜鱼山。这里生活着蓝舍氏族，分别有蓝舍夷、百越人、濮族和蓝舍的苗瑶氏族，是夏族以外的氏族。

## 杻阳山

（109,2695E；22,41536N）

又东三百七十里，曰杻阳之山[1]，其阳多赤金，其阴多白金。有兽焉，其状如马而白首[2]，其文如虎而赤尾[3]，其音如谣[4]，其名曰鹿蜀[5]，佩之宜子孙[6]。怪水[7]出焉，而东流注于宪翼之水[8]。其中多玄龟[9]，其状如龟，鸟首虺尾[10]，其名曰旋龟[11]。其音如判木[12]。佩之不聋[13]，可以为底[14]。

注释：[1]杻阳山：指罗阳山。

[2]马而白首：苗族的山区氏族。

[3]其文如虎而赤尾：服饰像胡族犬戎的服饰。

[4]其音如谣：住在乐民镇。

[5]鹿蜀：指罗族。

[6]佩之宜子孙：常用家支标记纹身。

[7]怪水：指北水，濮语称北为阔和武，怪是阔的谐音。今称武思江。

[8]宪翼：指长江，在此指珠江。

[9]玄龟：指东蓝舍濮，读音邪灌。

[10]鸟首虺尾：僚族的贵族。

[11]旋龟：同玄龟，指东蓝舍濮，读音邪灌。

[12]判木：帕木镇，今称木梓镇。

[13]佩之不聋：经常打猎。

[14]可以为底：夏国的南方少数民族。可以，指夏国的；为，指南方；底，指少、少数。

译文：由铜鱼山往东三百七十里，有座山叫罗阳山，山的南坡出产赤金，北坡出产白金。有一个氏族，是苗瑶的山区氏族，服饰像胡族犬戎的服饰，住在乐民镇，名叫罗族，常用家支标记纹身。武思江发源于这座山，向东北流入珠江。武思江畔生活着东蓝舍濮，是僚族的贵族，名叫邪灌，住在木梓镇，他们经常打猎，是夏国的南方少数民族。

濮族

## 柢山

（110,8419E；22,98104N）

又东三百里，曰柢山[1]，多水，无草木[2]。有鱼[3]焉，其状如牛[4]，陵居[5]，蛇尾有翼[6]，其羽在鮭下[7]，其音如留牛[8]，其名曰鯥[9]，冬死而夏生[10]，食之无肿疾[11]。

注释：[1]柢山：待山的谐音，指云开大山。

[2]多水无草木：隶属于苍梧，即位于苍梧部落之地。

[3]鱼：指渔民氏族。

[4]牛：指勾漏国。

[5]陵居：中心部落。

[6]蛇尾有翼：黄华河的瑶夷。

[7]其羽在鮭下：住在棋象，也称象棋。

[8]其音如留牛：住在漏良，今称自良。

[9]鯥：指漏瑶。

[10]冬死而夏生：家支建在象肆（即象棋）。

[11]食之无肿疾：古老的贵族部落氏族。

译文：由罗阳山往东三百里，有座山叫云开大山，位于苍梧部落之地。有一个渔业氏族，是勾漏国的中心部落氏族，是黄华河的瑶夷，住在象棋和漏良，名叫漏瑶，家支建在象棋，是古老的贵族部落氏族。

漏瑶——勾漏的贵族

## 亶爰山

（112,03683E；22,92595N）

又东四百里，曰亶爰之山[1]，多水，无草木[2]，不可以上[3]。有兽焉，其状如狸而有髦[4]，其名曰类[5]，自为牝牡[6]，食之不妒[7]。

注释：[1]亶爰山：指云雾山。

[2]多水无草木：隶属于苍梧部落，即位于苍梧部落之地。

[3]不可以上：夏国的外夷地区。

[4]狸而有髦：山区的瑶苗。狸，指山区。

[5]类：指过山瑶。

[6]自为牝牡：自为，指江南，这里指珠江南岸；牝牡，指河岸边。

[7]食之不妒：食之，始之，古老的；不妒，樊笃，农耕民。

译文：由云开大山往东四百里，有座山叫云雾山，位于苍梧部落之地，是夏国的外夷地区。那里有一个氏族，是山区的瑶苗，名叫过山瑶，住在珠江南岸的河岸边，是古老的农耕民族。

过山瑶

## 基山

（113,24699E；23,12203N）

又东三百里，曰基山[1]，其阳多玉，其阴多怪木[2]。有兽焉，其状如羊[3]，九尾四耳[4]，其目在背[5]，其名曰猼訑[6]，佩之不畏[7]。有鸟焉[8]，其状如鸡而三首[9]，六目、六足、三翼[10]，其名曰【尚鸟】【付鸟】[11]，食之无卧[12]。

注释：[1]基山：指棘山，即广山，今广州地区，又称为 bəRas（稻米）山，今谐音称为白云山，属九连山南麓。

[2]其阳多玉，其阴多怪木：南面住着稻濮，北面住着棘勉族。玉，番禺的简称，指水稻。棘勉，南方读音为广勉、桂勉。

[3]羊 (chi)：指东部的。

[4]九尾四耳：指棘夷部落。四耳，在此读巴勒。

[5]其目在背：指溪蒙江南边，今流溪河南边。

[6]猼訑：指 bəRas（稻米）族，音译为补粤、布衣。

[7]佩之不畏：佩杰博维，指稻城，广州的古称谓，也称番禺。得名自 pajəy（水稻）。

[8]有鸟焉：有一群人。

[9]鸡而三首：棘山之外的氏族。

[10]六目、六足、三翼：指大城中心外边之夷，即乡村夷。六目六足，指大城中心。

[11]【尚鸟】【付鸟】：指从濮。

[12]无卧：从化部落，从化部落氏族。

译文：由云雾山往东三百里，有座山叫棘山，山的南面住着稻濮，北面住着棘勉族群。那里有一个氏族，是东部的棘夷部落氏族，住在溪蒙江南边的佩杰博维，名叫布衣。有一群人，是棘山之外的氏族，属乡村夷，名叫从濮，是古老的从化氏族。

从化的从濮

## 青丘山

（114,70405E；23,75711N）

又东三百里，曰青丘之山[1]，其阳多玉，其阴多青雘[2]。有兽焉，其状如狐而九尾[3]，其音如婴儿[4]，能食人[5]，食者不蛊[6]。有鸟焉，其状如鸠[7]，其音若呵[8]，名曰灌灌[9]，佩之不惑[10]。英水出焉[11]，南流注于翼之泽[12]。其中多赤鱬[13]，其状如鱼而人面[14]，其音如鸳鸯[15]，食之不疥[16]。

注释：[1]青丘山：濮语中青丘指东城，也读洛敷，今称罗浮，东城山即罗浮山。

[2]玉、青雘：玉指粤濮，青雘指东濮。

[3]狐而九尾：濮族的棘夷。即濮族的南方夷。

[4]婴儿：指阴阿，即北边、北面。

[5]能食人：中心集镇。

[6]食者不蛊：须浙博谷，即东江博谷，今称东源。

[7]鸠：濮族九夷。

[8]若呵：指若呵镇，今称回龙镇。

[9]灌灌：指蓝濮。

[10]佩之不惑：指水稻的种植氏族族。不惑，指樊禾，即种植。

[11]英水：指东江。

[12]翼之泽：指伊枝江。

[13]赤鱬：指移民。（蚩鲁）。

[14]鱼而人面：水边的定居氏族。

[15]鸳鸯：指河源。

[16]食之不疥：始之补哲，古老的渔民氏族。

译文：由棘山往东三百里，有座山叫罗浮山，山的南面生活着粤濮，北面生活着东濮。那里有一个氏族，是濮族的棘夷氏族，住在北部地区的中心集镇东源镇。有一群人，也是濮越的棘夷支系，住在回龙镇名叫蓝濮，是水稻的种植氏族。英水发源于这座山，向南流入伊枝江。那里还生活着移民的族群，他们是水边的定居氏族，住在河源，是古老的渔民氏族。

## 箕尾山

（116,18228E；2374882N）

又东三百五十里，曰箕尾之山[1]，其尾踆[2]于东海，多沙石。汸水[3]出焉，而南流注于淯[4]，其中多白玉。

凡鹊山之首自招摇之山，以至箕尾之山，凡十山，二千九百五十里。其神状皆鸟身而龙首[5]。其祠之礼：毛[6]用一璋玉瘗[7]，糈[8]用稌米[9]，一璧，稻米，白菅为席[10]。

注释：[1]箕尾：指莲花。箕尾山指莲花山。

[2]踆（chui）：濮语指依着、紧挨着。

[3]汸水：指丰顺水。

[4]淯水：指榕江。

[5]鸟身龙首：指种稻的僚族人形像。

[6]毛：闻、祭词，代替祭词的玉。

[7]瘗：掩埋。

[8]糈：指食物。

[9]稌米：指荞麦米。濮语“稌”指荞，对于种稻的民族来说，荞是稀罕之物。

[10]白菅为席：用白茅草扎草人。席，指席儒，意为草人。

译文：由罗浮山往东三百五十里，有座山叫莲花山，紧挨着东海，多沙石。丰顺水从山间流出，向南流入榕江，这里住着布衣（稻米）氏族。

综观鹊山山系，自六诏山至莲花山，凡十山（实际只记录了九座山），蜿蜒二千九百五十里。这些山的山神，皆为种稻的僚族人的形象。祭祀之礼：祭词的玉用一璋玉埋入地下，供奉食品是荞米，用白茅草扎草人。

## 南山经第二山系　柜山

（112,10267E；25,40507N）

南次二经之首，曰柜山[1]，西临流黄[2]，北望诸毗[3]，东望长右[4]。英水出焉[5]，西南流注于赤水[6]，其中多白玉，多丹粟[7]。有兽焉，其状如豚[8]，有距[9]，其音如狗吠[10]，其名曰狸力[11]，见则其县多土功[12]。有鸟焉，其状如鸱而人手[13]，其音如痺[14]，其名曰鴸[15]，其名自号也，见则多放士[16]。

注释：[1]柜(ku)山:指九山，濮语读苦狸，汉译为九嶷，后来又加了一个“山”字，成了九嶷山。

[2]流黄：指江华镇，今江华县城。

[3]诸毗：指北面相邻的集镇。

[4]长右：指昌乐，今称乐昌。

[5]英水：连江，濮语读白(be)液，又称英水。

[6]赤水：指珠江。

[7]多白玉、多丹粟：住着连江集镇氏族。白玉，指连江；丹粟，指集镇氏族。

[8]豚：指土家族。

[9]有距：指部落。

[10]狗吠：指蓝莞，今称蓝山县。

[11]狸力：指嶷黎，即山里人。

[12]见则其县多土功：那里的百姓较贫穷。土功，即吐躬，指贫穷。

[13]鸱而人手：靛江的纺织氏族。鸱，在此读 di 音，与靛谐音。

[14]痺：指沘，即河边，又称临澳，今称临武。

[15]鴸：指僮夷，今称壮族。

[16]见则其县多放士：那里的人们都对歌。

译文：南次二经的第一座山叫九嶷山。这座山西临江华镇，北望诸毗，东望昌乐(yue)镇。英水发源于这座山，向东南流入珠江，那里住着连江集镇氏族。那里有一个氏族，是土家部落氏族，住在蓝莞镇，名叫嶷黎，那里的百姓较贫穷。那里有一群人，是靛江的纺织氏族，住在临武镇，名叫僮(zhong)，他们自己也这样称呼，那里的人们都对歌。

九嶷

## 长右山

（113,35127E；25,13071N）

东南四百五十里，曰长右之山[1]，无草木，多水。有兽焉，其状如禺而四耳[2]，其名曰长右，其音如吟[3]，见则郡县大水[4]。

注释：[1]长右山：指昌乐(yue)山，今称乐昌山。

[2]禺而四耳：指水边的部落。

[3]其音如吟：住在乳源。

[4]见则郡县大水：那里的百姓都放牧。

译文：由九嶷往东南四百五十里，有作山叫乐昌山，那里是移民部落，住着云氏族。有一个氏族，是水边的部落氏族，名叫昌乐氏，住在乳源，那里的百姓都放牧。

## 尧光山

（113,94849E；26,07693N）

又东三百四十里，曰尧光之山[1]，其阳多玉[2]，其阴多金[3]。有兽焉，其状如人而彘鬣[4]，穴居而冬蛰[5]，其名曰猾褢[6]，其音如斫木[7]，见则县有大繇[8]。

注释：[1]尧光山：指饶拱山，意为八门山，汉译为八面山。

[2]玉：指河畔氏族。

[3]金：指横岭氏族。

[2]彘鬣：指支那族，东夷苗族的统称。

[3]穴居而冬蛰：且舍部落的支系。

[4]猾褢(gui)：沤桂苗。

[5]斫木：渣蒙，今称桂东，旁边有遗存名传承为龙渣。

[6]大繇：指都有，即物产丰富。

译文：从昌乐山往东北三百四十里，有座山叫八面山。山的南面住着河畔氏族，北面住着横岭氏族。有一个氏族，是定居的支那氏族，是且舍部落的支系，称为沤桂氏，他们住在桂东，那里物产丰富。

住在渣蒙的沤桂苗

## 羽山

（115,33384E；26,08484N）

又东三百五十里，曰羽山[1]，其下多水[2]，其上多雨[3]，无草木[4]，多蝮虫[5]。

注释：[1]羽山：今称于山。

[2]其下多水：东面生活着瑞氏族。

[3]其上多雨：西面生活着于氏族。

[4]无草木：没有迁徙的苗民。

[5]多蝮虫：都是濮族。

译文：由八面山往东三百五十里，有座山叫于山，山的东边生活着瑞氏族，山的西边生活着于氏族，没有外来移民，都是濮族。

## 瞿父山

（116,38005E；27,28904N）

又东三百七十里，曰瞿父之山[1]，无草木[2]，多金玉[3]。

注释：[1]瞿父山：指军峰山，实际是在于山的东北面。

[2]无草木：没有移民。

[3]金玉：指黎夷。“金”的读音，濮语指人丁，黎也指人。（有黎川为证）

译文：由于山往东北三百七十里，有座山叫军峰山，那里没有移民，只有黎夷。

## 句余山

（116,65532E；27,88041N）

又东四百里，曰句余之山[1]，无草木[2]，多金玉[3]。

注释：[1]句余山：指虎龙山。濮语虎读 go 音，与“句”（gou）谐音。

[2]无草木：没有移民。

[3]多金玉：生活着黎夷。

译文：由军峰山往东北四百里，有座山叫虎龙山，那里没有移民，只有黎夷。

## 浮玉山

（117,9962E；28,8104N）

又东五百里，曰浮玉之山[1]，北望具区[2]，东望诸毗[3]。有兽焉，其状如虎而牛尾[4]，其音如吠犬[5]，其名曰彘[6]，是食人[7]。苕水[8]出于其阴，北流注于具区。其中多鮆鱼[9]。

注释：[1]浮玉山：指怀玉山。

[2]具区：指大水，这里指长江。

[3]诸毗：这里指具枝诸毗，即浙江诸毗邻集镇。

[4]虎而牛尾：濮族的稻夷，牛尾，指稻夷。

[5]吠犬：读音 hu qi，是尝山的倒装句，今称常山。Hu ，指山；qi，指尝、赏。

[6]彘：指种植夷。

[7]是食人：古老的定居氏族。

[8]苕水：指洛苕水，读音 luo tiao en，意为西流水，今称乐安江。

[9]鮆鱼：指香屯夷。

译文：由虎龙山往东五百里有座山，叫怀玉山。怀玉山北望长江，东望浙江诸毗邻集镇。有一个氏族，是濮族的僚夷，住在常山，称为种植夷，是古老的定居氏族。乐安江发源于山的北面，向北流入长江。那里住着香屯夷。

## 成山

（119,27984E；29,47036N）

又东五百里，曰成山[1]，四方而三坛[2]，其上多金玉，其下多青雘。閿(du)水[3]出焉，而南流注于虖勺[4]，其中多黄金[5]。

注释：[1]成山：指千山，今称千里岗。成，濮语读音 du。

[2]四方而三坛：指私那的边缘地区。私那是东夏国的濮语读音。

[3]閿水：指千水，新安江的支流。

[4]虖勺：指东边的江，今称为富春江。

[5]黄金：虖己，指东部的部落氏族。

译文：由怀玉山往东五百里，有座山叫千里岗，是私那的边缘地区，西边生活着黎夷，东边生活着穄禾氏族。千水发源于这座山，向南流入富春江，那里生活着东部的部落氏族。

## 会稽山

（120,57485E；29,99505N）

又东五百里，曰会稽之山[1]，四方[2]，其上多金玉[3]，其下多砆石[4]。勺水[5]出焉，而南流注于湨[6]。

注释：[1]会稽山：指南具枝山，后演绎为会稽山。

[2]四方：指私那地区。

[3]金玉：指穄夷，种稻夷。

[4]砆石：指房奉氏。砆，只能译为房，而不能译为防。

[5]勺水：指沙溪。

[6]湨：指曹娥江。

译文：由千里岗往东五百里，有座山叫会稽山，是私那地区，山的西边生活着穄禾氏族，山的东边生活着房奉氏。沙溪发源于这座山，向东南流入曹娥江。

## 夷山

（117,48725E；27,33666N）

又东五百里，曰夷山[1]。无草木[2]，多沙石[3]。湨水[4]出焉，而南流注于列涂[5]。

注释：[1]夷山：指武夷山，武夷山地区。从江西军峰山起算距离。

[2]无草木：这里的“无”是指部落，“草木”是指崇氏族，也称崇濮、从濮。

[3]多沙石：生活着杉黎氏族。濮语“石”,读音为 li。

[4]湨水：指崇阳溪。

[5]列涂：指富屯溪。

译文：由军峰山往东五百里，有座山叫武夷山，是崇濮部落和杉黎部落的生活地区。崇阳溪发源于这座山，向南流入富屯溪。

## 仆勾山

（118,53247E；27,92018N）

又东五百里，曰仆勾之山[1]。其上多金玉[2]，其下多草木[3]，无鸟兽[4]，无水[5]。

注释：[1]仆勾山：指濮城山，今称浦城山，主峰在东侧的三天子都山。

[2]金玉：指广丰夷。金，指具、广。

[3]草木：指崇濮氏族。

[4]无鸟兽：北部的僚族。

[5]无水：九夷部落氏族。

译文：由武夷山往东五百里，有座山叫浦城山。西边生活着广丰氏族，东面生活着崇濮、北部的僚族和九夷部落氏族。

## 咸阴山

（119,92965E；28,46171N）

又东五百里，曰咸阴之山[1]。无草木[2]，无水[3]。

注释：[1]咸阴山：指绚溢山，今称丽水市。

[2]无草木：指崇濮部落氏族。

[3]无水：指九夷部落。

译文：由浦城山往东五百里，有座山叫绚溢山。那里是崇濮部落和九夷部落氏族生活的地方。

## 洵山

（121,13368E；28,84794N）

又东四百里，曰洵山[1]，其阳多金[2]，其阴多玉[3]。有兽焉，其状如羊而无口[4]，不可杀也[5]，其名曰䍺[6]。洵水出焉，而南流注于阏之泽[7]，其中多芘蠃[8]。

注释：[1]洵山：指沿海岸的山，今称临海山。洵水指沿海岸的水，简称沿水。

[2]金：山头、岭上氏族，这里指屿头氏族。

[3]玉：指天台氏族。

[4]羊（chi)而无口：东部的夏部落。

[5]不可杀也：夏族的边远夷。

[6]䍺：指隔水氏族，“隔水”，濮语读 he en，谐音䍺。

[7]阏之泽：指台州湾。

[8]茈蠃：指灵江氏族。

译文：由绚溢山往东四百里，有座山叫临海山。山的南面住着屿头氏族，山的北面住着天台氏族。有一个氏族，是东部的夏部落氏族，是夏族的边远夷，名叫隔水氏。沿水发源于这座山，向南流入台州湾，那里生活着灵江氏族。

## 虖勺山

（116,62659E；25,36231N）

又东四百里，曰虖勺之山[1]，其上多梓枏[2]，其下多荆杞[3]。滂水[4]出焉，而东流注于海。

注释：[1]虖勺山：松山的倒装句，又称玳瑁山。距离由于山算起，实际是向东南。

[2]梓枏：指羊古河氏族，今称汀江氏族。

[3]荆杞：指沙石溪氏族，今称石溪氏族。

[4]滂水：指朋水，今称旧县河。

译文：由于山往东南四百里，有座山叫松山。山的西面住着羊古河氏族，山的东面住着沙石溪氏族。朋水发源于这座山，向东流入东海中。

## 区吴山

（117,68196E；24,50431N）

又东五百里，曰区吴之山[1]，无草木[2]，多沙石[3]。鹿水[4]出焉，而南流注于滂水[5]。

注释：[1]区吴山：指瓯部落山，包括厦门、漳州及北部的华安地区。实际是向东南。

[2]无草木：指高车部落。

[3]沙石：绍氏，指庄灶氏族。

[4]鹿水：指龙水，今称九龙江。

[5]滂水：滂，在此读 bang 音，指海。滂水即海中。

译文：由松山往东南五百里，有座山叫瓯部落山，那里是高车部落的疆域，住着庄灶氏族。龙水从那里流出，向南流入海中。

## 鹿吴山

（119,00975E；25,43118N）

又东五百里，曰鹿吴之山[1]。上无草木[2]，多金石[3]。泽更之水[4]出焉，而南流注于滂水[5]。水有兽焉，名曰蛊雕[6]，其状如雕而有角[7]，其音如婴儿之音[8]，是食人[9]。

注释：[1]鹿吴山：指莆部落山，今称莆田市。鹿、鲁，是脯和莆的濮语读音。

[2]上无草木：边远的仙游部落。无，指部落；草木，仙游的倒装句。

[3]多金石：住着盖氏族。金在此读 gen 音，与盖谐音。

[4]泽更：指盖江，今称木兰溪。

[5]滂水：指海水，即指海中。

[6]蛊雕：指平岛氏族。

[7]雕而有角(gu):平潭的岛屿氏族。

[8]婴儿之音：化川的北面，即今兴化湾的北面。

[9]是食人：是古老的定居氏族。

译文：由瓯部落山往东北五百里，有座山叫莆部落山，是边远的仙游部落区域，住着盖氏族。盖江之水从这里流出，向南流入海中。海水中有一个氏族，名叫平岛氏，是平潭的岛屿氏族，住在兴化湾的北面，是古老的定居氏族。

## 漆吴山

（119,53176E；26,65883N）

又东五百里，曰漆吴之山[1]。无草木[2]，多博石[3]，无玉[4]。处于东海，望丘山[5]，其光载出载入[6]，是惟日次[7]。

凡南次二经之首，自柜山至于漆吴之山。凡十七山，七千二百里。其神状皆龙身而鸟首[8]。其祠：毛用一璧瘗，糈用稌。

注释：[1]漆吴山：指东部落山，又称且舍部落山，今称太姥山，实际介绍福建临德。

[2]无草木：且苗部落。

[3]多博石：住着黄湾氏族。

[4]无玉：白港夷。

[5]丘山：指星仔岛。

[6]载出载入：若隐若现。

[7]日次：指游龙。

[8]龙身而鸟首：种稻的僚族形像。

译文：由莆部落山往东北五百里，有座山叫东部落山，那里是且舍部落的疆域，住着黄湾氏族和白港夷。站在东海岸，可以看见星仔岛若隐若现，像一条游龙。

综观南山第二列山系，从九嶷到东部落山，共有十七座山，蜿蜒七千二百里。这些山的山神的形像，皆为种稻的僚族人的形像。祭祀礼为：代替祭词的玉，用一璧埋入地下；供奉的食品用荞饭。

## 南山经第三山系　天下虞山

（108,07851E；26,38432N）

南次三经之首，曰天下虞山[1]，其下多水[2]，不可以上[3]。

注释：[1]天下虞山：指雷公山。天下读 tyxie,指雷公，虞，指嶷。今贵州雷山县。

[2]其下多水：指且舍民的氏族。且舍民即苗民，由山东地区迁徙而来。

[3]不可以上：夏族的边远地区。

译文：南山经第三系列最西边的山是雷公山，是且舍氏族生活的地区，是夏族的边远地区。

贵州雷公山

## 祷过山

（109,78252E；26,15915N）

东五百里，曰祷过之山[1]。其上多金玉[2]，其下多犀、兕，多象[3]。有鸟焉，其状如鵁而白首[4]，三足、人面[5]，其名曰瞿如[6]，其鸣自号也。浪水[7]出焉，而南流注于海。其中有虎蛟[8]，其状鱼身而蛇尾[9]，其音如鸳鸯[10]，食者不肿[11]，可以已痔[12]。

注释：[1]祷过山：指通道山，又称八十里大南山。

[2]其上多金玉：西边生活着菁夷。

[3]犀、兕，多象：寻江氏族、私黎江氏族、都柳江氏族。这些氏族实际居住在南边。

[4]鵁而白首：东边的城步氏族。

[5]三足、人面：外来的定居氏族。

[6]瞿如：指且奴，即且舍民，由山东迁徙而来的苗民。

[7]浪水：指融江。

[8]虎蛟：指濮族。

[9] 鱼 (zhe)身而蛇尾：江边的氏族。

[10]鸳鸯：融江河畔。

[11]食之不肿：古老的僮族。

[12]可以已痔：夏国夷人的大支系。

译文：由雷公山往东五百里，有座山叫通道山。山的西边生活着菁夷氏族，南边生活着寻江氏族、私黎江氏族和都柳江氏族。有一群人，是东边的城步氏族，是外来的居民，名叫且舍民，他们也这样称呼自己。融江发源于这座山，向南流入海中。那里生活着濮族群体，是江边的氏族，住在融江河畔，是古老的僮夷，是夏国夷人的大支系。

## 丹穴山

（110,86746E；26,17034N）

又东五百里，曰丹穴之山[1]，其上多金玉[2]。丹水[3]出焉，而南流注于渤海[4]。有鸟焉，其状如鸡[5]，五采而文[6]，名曰凤皇[7]，首文曰德[8]，翼文曰义[9]，背文曰礼[10]，膺文曰仁[11]，腹文曰信[12]。是鸟也，饮食自然[13]，自歌自舞[14]，见则天下安宁[15]。

注释：[1]丹穴山：指真顶山，今称真宝顶。

[2]其上多金玉：西边住着资夷。今称资源夷。

[3]丹水：指真水。

[4]渤海：指湘江。湘江，濮语读沘湘（hang）,被谐音译为渤海了。

[5]鸡：指广原，即广西。

[6]五采而文：指东北部水源地。五即武，指北方；采即且，指东方；文即汶，指水。

[7]凤皇：指润泽之乡。

[8]首文曰德：东边的河叫英德，今称连江。

[9]翼文曰义：北边的河叫营水，今称潇水。

[10]背文曰礼：南边的河叫嶷 (li)水，今称贝江。

[11]膺文曰仁：永水叫惹水，今称永明河。

[12]腹文曰信：富水叫信江。

[13]是鸟也，饮食自然：这些河流都发源于江永。自然，指浙惹，即江永。

[14]自歌自舞：自歌，指道县的古名江城；自舞，指江华。

[15]见则天下安宁：那里还有一条较长的宁河。（指宁远河）。天下，指较长的。

译文：由通道山往东五百里，有座山叫真顶山，西边生活着资源夷。真水发源于这座山，向南流入湘江。那里有许多河流，是广原东北部的水源地，称为润泽之乡。东边的一条河叫英德；北边的一条河叫营水；南边的一条河叫嶷水；永水又叫惹江；富水又叫信江。这些河流，大多发源于江永、江城、和江华。那里还有一条较长的河流叫宁水。

## 发爽山

（111,83113E；26,17084N）

又东五百里，曰发爽之山[1]，无草木，多水[2]，多白猿[3]。汎水[4]出焉，而南流注于渤海[5]。

注释：[1]发爽山：指天明山，今称阳明山。

[2]无草木，多水：移民部落氏族生活的地区。

[3]多白猿：生活着土家氏族。“白”读音为“土”，猿，“夷”的谐音。

[4]汎水：指天水。实际为东南流。

[5]渤海：指湘江。

译文：由真顶山往东五百里，有座山叫阳明山。那里是移民部落氏族生活的地区，生活着土家氏族。天水发源于这座山，向东南流入湘江。

## 旄山

（112,8513E；26,41417N）

又东四百里，至于旄山之尾[1]。其南有谷[2]，曰育遗[3]，多怪鸟[4]，凯风自是出[5]。

注释：[1]旄山之尾：指冠山之南。即今耒阳。

[2]谷：指国家。

[3]育遗：指钺阳国，后称耒阳国。钺是种田工具，又称耒耜。

[4]怪鸟：指桂僚。

[5]凯风自是出：衡山南面的平坦区域。

译文：由阳明山往东四百里，到达冠山之南，那里有一个国家，叫耒阳国，住着桂僚氏族，是衡山南面的平坦区域。

## 非山

（113,84028E；27,63919N）

又东四百里，至于非山[1]之首，其上多金玉[2]，无水[3]，其下多蝮虫[4]。

注释：[1]非山：指屏山、屏门山，武功山。实际介绍山边的屏乡，今称萍乡市。

[2]金玉：指龙台夷。

[3]无水：指屏乡氏族。

[4]蝮虫：指濮族。

译文：由冠山往东四百里，到武功山的西面，西面住着龙台夷和屏乡氏族，东面住着濮族。

## 阳夹山

（114,92564E；28,23564N）

又东五百里，曰阳夹之山[1]，无草木[2]，多水[3]。

注释：[1]阳夹山：耶且山的音译，指大高山，今称上高县。

[2]无草木：移民部落区域。

[3]多水：住着青云濮。

译文：由武功山往东五百里，有座山叫大高山。那里是移民部落区域，住着青云濮。

## 灌湘山

（115,86942E；28,68741N）

又东五百里，曰灌湘之山[1]，上多木[2]，无草[3]；多怪鸟[4]，无兽[5]。

注释：[1]灌湘山：指赣湘山，实际指南昌市。赣湘指鄱阳湖。

[2]多木：住着梅岭氏族。

[3]无草：移民部落氏族。

[4]多怪鸟：住着赣僚。

[5]无兽：指云部落氏族，实际指青云部落氏族。兽，谐音虽，指云。

译文：由上高山往东北五百里，有座山名叫赣湘山。那里住着梅岭氏族、移民部落氏族；住着赣湘僚和青云部落氏族。

## 鸡山

（116,67303E；28,98914N）

又东五百里，曰鸡山[1]，其上多金[2]，其下多丹雘[3]。黑水[4]出焉，而南流注于海[5]。其中多鱄（tan)鱼[6]，其状如鲋而彘毛[7]，其音如豚[8]，见则天下大旱[9]。

注释：[1]鸡山：指角山，原读音为 qi,被译为 ji 音。今鄱阳县城。

[2]金：指场镇氏族。

[3]丹雘：指塘湖氏族。

[4]黑水：指桂江，读为赫水和黑水，今称长江。

[5]海：指鄱阳湖。

[6]鱄鱼：指团夷。团，指水塘。

[7]鲋而彘毛：湖区的种植苗族。

[8]其音如豚：住在团林。

[9]见则天下大旱：是那个地区的王族。大旱，即达罕，指王。

译文：由赣湘山往东五百里，有座山叫角山。山的西边住着场镇氏族，山的东面住着塘湖氏族。桂水从这里流出，向南流入鄱阳湖。那里生活着团夷，是湖区的种植苗，住在团林，是那个地区的王族。

## 令丘山

（117,25175E；29,37253N）

又东四百里，曰令丘之山[1]。无草木，多火[2]。其南有谷[3]焉，曰中谷[4]，条风[5]自是出。有鸟焉，其状如枭[6]，人面四目而有耳[7]，其名曰颙[8]，其名自号也，见则天下大旱[9]。

注释：[1]令丘山：指稻梗山，又称禾杆岭，今景德镇浮梁县城。令，读 liu 音，指稻。

[2]无草木，多火：苗族部落，住着禾杆岭氏族。

[3]谷：指国家。

[4]中谷：指陶国。中，在此按濮语语音读为 to,指陶。

[5]条风：读 to fei，指陶盘，在此指所有陶器。

[6]梟：指谢人，这里将其归为苗族。

[7]人面四目而有耳：定居的苗族部落。四目读补蒙，有耳读巴莱。

[8]顒：指罗姓氏族。

[9]大旱：指达罕，即王族。

译文：由角山往东四百里，有座山叫禾杆岭。那里是苗族部落，住着禾杆岭氏族。南面有一个国家，叫陶国，这里出产陶器。有一群人，是谢人定居的苗族部落氏族，称为罗姓氏族，他们自己也这样称呼，是那个地区的王族。

## 仑者山

（117,85892E；29,25885N）

又东三百七十里，曰仑者之山[1]。其上多金玉[2]，其下多青雘[3]。有木焉[4]，其状如榖而赤理[5]，其汗如漆[6]，其味如饴[7]，食者不饥[8]，可以释劳[9]，其名曰白咎[10]，可以血玉[11]。

注释：[1]仑者山：指星江山，今称婺源。实际往东北。

[2]金玉：指漫岭氏族。

[3]青雘：指东山氏族。今称东升氏族。

[4]木：指苗民。

[5]榖而赤理：这个国家的星江黎。

[6]汗如漆：称雄于东部。

[7]其味如饴：东南诸邑。

[8]食者不饥：古老的首脑氏族。不饥，指博贾、首脑氏族。

[9]可以释劳：夏国的私那氏族。

[10]白咎：指白苗，读音为婺纠。

[11]可以血玉：夏国的谢夷。

译文：由禾杆岭往东北三百七十里，有座山叫星江山。西边住着漫岭氏族，东边住着东山氏族。那里有一支苗族，是这个国家的星江黎，称雄于东部、东南诸邑，是古老的首脑氏族，是夏国的私那氏族，名叫婺纠，是夏国的谢夷。

## 禺稾山

（119,08427E；29,56204N）

又东五百八十里，曰禺稾之山[1]。多怪兽[2]，多大蛇[3]。

注释：[1]禺稾山：指阴康，又称北强、武强。后称淳安，遗址已淹没在水中。

[2]怪兽：指阴康氏族，属夏族的阴康部落支系。怪，指北。

[3]大蛇：指泰氏族，指泰州移民。

译文：由星江山往东五百八十里，有座山叫武强山。那里住着阴康氏族，住着泰氏族。

## 南禺山

（119,99028E；30,39278N）

又东五百八十里，曰南禺之山[1]。其上多金玉[2]，其下多水[3]。有穴焉，水出取入[4]，夏乃出，冬则闭[5]。佐水[6]出焉，而南流注于海，有凤皇[7]，鹓雏[8]。

凡南次三经之首，自天下虞山以至南禺之山，凡一十四山，六千五百三十里。其神皆龙身而人面。其祠皆一白狗[9]祈，糈用稌。

右南经之山志，大小凡四十山，万六千三百八十里。

注释：[1]南禺山：指良渚川，音译为南诸夭，简称南夭，谐音南禺。

[2]金玉：指渚岭夷。

[3]水：指畲族。畲族是东南特有的氏族，是夏族的支系氏族。

[4]有穴焉，水出辄入：由轩辕畲族治理，即畲族的轩辕治理。轩辕，指大主席。

[5]夏乃出，冬则闭：属夏僚建立的分支部落。闭，属于；冬则，分支部落。

[6]佐水：指良渚水。简称渚水。

[7]凤皇：指灌溉。

[8]鹓雏：指水渠网络。

[9]白狗：指香猪，一种只能长到一百多斤的小种猪。今苗文写为 Nbuat Ghangb。

译文：由武强山往东五百八十里，有个地方叫良渚川。西面住着渚岭夷，东面住着畲族，由畲族的轩辕治理，属夏僚建立的分支部落。良渚水从这里流出，向东南流注于海。这里有用于灌溉的水渠网络。

综观南山第三系列，从雷公山到良渚川，共有十四座山，蜿蜒六千五百三十里。这些山的山神皆为僚族居民的形象。祭祀这些山神时，用香猪和荞饭祭祀。

所有南经的山系，大小共四十座山头，共一万六千三百八十里。

称为南禺山的良渚川

## 第二卷　西山经

### 华山 钱来山

（110,8933E；34,5292N）

西山经华山之首，曰钱来之山[1]。其上多松[2]，其下多洗石[3]。有兽焉，其状如羊而马尾[4]，名曰羬羊 (qian chi)[5]，其脂可以已腊(xi)[6]。

注释：[1]钱来山：指契那山，即东边的山，属亚武山东麓，又称荆山，在灵宝市阳平镇。

[2]松：数，指共工国氏族，又称数国氏族。

[3]洗石：指羲氏族，王族之意。

[4]羊 (chi)而马尾：指东边的莽夷。莽夷指荆莽夷，又称荆夷。

[5]羬羊 (qian chi)：指阳平氏。

[6]其脂可以已腊 (xi)：这个支系是夏国的羲夷，即王族。

译文：西山经第一列山系为华山山系，最东边的山叫契那山。山的西边生活着共工国氏族，山的东边生活着羲氏族。有一个氏族，是东边的荆莽夷，名叫阳平氏，这个支系是夏族的王族。

## 松果山

（110,39161E；34,46746N）

西四十五里，曰松果之山[1]。濩水出焉[2]，北流注于渭，其中多铜[3]。有鸟焉，其名曰䳋渠[4]，其状如山鸡[5]，黑身赤足[6]，可以已【月暴】[7]。

注释：[1]松果山：指亚武山，实际介绍山脚的豫灵镇和太要镇。松，指雌、亚。果，读 gou，指武。

[2]濩水：指峪水，实际流入黄河。

[3]铜：指太氏族，即太要氏。

[4]䳋渠：读 te ts'i，指太要氏。

[5]山鸡：读 so ji，指亚部落，全称是亚武部落。

[6]黑身赤足：贵族的太要支系。

[7]可以已【月暴】：夏国的农业夷。

译文：由契那山往西四十五里，有座山叫亚武山。峪水从山间流出，向北流入黄河，那里生活着太要氏族。有一个氏族群体，叫太要氏，是亚部落贵族的太要支系，是夏国的农业夷。

## 太华山

（110,08416E；34,48076）

又西六十里，曰太华之山[1]，削成而四方[2]，其高五千仞，其广十里，鸟兽莫居[3]。有蛇焉[4]，名曰肥【虫遗】[5]，六足四翼[6]，见则天下大旱[7]。

注释：[1]太华山：华山。又称云华山，是华山主峰。

[2]削成而四方：指华山的主峰。削成，读胥照，指华山。四方，读布法，指主峰。

[3]鸟兽莫居：指人们很难上去。

[4]有蛇焉：有一个氏族。

[5]肥【虫遗】：指夫水氏族。濮语称夫溢，即夫水之意。谐音成了肥遗。

[6]六足四翼：指母系氏族。

[7]见则天下大旱：是那个地方的牧羊氏族。大旱，在此指鞑贺。

译文：由亚武山往西六十里，有座山叫太华山，是华山的主峰。这座山高五千仞，延绵十里，人们很难上去。山下有一个氏族，名叫夫水氏，是母系氏族，是那个地方的牧羊氏族。

夫溢氏族　　　　半坡文化插图

## 小华山

（109,7664E；34,50652N）

又西八十里，曰小华之山[1]。其木多荆杞[2]，其兽多㸲牛[3]，其阴多磬石[4]，其阳多㻬琈之玉[5]。鸟多赤鷩[6]，可以御火[7]。其草多萆荔[8]，状如乌韭，而生于石上[9]，亦缘木而生[10]，食之已心痛[11]。

注释：[1]小华山：指少华山。这里实际指华县地区。

[2]其木多荆杞：在管理中心生活着井氏族。木，指检目。

[3]其兽多㸲牛：在西边生活着柞水氏族。㸲牛，即柞流、柞河，柞水。

[4]其阴多磬石：在北边生活着骞姓氏族。

[5]其阳多㻬琈之玉：南边生活着白石堡氏族。濮语读为“吐放夷”。

[6]鸟多赤鷩：还有赤水氏族。赤鷩，指赤沘。

[7]可以御火：夏国的延贺氏族。即牧羊氏族。

[8]其草多萆荔：移民有呗黎。呗黎，即火粟人。

[9]乌韭而生于石上：华州的富饶的胥夷。石上，指富饶。生于，指胥夷、华胥氏。

[10]缘木而生：织绸的氏族。

[11]食之已心痛：古老的华胥中心支系氏族。

译文：由太华山往西八十里，是少华山地区。在管理中心生活着井氏族，在西边生活着柞水人氏族，在北边生活着骞姓氏族，在南边生活着白石堡氏族。还有赤水人，是夏国的延贺氏族。还有移民的呗黎，是华州富饶胥夷的织绸氏族，是古老的华胥中心支系氏族。

## 符禺山

（109,50204E；34,5004N）

又西八十里，曰符禺之山[1]。其阳多铜[2]，其阴多铁[3]。其上有木焉[4]，名曰文茎[5]，其实如枣[6]，可以已聋[7]。其草多条[8]，其状如葵[9]，而赤华黄实[10]，如婴舌[11]，食之使人不惑[12]。符禺之水[13]出焉，而北流注于渭。其兽多葱聋[14]，其状如羊而赤鬣[15]。其鸟多鴖[16]，其状如翠而赤喙[17]，可以御火。

注释：[1]符禺山：指华渭地区，今称渭南市。

[2]铜：指临潼氏族。

[3]铁：指油坊氏族。

[4]其上有木：西边有一支蒙族。

[5]文茎：指泾河。

[6]枣：指草市。

[7]已聋：指河边夷。

[8]条：指喊族，即呼麦氏族。

[9]葵：指北方。

[10]赤华而黄实：游牧的胡族。

[11]婴舌：阴山氏族。

[12]食之使人不惑：古老的草原牧羊氏族。

[13]符禺水：指沈河。

[14]葱聋：指岔河氏族。沈河、赤水都称岔河。

[15]羊而赤鬣：东部的赤水氏族。

[16]鴖：指蒙族。

[17]翠而赤喙：草原的牧羊氏族。

译文：由少华山地区往西八十里，到达华渭地区。它的南面生活着临潼氏族，北面生活着油坊氏族。西边有一支蒙族，叫泾河氏族，其实是草市的河边夷。有一支呼麦氏族，是北方的游牧胡族，是阴山古老的草原牧羊氏族。沈河发源于这座山，向北流入渭河。这里的氏族还有岔河氏族，是东部的赤水氏。还有一些蒙族人，是草原的牧羊氏族，是夏国的延贺氏。

## 石脆山

（109,32249E；34,15121N）

又西六十里，曰石脆之山[1]。其木多棕枏[2]，其草多条[3]，其状如韭而白华黑实[4]，食之已疥[5]。其阳多㻬琈之玉[6]，其阴多铜。灌水[7]出焉，而北流注于禺水[8]。其中有流赭[9]，以涂牛马无病[10]。

注释：[1]石脆山：指草链岭，实际指西南部的蓝田地区。

[2]棕枏：指贵族。

[3]条：此处与铜读音相同，指临潼。

[4]韭而白华黑实：管理层的博恒氏贵族。

[5]已疥：管理夷。

[6]㻬琈之玉：此处指银川夷。

[7]灌水：蓝水，发源于草链岭。

[8]禺水：指玉水，今称灞河。

[9]流赭：指兒竹氏，今称竹娃。濮语“兒”，指幼儿。

[10]涂牛马无病：属白兒蒙部落。无，指部落；病，指属。

译文：由华渭地区往西南六十里，到达草链岭。那里的管理贵族，是来自于临潼的管理层的博恒氏贵族，是古老的管理夷。山的南面生活着银川氏族，北面生活着临潼氏族。蓝水发源于草链岭，向北流入灞河。蓝水河畔有一个叫兒竹的氏族，属于白兒蒙部落氏族。

## 英山

（108,6033E；34,10799N）

又西七十里，曰英山[1]。其上多杻橿[2]，其阴多铁[3]，其阳多赤金[4]。禺水[5]出焉，北流注于招水[6]，其中多鲜鱼[7]，其状如鳖[8]，其音如羊[9]。其阳多箭䉋[10]，其兽多㸲牛[11]、羬羊[12]。有鸟焉，其音如鹑[13]，黄身而赤喙[14]，其名曰肥遗[15]，食之已疠[16]，可以杀虫[17]。

注释：[1]英山：指户山，户与家在濮语中读 yin,今陕西西安鄠邑区。

[2]杻橿：指延祖氏，今称庵祖。

[3]铁：指苍游氏，游音通油。

[4]赤金：指石井氏。

[5]禺水：指涝峪河。

[6]招水：指王者之水，即渭河。

[7]鲜(feng)鱼：指沣水夷。

[8]鳖：指博恒氏。

[9]羊(chi)：指东边

[10]箭䉋：指五竹氏。

[11]㸲牛：指卓黎氏，今演绎为张良、张良寨。

[12]羬羊：指流沙氏，后称东沙氏。

[13]鹑：指漾，鄠邑的小地名为漾陂。

[14]黄身而赤喙：华族的游牧胡。

[15]肥遗：在此指鄠夷。

[16]已疠：指小月氏，疠指小。

[17]可以杀虫：夏国的外来移民。

译文：由草链岭往西七十里，到达户山。它的西面住着延祖氏，北面住着苍游氏，南面住着石井氏。涝峪河从山间流出，向北流入渭河。这里生活着沣水夷，是博恒氏族，住在东边。南面还住着五竹氏、卓黎氏、流沙氏。有一群人，住在漾陂，是华族的游牧胡，名叫鄂夷，是古老的小月氏夷，是夏国的外来移民。

户山秦度的沣水夷　　　半坡文化插图

## 竹山

（108,22208E；34,16357N）

又西五十二里，曰竹山[1]。其上多乔木[2]，其阴多铁[3]。有草焉，其名曰黄雚[4]，其状如樗[5]，其叶如麻[6]，白华而赤实[7]，其状如赭，浴之已疥[8]，又可以已胕[9]。竹水[10]出焉，北流注于渭，其阳多竹箭[11]，多苍玉[12]。丹水[13]出焉，东南流注于洛水，其中多水玉[14]，多人鱼[15]。有兽焉，其状如豚而白毛，大如笄而黑端[16]。名曰豪彘[17]。

注释：[1]竹山：指卓资山，是陕西周至的古称谓，周至是卓资夷南下至渭河边的音译。

[2]其上多乔木：西边住着凉水和五泉氏族。

[3]其阴多铁：北面住着潭堡氏族。潭，通谈，读音为 tie。

[4]黄雚：指伏辛氏，又称伏恒氏。

[5]樗：在此指草原氏族。

[6]麻：指蒙族。

[7]白华而赤实：巴彦胡的移民氏族。

[8]赭浴之已疥：卓资夷的管理夷。

[9]可以已胕：夏国的北夷。胕，音 zhou,指北。

[10]竹水：即卓水，今称黑河。

[10]竹箭：卓资族的管理夷。

[11]苍玉：指草原夷。

[12]丹水：指光头水，读音岱羲水。又称薄水、薄江，读音薄蒙。洛水：汉水的古名称。

[13]水玉：指熊姓夷，即有熊氏。

[14]人鱼：指孔姓夷，即孔家湾氏族。

[15]豚而白毛：薄江的管理氏族。

[16]大如笄而黑端：鞑鲁部落的牧羊坪。黑，读贺，指羊。端，指坪。

[17]豪彘：指贺坪，牧羊坪；今谐音称为石猴子。

译文：由户山往西五十二里，到达卓资山。它的西边住着凉水、五泉氏族，北面住着潭堡氏族。有一个移民氏族，名叫伏辛氏，是草原蒙族，是巴彦胡的移民，是卓资夷的管理夷，是夏国的北夷。竹水发源于这座山，向北流入渭河，竹山的南面住着卓资族的管理夷和草原夷。薄水发源于这座山，向南流入汉水。这里住着熊姓夷，住着孔姓夷。这里有一个氏族，是薄江的管理氏族，是鞑鲁部落的牧羊坪氏族，名叫贺坪氏。

## 浮山
（107,75138E；34,2738N）

又西百二十里，曰浮山[1]。多盼木[2]，枳叶而无伤[3]，木虫居之[4]。有草焉，名曰薰草[5]，麻叶而方茎[6]，赤华而黑实[7]，臭如蘼芜[8]，佩之可以已疠[9]。

注释：[1]浮山：指王族山，在陕西眉县地区。

[2]盼木：指河岸氏族。

[3]枳叶而无伤：清水河（在内蒙古）的乌善部落。乌指头、首。

[4]木虫居之：指内迁部落支系。

[5]薰草：指匈奴移民。

[6]麻叶而方茎：蒙夷的王族。这里将匈奴、鞑靼、东胡都称为蒙族。

[7]赤华而黑实：游牧胡的贵族。

[8]臭如蘼芜：分支的眉部落氏族。臭，指分岔。

[9]佩之可以已疠：常称为夏国的伊吾人。

译文：由卓资山往西一百二十里，就到了王族山。那里住着河畔氏族，是清水河的乌善氏族内迁的部落支系。还有一群人，是匈奴移民，是蒙夷的王族，是游牧胡贵族分支的眉部落支系，常称为夏国的伊吾人。

## 羭次山
（107,4691E；34,30535N）

又西七十里，曰羭次之山[1]。漆水出焉[2]，北流注于渭。其上多棫橿[3]，其下多竹箭[4]，其阴多赤铜[5]，其阳多婴恒之玉[6]。有兽焉，其状如禺而长臂[7]，善投[8]，其名曰嚣[9]。有鸟焉，其状如枭[10]，人面而一足[11]，曰橐𩇯[12]，冬见夏蛰[13]，服之不为雷[14]。

注释：[1]羭次山：指游龙山，今称龙王山。主要介绍山下的天王镇地区。

[2]漆水：指岔河水，流到山下后又汇合在一起。

[3]棫橿：指践河氏族，今称剑家沟人。

[4]竹箭：指梁渚氏族，今称梁崖、梁家崖。

[5]赤铜：渭河北岸的阳平氏。

[6]婴恒之玉：指阏塬夷。

[7]禺而长臂：岔河源头的。

[8]善投：东岭氏族。

[9]嚣：东岭氏。读为羲氏。

[10]枭：东边。

[11]人面而一足：定居的虎崇拜氏族、尚武氏族。

[12]橐𩇯：指老堡子氏族。在阳平镇的东边。

[13]冬见夏蛰：阳平部落东部支系。

[14]服之不畏雷：胡坪博维人。胡坪博维曾经是一个古城池。

译文：由王族山往西七十里，有座山叫龙王山。岔河发源于这座山，向北流入渭河。它的西边住着践河氏族，东边住着梁崖氏族，北面住着阳平氏族，南面住着阏塬之夷。有一个氏族，是岔河源头的东岭氏族，名叫羲氏。有一群人，是东部定居的尚武氏族，叫老堡子氏族，是阳平部落东部支系的胡坪博维人。

## 时山

（107,22584E；34,34205N）

又西百五十里，曰时山[1]，无草木[2]。逐水出焉[3]，北流注于渭，其中多水玉[4]。

注释：[1]时（she)山：指凤凰山。时读奢音，指凤凰。实际指凤凰山下的宝鸡地区。

[2]无草木：移民部落。

[3]逐水：指茹(zhue)水。今称洁江河。

[4]水玉：指共工氏。

译文：由龙王山往西一百五十里，有座山叫凤凰山，那里是移民部落的区域。茹水发源于这座山，向北流入渭河，茹水河边生活着共工氏族。

## 南山

（105,89983E；34,55416N）

又西百七十里，曰南山[1]。上多丹粟[2]。丹水[3]出焉，北流注于渭。兽多猛豹[4]，鸟多尸鸠[5]。

注释：[1]南山： 指麦积山。濮语称麦为僚(lao)，僚、南谐音。

[2]丹粟：丹指集镇，丹粟指集镇氏族。

[3]丹水：指岭子河，发源于麦积山主峰。

[4]猛豹：指柴部落氏族。今称伯阳镇人。

[5]尸(she)鸠：指腰舍，腰巴氏族。濮语读腰为jiao音，与鸠谐音。

译文：由凤凰山往西一百七十里，有座山叫麦积山。它的西边生活着集镇氏族。岭子水从山上流出，向北流入渭河。这里还生活着柴部落氏族和腰巴人。

## 大时山

（104,18605E；34,74838N）

又西四百八十里，曰大时之山[1]。上多穀柞[2]，下多杻橿[3]，阴多银[4]，阳多白玉[5]。涔水[6]出焉，北流注于渭。清水[7]出焉，南流注于汉水。

注释：[1]大时山：指大草滩，今甘肃省漳县大草滩镇。

[2]穀柞：读 go tso，指中寨氏族，今王旗乡中寨、中寨沟、下中寨。

[3]杻橿：读 liao jiang，指乌马氏族，今马泉乡氏族。

[4]银：指遮阳山氏族。

[5]白玉：指摆夷，即店子夷，今老幼店子村夷。

[6]涔水：指漳河。

[7]清水：指卜子水，实际流入洮河。青，音译词，指占卜的巫术。

译文：由麦积山往西四百八十里，有座山叫大草滩，西边住着中寨氏族，东边住着乌马氏族，北边住着遮阳山氏族，南边住着店子氏族。漳河发源于这座山，向北流入渭河；卜子水发源于这座山，向南流入洮河。

## 嶓冢山

（102,07692E；33,99754N）

又西三百二十里，曰嶓冢之山[1]。汉水[2]出焉，而东南流注于沔[3]。嚣水[4]出焉，北流注于汤水[5]。其上多桃枝钩端[6]，兽多犀兕熊罴[7]，鸟多白翰赤鷩[8]。有草焉，其叶如蕙[9]，其木如桔梗[10]，黑华而不实[11]，名曰蓇蓉[12]。食之使人无子[13]。

注释：[1]嶓冢山：指扎尔加佐瑞山，也称樊尔加佐瑞山。简称樊佐山，谐音嶓冢山。这里介绍山下的玛曲集镇的情况。

[2]汉水：指憨水，今称白龙江。

[3]沔：指岷江，其实是白龙江的一条支流。古时两江汇合后，下游就以岷江为名，直至与嘉陵江汇合。

[4]嚣水：嶓冢西部的扎尔加沃干峰东沟水。

[5]汤水：指洮河。

[6]其上多桃枝钩端：北面是洮河的源头。其上，在此指北面。枝，指江，在此指河。

[7]犀兕熊罴：犀，指齐哈玛部落；兕，指卓格尼玛部落；熊，指叟契柯部落；罴，即制陶的手工业族群，指奥拉部落。

[8]白翰赤鷩：指黄河边的牧羊族。白翰，指补贺，即牧羊族；赤鷩，指赤沘，即黄河。

[9]蕙：指环木卡尔人。

[10]其木如桔梗：其支系为勾部落。即焉犁巩部落。

[11]黑华而不实：环木卡尔峰下的布若氏。

[12]蓇蓉：勾戎。

[13]食之使人无子：古老的北方草原氏族。使人无子，在此指北方草原。

译文：由大草滩往西三百二十里，有座山叫樊佐山。白龙江发源于这座山，向东南与岷江汇合。东沟水发源于这座山，向北流入洮河。山的北面是洮河的源头。这里的氏族是齐、卓、叟、沘四大部落氏族，人群都是黄河岸边的牧羊族群。有一个移民氏族，是环木卡尔人，其支系为勾部落支系，是环木卡尔峰下的布若氏，名叫勾戎，是古老的北方草原氏族。

制陶的奥拉氏族

绘有“樊佐”二字的奥拉陶器

## 天帝山

（99,90391E；33,96678N）

又西三百里，曰天帝之山[1]。上多椶枏[2]，下多菅蕙[3]。有兽焉，其状如狗[4]，名曰谿边[5]，席其皮者不蛊[6]。有鸟焉，其状如鹑[7]，黑文而赤翁[8]，名曰栎[9]，食之已痔[10]。有草焉，其状如葵[11]，其臭如芜蘼[12]，名曰杜衡[13]，可以走马[14]，食之已瘿[15]。

注释：[1]天帝山：指甘德山，今青海省甘德县城东侧。甘德，即 god，指天帝。

[2]椶枏：指查郎氏族。

[3]菅蕙：指东山部落，今有东吾遗存。

[4]狗：指柯曲氏族。

[5]谿边：东柯曲又称羲沘，谐音谿边。

[6]席其皮者不蛊：羲沘的柯氏族。

[7]鹨：指滩涂。这里指东吉滩。

[8]黑文而赤翁：贵族的支系。

[9]栎：指吾勒氏，即勒部落氏族。

[10]已痔：指平原夷

[11]葵：北部的氏族。

[12]芜蘼：羁蘼部落。

[13]杜衡：指德山氏，今称德里氏。

[14]走马：指花苗氏族。

[15]已瘿：北部夷。

译文:由樊佐山往西三百五十里，有座山叫甘德山。它的西边住着查郎氏族，东边住着东山氏族。有一个氏族，是柯曲氏族的支系，名叫羲沘氏，是羲沘的柯氏族。有一群人，是东吉滩的贵族支系，名叫勒氏。是古老的平原夷。有一个移民氏族，是北部的羁蘼支系，名叫德山氏，是夏国的花苗，古老的北部氏族。

被称为走马的花苗族

## 皋涂山
（97,45691E；33,69612N）

西南三百八十里，曰皋涂之山[1]。蔷水[2]出焉，西流注于诸资之水[3]；涂水[4]出焉，南流注于集获之水[5]。其阳多丹粟[6]，其阴多银、黄金[7]，其上多桂木[8]。有白石[9]焉，其名曰礜[10]，可以毒鼠[11]。有草焉，其状如藁茇[12]，其叶如葵而赤背[13]，名曰无条[14]，可以都鼠。有兽焉，其状如鹿而白尾[15]，马足人手而四角[16]，名曰【犭婴】如[17]。有鸟焉，其状如鸱而人足[18]，名曰数斯[19]，食之已瘿[20]。

注释：[1]皋涂山：指白鹤山，在青海称多县东北面，主峰海拔 5088 米。这里主要介绍称多。

[2]蔷水：指稍扔水。

[3]诸资水：指清江水，是扎曲的上游。

[4]涂水：皋涂山主峰的溪流。汉语称白水。

[5]集获水：指扎曲。

[6]丹粟：指多弥部落和苏毗部落，简称多素，已成为玉树的古名称。

[7]银、黄金：指靠巴阳硬部落和俄佳部落。

[8]桂木：指更倾扎谷部落和蒙策同部落。

[9]白石：指部落氏族。

[10]磬：指云达部落。也称吾云达。吾，指部落。

[11]毒鼠：古老的共工氏。

[12]藁茇：尕朵部落。简称尕巴。

[13]葵而赤背：北部的黄河流域。

[14]无条：武汤氏，今称阴尔汤氏。

[15]鹿而白尾：山区的巴彦夷。

[16]马足人手而四角：蒙族集镇的补苦氏。四角，读 bu go，是补苦的谐音。

[17]【犭婴】如：补苦氏族，又称燕奴。

[18]鴖而人足：东边的定居族，即来自东部的定居氏族。

[19]数斯：共工氏。

[20]已瘿：指益日埃部落。

译文：由甘德山往西南三百八十里，有座山叫白鹤山。稍扔水发源于这座山，向西流入清江水；白水发源于这座山，向南流入扎曲。它的南面住着多、苏两个部落，北面住着靠巴阳硬、俄佳两个部落，西面住着更、蒙两个部落。有个部落氏族，名叫云达，是夏国古老的共工氏族。有个移民氏族，是尕巴北部的黄河流域的氏族，名叫武汤氏，是夏国古老的共工氏族。有一个氏族，是山区的巴彦蒙族的补苦氏，名叫燕奴。有一群人，是来自东部的定居氏族，名叫共工氏，是古老的益日埃部落氏族。

共工氏羌族

## 黄山

（96,13958E；34,4456N）

又西百八十里，曰黄山[1]，无草木[2]，多竹箭[3]。盼水[4]出焉，西流注于赤水[5]，其中多玉[6]，有兽焉，其状如牛[7]，而苍黑大目[8]，其名曰【敏/牛】[9]。有鸟焉，其状如鸮[10]，青羽赤喙，人舌能言[11]，名曰鹦鴞[12]。

注释：[1]黄山：指翁意加陇，汉语称鄂(wo)山、黄山，在称多县塔鄂惹的西北面。

[2]无草木：游牧民族地区。

[3]竹箭：指诸加部落群。如加巧岗、加巧折西那、加巧年扎、加核松卡、查人穷小、加塔龙让等。

[4]盼水：指弱水，又称瘦水（邹曲）、小水（尕曲），是黄河的源头。

[5]西流注于赤水：向东流入黄河。赤水，指黄河。

[6]多玉：指有人烟。

[7]牛：指河边的。

[8]苍黑大目：指措合朵姆部落氏族，也读措合达，是制作土陶的氏族。

[9]【敏/牛】:指牟氏族，也称母氏族。

[10]鹗：指东边的。

[11]青羽赤喙人舌能言：卡里卡维惹舍能彝。能彝，指中心氏族。

[12]鹦鴞：指缨姆氏，又称纵目氏族，指佩饰帽缨的氏族和留额发髻的氏族。

译文：由白鹤山往西北一百八十里，有座山叫鄂山。是游牧族的地区，生活着诸加部落群。弱水发源于这座山，向东流入黄河，弱水河边有人烟，有一个氏族，是河边的措合朵姆部落氏族，名叫牟氏。有一群人，是卡里卡维惹舍的能彝，名叫纵目氏。

制陶遗址的濮文“措合朵姆”

## 翠山

（95,26514E；34,9546N）

又西二百里，曰翠山[1]。其上多椶枏[2]，其下多竹箭[3]，其阳多黄金玉[4]，其阴多牦牛、麢、麝[5]。其鸟多鸓[6]，其状如鹊[7]，赤黑而两首四足[8]，可以御火[9]。

注释：[1]翠山：指措池雅陇，汉语称措池山。

[2]椶枏：指扎年、扎拉依部落区域。

[3]竹箭：指者纳查纳部落区域，简称者查。

[4]黄金玉：指合乒康哟惹区域。

[5]牦牛、麢、麝：指汶莱（热水）、阿拉克湖、沙尔陶勒盖区域。

[6]鸓：指扎陵湖人。

[7]鹊：东边的。

[8]赤黑而两首四(bu)足：黄河流域的鸟俗氏族。

[9]可以御火：夏国的延贺氏族，即牧羊氏族。

译文：由鄂山往西北二百里，有座山叫措池山。山的西面住着扎年地区的部落氏族，山的东面住着者查地区的部落氏族，山的南面住着合乒康哟惹的部落氏族，山的北面住着汶莱、阿拉克湖、沙尔陶勒盖的部落氏族。有一群扎陵湖人，是东边的黄河流域的鸟俗氏，是夏国的延贺氏族。

## 騩山

（93,5533E；35,71969N）

又西二百五十里，曰騩山[1]。是錞于西海，无草木[2]，多玉[3]。淒水[4]出焉，西流注于海[5]，其中多采石[6]、黄金[7]，多丹粟[8]。

凡西经之首，自钱来之山至于騩山，凡十九山，二千九百五十七里。华山冢也[9]，其祠之礼：太牢[10]。羭山神也[11]，祠之用烛，斋百日以百牺，瘗用百瑜，汤其酒百樽，婴[12]以百珪百璧。其馀十七山之属，皆毛牷[13]用一羊祠之。烛者，百草之未灰[14]，白席采等纯之[15]。

注释：[1]騩山：指昆仑山。

[2]无草木：指没有人烟。

[3]多玉：指多水。

[4]淒水：指楚玛尔水。

[5]西流注于海：向东流入东海。

[6]采石：指楚肆，即冰丘。

[7]黄金：指劖脊，即峭壁。

[8]丹粟：在此指雪峰。

[9]冢：指宗山。

[10]太牢：猪、牛、羊三牲俱全的祭祀礼。

[11]神也：指社祭山。神，指氏族；也，指祭坛，即社。

[12]嬰：指佩饰。

[13]牷：指璩，即玉环，这里实际指瑗。

[14]百草之未灰：采用香苇绒。百草，指采用；之未灰，指香苇绒。

[15]白席，采等纯之：白席，指再以；采等纯之，指羊油浇制。

译文：由措池山往西二百五十里，有座山叫昆仑山。这里紧靠西海，没有人烟，有很多水源。楚玛尔水从这里流出，向东流入东海。这里有很多冰丘峭壁，有很多雪峰。

综观西山经第一列山系，从契那山到昆仑山，共十九座山，延绵二千九百五十七里。华山是众山的宗山，祭祀时，要用太牢礼。羭山是社祭山，祭祀时要用烛，以百牺斋祭百日，并埋一百块美玉，温酒一百樽，并佩以百珪百璧。其余十七座山，皆用瑗代替祭词，用羊祭祀。祭祀用的烛，采用香苇绒，再以羊油浇制。

昆仑山东麓——魄山

## 西山经第二系列　钤山

（110,26588E；36,33497N）

西山二经之首，曰钤山[1]。其上多铜[2]，其下多玉[3]。其木多杻橿[4]。

注释：[1]钤山：指巃(lei)且，今音译为雷池。主峰斗咀峰，古称布嘎巃，“布嘎巃是巃且主峰”读为“博嘎巃巃且额博”，今演绎为“不敢越雷池一步”。

[2]铜：在此指史姓氏族。

[3]玉：在此指原姓氏族。

[4]其木多杻橿：那里的牧民主要是延祖氏。

译文：西山经第二系列最东边的一座山叫巃且。山的西边住着史氏族，山的东边住着原氏族。那里的牧民主要是延祖氏。

## 泰冒山

（110,12834E；35,68059N）

西二百里，曰泰冒之山[1]。其阳多金[2]，其阴多铁[3]。浴水[4]出焉，东流注于河[5]，其中多藻玉[6]，多白蛇[7]。

注释：[1]泰冒山：指云高山，今称大岭，在陕西省黄龙县东北面。

[2]金：在此指沙河氏族。

[3]铁：在此指崾崄氏族。

[4]浴水：指龙曲水。

[5]河：指黄河。

[6]藻玉：指赵姓夷。

[7]白蛇：指黄龙山氏族，因黄读蛇音，今谐音称桑岭氏族。

译文：由皲且往西南二百里，有座山叫大岭。山的南面住着沙河氏族，北面住着崾崄氏族。龙曲水发源于这座山，向东流入黄河，那里住着赵夷和桑岭氏族。

## 数历山

（109,6996E；35,36104N）

又西一百七十里，曰数历之山[1]。其上多黄金[2]，其下多银[3]，其木多杻橿[4]，其鸟多鹦䳇[5]。楚水[6]出焉，而南流注于渭，其中多白珠[7]。

注释：[1]数历山：指数衙山，是共工氏族的府衙，也称彭衙山，在今陕西省白水县史官镇。

[2]黄金：在此指东崾崄氏族，简称东崄氏族。

[3]银：读音 nei，在此指春立氏族。

[4]杻橿：读麟角，指鹿角坡，在此指鹿角坡氏族。

[5]鹦䳇：读缨姆，原读音纵目，指佩饰帽缨的氏族和留额发髻的氏族。

[6]楚水：指白水。

[7]白珠：指蚌埠氏，也称彭祖氏。

译文：由大岭往西南一百七十里，有座山叫数衙山。山的西面住着东崾崄氏族，山的东面住着春立氏族。这里还住着鹿角坡氏牧民，住着僚人的北纵目氏族。白水从这里流出，向南汇入洛水后流入渭河，白水河畔住着彭祖氏族。

纵目艺人甲拉史日

## 高山

（109,40408E；35,13106N）

又西百五十里，曰高山[1]。其上多银[2]，其下多青碧[3]、雄黄[4]，其木多棕[5]，其草多竹[6]。泾水[7]出焉，而东流注于渭，其中多磬石[8]、青碧。

注释：[1]高山：指林皋山。在陕西白水县林皋镇西侧。

[2]银：在此指阴台氏族，今谐音称印台氏族。

[3]青碧：指白水氏族。（读泾沘）。

[4]雄黄：指索冯氏，即冯雷氏族。

[5]棕：指贵族、王族。今演绎为王益。

[6]竹：指卓资夷，即夸父族。

[7]泾水：指白水河。

[8]磬石：指庆兴氏族。

译文：由数衙山往西一百五十里，有座山叫林皋山。山的西面住着印台氏，东面住着白水氏族和冯雷氏族。那里的牧民多为贵族和王族，移民多为卓资夷。白水发源于这座山，向东汇入洛水后流入渭河，河岸边住着庆兴氏族。

## 女床山

（107,7952E；34,67793N）

西南三百里，曰女床之山[1]。其阳多赤铜[2]，其阴多石涅[3]，其兽多虎豹犀兕[4]。有鸟焉，其状如翟而五采文[5]，名曰鸾鸟[6]，见则天下安宁[7]。

注释：[1]女床山：在此指定居农民与游牧民族共同居住的山。今称麟游山，麟指令、固定，游指牧民。

[2]赤铜：指游牧区。

[3]石涅：指畲黎、种植。

[4]虎豹犀兕：虎豹犀指牧业、农业、狩猎业，兕指氏族。

[5]翟而五采文：北方的东胡部落氏族。

[6]鸾鸟：指石僚氏，即石姓氏族。

[7]安宁：在此指头领氏族、统治氏族。

译文：由林皋山往西南三百里，有座山叫麟游山。山的南边是游牧区，山的北边是种植区，氏族为牧业、农业和狩猎氏族。有一群人，是北方的东胡部落氏族，名叫石僚氏，是那个地区的统治氏族。

## 龙首山

（106,85736E；34,8929N）

又西二百里，曰龙首之山[1]。其阳多黄金[2]，其阴多铁[3]。苕水[4]出焉，东南注于泾水[5]，其中多美玉[6]。

注释：[1]龙首山：指陇苕(tiao),又称陇苕(shao),今称枣岭。实际介绍陇镇。

[2]黄金：在此指堡子山部落氏族。

[3]铁：指苕部落氏族。

[4]苕水：今称达溪河。

[5]泾水：今称泾河。

[6]美玉：指五举夷。也称五林夷。

注释：由麟游山往西二百里，有座山叫枣岭。山的南面住着堡子山部落氏族，北面住着苕部落氏族。达溪河从山间流出，向东南流入泾河，达溪河畔住着五举夷。

## 鹿台山

（105,67104E；34,86049N）

又西二百里，曰鹿台之山[1]。其上多白玉[2]，其下多银[3]，其兽多㸲牛[4]、羬羊[5]、白豪[6]。有鸟焉，其状如雄鸡而人面[7]，名曰凫徯[8]，其名自叫也，见则有兵[9]。

注释：[1]鹿台山：指葫芦部落中心的山，即天水秦安县城。鹿台即葫芦中心。

[2]白玉：指伯益氏，今称雨伯。属大月氏支系。

[3]银：即嬴氏，属小月氏中心支系。

[4]㸲牛：指偬河氏族，今称黑河、黑龙河氏族。

[5]羬羊：指东阳部落氏族。

[6]白豪：指博恒氏。

[7]雄鸡而人面：华胥氏的定居氏族。

[8]凫徯：指伏羲氏族。

译文：由枣岭往西二百里，有座山叫葫芦台。山的西面住着伯益氏，东面住着嬴氏族。这里的氏族还有黑河、东阳氏族和博恒氏。有一个族群，是华胥氏的定居氏族，名叫伏羲氏，他们也这样称呼自己，是那里的统治氏族。

结盟灌上的伏羲头像

## 鸟危山

（105,04235E；35,34164N）

西南二百里，曰鸟危之山[1]。其阳多磬石[2]，其阴多檀楮[3]，其中多女床[4]。鸟危[5]水出焉，西流注于赤水[6]，其中多丹粟[7]。

注释：[1]鸟危山：指嚎马山，又称辽坡，在甘肃通渭县马营镇北面。鸟，指马；危，指嚎。

[2]磬石：指店肆氏族。店肆，是马营镇的古称谓。

[3]檀楮：指中央氏，这里指华族的中央氏，今华家岭氏族。

[4]女床：这里指牛棚子氏族。

[5]鸟危水：指嚎马水，今称牛谷河。实际向北流。

[6]赤水：黄河。

[7]丹粟：读 dai su，指柴门氏族。门，读 dai 音。

译文：由葫芦台往西北二百里，有座山叫嚎马山。山的南面住着店肆氏族，北面住着华族的中央氏，住着牛棚子氏族。嚎马水发源于这座山，向北汇入祖历河后流入黄河，河边住着柴门氏族。

## 小次山

（103,83881E；36,05389N）

又西四百里，曰小次之山[1]。其上多白玉[2]，其下多赤铜[3]。有兽焉，其状如猿，而白首[4]赤足[5]，名曰朱厌[6]，见则有兵[7]。

注释：[1]小次山：指小茨山，意为比较平缓的山，这里指兰州盆地。

[2]白玉：指元峁夷。

[3]赤铜：指紫堡川氏族。

[4]猿而白首：指裕固族的巴苏氏。

[5]赤足：指支系。

[6]朱厌：指渚夭，即低地。朱厌氏，即低地氏族。

[7]见则有兵：那里的统治氏族。

译文：由嚎马山往西四百里，有座山叫小茨山。山的西面住着元峁夷，东面住着紫堡川氏族。有一个氏族，是裕固族的巴苏氏支系，名叫低地氏族，是那里的统治氏族。

## 大次山

（101,77509E；36,61046N）

又西三百里，曰大次之山[1]。其阳多垩[2]，其阴多碧[3]，其兽多㸲牛[4]、麢羊[5]。

注释：[1]大次山：指拉脊山，这里介绍拉脊山边的西宁。

[2]垩：指湟水氏族。垩读 wo 音，湟也读 wo 音。

[3]碧：指大有氏族。有读 bei 音，与碧谐音。

[4]㸲牛：在此指草原人。

[5]麢羊 (le chi):指乐东氏族，今称海东氏族。

译文：由小茨山往西三百里，有座山叫拉脊山，山的南面住着湟水氏族，北面住着大有氏族。这里的氏族还有草原人和乐东氏族。

## 薰吴山

（99,77592E；36,73066N）

又西四百里，曰薰吴之山[1]，无草木[2]，多金玉[3]。

注释：[1]薰吴山：指象湖山。青海湖被称为王者之湖，曾以象湖称谓，旁边的山也称为象湖山，今称象皮山。

[2]无草木：指游牧部落。

[3]金玉：指加卜隆夷和直却呼夷。

译文：由拉脊山往西四百里，有座山叫象皮山，是游牧族的部落，住着加卜隆夷和直却呼夷。

## 底阳山

（97,3603E；37,39016N）

又西四百里，曰底阳之山[1]。其木多樱[2]、枏[3]、豫章[4]，其兽多犀兕[5]、虎豹[6]、㸲牛[7]。

注释：[1]底 (di) 阳山：指德令哈。

[2]樱：指戈壁，即苏亥戈壁。

[3]栂：指淖尔，今称尕海。

[4]豫章：指鄂照，即鄂博氏族。照和博都是指“山”。

[5]犀兕：指蓄肆，今称蓄集。

[6]虎豹：指敷博，即东山氏族。

[7]牸牛：指卓僚，即乌察汗氏族。卓与乌都指北部，乌又指部落。

译文：由象皮山往西北四百里，有座山叫德令哈。那里的牧民有苏亥戈壁氏族、尕海氏族、鄂博氏族，还有蓄集氏族、东山氏族和乌察汗氏族。

## 众兽山

（95,55253E；37,31751N）

又西二百五十里，曰众兽之山[1]。其上多瑀琈之玉[2]，其下多檀楮[3]，多黄金[4]，其兽多犀兕[5]。

注释：[1]众兽山：指像铁一样的山，今称锡铁山。

[2]㻬琈之玉：指拉他萨尔哈夷，简称他哈夷，谐音㻬琈玉。

[3]檀楮：指特门口尊部落。

[4]黄金：指浩日格力金乌，简称浩金，谐音黄金。今已迁至西边。

[5]犀兕：指铅肆，也称锡肆，今称锡铁山镇。

译文：由德令哈往西二百五十里，有座山叫锡铁山。山的西面住着拉他萨尔哈夷，东面住着特门口尊夷、浩日格力金乌夷，那里还住着锡肆氏族。

## 皇人山

（101,6133E；37,37554N）

又西五百里，曰皇人之山[1]，其上多金玉[2]，其下多青雄黄[3]。皇水[4]出焉，西流注于赤水[5]，其中多丹粟[6]。

注释：[1]皇人山：指大浩山，这里介绍大浩山下的门源镇。到达这里的距离由小茨山算起。

[2]金玉：指金尖夷。

[3]青雄黄：指东胥胡。

[4]皇水：指浩水，今称大通河。

[5]赤水：指黄河。西流指东流，濮语的“东”读 xi 音。

[6]丹粟：指鞑属，即游牧民族。

译文：由小茨山往西北五百里，有座山叫大浩山。山的西面住着金尖夷，东面住着东胥胡。大通河从这里流出，向东流入黄河，大通河畔住着游牧民族。

## 中皇山

（100,25138E；38,17625N）

又西三百里，曰中皇之山[1]，其上多金[2]，其下多蕙[3]、棠[4]。

注释：[1]中皇山：指托勒南山，这里指山下的祁连城。

[2]金：指鹿场氏族。“场”读音为 jin。

[3]蕙：指峨堡岭氏族。

[4]棠：指白石崖氏族。

译文：由大浩山往西北三百里，有座山叫托勒南山，山的西面住着鹿场氏族，东面住着峨堡岭氏族和白石崖氏族。

## 西皇山

（99,12931E；38,1374N）

又西三百里，曰西皇之山[1]，其阳多金[2]，其阴多铁[3]，其兽多麋[4]、鹿[5]、牸牛[6]。

译文：[1]西皇山：指疏勒南山，主峰是岗则吾结。这里介绍山下的木里镇。

[2]金：指扎玛东村。

[3]铁：指唐莫日氏族。

[4]麋：指木里。

[5]鹿：指尕尔当。“鹿”的濮语读音为 gong，与尕谐音。

[6]牸牛：在此指佐陇氏族。

译文：由托勒南山往西三百里，有座山叫疏勒南山。山的南面住着扎玛氏族，北面住着唐莫日氏族，这里的氏族还有木里氏族、尕尔当氏族和佐陇氏族。

## 莱山

（96,02076E；39,81006N）

又西三百五十里，曰莱山[1]，其木多檀楮[2]，其鸟多罗罗[3]，是食人[4]。

凡西次二经之首，自钤山至于莱山，凡十七山，四千一百四十里。其十神者，皆人面马身[5]。其七神皆人面牛身[6]，四足而一臂[7]，操以行[8]，是为飞兽之神[9]，其祠之，毛用少牢[10]，白菅为席。其十辈神者，其祠之毛一雄鸡[11]，钤而不糈[12]：毛采[13]。

注释：[1]莱山：指放牧山，又称野马山，在今甘肃石包城一带。

[2]檀楮：指鹰咀山氏族和龚岔氏族。

[3]罗罗：指石城，后期建立的城镇称石包城。

[4]食人：古老的集镇氏族。

[5]人面马身：胡族居民。

[6]人面牛身：农业氏族居民。

[7]四足而一臂：大河的支系。一臂指榆泚，即大河；四足读 bu ze，指支系。

[8]操以行：旁边的贵族。

[9]飞兽之神：指管理氏族。

[10]毛用少牢：毛和用都是少牢礼。少牢指有猪羊的祭祀礼和掩埋两件以上玉器的祭祀礼。

[11]毛一雄鸡：代替祭词的玉是一块华胥玉。华胥玉即和田玉，用以象征祥和。

[12]钤而不糈：只祈祷而不供奉食物。

[13]毛采：祭文，这里指只读祭文。

译文：由疏勒南山往西北三百五十里，有座山叫野马山。那里的牧民主要是鹰咀山氏族和龚岔氏族，人群主要生活在石城，他们是那里的原住居民。

综观西山经第二列山系，从嶷且到野马山，共计十七座山，延绵四千一百四十里。其中有十座山的山神是牧民的形像。另外有七座山的山神是农民的形像，是以农业的大支系的贵族形像塑造，称为管理之神，以少牢礼祭祀，以茅草人为通灵命官。其余十座山的山神的祭祀，用一和田玉，祈祷而不供奉食物，只读祭文。

## 西山经第三山系　崇吾山

（105,29297E；36,81006N）

西次三经之首，曰崇吾之山[1]。在河[2]之南，北望冢遂[3]，南望䍃之泽[4]，西望帝之搏兽之山[5]，东望焉渊[6]。有木焉，员叶而白柎[7]，赤华而黑理[8]，其实如枳[9]，食之宜子孙[10]。有兽焉，其状如禺而文臂[11]，豹虎而善投[12]，名曰举父[13]。有鸟焉，其状如凫，而一翼一目[14]，相得乃飞[15]，名曰蛮蛮[16]，见则天下大水[17]。

注释：[1]崇吾山：指盐部落的山。今称盐池山，在甘肃白银市平川区东侧。

[2]河：指黄河。

[3]冢遂：指喊叫山。今称香山。

[4]䍃之泽：指大沟河，属祖厉河的支系。

[5]帝之搏兽之山：吊沙山氏族之所。帝之搏，指吊沙山。吊、钓在濮语中指小。

[6]焉渊：指惹安，即安镇老城。

[7]员叶而白柎：指阴黄水的山区胡族。

[8]赤华而黑理：指东山的赫胥黎，今称面梨子人。

[9]其实如枳：指东流水人。

[10]食之宜子孙：指神江水支系氏族。食之宜，指神江水，在盐池山东侧。

[11]禺而文臂：指河门河。文臂，读汶丙，指河门。

[12]豹虎而善投：山区胡族的外地支系。

[13]举父：指林胡，又称东胡，原籍在赤峰即辽河流域。

[14]凫而一翼一目：胡族的裕固夷支系。

[15]相得乃飞：谢家河的管理氏族。

[16]蛮蛮：裕固夷又称蛮蛮，今称维吾尔族。

[17]见则天下大水：是那个地方的达罕氏族。达罕，即王。

译文：西山经第三系列最东边的山，名叫盐池山。这座山位于黄河的南岸，北望喊叫山，南望大沟河，西望吊沙山氏族之所，东望惹安。这里的牧民有阴黄水的山区胡族，有东山的赫胥黎，有东流水人，有神江水支系氏族。有一个氏族，是河门河山区胡族的外地支系，名叫林胡。有一群人，是胡族的裕固夷支系，是谢家河的管理氏族，名叫蛮蛮，是那个地区的达罕氏族。

## 长沙山

（102,18504E；38,52199N）

西北三百里，曰长沙之山[1]。泚水[2]出焉，北流注于泑水[3]，无草木[4]，多青雄黄[5]。

注释：[1]长沙山：指昌奢山。今译为汉语称金昌山。奢，指黄色，指金。

[2]泚水：指羊河。已消失。只遗存南泚水，今称石羊河。

[3]泑水：指弱水湖，今称东湖。

[4]无草木：游牧部落。无，指部落。

[5]青雄黄：指东煦湖。今称金水湖。那里的氏族称东胥湖氏族。

译文：由盐池山往西北三百里，有座山叫金昌山。羊河水从山间流出，向东北流入弱水湖，这里是游牧部落，住着东胥湖氏族。

## 不周山

（101,06024E；41,95765N）

又西北三百七十里，曰不周之山[1]。北望诸毗之山，临彼岳崇之山[2]，东望泑泽[3]，河水所潜也，其源浑浑泡泡[4]。爰有嘉果[5]，其实如涛[6]，其叶如枣[7]，黄华而赤柎[8]，食之不劳[9]。

注释：[1]不周山：指补照山，今称包尔乌拉山。实际介绍山下的索额济纳。

[2]岳崇山：指大戈撮壁山，今称戈壁阿尔泰山。

[3]泑泽：即弱水，又称额济纳、索额济纳。

[4]其源浑浑泡泡：河水走走停停，即断断续续。

[5]嘉果：指吉格德，即吉格镇。

[6]其实如桃：指陶莱尚德，即陶莱尚镇。

[7]其叶如枣：指补照氏。周族，古称补照。

[8]黄华而赤柎：胡区农业的东胡氏族。

[9]食之不劳：古老的农业氏族。

译文：由金昌山往西北三百七十里，有座山叫包尔乌拉山。这里向北可以眺望相邻的山和戈壁阿尔泰山，向东可以眺望弱水，河水常潜入地下，断断续续。那里有吉格镇、陶莱尚镇的氏族，有补照夷，是古老的农业氏族。

## 峚山

（93,51194E；42,81824N）

又西北四百二十里，曰峚山[1]。其上多丹木[2]，员叶而赤茎[3]，黄华而赤实[4]，其味如饴[5]，食之不饥[6]。丹水[7]出焉，西流注于稷泽[8]，其中多白玉[9]。是有玉膏[10]，其源沸沸汤汤[11]，黄帝[12]是食是飨[13]。是生玄玉[14]，玉膏所出，以灌丹木，丹木五岁[15]，五色乃清[16]，五味乃馨[17]。黄帝乃取峚山之玉荣，而投之钟山之阳[18]。瑾瑜之玉为良[19]，坚粟精密[20]，浊泽而有光[21]。五色发作[22]，以柔和刚[23]。天地鬼神，是食是飨，君子服之，以御不祥。自峚山至于钟山，四百六十里，其间尽泽也[24]。是多奇鸟、怪兽、奇鱼[25]，皆异物焉[26]。

注释：[1]峚山：指木提山，又称密山，主峰托木尔提山。在新疆哈密。木提指天的区域。

[2]丹木：指托木尔提牧民。

[3]员叶而赤茎：指草原的犬戎部落。

[4]黄华而赤实：胡族山区的犬戎氏族。黄华，指胡族山区，简称胡山。

[5]其味如饴：东回鹘夷。

[6]食之不饥：古老的贝加尔湖人。

[7]丹水：指托木尔提河。

[8]稷泽：指馍淖尔，今称淖毛湖。稷和馍都是指粮食。

[9]白玉：指伊山氏族，又称伊吾氏族。

[10]玉膏：指泉水。

[11]沸沸汤汤：指泉水涌出的状态。

[12]黄帝：在此有两种含义，一是指北方牧民，一是指北王，在此指北王。

[13]是食是飨：一直依赖这股水生存。

[14]是生玄玉：这里出美女。玄玉，指荣伊，即美女之意。

[15]丹木五岁：托木尔提部落的包容。五岁，指部落的包容。

[16]五色乃清：长安之道。五色，指长安；清，指术、道。

[17]五味乃馨：兴盛之举。五味，指兴盛；馨，指制作、举动。

[18]取峚山之玉荣，而投之钟山之阳：将密山的美女嫁到天山之南。

[19]瑾瑜之玉为良：使公主瑾和瑜成为那里的首领。

[20]坚粟精密：将粟进贡给峚山。

[21]浊泽而有光：这是造泽福佑的方法。浊泽，指造泽；而有，指福佑；光，指门，法门。

[22]五色发作：是振兴部落的国策。

[23]以和柔刚：以和亲消除战争。刚，指勾，即战争。

[24]其间尽泽也：其间有很多支系氏族。

[25]奇鸟、怪兽、奇鱼：奇鸟指乌鲁木克齐人；怪兽，指古尔班通人；奇鱼，指奇台人。

[26]皆异物焉：都是伊吾国的臣民。异物，即伊吾。

译文：由包尔乌拉山往西北四百二十里，有座山叫密山。山的西面住着托木尔提牧民，是草原的犬戎部落夷，是胡族山区的犬戎氏族，是东回鹘夷，是古老的贝加尔湖人。托木尔提水从山间流出，向东北流入淖毛湖，河畔住着伊吾部落氏族。这里有一股泉水，沸沸汤汤地涌出，北部的牧民一直依靠着股泉水生存。这里出美女。泉水所出，以滋养托木尔提人，托木尔提部落的包容，是长安之道，是兴盛之举。北王将密山的美女嫁到天山之南。公主瑾和公主瑜成为那里的首领，将粟米进贡给密山，这是造泽福佑的方法。振兴部落的策略是以和亲消除战争。天地鬼神都享受着这样的安宁。君子用此以御不祥。从密山到天山，四百六十里，其间有许多氏族。他们是乌鲁木克齐、古尔班通和奇台人，都是伊吾部落的臣民。

美丽的托木尔提姑娘

## 钟山

（87,6131E；43,8264N）

又西北四百二十里，曰钟山[1]。其子曰鼓[2]，其状如人面而龙身[3]，是与钦䲹杀葆江[4]于昆仑之阳[5]，帝乃戮(chuo)之[6]钟山之东曰瑶崖[7]。钦䲹化为大鹗[8]，其状如雕而黑文白首[9]，赤喙而虎爪[10]，其音如晨鹄(gao)[11]，见则有大兵[12]；鼓亦化为鵕鸟[13]，其状如鸱(di)，赤足而直喙[14]，黄文而白首[15]，其音如鹄(gao)，见则其邑大旱[16]。

注释：[1]钟山：指天山。又叫齐城山。

[2]其子曰鼓：主峰叫格达。濮语“博”是指山，博格达是倒装句。

[3]人面而龙身：西部氏族的定居地。龙，指洛，即西方、西部。

[4]钦䲹杀葆江：指齐城外的首府。齐城，指乌鲁木克齐，意为蜘蛛城。杀，指外边，之外。葆江，指博贾，即首府、政治中心，牧民有住帐包的习俗，首府是可以移动的。

[5]昆仑之阳：指高山的南坡。

[6]帝乃戮之：北方的游牧支系。

[7]钟山之东曰瑶崖：天山的支系叫雅利安亚希库都氏，简称雅亚氏。东，指栋，即支系。

[8]钦䲹化为大鹗：齐城山南面的农牧民。大鹗，指农牧兼顾的氏族。

[9]雕而黑文白首：魮鲁的直系樊族。

[10]赤喙而虎爪：犬戎的胡族支系。

[11]晨鹄：指盆地，这里指齐城。第二个“鹄”字指交河古城。

[12]见则有大兵：是那里的统治氏族。

[13]鼓亦化为鵕鸟：格达山南面的交河氏族。鵕鸟，指交河。

[14]䴅（di）赤足而直喙：氐羌北迁的直目人支系。赤足，指北迁。

[15]黄文而白首：胡杨水的农业氏族。黄文，指胡杨水，今称艾丁湖。

[16]见则其邑大旱：是那个地方的达罕氏族。

译文：由密山往西北四百二十里，有座山叫天山。天山的主峰叫格达山，这里是西部氏族的定居地，是乌鲁木克齐城外的南山首府，这里住着北方游牧支系的天山支系，叫雅利安亚希库都氏。齐城山南面的农牧民是魮鲁的直系樊族；犬戎的胡族支系，住在齐城，是那里的统治氏族；格达山南面的交河氏族，是氐羌北迁的直目人支系，是胡杨水区域的农业氏族，住在交河古城，是那个城镇的达罕氏族。

天山的主峰博格达

## 泰器山

（90,3796E；46,67493N）

又西百八十里，曰泰器之山[1]。观水[2]出焉，西流注于流沙[3]。是多文鳐鱼[4]，状如鲤鱼[5]，鱼身而鸟翼[6]，苍文而白首赤喙[7]，常行西海[8]，游于东海，以夜飞[9]。其音如鸾鸡（lue gai）[10],其味酸甘[11]，食之已狂[12]，见则天下大穰（hang）[13]。

注释：[1]泰器山：指阿尔泰东山。即阿尔泰山的东南麓。

[2]观水：指布尔干河，简称干河、干水。

[3]流沙：指福海和乌伦湖。

[4]文鳐鱼：指蕴戎夷。戎，在濮语中读雍，与鳐谐音。蕴，指越，即客居的。

[5]鲤鱼：指尼溢，即青河。

[6]鱼身而鸟翼：夷的西部支系。夷，指青河夷。鸟，读洛音，指西部。

[7]苍文而白首赤喙：青河的山区犬戎支系。苍文，指青河。

[8]常行西海：由西海迁移。西海，指哈萨克斯坦地区。

[9]游于东海以夜飞：进入东海的富蕴。夜飞，指外来之系、客家支系，后来成为地名，今称富蕴。

[10]鸾鸡：指列盖，与北部的乌列盖相对应。今称阿尕什。

[11]其味如酸甘：南面的索干。索干，指喀斯克尔索干。

[12]食之已狂：古老的北部夷。

[13]大穰：读达罕，指王、王族。

译文：由天山往西北一百八十里，有座山叫阿尔泰东山。布尔干河从山间流出，向西流入乌伦湖。那里住着蕴戎夷，是青河夷的西部支系，是青河的山区犬戎族，由西海迁至东海的富蕴镇；他们住在列盖镇南面的喀斯克尔索干镇，是古老的北部夷，是那个地区的达罕氏族。

阿尔泰东山

## 槐江山

（87,43979E；48,571N）

又西三百二十里，曰槐江之山[1]。丘时之水[2]出焉，而北流注于泑水[3]。其中多蠃母[4]。其上多青雄黄[5]，多藏琅玕[6]、黄金、玉[7]，其阳多丹粟[8]，其阴多采黄金、银[9]。实为帝之平圃[10]，神英招司之[11]，其状马身而人面，虎文而鸟翼[12]，徇于四海，其音如榴[13]。南望昆仑，其光熊熊[14]，其气魂魂[15]。西望大泽，后稷所潜也[16]。其中多玉[17]，其阴多榣木之有若[18]。北望诸毗，槐鬼离仑居之[19]，鹰鹯之所宅也[20]。东望恒山四成[21]，有穷鬼居之[22]，各在一搏[23]。爰有淫水[24]，其清洛洛[25]。有天神[26]焉，其状如牛[27]，而八足二首马尾[28]，其音如勃皇[29]，见则其邑有兵[30]。

注释：[1]槐江山：槐江，指西山，这里指阿尔泰西山。

[2]丘时水：指齐斯水，即额尔齐斯河。这里包括额尔齐斯河的支流喀纳斯河。

[3]泑水：指鄂毕河。

[4]蠃母：指牧民。

[5]青雄黄：指东锡勒克。

[6]藏琅玕：指铁勒沙干。铁，在濮语中读 ze 音。

[7]黄金玉：指赛勒廷夷。

[8]丹粟：这里指屯得沙拉。屯读 den 音。

[9]采黄金银：指他乌部落夷。他，濮语读为采。

[10]帝之平圃：北方的宗山。平圃，指祖宗。

[11]神英招司之：北斋桑氏族的发源地。

[12]虎文而鸟翼：富蕴的西部支系。

[13]榴：指阿勒泰镇。

[14]其光熊熊：指昆仑丘的孔塔普坎峰像一根竹签样的小柱子。

[15]其气魂魂：指昆仑丘的噻尔山像一个小圆点。

[16]大泽，后稷所潜也：斋桑泊、哈萨克国东部的平原。

[17]玉：伊哈氏族，即北哈萨克氏族。

[18]榣木之有若：北卡缅氏族的城池。

[19]槐鬼离仑居之：北山的宜峰最高。槐鬼，指北山。离仑，指宜（li）峰，今称友谊峰。

[20]鹰鹯之所宅也：鹰鹯，即英招，全句为：北斋桑地区的主峰。

[21]恒山四成：指杭爱山科布多地区。四成，濮语读布都。

[22]穷鬼居之：指戈壁阿尔泰最高。穷鬼读撮戈，即戈撮壁。

[23]各在一搏：是戈撮壁地区的大山。

[24]淫水：指耶水，全称为大塔米尔水，鄂尔浑河的上游。

[25]其清洛洛：向东流去。

[26]天神：指勒泰梅族。岩画表达为勒泰梅补。

[27]牛：指阿勒泰地区。

[28]八足二首马尾：粮食种植氏族的胡夷。八足，读饶阻，指粮食；二，读畲，指种植。

[29]勃皇：指巴哈，也称哈巴。在今哈巴河县。

[30]见则其邑有兵：是那个集镇的统治氏族。

译文：由阿尔泰东山往西北三百二十里，有座山叫阿尔泰西山。额尔齐斯水从这里流出，向北流入鄂毕河。这里住着牧民。山的西面住着东锡勒克人、铁勒沙干人和赛勒廷夷，南面住着屯得沙拉人，北面住着他乌部落夷。这座山实际是北方的宗山，是北斋桑氏族的发源地，他们是胡族的居民，是富蕴的西部支系，游牧于四方，住在阿勒泰。从这里南望昆仑，孔塔普坎峰像一根小柱子，噻尔山像一个小圆点。西望斋桑泊地区，那里是哈萨克国东部的平原，有伊哈氏族和北卡缅氏族的城池。北望诸毗之峰，北山的谊峰最高，是北斋桑地区的主峰。东望杭爱山的科布多地区，戈壁阿尔泰山最高，是戈撮壁地区的大山。那里还有大塔米尔水，源源不断地向东流去。有一个勒泰梅族，是阿勒泰的粮食种植胡夷，住在巴哈，是那个集镇的统治氏族。

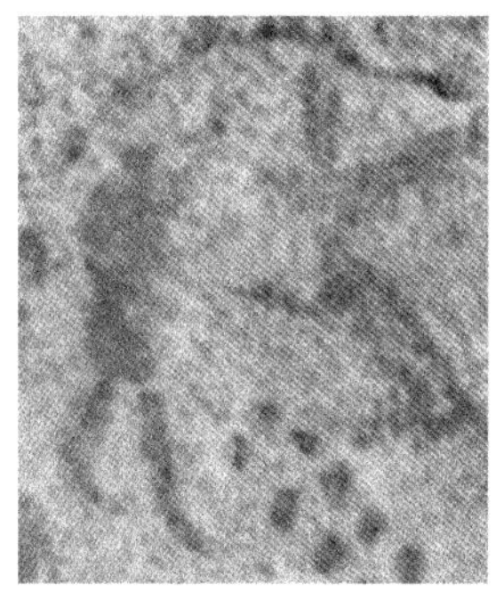

哈巴河岩画中的北斋桑氏族

## 昆仑丘

（82,98196E；46,20204N）

西南四百里，曰昆仑之丘[1]。是实惟帝之下都[2]，神陆吾司之[3]。其神状虎身而九尾[4]，人面而虎爪[5]；是神也，司天之九部及帝之囿时[6]。有兽焉，其状如羊而四角[7]，名曰土蝼[8]，是食人。有鸟焉，其状如蜂，大如鸳鸯[9]，名曰钦原[10]，蠚鸟兽则死[11]，蠚木则枯[12]。有鸟焉，其名曰鹑鸟[13]，是司帝之百服[14]。有木焉，其状如棠[15]，黄华赤实[16]，其味如李而无核[17]，名曰沙棠[18]，可以御水[19]，食之使人不溺[20]。有草焉，名曰蓍草[21]，其状如葵[22]，其味如葱[23]，食之已劳[24]。河水[25]出焉，而南流注于无达[26]。赤水[27]出焉，而东南流注于氾天之水[28]。洋水[29]出焉，而西南流注于丑涂之水[30]。黑水[31]出焉，而西流注于大杅[32]，是多怪鸟兽[33]。

注释：[1]昆仑丘：指孔塔普坎山。也包括东北面的噻尔山。

[2]帝之下都：北方的边缘地区。

[3]神陆吾司之：游牧氏族部落的统治区域。

[4]其神状虎身而九尾：氏族是西部的胡族。九尾，读姜夷，指西部夷。

[5]人面而虎爪：定居的胡族支系。

[6]司天之九部及帝之囿时：建立天山西部及北部的裕固氏族部落。天，指南天山。

[7]羊而四角：指东边的白碱滩地区。

[8]土蝼：指白城，今称克拉玛依。

[9]蜂，大如鸳鸯：山区的塔鲁耶西克人。

[10]钦原：东耶西克。今称托里。

[11]蠚鸟兽则死：牧羊族的支系。

[12]蠚木则枯：贺蒙则柯氏。也称塔塔尔人。

[13]鹑鸟：指哈萨克人。濮语读哈为吹，吹、鹑谐音。

[14]司帝之百服：统治北方的王族。百服，读补冯，指王族。

[15]棠：指陶唐，又指中原。

[16]黄华赤实：华山地区的迁徙氏族。

[17]其味如李而无核：车围子人的乌苏部落。核，指熟，熟、苏谐音。

[18]沙棠：指远唐氏族。

[19]可以御水：夏国的客家氏族。客家，指某中心氏族到远出的其他民族地区生活。

[20]食之使人不溺：古老的乌苏镇的令狐氏。使人，指苏惹、苏镇。

[21]薲草：指艾比湖边的移民。

[22]葵：指奎屯。

[23]其味如葱：指车围子人的分支、支系。

[24]食之已劳：古老的河滨夷。

[25]河水：指贺水。

[26]乌达：今称艾比湖。

[27]赤水：指东河。

[28]氾天之水：指苏屯河，流经乌苏和奎屯。

[29]洋水：指裕固水。

[30]丑涂水：今称多斯特克河。

[31]黑水：指额敏河

[321]大杅：指阿拉湖。

[33]怪鸟兽：指克鲁氏族

译文：由阿尔泰西山往西南四百里，有座山叫孔塔普坎山。这里实际是北方的边缘地区，是游牧氏族部落的统治区域。这里的氏族是西部的胡族定居的支系；这个氏族统治着南天山西部及北部的裕固氏族。有一个氏族，是东部的白碱滩氏族，名叫白城氏族，是古老的集镇氏族。有一群人，是山区的塔鲁耶西克人，名叫东耶西克，是牧羊氏族支系的贺蒙则柯氏。有一群人，名叫哈萨克人，是统治北方的王族。有一群牧民，是中原华山地区的迁徙氏族，是车围子人的乌苏支系，名叫远唐人，是夏国的客家人，是古老的乌苏镇的令狐氏。有一个移民氏族，名叫滨绰，是奎屯的车围子人的支系，是古老的河滨夷。贺水从山间流出，向南流入艾比湖。东河水从山间流出，向东南流入苏屯河。裕固水从山间流出，向西南流入多斯特克河。额敏水从山间流出，向西流入阿拉湖。那里住着克鲁氏族。

被称为昆仑丘的孔塔普坎山

## 乐游山
（80,2625E；41,16946N）

又西三百七十里，曰乐游之山[1]。桃水[2]出焉，西流注于稷泽[3]，是多白玉[4]，其中多滑鱼[5]，其状如蛇而四足[6]，是食鱼[7]。

注释：[1]乐游山：指西南山，即天山西山与南山交界处的山，有汗腾格里峰和托木尔峰两个山峰，主峰为托木尔峰。

[2]桃水：指托盖博水，今称托盖博依，实际向东流。

[3]稷泽：指馍扎提河，今称木扎提河。馍字在濮语中也读稷。

[4]白玉：指博孜墩夷，即博孜镇夷。

[5]滑鱼：指温巴肆夷，即温巴集市夷，今称温巴什乡夷。“滑”（wo）与“温”谐音。

[6]蛇而四足：塞族人的氏族。

[7]是食鱼：是古老的夷人。

译文：从孔塔普坎山向西南三百七十里有座山，名叫西南山，主峰为托木尔峰。托盖博水从山间流出，向东流入馍扎提河。这里生活着博孜镇夷和温巴肆夷，他们是塞人的氏族，是古老的夷人。

## 嬴母山
（75,3288E；38,46175N）

西水行四百里，曰流沙[1]，二百里至于嬴母之山[2]。神长乘[3]司之，是天之九德也[4]。其神状如人而犳尾[5]。其上多玉[6]，其下多青石而无水[7]。

注释：[1]流沙：指疏勒。倒装句为勒疏。

[2]嬴母山：指游牧山，是天山南脉山的东南麓，也称南脉山。主峰公格尔峰。

[3]神长乘：指乌孜别克氏族。乌与长同意，皆指辽阔的。

[4]天之九德也：天山山口之乡。九德，指纠塔门，即天门，今称乌孜别里山口。

[5]人而犳(zhuo)尾：定居的草原夷。

[6]玉：指吉木河氏族。濮语读玉为珏，珏、吉谐音。

[7]青石而无水：叶尔羌河的北部氏族。无，指北部；水，指氏族。

译文：由西南山往西南水行四百里，到达疏勒，再走旱路二百里到达南脉山。这里是乌孜别克氏族统治的地区，是天山山口之乡。这里的氏族是定居的草原夷，山的西面住着吉木河氏族，山的东面住着叶尔羌河的北部氏族。

## 玉山

（76,57395E；35,61512N）

又西三百五十里，曰玉山[1]，是西王母所居也[2]。西王母其状如人[3]，豹尾虎齿而善啸[4]，蓬发戴胜[5]，是司天之厉及五残[6]。有兽焉，其状如犬而豹文[7]，其角如牛[8]，其名如狡[9]，其音如吠犬[10]，见则其国大穰[11]。有鸟焉，其状如翟而赤[12]，名曰胜遇[13]，是食鱼[14]，其音如录[15]，见则其国大水[16]。

注释：[1]玉山：指最大的山，又称羲乌姆、乔戈里峰。羲乌姆，意为雪域峰，谐音西王母。实际往东南方向。

[2]是为西王母所居也：这里是雪域高峰之最。实际在慕士塔格峰的东南面。

[3]人：指柱子。可译为人才、巨人。

[4]豹尾虎齿而善啸：山南护卫着边疆。

[5]蓬发戴胜：山峰伸向云端。

[6]是司天之厉及五残：在云中生长着雪莲。

[7]犬而豹文：羌而啵汶，即叶尔羌河的源头。啵汶，指源头。

[8]其角如牛：乔戈里河。

[9]狡：突厥族。

[10]吠犬：指东岔口。

[11]大穰：统治氏族。

[12]翟而赤：北部的游牧氏族。

[13]胜遇：罕萨夷。

[14]是食鱼：是古老的民族。

[15]录：指塔土鲁，今塔土鲁沟。

[16]大水：指达罕氏族。

译文：由南脉山往东南三百五十里，有座山叫乔戈里峰，这里是雪域高峰之最。雪域峰像一个巨人，在山南护卫着边疆，山峰伸向云端，在云中生长着雪莲。有一个氏族，是叶尔羌河源头的乔戈里河边的氏族，名叫突厥，住在东岔口，是那里的统治氏族。有一群人，是北部的游牧民，名叫罕萨夷，是古老的民族，住在塔土鲁沟，是那里的达罕氏族。

被称为西王母的乔戈里峰

## 轩辕丘

（71,83335E；36,26278N）

又西四百八十里，曰轩辕之丘[1]。无草木[2]。洵水出焉[3]，南流注于黑水[4]，其中多丹粟[5]，多青雄黄[6]。

注释：[1]轩辕丘：指兴都大山、又称身毒大山，简称兴耶山，谐音轩辕。今称兴都库什山。主峰蒂里奇米尔峰。

[2]无草木：游牧部落地区。

[3]洵水：兴耶水。印度河的源头。

[4]黑水：指霍斯特水，今称喀布尔河。

[5]丹粟：达里族，是雅利安人的支系氏族。

[6]青雄黄：东身毒胡，又称东胥度胡。

译文：由乔戈里峰往西四百八十里，有座山叫兴都库什山，是游牧部落地区。兴耶水从山间流出，向南流入喀布尔河。那里住着达里族，住着东身毒胡。

## 积石山

（66,13163E；34,25736N）

又西三百里，曰积石之山[1]。其下有石门[2]，河水冒以西流[3]。是山也，万物无不有焉[4]。

注释：[1]积石山：指土尔其斯坦山。

[2]石门：指萨、桑部落。

[3]河水冒以：指贺硕穆溢。今称穆尔加布河。

[4]万物无不有焉：大宛部落的北山氏族乡。有焉，读补耶，指氏族乡。

译文：由兴都库什山往西三百里，有座山叫土尔其斯坦山。山的东面住着萨、桑部落氏族。穆尔加布河发源于这座山，向西边流去。这座山是大宛部落的北山氏族乡。

## 长留山

（63,13297E；34,98708N）

又西二百里，曰长留之山[1]，其神白帝少昊居之[2]。其兽皆文尾[3]，其鸟皆文首[4]。是多文玉石[5]。实惟员神磈氏之宫[6]。是神也，主司反景[7]。

注释：①长留山：指乌孜山，又称班迪突厥斯坦山。

②白帝少昊居之：班迪萨胡的部落。

③文尾：宛夷。

④文首：宛族。

⑤文玉石：宛夷氏族。

⑥员神磈氏之宫：宛氏族凯萨尔氏之门（应是南大门）。

⑦反景：读“胡吉”，指吉良马，即汗血马。

译文：由土尔其斯坦山往西二百里，有座山叫乌孜山，是班迪萨胡部落氏族的区域。那里的氏族皆为宛夷，人群皆为宛族，有很多宛夷氏族。实际是宛族凯萨尔氏的南大门。这些氏族，主要饲养汗血马。

宛马吉良

## 章莪山

（60,26502E；33,72973N）

又西二百八十里，曰章莪之山[1]，无草木[2]，多瑶碧[3]。所为甚怪[4]。有兽焉，其状如赤豹[5]，五尾一角[6]，其音如击石[7]，其名如狰[8]。有鸟焉，其状如鹤，一足[9]，赤文青质而白喙[10]，名曰毕方[11]，其鸣自叫也，见则其邑有譌火[12]。

注释：[1]章莪山：指贾恩山，在伊朗东部。

[2]无草木：游牧部落。

[3]瑶碧：伊马目河氏族。

[4]所为甚怪：萨维信国。

[5]赤豹：东波斯。

[6]五尾一角：部落夷的大支系。

[7]击石：贝杰斯坦，今称马什哈德。

[8]狰：指俾尔詹氏。

[9]鹤，一足：指马什哈德的大支系。

[10]赤文青质而白喙：莫兹杜兰的山区支系。

[11]毕方：俾胡，即俾路支胡。

[12]譌火：埃兰胡。埃兰，伊朗远古的国名。

译文：由班迪突厥斯坦山往西二百八十里，有座山叫贾恩山，是游牧部落地区，住着伊玛目河氏族，称为萨维信国。有一个氏族，是东波斯部落的大氏族，住在马什哈德，名叫俾尔詹氏。有一群人，是马什哈德大支系的莫兹杜兰山区支系，名叫俾胡，他们自己也这样称呼，是那个集镇的埃兰胡。

## 阴山

（57,09546E；30,29788N）

又西三百里，曰阴山[1]。浊浴之水[2]出焉，而南流注于蕃泽[3]，其中多文贝[4]。有兽焉，其状如狸而白首[5]，名曰天狗[6]，其音如榴榴[7]，可以御凶[8]。

注释：[1]阴山：指伊鲁德山，在伊朗中南部。在贾恩山的西南面。

[2]浊浴水：指扎兰河。

[3]蕃泽：波泽，即波斯湾。

[4]文贝：维俾，即南俾路支人。

[5]狸而白首：山区的农业氏族。

[6]天狗：达尔格布里支系。

[7]榴榴：伊鲁河。

[8]可以御凶：克尔曼伊斯，今称克尔曼。

译文：由贾恩山往西南三百里，有座山叫伊鲁德山。扎兰河发源于这座山，向南流入波斯湾，这里住着南俾路支氏族。有一个氏族，是山区的农业氏族，名叫达尔格布里氏，住在伊鲁河北岸的克尔曼伊斯。

## 符惕山

（51,64624E；32,65871N）

又西二百里，曰符惕之山[1]，其上多椶枏[2]，其下多金玉[3]。神江疑居之[4]。是山也，多怪雨[5]，风云之所出也[6]。

注释：[1]符惕山：指洪萨尔特山。属扎格罗斯山北麓。实际介绍伊斯法罕城。

[2]椶枏：指扎兰氏族，又称杰耶氏族、纳杰法氏族，属俾路支的卢尔人支系。

[3]金玉：指库赫帕耶氏族，属俾路支的卢尔人支系。

[4]神江疑居之：杰耶氏族部落的区域，杰耶氏族又称纳杰法氏族。

[5]怪雨：指北方夷，北方氏族。

[6]风云之所出也：洪萨尔夷建立的行宫。

译文：由伊鲁德山北麓往西二百里，有座山叫洪萨尔特山，山的西面住着杰耶氏族，东面住着库赫帕耶氏族，这里是杰耶氏族部落的区域。这座山实际是北方氏族洪萨尔夷建立的行宫。

杰耶氏族女孩

## 三危山

（47,06495E；34,33518N）

又西二百二十里，曰三危之山[1]，三青鸟居之[2]。是山也，广员百里[3]。其上有兽焉，其状如牛，白身而四角[4]，其豪如披蓑[5]，其名【彳敖 彳因】[6]，是食人[7]。有鸟焉，一首三身[8]，其状如鸈[9]，其名曰鴟[10]。

注释：[1]三危山：克尔曼沙阿山，简称沙阿山，实际介绍克尔曼沙阿城。

[2]三青鸟居之：萨吉勒部落区域，又称萨尔波勒部落区域。

[3]广员百里：克尔曼人的都城。当“曼”由粤濮语译为汉语时，就读为员。

[4]牛，白身而四角：卢尔人的农业氏族。

[5]其豪如披蓑：霍鲁沘族，今称喀克河族。

[6]【彳敖 彳因】(wo yuan)：农业氏族名，与此相同的有馍里苑氏。

[7]是食人：是古老的定居氏族。

[8]一首三身：大氏族的沙阿氏。

[9]鸈(luo)：阿洛古达氏。

[10]鴟：兹支系。鸈，鴟联译为：阿洛古达尔兹。

译文：由洪萨尔特山往西北二百二十里，有座山叫克尔曼沙阿，是萨尔波勒部落区域。是克尔曼人的都城。这里有一个氏族，是卢尔人的农业氏族，是喀克河族群的【彳敖 彳因】支系，是古老的定居氏族。有一群人，是大氏族沙阿氏的阿洛古达尔兹支系，简称兹氏族。

## 䰎山
（47,69578E；38,28648N）

又西一百九十里，曰䰎山[1]，其上多玉而无石[2]，神耆童居之[3]，其音长如钟磬[4]。其下多积蛇[5]。

注释：[1]䰎山：指北山，又称萨巴兰山。实际在克尔曼阿沙的北面。

[2]玉而无石：指大不里士（城镇名）。玉与耶谐音，无与不同意，石与士谐音。

[3]神耆童居之：指东托罗斯氏族部落的区域。

[4]长如钟磬：指乌鲁米湖东岸。长如，读乌鲁。

[5]积蛇：指盖杰氏族。（住在今阿尔达比勒地区）

译文：由克尔曼阿沙往北一百九十里，有座山叫萨巴兰山，山的西面是大不里士的东托罗斯氏族部落的区域，人们住在乌鲁米湖的东岸。山的东面住着盖杰氏族。

## 天山
（41,94274E；38,92846N）

又西三百五十里，曰天山[1]，多金玉[2]，有青雄黄[3]。英水[4]出焉，而南流注于汤谷[5]。有神焉，其状如黄囊[6]，赤如丹火[7]，六足四翼[8]，浑敦无面目[9]，是识歌舞[10]，实惟帝江也[11]。

注释：[1]天山：指托罗斯山，在土尔其东部。

[2]金玉：指基伊氏族。

[3]青雄黄：指东锡尔万氏族。

[4]英水：比赫坦河的北支流。

[5]汤谷：指比赫坦河。

[6]黄囊：指凡湖。

[7]赤如丹火：游牧集镇胡。

[8]六足四翼：母系氏族。

[9]浑敦无面目：凡镇北面的穆什镇。

[10]是识歌舞：是什城的部落氏族。什城，即穆什镇。

[11]帝江也：指泰尔詹夷，属闪族的支系氏族。

译文：由萨巴兰山往西三百五十里，有座山叫托罗斯山，那里住着基伊氏族和东锡尔万氏族。英水从山间流出，向南流入比赫坦河。有一个氏族，是凡湖的游牧集镇胡，属母系氏族，在凡城北面的穆什镇，是穆什城的部落氏族，实际是泰尔詹夷。

古老的闪族支系——泰尔詹夷

## 泑山

（32,84744E；39,93867N）

又西二百九十里，曰泑山[1]，神蓐收居之[2]。其上多婴短之玉[3]，其阳多瑾瑜之玉[4]，其阴多青雄黄[5]。是山也，西望日之所入，其气员[6]，神红光之所司也[7]。

注释：[1]泑山：克尔奥罗山，简称奥山、泑山。实际介绍乌鲁斯古城。

[2]神蓐收居之：鲁斯部落氏族的区域。鲁斯部落，又称乌鲁斯，今属安卡拉的古城区。

[3]婴短之玉：埃斯基谢尔镇之夷，简称埃顿之夷。

[4]瑾瑜之玉：格尔巴舍夷和耶尼杰夷，简称格耶之夷。

[5]青雄黄：东锡尔万氏族区，今称其地为丘布克镇。

[6]西望日之所入，气员：锡尔万人统治的克尔奥罗。克也读柒、气。

[7]神红光之所司也：养鹿氏族的西部大肆。神红光，指养鹿氏族。

译文：由托罗斯山往西二百九十里，有座山叫克尔奥罗山，这里是鲁斯部落的区域。山的西面住着埃顿之夷，南面住着格耶之夷，北面住着东锡尔万氏族。这个地方是锡尔万人统治的克尔奥罗养鹿氏族的西部大肆。

## 翼望山

（30,5387E；38,75693N）

西水行百里，至于翼望之山[1]，无草木[2]，多金玉[3]。有兽焉，其状如狸[4]，一目而三尾[5]，名曰讙[6]，其音奪（代音字）百声[7]，是可以御凶[8]，服之已瘅[9]。有鸟焉，其状如乌[10]，三首六尾而善笑[11]，名曰鵸鵌[12]，服之使人不厌[13]，又可以御凶。

凡西次三经之首，崇吾之山至于翼望之山，凡二十三山，六千七百四十四里。其神状皆羊身人面[14]，其祠之礼，用一吉玉瘞[15]，糈用稷米[16]。

注释：[1]翼望山：指永王山，永久管理的山，今阿菲永地区。

[2]无草木：游牧部落地区。

[3]金玉：指恰伊氏族。

[4]狸：指山区的。

[5]一目而三尾：一目人的塞夷，即雅利安人。

[6]讙：指萨利赫利人，简称赫利人、赫利氏族。

[7]奪百声：丹布尔森，今称布尔丹。

[8]可以御凶：阿柯伊河的匈奴。阿柯伊河，今称大门德雷斯河。

[9]服之已瘅：胡族的布尔丹夷。

[10]乌：乌沙克人。

[11]三首六尾而善笑：塞族能夷的边缘夷。能夷，指中心氏族。

[12]鵸鵌：指奇吐人，又称奇夫里尔人。

[13]服之使人不厌：胡族古老的河滨氏族。

[14]羊身人面：牧羊氏族的居民形象。

[15]吉玉：指上等品质的玉。濮语、彝语都称第一等级为吉，

[16]稷米：指黄米，比粟米的颗粒稍大一些。

译文：由克尔奥罗山向西南水行百里，到达阿菲永山，那里是游牧氏族的部落，住着恰伊氏族。有一个氏族，是山区的雅利安人，名叫赫利氏，住在布尔丹，是阿柯伊河的匈奴，是古

老的布尔丹夷。有一群人，是乌沙克塞族能夷的边缘氏族，名叫奇夫里尔人，是胡族古老的河滨夷，也是阿柯伊河的匈奴。

综观西山经第三系列，从屈吴山到阿菲永山，共有二十三座山，延绵六千七百四十四里。这些山神的形象皆为牧羊氏族的居民形象，祭祀之礼，用一块上等的玉埋入地下，食物用黄米食品。

## 西山经第四山系 阴山

（109,37996E；35,98843N）

西次四经之首，曰阴山[1]，上多穀[2]，无石[3]，其草多茆、蕃[4]。阴水[5]出焉，西流注于洛。

注释：[1]阴山：指英山，在陕西境内，属黄龙山北麓洪福梁。

[2]穀：指道姓氏族。濮语读“道”为工，与穀谐音。

[3]无石：指阿氏，今有地名阿党。

[4]茆蕃：指富堡，今陕西富县县城。

[5]阴水：指英水。

译文：西山经第四列山系的第一座山，名叫英山。山的西面住着道姓氏族和阿姓氏族，这里的移民为富堡氏族。英水发源于这座山，向西流入洛河。

## 劳山

（109,06325E；36,59596N）

北五十里，曰劳山[1]，多茈草[2]。弱水[3]出焉，而西流注于洛。

注释：[1]劳山：指陕西崂山。

[2]茈草：指卓资移民，即夸父族移民。

[3]弱水：今称周水。

译文：由英山向北五十里，有座山叫崂山，这里住着卓资移民。弱水从这里流出，向西流入洛河。

## 罢父山

（108,50432E；37,1781N）

西五十里，曰罢父之山[1]，洱水[2]出焉，而西流注于洛，其中多茈、碧[3]。

注释：[1]罢父山：指巴彦胡的山，今谐音称白于山，在陕西境内。

[2]洱水：又称资水、资沘。今称周河。

[3]茈碧：指资沘，因夸父族而得名。资沘氏族即卓资夷。

译文：由崂山向西北五十里，有座山叫白于山，洱水发源于这座山，向西流入洛河。这里住着卓资夷。

## 申山

（108,83253E；38,59729N）

张明友

北七十里，曰申山[1]，其上多穀柞[2]，其下多杻橿[3]，其阳多金玉[4]。区水[5]出焉，而东流注于河。

注释：[1]申山：指经线走向的山，汉语称横山；这里指乌审山，今称乌审旗。在内蒙古鄂尔多斯南面。

[2]穀柞：指草原氏族。穀柞读仡卓，指草类。

[3]杻橿：在此指榆林氏族。杻橿读杻举，指榆林。

[4]金玉：指岭夷，即横岭夷。

[5]区水：指无定河。

译文：由白于山向北七十里，有座山叫乌审山。山的西面住着草原氏族，东面住着榆林氏族，南面住着横岭夷。无定水从这里流出，向东流入黄河。

## 鸟山

（109,83366E；40,66059N）

北二百里，曰鸟山[1]，其上多桑[2]，其下多楮[3]，其阴多铁[4]，其阳多玉[5]。辱水[6]出焉，而东流注于河。

注释：[1]鸟山：指乌拉山。濮语乌、拉都指鸟。

[2]桑：指桑根达来氏族。

[3]楮：指卓资氏族。

[4]铁：指查干氏族。

[5]玉：指伊金霍洛氏族。

[6]辱水：指乌加河。

译文：由乌审山往北二百里，有座山叫乌拉山。山的西面住着桑根达来氏族，东面住着卓资氏族，北面住着查干氏族，南面住着伊金霍洛氏族。乌加河水发源于这座山，向东流入黄河。

## 上申山

（109,35164E；42,23051N）

又北百二十里，曰上申山[1]。上无草木[2]，而多硌石[3]，下多榛楛[4]，兽多白鹿[5]。其鸟多当扈[6]，其状如雉[7]，以其髯飞[8]，食之不眴目[9]。汤水[10]出焉，东流注于河。

注释：[1]上申山：指桑根达莱山，今称阴山。

[2]上无草木：西面是游牧部落地区，

[3]硌(luo)石：指西部的氏族。

[4]榛楛：指查干氏族。

[5]白鹿：指白陇氏族，今白云鄂博氏族。

[6]当扈：指当胡，又称达尔罕胡。

[7]雉：指雉鸡场山地区的通古斯氏族。

[8]其髯飞：犬戎胡。

[9]食之不眴：古老的匈奴。不眴，读补胥，匈奴、华胥氏都称补胥。

[10]汤水：指陶木格水，先汇入乌加河，再向东流入黄河。

译文：由乌拉山往北一百二十里，有座山叫桑根达莱山。山的西面是游牧部落，住着西部的氏族，东面住着查干氏族和白云鄂博氏族。有一群当胡人，是通古斯族的犬戎胡，是古老的匈奴支系。陶木格水从山间流出，向东流入黄河。

被译为当扈的达尔罕的匈奴

## 诸次山

（106,26919E；45,76345N）

又北百八十里，曰诸次之山[1]，诸次之水出焉，而东流注于河[2]。是山也，多木无草[3]，鸟兽莫居[4]，是多众蛇[5]。

注释：[1]诸次山：指曼达勒低地牧区。简称低放山，诸次是低放的音译。

[2]河：指哈尔艾拉格沼泽。

[3]木无草：指曼达勒游牧部落。

[4]鸟兽莫居：勒属蒙纪，牧民的蒙族部落。

[5]众蛇：指牂氏族，即牧羊氏族。

译文：由桑根达莱山往北一百八十里，是曼达勒低地牧区，低地之水从这里流出，向东流入哈尔艾拉格沼泽。这个地方住着曼达勒游牧部落氏族，他们是蒙族部落的牧民，是牧羊氏族。

## 号山

（101,09866E；46,91304N）

又北百八十里，曰号山[1]。其木多漆[2]、椶[3]，其草多药[4]、虈[5]、芎䓖[6]。多汵石[7]。端水[8]出焉，而东流注于河[9]。

注释：[1]号山：指杭爱山，在蒙古国。

[2]漆：指克列人，属突厥的一个大支系。

[3]椶：指赫雷人，属克列支系。

[4]药：指大塔米尔人，属克列支系。

[5]虈：指居图人，属克列支系。

[6]芎䓖：洪丘，指洪戈尔人，属克列支系。

[7]汵石：戈壁阿尔泰氏族。

[8]端水：指塔米尔水，鄂尔浑河的支流。

[9]河：指鄂尔浑河。

译文：从曼达勒戈壁往西北一百八十里，有座山叫杭爱山。这里的牧民是克列人的赫雷、大塔米尔、居图、洪戈尔等戈壁阿尔泰支系。塔米尔水从山间流出，向东流入鄂尔浑河。

张明友

## 盂山

（103,29044E；50,39829N）

又北二百二十里，曰盂山[1]。其阴多铁[2]，其阳多铜[3]，其兽多白狼白虎[4]，其鸟多白雉白翟[5]。生水[6]出焉，而东流注于河[7]。

注释：[1]盂山：指伊赫山，在俄罗斯贝加尔湖南岸。

[2]铁：濮语"油"的音译，氐羌语读"柳"音。这里指斯柳江卡。

[3]铜：指呼塔格，在蒙古境内。

[4]白狼白虎：读吐拉吐乌，指麦拉氏族和乌克钦氏族，属突厥氏族。吐指突。

[5]白雉白翟：读吐卓吐德，指普卓氏和德兹氏族，属突厥氏族。

[6]生水：指德兹水。濮语读"生"为叨，叨、德谐音。

[7]河：指色楞河。

译文：由杭爱山往北二百二十里，有座山叫伊赫山。山的北面住着斯柳江卡氏族，山的南面住着呼塔格氏族。这座山的氏族还有麦拉、乌克钦、普卓和德兹等突厥氏族。德兹水从山间流出，向东流入色愣河。

## 白於山

（101,19694E；53,68425N）

西二百五十里，曰白於之山[1]。上多松柏[2]，下多栎檀[3]，其兽多㸲牛[4]、羬羊[5]，其鸟多鸮[6]。洛水[7]出于其阳，而东流注于渭[8]；夹水出于其阴[9]，东流注于生水[10]。

注释：[1]白於山：读博伊尔库特，指伊尔库特山，在伊尔库茨克西侧。实际往西北。

[2]松柏：指索西博尔人，也称索西比尔人。

[3]栎檀：指伊利姆族。

[4]㸲牛：指扎姆佐尔人。

[5]羬羊：指卡勒人，也称卡赖人。羊，读ci音，意同勒，指牧。

[6]鸮：指下乌金斯克人。

[7]洛水：指博罗格勒，今称波罗格河。

[8]渭水：指奥卡河。

[9]夹水：指阿嘎拉，今称安加拉河。实际向西流。

[10]生水：指叶尼塞河。

译文：由伊赫山往西北二百五十里，有座山叫伊尔库特山。山的西边住着索西博尔人，东边住着伊利姆族，狩猎氏族有扎姆佐尔族和卡赖族等氏族。波罗格河从山的南面流出，向东流入奥卡河；安加拉河从山的北面流出，向西流入叶尼塞河。

## 申首山

（95,76695E；54,2401N）

西北三百里，曰申首之山[1]，无草木[2]，东夏有雪[3]。申水[4]出于其上，潜[5]于其下，是多白玉[6]。

注释：[1]申首山：指大阴山，谐音称萨彦山。

[2]无草木：游牧部落地区。

[3]东夏有雪：指东萨彦岭。东，在此不是指方位，而是濮语"屏障"的音译。

[4]申水：指萨彦水。

[5]潜：指迁，流向。

[6]白玉：在此指白夷，即突厥人，又称奥尔利柯人。

译文：由伊尔库特山往西北三百里，有座山叫萨彦山，是游牧部落地区，又称东萨彦岭。萨彦水发源于山的西面，流向山的东面，这里生活着突厥人。

## 泾谷山

（88,34843E；54,55191N）

又西百五十五里，曰泾谷之山[1]。泾水[2]出焉，东南注于渭[3]，是多白金白玉[4]。

注释：[1]泾谷山：指卡拉戈尔山，在萨亚戈尔诺斯克南面。

[2]泾水：指卡拉戈尔水，今称阿拉斯水。

[3]渭：指南河，是叶尼塞河的支流，今称赫奇克河。

[4]白金白玉：指突厥部落和突厥人。

译文：由东萨彦岭往西一百五十五里，有座山叫卡拉戈尔山。阿拉斯水从这里流出，向东南流入赫奇克河，这里住着突厥部落和突厥人。

## 刚山

（85,95066E；51,96939N）

又西百二十里，曰刚山[1]，多柒木[2]，多㻬琈之玉[3]。刚水出焉[4]，北流注于渭[5]。是多神【光鬼】[6]，其状人面鸟身[7]，一足一手[8]，其音如钦[9]。

注释：[1]刚山：指戈尔诺山，在戈尔诺阿尔泰斯克西面。

[2]柒木：指克列牧民氏族。

[3]㻬琈之玉：指突胡夷，即突厥人。

[4]刚水：指戈尔诺水，今称比斯克拉亚河。

[5]渭：指鄂毕河。

[6]神【光鬼】(wo)：指农业氏族。

[7]人面鸟身：定居的僚族。

[8]一足一手：指伊尔古族，又称巴尔虎族，既从事游牧业，也从事农业。

[9]钦：指乌怯列，今称戈尔诺阿尔泰斯克。

译文：由卡拉戈尔山往西一百二十里，有座山叫戈尔诺山，住着克列氏族，住着突厥人。戈尔诺水从这座山流出，向北流入鄂毕河。这里住着农业氏族，是定居的僚族伊尔古氏，住在乌怯列。

## 刚山尾

（78,93864E；52,56649N）

又西二百里，至刚山之尾[1]。洛水[2]出焉，而北流注于河[3]。其中多蛮蛮[4]，其状鼠身而鳖首[5]，其音若吠犬[6]。

注释：[1]刚山之尾：指库隆达山，山体呈多列排列为狭长型，犹如匈奴人的发辨，故得名库隆达，意为象发辨样的山体。汉文化则视发辨为小尾巴，就将“达”译成“尾”。

[2]洛水：指库隆达西面的河流，今称布拉河。实际向东北流。

[3]河：指鄂毕河。

[4]蛮蛮：匈奴人苏克族的一个支系，善于饲养鹿。蛮蛮，意为回鹘。

[5]鼠身而鳖首：苏克族的直系。

[6]吠犬：指费斯怯卡，也称维斯怯卡，今称布拉哥斯维斯怯卡。

译文：由戈尔诺山往西二百里，有座山叫库隆达山。布拉河水从这里流出，向东北流入鄂毕河。这里生活着蛮蛮氏族，是苏克族的直系氏族，住在维斯怯卡。

## 英鞮山

（71,46519E；51,16573N）

又西三百五十里，曰英鞮之山[1]，上多漆木[2]，下多金玉[3]，鸟兽尽白[4]。涴水[5]出焉，而北流注于陵羊之泽[6]，是多冉遗之鱼[7]，鱼身蛇首而六足[8]，其目如马耳[9]，食之使人不眯[10]，可以御凶[11]。

注释：[1]英鞮山：指伊铁米尔山，音译为英鞮山，后称埃斯塔纳或阿斯塔纳。

[2]漆木：指克吾卡人。

[3]金玉：指加拉干达人，今已发展至南面。

[4]鸟兽尽白：族群皆突厥人。

[5]涴水：指涴克特雅布尔水。

[6]陵羊之泽：指淖咩之泽，实际为淖尔米湖，今称斯马勘德湖。

[7]冉遗之鱼：指冉斯浦布里夷。冉斯浦布里是湖边的一个村镇。

[8]鱼身蛇首而六足：渔民塞族的母系氏族。

[9]其目如马耳：支系为缅纳支系，也称缅淖支系。

[10]食之使人不眯：古老的定居缅族。补眯，指缅族，读音卡缅，是突厥的称谓之一。

[11]可以御凶：哈萨克的匈奴人。

译文：由库隆达山往西三百五十里，有座山叫伊铁米尔山。山的西面住着克吾卡人，东面住着加拉干达人，这里的氏族皆为突厥人。涴克特雅布尔水发源于这座山，向北流入陵羊之泽。湖边住着冉斯浦布里渔民，是渔民塞族的母系氏族，其支系为缅纳支系，是古老的定居缅族，是哈萨克的匈奴。

## 中曲山

（63,49598E；49,65268N）

又西三百里，曰中曲之山[1]。其阳多玉[2]，其阴多雄黄、白玉即金[3]。有兽焉，其状如马而白身黑尾[4]，一角，虎牙爪[5]，音如鼓音[6]，其名曰駮[7]，是食虎豹[8]，可以御兵[9]。有木焉，其状如棠[10]，而员叶赤实[11]，实大如木瓜[12]，名曰櫰木[13]，食之多力[14]。

注释：[1]中曲山：指哈萨克斯坦图尔盖高原。“图尔盖”、“图撮”都是指突厥的草原之意。图也与托谐音，指中部，此处将北部草原的“图撮”译为中曲，就是这个原因。

[2]玉：指伊尔吉兹氏族。

[3]雄黄、白玉、金：指绍拉克赛、图尔盖、杰尔温三个部落氏族。

[4]马而白身黑尾：指胡族的突厥贵族。

[5]一角虎牙爪：伊科夫河支系氏族。伊科夫河是托博尔河的东侧支流。

[6]鼓音：指科伊，今称博罗夫斯科伊。

[7]駮：指博罗夫氏。

[8]是食虎豹：是古老的胡人农业氏族。

[9]可以御兵：哈萨克的直系夷。兵，读比，指直系。

[10]櫰：指图尔盖。

[11]员叶赤实：草原游牧氏族。

[12]实大如木瓜：科斯塔奈牧城人。

[13]櫰木：指贺蒙则柯氏。

[14]食之多力：古老的德内人。德内人，即丁伶人。

译文：由伊铁山往西三百里，有座山叫图尔盖山。山的南面住着伊尔吉兹氏族，北面住着绍拉克赛、图尔盖和杰尔温氏族。有一个氏族，是胡族的突厥贵族支系的伊科夫河支系氏族，住在博罗夫斯科伊，名叫博罗夫氏，是古老的胡人农业氏族，是哈萨克的直系氏族。有一群牧民，是图尔盖草原的游牧氏族，是科斯塔奈牧城人，名叫贺蒙则柯氏，是古老的德内人。

## 邽山

（58,91606E；49,42007N）

又西二百六十里，曰邽山[1]。其上有兽焉，其状如牛，蝟毛[2]，名曰穷奇[3]，音如獆狗[4]，是食人[5]。濛水[6]出焉，南流注于洋水[7]，其中多黄贝；蠃鱼[8]，鱼身而鸟翼[9]，音如鸳鸯[10]，见则其邑大水[11]。

注释：[1]邽山：指穆戈贾尔山。简称戈山，谐音邽山。

[2]牛，蝟毛：应为牛蝟毛，指赫罗姆人。也称罗姆人。

[3]穷奇：克列托盖氏族译为汉语，即为穷奇。也称克列人，属突厥族。

[4]獆狗：指赫罗姆城，今称阿克托别城。

[5]是食人：是古老的定居氏族。

[6]濛水：指穆戈贾尔水。

[7]洋水：指里海。

[8]黄贝蠃鱼：指北贝什诺伊氏族。黄，是“北”概念“武”的音译。

[9]鱼身而鸟翼：渔民氏族的诺伊氏。鸟，读诺音。

[10]鸳鸯：指恩巴城。

[11]大水：指达罕氏族，即统治氏族。

译文：由图尔盖山往西南二百六十里，有座山叫穆戈贾尔山。山的西面有一个氏族，是赫罗姆人，名叫克列托盖氏，住在赫罗姆城，是古老的定居氏族。穆戈贾尔水从山间流出，向南流入里海，这里生活着北贝什诺伊氏族，是渔民氏族的诺伊氏，住在恩巴城，是那里的达罕氏族。

## 鸟鼠同穴山

（56,91998E；57,43215N）

又西二百二十里，曰鸟鼠同穴之山[1]。其上多白虎、白玉[2]。渭水[3]出焉，而东流注于河[4]。其中多鳋鱼[5]，其状如鳣鱼[6]，动则其邑有大兵[7]。滥水[8]出于其西，西流注于汉水[9]。多【如/鱼】(ru)魮之鱼[10]，其状如覆銚[11]，鸟首而鱼翼[12]，音如磬石之声[13]，是生珠玉[14]。

注释：[1]鸟鼠同穴山：指罗斯妥羲山，又称乌拉尔山。罗斯妥羲，俄罗斯的古称谓。实际指乌拉尔山南麓以及哈萨克斯坦的乌拉尔地区。

[2]白虎、白玉：指吐胡吐夷，即突厥族群。

[3]渭水：指别廖佐沃水，简称沃水，谐音渭水。

[4]河：指鄂毕河。

[5]鲦鱼：索利卡姆夷，简称索夷，谐音鲦鱼。

[6]鳣鱼：朝拉夷，简称朝夷，谐音鳣鱼。

[7]动则其邑有大兵：塔吉尔地区属于他管辖。塔吉尔，又称西塔吉尔。与表示东塔吉尔的下塔吉尔对应。

[8]滥水：指切尔内水，今称卡马河。

[9]汉水：指阿斯特拉罕河，简称罕河。今称伏尔加河。

[10]【如/鱼】(ru)魮之鱼：指乌法河渔民，简称乌沘渔。乌沘是切尔内河的支流。

[11]覆銚：指东塔吉尔人。

[12]鸟兽而鱼翼：俄罗斯族的大支系。

[13]磬石之声：切尔内之所。

[14]是生珠玉：是两岔河地区的渔民。乌法河与切尔内河交汇处，称两岔河地区。

译文：由穆戈贾尔山往西北二百二十里，有座山叫乌拉尔山，这里住着白胡白夷。别廖佐沃水从山间流出，向东流入鄂毕河。这里住着索利卡姆夷，是朝拉支系氏族，塔吉尔地区都属于他管辖。切尔内水从山的西面流出，向西流入伏尔加河。这里住着乌法河渔民，是东塔吉尔氏族，是俄罗斯的大支系氏族，住在切尔内之所，是两岔河地区的渔民。

## 崦嵫山

（44,65924E；43,02943N）

西南三百六十里，曰崦嵫之山[1]。其上多丹木[2]，其叶如榖[3]，其实大如瓜[4]，赤符而黑理[5]，食之已瘅[6]，可以御火[7]。其阳多龟[8]，其阴多玉[9]。苕水[10]出焉，而西流注于海[11]，其中多砥砺[12]。有兽焉，其状马身而鸟翼[13]，人面蛇尾[14]，是好举人[15]，名曰孰湖[16]。有鸟焉，其状如鸮而人面，蜼身犬尾[17]，其名自号也，见则其邑大旱[18]。

凡西次四经自阴山以下至于崦嵫之山，凡十九山，三千六百八十里。其神祠：皆用一白鸡[19]祈，糈以稻米，白菅为席[20]。

右《西经》之山，凡七十七山，一万七千五百一十七里。

注释：[1]崦嵫山：指大高加索山。

[2]丹木：指鞑牧，即游牧氏族。

[3]其叶如榖：支系为高加索支系。

[4]其实大如瓜：克拉斯达尔国。

[5]赤符而黑理：契费人的贵族支系。

[6]食之已瘅：古老的达尔夷。

[7]可以御火：高加索的牧羊族。御火，即延贺，指牧羊。

[8]龟：指格鲁吉亚人。

[9]玉：指杰尔沘氏族。

[10]苕水：指向西北或东北方向流的河流，这里指杰尔沘。

[11]海：指亚速海。

[12]砥砺：指符拉迪克人。

[13]马身而鸟翼：胡族的俄罗斯支系。

[14]人面蛇尾：定居的塞夷。（实际是定居的高加索雅利安人而非塞夷）

[15]是好举人：是奥克兹居民。

[16]孰湖：指高加索胡，简称索胡。

[17]鸮而人面蜼身犬尾：东部定居的阿塞拜疆犬戎。

[18]大旱：达罕氏族。

[19]白鸡：指白璧。

[20]白菅为席：茅草人为通灵命官。

译文：由乌拉尔山往西南三百六十里，有座山叫大高加索山。这里住着游牧民族，支系为高加索克拉斯达尔国契费人的贵族支系，是古老的达尔夷，是高加索的牧羊氏族。山的南面住着格鲁吉亚人，北面住着杰尔沘氏族。苕水从这里流出，向西北流入亚速海，河边住着符拉迪克人。有一个氏族，是胡族的俄罗斯支系定居的塞夷，是奥克兹居民，名叫索胡。有一群人，是东部定居的阿塞拜疆犬戎，他们自己也这样称呼，是那个地区的达罕氏族。

综观西山经第四列山系，从英山至大高加索山，共计十九座山，延绵三千六百八十里。祭祀这些山的山神时，用一块白璧祈祷，食品用稻米，用茅草人作通灵命官。

以上所述，西山经总共有七十七座山，延绵一万七千五百一十七里。

大高加索山

## 第三卷 北山经

### 单狐山

（110,71247E；35,59367N）

北山经之首，曰单狐之山[1]，多机木[2]，其上多华草[3]。逢水[4]出焉，而西流注于泑水[5]，其中多茈石文石[6]。

注释：[1]单狐山：指汾河口的山，一般译为“当汾山”。在山西运城河津市、稷山市北面。

[2]机木：指稷峰镇牧民。

[3]华草：指化裕氏移民。

[4]逢水：指汾水。

[5]泑水：指黄河。

[6]茈石文石：指河津氏族和泉镇氏族。

译文：北山经第一山系最南端的山，叫当汾山，这里住着稷峰牧民，西面住着化裕氏移民。汾水从这里流过，向西流入黄河，河畔住着河津氏族和泉镇氏族。

### 求如山

（110,68255E；36,09869N）

又北二百五十里，曰求如之山[1]。其上多铜[2]，其下多玉[3]，无草木[4]。滑水[5]出焉，而西流注于诸毗之水[6]。其中多滑鱼[7]，其状如鱓(shan)[8]，赤背[9]，其音如梧[10]，食之已疣[11]。

其中多水马[12]，其状如马，文臂牛尾[13]，其音如呼[14]。

注释：[1]求如山：指管坡山，今称管头山。实际介绍整个吉县。

[2]铜：指教岭氏族。今称文城氏族。

[3]玉：指舆氏族。今称车城氏族。

[4]无草木：游牧部落。

[5]滑水：指南水。今称兰家河。

[6]诸毗之水：指州川河，是兰家河的下游。

[7]滑鱼：指南部夷，今称鄂夷。

[8]䱇：指中垛和桐柏氏族。

[9]赤背：指赤沘，即黄河支系。

[10]梧：指崖头。今称吉昌镇。

[11]食之已疣：古老的阳夷。疣，指阳。

[12]水马：指教岭苗族。水，濮语“教”的不同读音。

[13]文臂牛尾：指文河僚夷。

[14]呼：指马城。今称文城。

译文：由当汾山往东北二百五十里，有座山叫管头山。山的西面住着教岭氏族，山的东面住着车城氏族。兰家河水从这里流出，向西流入州川河。这里住着鄂夷，是中垛和桐柏氏族的黄河支系，住在吉昌镇，是古老的阳夷。这里还住教岭苗，是苗族的文河僚夷，住在文城。

## 带山

（111,18257E；36,98229N）

又北三百里，曰带山[1]。其上多玉[2]，其下多青碧[3]。有兽焉，其状如马[4]，一角有错[5]，其名曰䑏(guan)疏[6],可以辟火[7]。有鸟焉，其状如乌[8]，五采而赤文[9]，名曰鵸鵌[10]，是自为牝牡[11]，食之不疽[12]。彭水[13]出焉，而西流注于芘湖之水[14]，中多儵鱼[15]，其状如鸡而赤毛[16]。三尾六足四首[17]，其音如鹊[18]，食之可以已忧[19]。

注释：[1]带山：指交口山，在山西吕梁市交口县。

[2]玉：指西卫氏族。

[3]青碧：指红桃坡氏族。

[4]马：指胡族。

[5]一角有错：大支系的迁徙氏族。

[6]䑏(guan)疏：手工艺师的称谓。作为群体称为䑏输氏，也称公输氏，是著名的手工业和工匠氏族。

[7]可以辟火：夏国的手工业胡。火，胡的谐音。

[8]乌：指北方的。

[9]五采而赤文：千山部落的移民。采，指犲山，今称千山。

[10]鵸鵌：指千山夷。

[11]自为牝牡：芝水河畔。

[12]食之不疽：古老的林胡。不疽，指补举，即林胡。

[13]彭水：指交水又称交口河。今称城川河。

[14]芘湖之水：指陡坡水。

[15]儵(shu)鱼：即肃夷，指狩猎夷。

[16]鸡而赤毛：指雉鸡场山的移民。雉鸡场山在伊勒呼里山西北面。

[17]三尾六足四首：三岔河的母系氏族。三岔河，今称午城。

[18]鹊：指南面。

[19]食之可以已忧：古老的夏国的奥洛奇夷。奥是多音字，也读 you 音。

译文：由管头山往北三百里，有座山叫交口山。山的西面住着西卫氏族，东面住着红桃坡氏族。有一个氏族，是胡族大支系的迁徙氏族，名叫公输氏，是夏国的手工业胡。有一群人，是北方的千山部落的移民，叫千山夷，住芝水河畔，是古老的林胡。交口水从山间流出，向西流入陡坡河，这里住着狩猎夷，是雉鸡场山的移民，是三岔河的母系氏族，住在南面，是夏国古老的奥洛奇夷。

## 谯明山

（111,11631E；38,17119N）

又北四百里，曰谯明之山[1]。谯水[2]出焉，西流注于河[3]。其中多何罗之鱼[4]，一首十身[5]，其音如吠犬[6]，食之已痈[7]。有兽焉，其状如貆而赤豪[8]，其音如榴榴[9]，名曰孟槐[10]，可以御凶[11]。是山也，无草木[12]，多青雄黄[13]。

注释：[1]谯明山：指湫明山。今称黑荼山。实际介绍山南的湫河流域。

[2]谯水：指湫水。

[3]河：指黄河。

[4]何罗之鱼：指碛石之夷，在此指碛口之夷。

[5]一首十身：大氏族的博恒氏。

[6]吠犬：指东碛，也称东岐。

[7]食之已痈：古老的雍夷，雍，指丛罗。

[8]貆而赤豪：山区的游胡。

[9]榴榴：临县县城古称迎湄，读音 liu liu。

[10]孟槐：临县县城西侧的靠山称为孟山，读音孟槐。

[11]可以御凶：夏国的匈奴夷。

[12]无草木：游牧部落。

[13]青雄黄：东部的匈奴胡。

译文：由交口山往北四百里，有座山叫湫明山，湫水从山上流出，向西流入黄河。这里住着碛口夷，是大氏族的博恒氏，住在东碛，是古老的雍夷。有一个氏族，是山区的游牧胡，住在迎湄，名叫孟山氏，是夏国的匈奴夷。这座山是游牧地区，住着东部的匈奴胡。

## 涿光山

（111,08167E；39,02103N）

又北三百五十里，有座山叫涿光之山[1]。嚣水[2]出焉，而西流注于河[3]。其中多鳛鳛之鱼[4]，其状如鹊而十翼[5]，鳞皆在羽端[6]，其音如鹊，可以御火[7]，食之不瘅[8]。其上多松柏[9]，其下多椶橿[10]，其兽多麢羊[11]，其鸟多蕃[12]。

注释：[1]涿光山：指洼窖。后称保德。今山西保德县有窖洼乡。

[2]嚣水：朱家川又称赵水，古音为勺水，谐音嚣水。

[3]河：指黄河。

[4]鳛鳛之鱼：指零散的、少量的人。

[5]鹊而十翼：南面的山区夷。十，读博，指山。

[6]鳞皆在羽端：定居在河口。

[7]可以御火：夏国的延贺氏族，即牧羊氏族。

[8]食之不瘅：古老的补鞑。即古老的游牧氏族。

[9]松柏：指深洼氏族。

[10]椶橿：指山梁氏族。

[11]麢羊：读高秧，指府谷氏族。

[12]蕃：指东关。

译文：由湫明山往北三百五十里，有座山叫洼窖山。赵水从山间流出，向西流入黄河。这里住着少量的居民，是南岸的山区夷，定居在河口，住在南岸，是夏国的牧羊氏族，是古老的牧民。洼窖的西边住着深洼氏族，东边住着山梁氏族。有些氏族住在府谷，有的人住在东关。

## 虢山

（111,66938E；39,91582N）

又北三百八十里，曰虢山[1]，其上多漆[2]，其下多桐椐[3]。其阳多玉[4]，其阴多铁[5]。伊水[6]出焉，西流注于河[7]。其兽多橐驼[8]，其鸟多寓[9]，状如鼠而鸟翼[10]，其音如羊[11]，可以御兵[12]。

注释：[1]虢山：指通道山，简称道山，读音虢山。今内蒙古清水河县城。

[2]漆：指高姓氏族。

[3]桐椐：指通道部落氏族。桐，指通。

[4]玉：指台子梁氏族。

[5]铁：指泡子氏族。

[6]伊水：指小河水。

[7]河：指黄河。

[8]橐驼：指通卡氏族。

[9]寓：指河滨氏族。

[10]鼠而鸟翼：凉城的僚夷。

[11]羊：指杨家窑。

[12]可以御兵：夏国的河滨夷。

译文：由洼窖山往北三百八十里，有座山叫通道山，山的西面住着高姓氏族，东面住着通道部落氏族。南面住着台子梁氏族，北面住着泡子氏族。小河水从山间流出，向西流入黄河。这里的氏族还有通卡氏族，人群还有河滨夷，是来自凉城的僚夷，是夏国的河滨夷。

## 虢山尾

（111,6885E；40,82606N）

又北四百里，至于虢山之尾[1]，其上多玉而无石[2]。鱼水[3]出焉，西流注于河[4]，其中多文贝[5]。

注释：[1]虢山尾：指通道的尾端，即今呼和浩特。

[2]玉而无石：指河滨的部落氏族。这里的其上是指卓资水的西面。

[3]鱼水：指卓资水，今称大、小黑河。濮文“鱼”读 zhu、zhe 两个读音。

[4]河：指黄河。

[5]文贝：指水湾氏族。

译文：由通道山往北四百里，到达通道尾，卓资水的西面住着河滨部落氏族。卓资水从山间流出，向西流入黄河，这里住着水湾氏族。

## 丹熏山

（111,30861E；41,18596N）

又北二百里，曰丹熏之山[1]。其上多樗柏[2]，其草多韭薤[3]，多丹臒[4]。熏水[5]出焉，而西流注于棠水[6]。有兽焉，其状如鼠，而菟首麋身[7]，其音如獆犬，以其尾飞[8]，名曰耳鼠[9]，食之不脎[10]，又可以御百毒[11]。

注释：[1]丹熏山：指秃亥山，即今内蒙古武川县上秃亥乡。

[2]樗柏：指马莲窊氏族。

[3]韭薤：指梁盖氏族。

[4]丹臒：指秃亥胡。

[5]熏水：指秃亥水。

[6]棠水：指土城河。濮语读土、泥为棠。

[7]鼠而菟首麋身：农耕的吐苏密支系。吐苏密支系即贵族支系。

[8]獆犬以其尾飞：布连的东南治区。今碌碡梁子。

[9]耳鼠：指碌碡氏。碌碡，是一种石辊子农具，用于代指农耕民族。

[10]食之不脎：古老的外来氏族。

[11]又可以御百毒：阴康氏的碌毒部落夷。

译文：由通道尾往北二百里，有座山叫秃亥山。山的西面住着马莲窊氏族，住着梁盖游牧民和秃亥胡。秃亥水从这里流出，向西流入土城河。有一个氏族，是农耕的贵族支系，住在布连的东南治区，名叫碌碡氏，是古老的外来氏族，实际是阴康氏的碌毒部落夷。

## 石者山

（111,70477E；41,52208N）

又北二百八十里，曰石者之山[1]，其上无草木[2]，多瑶碧[3]。泚水[4]出焉，西流注于河[5]。有兽焉，其状如豹，而文题白身[6]，名曰孟极[7]，是善伏[8]，其名自呼。

注释：[1]石者山：指什颗碌碡山，简称什碡，今谐音称四子山，在内蒙古四子王旗。

[2]无草木：指游牧部落。

[3]瑶碧：指河川氏族。

[4]泚水：指塔莲水，又称大黑水。

[5]河：指伊和河。

[6]豹而文题白身：指从事农业的梧桐不浪氏族。

[7]孟极：指牧纪氏，又称胡纪氏、忽鸡氏。

[8]善伏：指外来胡。

译文：由秃亥山往北二百八十里，有座山叫什碡山，山的西边是游牧部落，住着河川氏族。塔莲水从这里流出，向西流入伊和河。这里有一个氏族，是从事农业的梧桐不浪氏族，牧纪氏，是外来胡，他们自己也这样称呼。

张明友

## 边春山

（111,69502E；41,75835N）

又北百一十里，曰边春之山[1]，多葱[2]、葵[3]、韭[4]、桃[5]、李[6]。杠水[7]出焉，而西流注于泑泽[8]。有兽焉，其状如禺而文身[9]，善笑[10]，见人卧则卧[11]，名曰幽鴳[12]，其名自呼。

注释：[1]边春山：指满莲梁子，读音笨且纠。今称马莲梁子。

[2]葱：指岔口氏族。

[3]葵：指北格少氏族。

[4]韭：指梁子氏族。

[5]桃：指中义恒氏族。

[6]李：指府壕子氏族。

[7]杠水：指公合水，简称公水，谐音杠水。

[8]泑泽：指伊和河。

[9]禺而文身：指水边的温都花氏族。

[10]善笑：指外匈奴氏族。

[11]见人卧则卧：定居出水口处。见人指定居；则卧，指出水口。

[12]幽鴳：指伊和氏。和，濮语读音 han、an。

译文：由什碡山往北一百一十里，有座山叫满莲梁子。这里住着岔口氏族、北格少氏族、梁子氏族、中义恒氏族、府壕子氏族。公合水从这里流出，向西流入伊和河。有一个氏族，是水边的温都花氏族，是外匈奴，定居在出水口处，名叫伊和氏，他们也这样介绍自己。

## 蔓联山

（112,56278E；42,20739N）

又北二百里，曰蔓联之山[1]，其山无草木[2]。有兽焉，其状如禺而有鬣[3]，牛尾、文臂，马蹄[4]，见人则呼[5]，名曰足訾[6]，其名自呼。有鸟焉，群居而朋飞[7]，其毛如雌雉[8]，名曰䴔(bo)[9]，其鸣自呼，食之已风[10]。

注释：[1]蔓联山：指忙軨山，意思是无鹿的地方。今称忙可图山。

[2]无草木：游牧部落。

[3]有鬣：指游牧氏族、游牧民。

[4]牛尾、文臂，马蹄：指怒青水河的马尼特人。

[5]见人则呼：定居的胡族支系。

[6]足訾：指低地人。

[7]群居而朋飞：指桑廷巴润治区。

[8]其毛如雌雉：支系为游牧支系。雌雉，在此指游牧支系。

[9]䴔：指勃日和氏族。

[10]已风：读夷冯，指山区夷。

译文：由满莲梁子往北二百里，有座山叫忙軨山，山的西面是游牧部落。有一个氏族，是水边的牧民，是怒青水河的马尼特人，是定居的胡族支系，称为低地人，他们也这样介绍自己。有一群人，是桑廷巴润治区的游牧支系，名叫勃日和氏，他们也这样称呼自己，是古老的山区夷。

## 单张山

（112,65488E；42,74541N）

又北百八十里，曰单张之山[1]，其上无草木[2]。有兽焉，其状如豹而长尾[3]，人首而牛耳，一目[4]，名曰诸犍[5]，善吒[6]，行则衔其尾[7]，居则蟠其尾[8]。有鸟焉，其状如雉，而文首、白翼、黄足[9]，名曰白鵺[10]，食之已嗌(yi)痛[11]，可以已痸[12]。栎水出焉[13]，而南流注于杠水[14]。

注释：[1]单张山：指平骊山，蒙语称达奇扎哈山。今苏尼特右旗。

[2]无草木：游牧部落。

[3]豹而长尾：指宝拉格迁徙夷。

[4]人首而牛耳，一目：惹苏淖尔的大支系。惹苏淖尔，苏尼特右旗城的古称谓。

[5]诸犍：指低坡。

[6]善吒：指森吉图氏。

[7]行则衔其尾：指森吉汗其夷。

[8]居则蟠其尾：吉呼帕其夷。

[9]雉而文首、白翼、黄足：指平原蒙族富饶的胡族。

[10]白鵺：指巴彦氏。

[11]已嗌痛：指阴山族。

[12]可以已痸：夏国的游牧夷。

[13]栎水：指诺如水

[14]杠水：指惹苏淖尔水。

译文：由忙軨山往北一百八十里，有座山叫达奇扎哈山，山的西面是游牧部落。有一个氏族，是宝拉格迁徙夷，是惹苏淖尔的大支系，称为低坡的森吉图氏、森吉汗其夷、吉呼帕其夷。有一群人，是平原蒙族富饶的胡族，名叫巴彦氏，是古老的阴山夷，是夏国的游牧夷。诺如河水从山间流出，向南流入惹苏淖尔。

## 灌题山

（112,12188E；43,47163N）

又北三百二十里，曰灌题之山[1]，其上多樗柘[2]，其下多流沙[3]，多砥[4]。有兽焉，其状如牛耳白尾[5]，其音如訆[6]，名曰那父[7]。有鸟焉，其状如雌雉而人面[8]，见人则跃[9]，名曰竦斯[10]，其鸣自呼也。匠韩之水[11]出焉，而西流注于泑泽[12]，其中多磁石[13]。

注释：[1]灌题山：指查干特格山，简称干特山，谐音灌题山。

[2]樗柘：指苏吉嘎查，简称苏吉，谐音樗柘。

[3]流沙：指包饶勒吉音，简称勒吉，释义流沙。

[4]砥：指坝子。泛指平原地区或平缓地区的氏族。

[5]牛而白尾：西边的查干夷。白，指查干。

[6]訆：指梁子上，实际是查干特格驻地。

[7]那父：指那仁胡。

[8]雌雉而人面：指雉鸡场山地区的迁入的定居氏族，也称雌雉山氏族。

[9]见人则跃：包日呼吉日音浑迪，简称且日吉音，谐音见人则跃。包，读且音。

[10]竦斯：指肃慎。

[11]匠韩水：指乔勒浩拉水。

[12]泑泽：在查干特格西侧。

[13]磁石：指游牧氏族。

译文：由达奇扎哈山往北三百二十里，有座山叫查干特格山。山的西面住着苏吉嘎查氏族，东面住着包饶勒吉音氏族以及平坝地区氏族。有一个氏族，是西边的查干夷，住在梁子上，名叫那仁胡。有一群人，是从雌雉山地区迁入的定居氏族，住在包日呼吉日音浑迪，名叫肃慎，他们也这样介绍自己。乔勒浩拉水从山间流出，向西流入泑泽，这里住着游牧氏族。

## 潘侯山

（112,10978E；43,84306N）

又北二百里，曰潘侯之山[1]。其上多松柏[2]，其下多榛楛[3]，其阳多玉[4]，其阴多铁[5]。有兽焉，其状如牛而四节生毛[6]，或曰旄牛[7]。边水[8]出焉，而南流注于栎泽[9]。

注释：[1]潘侯山：指巴日钦哈达山，简称巴哈山，谐音潘侯山。在二连浩特东北面。

[2]松柏：指绍日布格氏族。

[3]榛楛：指党项人，属鲜卑族。今为何村落人不详。

[4]玉：指巴音阿吉氏族。

[5]铁：指呼仍德勒氏族。

[6]牛而四节生毛：指河边的聚落苏木。相同于劳庆根的氏族苏木。

[7]旄牛：指低地的牧民毛勒氏。旄，指朱、诸，即低地之意。

[8]边水：指巴润水。

[9]栎泽：额热恩达布森淖尔的古称谓。

译文：由查干特格山往北二百里，有座山叫巴日钦哈达山。山的西面住着绍日布格氏族，东面住着党项氏族，南面住着巴音阿吉氏族，北面住着呼仍德勒氏族。有一个氏族，是河边的聚落苏木人，叫毛勒氏。巴润水从山间流出，向南流入栎泽。

## 小咸山

（110,13554E；44,90518N）

又北二百三十里，曰小咸之山[1]，无草木[2]，冬夏有雪[3]。

注释：[1]小咸山：指赛音山达山。赛音山达，谐音小咸。

[2]无草木：游牧部落。

[3]冬夏有雪：冬夏，指栋啥，即外国，外国的。古人以祭拜的栋柱为国。雪，指羲，即山峰。在夏朝时期，外蒙属于国外，所以才称栋啥。

译文：由巴日音哈达山往北二百三十里，有座山叫赛音山达山，是游牧部落地区，是外国的山峰。

## 大咸山

（109,25071E；46,62997N）

北二百八十里，曰大咸之山[1]，无草木[2]，其下多玉[3]。是山也，四方[4]，不可以上[5]。有蛇名长蛇[6]，其毛如彘豪[7]，其音如鼓柝[8]。

注释：[1]大咸山：指达尔汗山。咸，在此读 han 音。

[2]无草木：游牧部落。

[3]玉：指河边的氏族。

[4]也四方：读耶补伏，指大巫师。远古时期的部落以大巫师为酋长。

[5]不可以上：补苦以外的国家。补苦，指东胡，但也指夏国。在此指东胡。

[6]长蛇：蛇，指集肆；长蛇，指昌塞，实际就是达尔汗城。

[7]其毛如彘豪：支系为鞑鞨支系。彘豪，指鞑鞨。

[8]鼓柝：指城中心。

译文：由赛音山达山往北二百八十里，有座山叫达尔汗山，是游牧部落地区，山的东面住着河边氏族。这座山是大巫师居住的地方，是补苦以外的联盟中心。这里有一个集肆叫昌塞，居民的支系为鞑鞨支系，住在城中心。

## 敦薨山

（108,33129E；48,67088N）

又北三百二十里，曰敦薨之山[1]，其上多椶枏[2]，其下多茈草[3]。敦薨之水出焉[4]，而西流注于泑泽[5]。出于昆仑[6]之东北隅，实惟河[7]源。其中多赤鲑[8]，其兽多兕，旄牛[9]，其鸟多鳲鸠[10]。

注释：[1]敦薨山：指肯特洪山。

[2]椶枏：指美丽河，蒙语为巴彦高勒。

[3]茈草：指游牧的草原氏族，也称摆嘎氏族，今标注为巴嘎氏族。

[4]敦薨水：指肯特洪水。

[5]泑泽：指鄂尔浑河。

[6]昆仑：指肯特洪山。仑、洪都是指山，肯特与昆谐音。

[7]河：指鄂尔浑河。

[8]赤鲑：指游牧的达里岗嘎人，蒙古族。

[9]兕：指韶阿特人，又称明阿特人，蒙古族。

[10]鳲鸠：斯基泰人，匈奴。

译文：由达尔汗山往北三百二十里，有座山叫肯特洪山，山的西面住着巴彦高勒氏族，东面住着巴嘎氏族。肯特洪水从山间流出，向西流入鄂尔浑河。肯特洪水发源于这座山的东北隅，实际是鄂尔浑河的源头之一。这里住着游牧的达里岗嘎人、明阿特人等蒙族人，还住着斯基泰人。

## 少咸山

（109,27475E；50,13102N）

又北二百里，曰少咸之山[1]。无草木[2]，多青碧[3]。有兽焉，其状如牛而赤身人面马足[4]，名曰窫窳[5]，其音如婴儿[6]，是食人[7]。敦水[8]出焉，东流注于雁门之水[9]，其中多鲌鲌之鱼[10]。食之杀人[11]。

注释：[1]少咸山：指苏赫山。

[2]无草木：游牧部落地区。

[3]青碧：即奇沘，指奇科伊氏族。伊，指河流。

[4]牛而赤身人面马足：涅涅茨氏的定居胡族。牛而赤，指涅涅茨，意思为放鹿人。

[5]窫窳：读雅溢，指大河氏族，属涅涅茨人的支系。

[6]婴儿：指阴阿，即北部地区。

[7]是食人：是古老的定居氏族。人，读惹，指永居、定居。

[8]敦水：指苏赫山南河北面的溪流，紧邻南河。

[9]雁门水：奇科伊西侧的支流。

[10]鲱鲱鱼：指贝沘夷，今称卡雅塔人。贝沘，即南河，流入色愣河。

[11]食之杀人：古老的塞族定居氏族。

译文：由肯特洪山往北二百里，有座山叫苏赫山。这里是游牧部落地区，住着奇科伊氏族。有一个氏族，是涅涅茨氏的定居胡族，名叫雅溢，住在北部地区，是古老的定居氏族。敦水从山间流出，向东流入雁门河，这里住着贝沘夷，是古老的塞族定居氏族。

## 狱法山

（113,46946E；52,05702N）

又北二百里，曰狱法之山[1]。瀤泽之水[2]出焉，而东流注于泰泽[3]。其中多鱳鱼[4]，其状如鲤而鸡足[5]，食之已疣[6]。有兽焉，其状如犬而人面，善投，见人则笑[7]，其名山  [8]，其行如风[9]，见则天下大风[10]。

注释：[1]狱法山：指雅布洛夫山，简称雅夫山，谐音狱法山。以赤塔为中心。

[2]瀤泽水：指马河。

[3]泰泽：指塔卢马河。简称塔河，谐音泰河。

[4]鱳鱼：指扎索尔卡夷。简称扎夷，谐音鱳鱼。

[5]鲤而鸡足：涅涅茨的部落支系。鸡，读纪，指部落。

[6]已疣：南部夷。对赤塔而言。

[7]犬而人面，善投，见人则笑：犬戎定居萨克萨镇的匈奴支系。赤塔城，古称萨克萨。

[8]山  ：读啥哼，指萨克萨人。

[9]其行如风：早期为王族。风，指冯，即王族。

[10]见则天下大风：是那个国家的统治氏族。这里的国家指部落国。

译文：由苏赫山往北二百里，有座山叫雅布洛夫山。马河水从山间流出，向东北流入塔卢马河。这里住着扎索尔卡夷，是涅涅茨人的部落支系，是古老的南部夷。有一个氏族，是犬戎定居于萨克萨场镇的匈奴支系，名叫萨克萨人，早期为王族，是那个国家的统治氏族。

## 北岳山

（114,19525E；57,85135N）

又北二百里，曰北岳之山[1]。多枳棘刚木[2]。有兽焉，其状如牛，而四角人目彘耳[3]，其名曰诸怀[4]，其音如鸣雁[5]，是食人[6]。诸怀之水[7]出焉，而西流注于嚣水[8]，水中多鮨鱼[9]，鱼身而犬首[10]，其音如婴儿[11]，食之已狂[12]。

注释：[1]北岳山：贝加尔北山，也称博代托、博代博，简称贝阴山，谐音北岳山。

[2]枳棘刚木：雉鸡闵蒙。

[3]牛而四角人目彘耳：柳伊斯克部落通古斯牧民。

[4]诸怀：指季姆维。今称维季姆。

[5]鸣雁：读蒙雁，指江北。

[6]是食人：是古老的居民，是原住居民。

[7]诸怀水：今维季姆河。实际往东流。

[8]嚣水：指孙塔尔河。今称维柳伊河。

[9]鮨鱼：指渔夷。即渔业氏族。

[10]鱼身而犬首：犬戎族渔民。

[11]婴儿：指北岸。

[12]已狂：指北夷。

译文：由雅布洛夫山往北二百里，有座山叫博代博。这里住着雉鸡岗蒙。有一个氏族，是柳伊斯克部落通古斯牧民，名叫季姆维人，住在江北，是原住居民。季姆维水从这里流出，向东流入孙塔尔河，河边住着渔业氏族，是犬戎族渔民，住在北岸，是古老的北夷。

## 浑夕山

（102,59188E；61,43261N）

又北百八十里，曰浑夕之山[1]。无草木[2]，多铜玉[3]。嚣水[4]出焉，而北流注于海[5]。有蛇一首两身[6]，名曰肥遗[7]，见则其国大旱[8]。

注释：[1]浑夕山：读恒羲山，意为王顶、主峰之山。又称伊吉尔山，濮语读为伊吉尔玛。

[2]无草木：指游牧部落。

[3]铜玉：读同玉，是“伊吉尔”一词的汉译。

[4]嚣水：指下通古斯卡河。

[5]海：指北冰洋的喀拉海。

[6]蛇一首两身：氏族，伊吉尔氏。是按谐音“一级二氏”译成的：“一首两身”。

[7]肥遗：濮语的“东”概念常读成且、伏、希。而伏和希，常被译为肥和新。肥遗即新伊吉尔玛。

[8]大旱：指达罕氏族。

译文：由博代博往西北一百八十里，有座山叫恒羲山。这里是游牧部落地区，住着伊吉尔氏族。下通古斯河发源于这座山，向北流入喀拉海。这里的氏族是伊吉尔氏族，名叫东伊吉尔氏，是这个国家的达罕氏族。

## 北单山

（100,31359E；63,03605N）

又北五十里，曰北单之山[1]，无草木[2]，多葱韭[3]。

注释：[1]北单山：指拜基特山。谐音拜德山、北单山。

[2]无草木：游牧部落地区。

[3]葱韭：指分水岭氏族。

译文：由恒羲山往北五十里，有座山叫拜基特山，是游牧部落地区，住着分水岭氏族。

## 罴差山

（100,33693E；67,55744N）

又北百里，曰罴差之山[1]，无草木[2]，多马[3]。

注释：[1]罴差山：指分水岭。

[2]无草木：游牧部落地区。

[3]马：指穆鲁克氏族。

译文：由拜基特山往北一百里，有座山叫分水岭，是游牧部落地区，住着穆鲁克氏族。

## 北鲜山

（106,68703E；72,13958N）

张明友

又北百八十里，曰北鲜之山[1]，是多马[2]，鲜水[3]出焉，北流注入涂吾之水[4]。

注释：[1]北鲜山：指布纳亚东山，读布纳亚新雷。简称布新雷，译为北鲜山。

[2]马：指穆鲁克氏族。

[3]鲜水：东河水。

[4]涂吾水：指科图部落河，简称科图河、科图伊。

译文：由分水岭北行一百八十里，有座山叫布纳亚东山，这里住着穆鲁克氏族，东河水从山间流出，向北流入科图河。

隄山

（95,15394E；75,26323N）

又北百七十里，曰隄山[1]，多马[2]。有兽焉，其状如豹而文首[3]，名于泑[4]。泑水[5]出焉，东流而注于泰泽[6]，其中多龙鱼[7]。

凡北山经之首，自单狐之山至于隄山，凡二十五山，五千四百九十里，其神皆人面蛇身[8]。其祠之，毛用一雄鸡彘瘗[9]，吉玉用一珪[10]，瘗而不糈，其山北人[11]，皆生食不火之物[12]。

注释：[1]隄山：指泰梅尔山。

[2]马：指穆鲁克氏族。

[3]豹而文首：山区的乌斯季氏族。

[4]泑：指塔列亚人。

[5]泑水：指塔列亚河。

[6]泰泽：指泰梅尔湖。

[7]龙鱼：指湖畔的渔民。仡佬语读“湖”为龙。

[8]人面蛇身：指定居的塞族的形象。

[9]毛用一雄鸡彘：代替祭词的玉用一软苍玉。雄鸡彘，指软苍玉。

[10]吉玉用一珪：最好的玉用一珪。在此解读为：最好用一珪。

[11]其山北人：东边有集镇。其山读且啥，指东边；北人，读贝惹，指有集镇。

[12]生食不火之物：肃慎胡族的部落。生食，读竦斯，指肃慎；不火，读补胡，即胡族；物，指部落。

译文：由布纳亚东山往西北一百七十里，有座山叫泰梅尔山，住着穆鲁克氏族。有一个氏族，是山区的乌斯季氏族，名叫塔列亚人。塔列亚河水从山间流出，向北流入泰梅尔湖，这里住着湖畔的渔民。

综观北山经第一列山系，从当汾山到泰梅尔山，共计二十五座山，延绵五千四百九十里。这些山的山神皆塞族人的形象，祭祀时用一软苍玉代替祭词，最好是用一珪埋入地下而不用食物。东边有集镇，都是肃慎胡族的部落。

北山经第二山系 管涔山

（112,07354E；38,94927N）

北次二经之首，在河[1]之东，其首枕汾[2]，其名曰管涔之山[3]。其上无木而多草[4]，其下多玉[5]。汾水出焉，而西流注于河。

注释：[1]河：指黄河。

[2]枕汾：头靠着汾河。

[3]管涔山：指管涔山脉主峰，在忻州宁武县西南侧。

[4]无木而多草：指北胡的部落民。北胡，今演变为虎北；草，指寮，即部落。

[5]玉：指余庄氏族。

译文：北山经第二列山系的第一座山，在黄河的东侧，头靠着汾河，名叫管涔山。山的西面是北胡的部落民，东面住着余庄氏族。汾河水从这里流出，向西流入黄河。

## 少阳山

（111,65555E；38,95588N）

又西二百五十里，曰少阳之山[1]。其上多玉[2]，其下多赤银[3]。酸水出焉[4]，而东流注于汾水，其中多美赭[5]。

注释：[1]少阳山：指杏阳山，又称杏岭。

[2]玉：指水峪氏族。

[3]赤银：指涔嶷氏族。

[4]酸水：指杏岭水，简称杏水。

[6]美赭：指五寨氏族。

译文：由管涔山往西二百五十里，有座山叫杏岭。山的西面住着水峪氏族，东面住着涔嶷氏族。杏水从山间流出，向东流入汾河，河边住着五寨氏族。

## 县雍山

（111,62654E；39,16622N）

又北五十里，曰县雍之山[1]。其上多玉[2]，其下多铜[3]，其兽多闾麋[4]，其鸟多白翟白�[5]。晋水[6]出焉，而东南流注于汾水。其中多鮆鱼[7]，其状如儵而赤麟[9]，其音如叱[10]，食之不骄[11]。

注释：[1]县雍山：指县川山，原意为长界山。

[2]玉：指河川氏族。

[3]铜：指岩臂氏族。今称大严备氏族。

[4]闾麋：指令庄氏族。今或称利民。

[5]白翟白鴹：指羽窊、峪窊。今无考。白，读摆，窊的濮语读音。

[6]晋水：指界水或畛水，从神池流入汾河。

[7]鮆鱼：指移民氏族。

[8]儵而赤麟：饕餮的移民。麟，读黎，指人和民。

[9]叱：指神池。

[10]不骄：指北方氏族。

译文：由杏岭往北五十里，有座山叫县川山。山的西面住着河川氏族，东面住着岩臂氏族，还有令庄氏族和羽窊人、峪窊人。畛水从山间流出，向东流入汾河。河口处住着移民氏族，是饕餮的移民，住在神池，是古老的北方氏族。

## 狐岐山

（112,04009E；39,73261N）

又北二百里，曰狐岐之山[1]，无草木[2]，多青碧[3]。胜水[4]出焉，而东流注于汾水[5]。其中多苍玉[6]。

注释：[1]狐岐山：指胡阳山。今称阳虎山，属山西朔州阳虎乡。

[2]无草木：游牧部落地区。

[3]青碧：指高姓氏族。碧，在此指属、姓。

[4]胜水：指酸茨河。

[5]汾水：指东河。又称桑干河。

[6]苍玉：读澄溢，指清水河氏族。

译文：由县川山往东北二百里，有座山叫阻虎山。这里是游牧部落地区，住着高姓氏族。酸茨水从山间流出，向东流入桑干河。这里住着清水河氏族。

## 白沙山

（112,49562E；40,53169N）

又北三百五十里，曰白沙之山[1]，广员三百里，尽沙也[2]，无草木鸟兽[3]。鲔水[4]出于其上，潜[5]于其下，是多白玉[6]。

注释：[1]白沙山：指沙呼山，是内蒙古凉城的古称谓，今有沙呼村遗存。

[2]尽沙也：沙乡部落。

[3]无草木鸟兽：游牧僚族部落。

[4]鲔水：指小南河。

[5]潜：指迁、流向。

[6]白玉：指沙呼夷。

译文：由阻虎山往北三百五十里，有座山叫沙呼山。这里三百里开阔地，是沙乡部落，是游牧僚族的部落。小南河发源于西边，流向东边，这里住着沙呼夷。

## 尔是山

（112,59378E；41,14834N）

又北四百里，曰尔是之山[1]，无草木[2]，无水[3]。

注释：[1]尔是山：锡勒草原，也读锡尔蓍，谐音尔是。今察哈尔右翼中旗。

[2]无草木：游牧部落。

[3]无水：指苏部落，也称苏纪，今有地名苏计。

译文：由沙呼山往北四百里，有座山叫锡尔蓍山，是游牧部落地区，是苏部落的居住地。

## 狂山

（112,66734E；41,8143N）

又北三百八十里，曰狂山[1]，无草木[2]。是山也，冬夏有雪[3]。狂水[4]出焉，而西流注于浮水[5]，其中多美玉[6]。

注释：[1]狂山：指库仑山，今称库仑苏木。

[2]无草木：游牧部落地区。

[3]冬夏有雪：外部落国地区。

[4]狂水：指库仑水。

[5]浮水：指铁沙盖水。

[6]美玉：指巴音夷。巴音、白音的意思是“美”。

译文：由锡尔蓍山往北三百八十里，有座山叫库仑山，是游牧部落地区。这座山是外部落国地区。库仑水从山间流出，向西流入铁沙盖水，这里住着巴音夷。

## 诸余山

（112,9032E；42,4005N）

又北三百八十里，曰诸余之山[1]。其上多铜玉[2]，其下多松柏[3]，诸余之水出焉，而东流注于旄水[4]。

注释：[1]诸余山：指朱日山，今称朱日和。和，是山概念“洪”的谐音。

[2]铜玉：指住在敖包边的人。

[3]松柏：读苏泊，指小的淖尔，这里指哈日淖尔居民。

[4]旄水：朱也读旄（mao）,旄水实际为朱日水的下游。

译文：由库仑山往北三百八十里，有座山叫朱日山。山的西面住着敖包人，东面住着哈日淖尔人。朱日水从山间流出，向东流入旄水。

## 敦头山

（113,65671E；43,8533N）

又北三百五十里，曰敦头之山[1]，其上多金玉[2]，无草木[3]。旄水出焉，而西流注于印泽[4]。其中多勃马[5]，牛尾而白身[6]，一角[7]，其音如呼[8]。

注释：[1]敦头山：指冈仡山，今称冈干山。实际介绍北麓的聚居区，今称苏尼特左旗。

[2]金玉：指冈干乌拉氏族，也称冈干乌拉夷，简称冈夷。

[3]无草木：游牧部落。

[4]印泽：指道布音泽。

[5]勃马：指山区的忙勒族。

[6]牛尾而白身：僚夷的山区氏族。白，在此读 bo 音。

[7]一角：大支系。

[8]呼：指呼和德惹，苏尼特左旗的古称谓。

译文：由朱日山往北三百五十里，有座山叫冈干山，山的西面住着冈干乌拉夷，是游牧部落。旄水从这里流出，向西流入道布音泽。这里住着山区的忙勒族，是僚夷的山区氏族的大支系，住在呼和德惹。

## 钩吾山

（113,90837E；45,2398N）

又北三百五十里，曰钩吾之山[1]。其上多玉[2]，其下多铜[3]。有兽焉，其状如羊而人面[4]，其木在腋下[5]，虎齿人爪[6]，其音如婴儿[7]，名曰狍鸮[8]，是食人[9]。

注释：[1]钩吾山：指达里甘嘎部落山，简称甘吾山。

[2]玉：指水门氏族。今称翁贡氏族。

[3]铜：指通黎山氏族，也称输黎山氏族。今称斯林博德。

[4]羊身人面：牧羊氏族居民。

[5]腋下：耶湘，今称甘嘎湖。

[6]虎齿人爪：游牧的定居支系。

[7]婴儿：北面。

[8]狍鸮：指跑狼岭氏族。

[9]是食人：是原住居民。

译文：由冈干山往北三百五十里，有座山叫甘吾山。山的西面住着翁贡人，东面住着输黎山人。有一个氏族是牧羊氏族的居民，检目在耶湘，住在北面，名叫跑狼岭氏，是原住居民。

## 北嚣山

（115,78035E；49,14573N）

又北三百里，曰北嚣之山[1]。无石[2]，其阳多碧[3]，其阴多玉[4]。有兽焉，其状如虎，而白身犬首[5]，马尾彘鬣[6]，名曰独谷[7]。有鸟焉，其状如乌，人面[8]，名曰𪃳鵲[9]，宵飞而昼伏[10]，食之已暍[11]。涔水出焉，而东流注于印泽[12]。

注释：[1]北嚣山：指跑狼岭。

[2]无石：沙尔部落的区域。

[3]碧：指河滨夷，即克鲁伦河滨氏族。

[4]玉：此处沙尔被以意译为 jue 音了，而 jue 又是“玉”的濮语读音。

[5]虎而白身人首：游牧的山区犬戎。

[6]马尾彘鬣：通古斯胡夷。

[7]独谷：指吐谷浑。谷，读音 yu。

[8]乌，人面：乌尔特的居民。

[9]𪃳鵲：指跑蒙，即跑狼岭蒙族。

[10]宵飞而昼伏：跑狼岭东面的山胡。昼，读照音，指“山”之意。

[11]已暍：指杭乌拉夷和辉尼特夷。毫、杭、辉，都读暍音。

[12]印泽：指阿愣多尔莫湖。

译文：由甘吾山往北三百里，有座山叫跑狼岭，是沙尔部落的区域。山的南面住着河滨氏族，北面住着沙尔氏族。有一个氏族，是游牧的山区犬戎，是通古斯胡夷，名叫吐谷浑。有一群人是乌尔特居民，名叫跑蒙，是跑狼岭东面的山胡，是古老的杭乌拉夷和辉尼特夷。涔水从山间流出，向东流入阿愣多尔莫湖。

## 梁渠山

（119,9052E；51,35479N）

又北三百五十里，曰梁渠之山[1]。无草木[2]，多金玉[3]。脩水[4]出焉，而东流注于雁门[5]，其兽多居暨[6]，其状如彙而赤毛[7]，其音如豚[8]。有鸟焉，其状如夸父[9]，四翼一目犬尾[10]，名曰嚻[11]，其音如鹊[12]，食之已腹痛[13]，可以止衕[14]。

注释：[1]梁渠山：指洛奇山，今称奥洛奇山。

[2]无草木：游牧部落地区。

[3]金玉：指洛奇夷。濮语读金玉为涅吉，与洛奇谐音。

[4]脩水：指色勒布尔河。

[5]雁门：指大江，在此指额尔古纳河。

[6]居暨：指吉宝沟氏族。

[7]彙而赤毛：室韦的移民。

[8]豚：指集镇。

[9]夸父：指北胡。在此是指广义的北胡，而非阜资夷。

[10]四翼一目犬尾：母系的雅利安犬戎夷。

[11]嚻：指匈奴。

[12]鹊：指洛奇镇。

[13]已腹痛：指扎门乌德夷。

[14]可以止衕：指阿金斯科耶的支系。止衕，指支系。衕，应读为 dong。

译文：由跑狼岭往北三百五十里，有座山叫洛奇山，是游牧部落地区，住着洛奇氏族。色勒布尔水从山间流出，向东流入额尔古纳河。这里住着吉宝沟氏族，是室韦的移民，住在集镇上。有一群人，是北胡氏族，是母系的雅利安犬戎夷，名叫匈奴，住在洛奇镇，是古老的扎门乌德夷，是阿金斯科耶的支系。

## 姑灌山

（124,68974E；56,67297N）

又北四百里，曰姑灌之山[1]，无草木[2]。是山也，冬夏有雪[3]。

注释：[1]姑灌山：指贾格德山，是外兴安岭的中心区。今称涅留恩格里。实际向东北。

[2]无草木：游牧部落地区。

[3]冬夏有雪：外部落国的山峰。

译文：由洛奇山往东北四百里，有座山叫贾格德山，是游牧部落地区。这座山是外部落国的山峰。

## 湖灌山

（129,74172E；62,03975N）

又北三百八十里，曰湖灌之山[1]。其阳多玉[2]，其阴多碧[3]，多马[4]。湖灌之水[5]出焉，而东流注于海[6]，其中多䱻[7]。有木[8]焉，其叶如柳而赤理[9]。

注释：[1]湖灌山：指乌古尔山。中心区在乌古尔，今称雅库茨克。

[2]玉：指日利古尔氏族。日，多由“桔”音译成，而桔指玉。

[3]碧：指河滨夷。有勒拿河滨的氏族，也有维柳河滨的氏族。

[4]马：指胡族。

[5]湖灌水：指勒拿河的古尔部落段，实际是东北流向。

[6]海：指伯陵海，今称拉普捷夫海。

[7]䱻：指萨内亚氏族。

[8]木：指氏族支系。

[9]柳而赤理：维柳河边的车尔尼人。

译文：由贾格德山往北三百八十里，有座山叫乌古尔山。山的南面住着日利古尔氏族，北面住着河滨夷及胡族。乌古尔水从这里流过，向东北流入伯陵海，这里住着萨内亚氏族。有一个氏族支系，是维柳河滨的车尔尼人。

## 洹山

（147,08033E；65,16911N）

又北水行五百里，流沙[1]三百里，至于洹山[2]，其上多金玉[3]。三桑生之[4]，其树皆无枝[5]，其高百仞[6]。百果树生之[7]。其下多怪蛇[8]。

注释：[1]流沙：指行旱路。流读劳音，指旱；沙，指行。

[2]洹山：指海厄尔山，今称切尔斯基山。部落中心在萨瑟尔。

[3]金玉：指埃利金夷。

[4]三桑生之：萨瑟尔人建立的。

[5]其树皆无枝：属于因迪吉尔卡河部落支系。

[6]其高百仞：河边部落集镇。

[7]百果树生之：巴格雷昌族建立的集镇。

[8]怪蛇：巴格雷昌氏族。

译文：由乌古尔山往北水行五百里，旱行三百里，到达海厄尔山。山的西面住着埃利金夷，这里是萨瑟尔人建立的属于因迪吉尔卡河部落支系的河边部落集镇。这个国家的集镇，还有巴格雷昌族建立的集镇。在山的东面，住着巴格雷昌氏族。

## 敦题山
（140,2283E；70,53719N）

又北三百里，曰敦题之山[1]，无草木[2]，多金玉[3]。是錞于北海。

凡北次二经之首，自管涔之山至于敦题之山，凡十七山，五千六百九十里。其神皆蛇身人面[4]。其祠：毛用一雄鸡彘[5]瘗，用一璧一珪，投[6]而不糈。

注释：[1]敦题山：指图马特山。

[2]无草木：游牧部落地区。

[3]金玉：指因迪吉尔卡夷。在海厄尔山西面的金玉族群也是因迪吉尔卡夷。

[4]蛇身人面：指肃慎族居民的形象。肃慎族又称金，读音奢，谐音蛇。

[5]雄鸡彘：指软苍玉。

[6]投：指说、念、唱、辞。

译文：由海厄尔山往北三百里，有座山叫图马特山，是游牧部落地区，住着因迪吉尔卡夷。这里紧邻北海。

综观北山第二列山系，从管涔山到图马特山，共十七座山，延绵五千六百九十里。这些山的山神都是肃慎族人的形象。祭祀这些山神时，用软苍玉代替祭词，用一璧一珪念一下祭词，不用食物。

## 北山经第三山系 太行山 归山
（112,41385E；35,4863N）

北次三经之首，曰太行之山。其首曰归山[1] ，其上有金玉[2]，其下有碧[3]。有兽焉，其状如麢羊而四角[4]，马尾而有距[5]，其名曰驒，善还[6]，其名自訆。有鸟焉，其状如鹊，白身、赤尾、六足[7]，其名曰鷾，是善惊[8]，其名自詨。

注释：[1]归山：指沁河出口处的衙道山。归，读工音，指道路。今山西阳城。

[2]金玉：指沁河夷。金玉，在此是沁溢的音译。

[3]碧：指罗河、柿河氏族。

[4]麢羊而四角：指犁川的氏族。

[5]马尾而有距：指苗夷的部落氏族。有距，读补纪，指部落氏族。

[6]驒，善还：驒和善还都是指凰头氏族，凰头苗。

[7]鹊，白身、赤尾、六足：南面的红土岭游牧氏族。

[8]鷾(fen)，是善惊：指盘氏，是尚部落氏族，今称盘爽。

译文：北山经第三列山系为太行山系，第一座山名叫衙道山。山的西面有沁河氏族，东面有罗河、柿河氏族。有一个氏族，是犁川的部落氏族，是苗夷的部落氏族，名叫凰头苗，他们也这样介绍自己。有一群人，是南面的红土岭游牧氏族，名叫盘氏，是尚部落氏族，他们也这样介绍自己。

被译为羈的凰头苗

## 龙侯山

（113,26856E；35,54988N）

又东北二百里，曰龙侯之山[1]，无草木[2]，多金玉[3]。决决之水[4]出焉，而东流注于河[5]。其中多人鱼[6]，其状如鯑鱼[7]，四足[8]，其音如婴儿[9]，食之无痴疾[10]。

注释：[1]龙侯山：指陇猴，即猴山。濮语读猴为夺，又称陇夺，今称夺火山。

[2]无草木：游牧部落地区。

[3]金玉：指金掌夷。

[4]决决水：指夹沟水。

[5]河：指关河。

[6]人鱼：定居夷。

[7]鯑鱼：指半坡夷。

[8]四足：指支系。

[9]婴儿：指北面。

[10]无痴疾：指掌咀部落氏族，今称屋掌口人。

译文：由衙道山往东北二百里，有座山叫夺火山，是游牧部落地区，住着金掌夷。夹沟水从山间流出，向东南流入关河。这里住着定居之夷，是半坡夷的氏族，住在北面，是古老的掌咀部落夷。

## 马成山

（113,56456E；36,0314N）

又东北二百里，曰马成之山[1]，其上多文石[2]，其阴多金玉[3]。有兽焉，其状如白犬而黑头[4]，见人则飞[5]，其名曰天马[6]，其鸣自訆，有鸟焉，其状如乌[7]，首白而身青，足黄[8]，是名曰鶌鶋[9]。其名自詨，食之不饥[10]，可以已寓[11]。

注释：[1]马成山：指蒙且山，意为苗坪，又称恒坪、恒且，今称杏城。

[2]文石：指水头沟氏族。

[3]金玉：在此指圪丁夷。丁，在濮语中读金。

[4]白犬而黑头：山东面的杏陶氏。杏，读恒音，与黑谐音。

[5]见人则飞：是那个集镇的统治氏族。

[6]天马：指陶蒙，即中心苗、红苗。

[7]乌：在此指北方。

[8]首白而身青，足黄：苏泊淖尔犬戎胡族。身青，指犬戎族；足黄，指胡族。

[9]鶌鶋：指玉峡氏族。鶌鶋是玉峡的倒装句。

[10]不饥：指部落氏族。

[11]可以已寓：夏国的玉夷。

译文：由夺火山往北二百里，有座山叫蒙且山。山的西面住着水头沟氏族，北面住着圪丁氏族。有一个氏族，是山东面的杏陶氏,是那个集镇的统治氏族，名叫陶蒙。他们自己也这样称呼。有一群人，是北方氏族，是苏泊淖尔的犬戎胡族，他们的名称叫玉峡氏，他们自己也这样解释，是古老的部落氏族，是夏国的玉夷。

## 咸山

（113,52521E；36,24656N）

又东北七十里，曰咸山[1]，其上有玉[2]，其下多铜[3]，是多松柏[4]，草多茈草[5]。条菅之水[6]出焉，而西南流注于长泽[7]。其中多器酸[8]，三岁一成[9]，食之已疠[10]。

注释：[1]咸山：指长岭，今称长寺岭。

[2]玉：指峪水氏族。

[3]铜：指桃花洞氏族。

[4]松柏：指西岭背氏族。

[5]茈草：指羊坡、草庄氏族。

[6]条菅水：指喊梁水，又称寒梁水。今谐音称天脊水。

[7]西南流注于长泽：东南流入漕水。

[8]器酸：指且舍氏族，属苗族支系。

[9]三岁一成：指三家坪。三岁，读叟所；一，读伊，指家；成，读扯，指坪。

[10]已疠：指石板夷。今地名用苗语表达为罗板，故又称罗板夷。

译文：由蒙且山往东北七十里，有座山叫长岭。山的西面有峪水氏族，东面住着桃花洞氏族，这里还住着西岭背氏族、羊坡氏族和草庄氏族。天脊水从山间流出，向东南流入漕水。天脊河畔住着且舍氏族和三家坪氏族，是古老的罗板夷。

## 天池山

（113,78073E；36,58442N）

又东北二百里，曰天池之山[1]，其上无草木[2]，多文石[3]。有兽焉，其状如兔而鼠首[4]，以其背飞[5]，其名曰飞鼠[6]。渑水[7]出焉，潜于其下，其中多黄垩[8]。

注释：[1]天池山：指南天池山。又称九山、九峰山。

[2]无草木：游牧部落氏族。

[3]文石：读维氏，指南天池氏族，又称南池氏族。

]4]兔而鼠首：指台西氏族。鼠，指九，也指西。

[5]以其背飞：伊耆沘山，即清漳河山。飞，读胡，指山。

[6]飞鼠：指九山氏、九峰氏。

[7]渑水：指满肆水。

[8]黄垩：指山南氏族。

译文：由长岭往东北二百里，有座山叫天池山，山的西边是游牧部落，住着南池氏族。有一个氏族，是台西氏族的清漳河山区氏族，名叫九山氏。满肆水从山间流出，流向东南而去，河畔住着山南氏族。

## 阳山

（114,45479E；36,83086N）

又东三百里，曰阳山[1]，其上多玉[2]，其下多金铜[3]。有兽焉，其状如牛而赤尾[4]，其颈腎[5]，其状如句瞿[6]，名曰领胡[7]，其鸣自詨，食之已狂[8]。有鸟焉，其状如赤雉，而五采以文[9]，是自为牝牡[10]，名曰象蛇[11]，其名自詨。留水[12]出焉，而南流注于河[13]。其中有䱻父之鱼[14]，其状如鲋鱼，鱼首而彘身[15]，食之已呕[16]。

注释：[1]阳山：阳山，又称阳城山，即今沙河市。

[2]玉：指邑城氏族

[3]金铜：指经台氏族，在城东北角。

[4]牛而赤尾：指游牧的。

[5]颈腎：指井陉氏族。

[6]句瞿：指城东氏族。

[7]领胡：指东胡，领，读蚩音，指东，也称作林胡。

[8]已狂：指北方夷。

[9]赤雉，而五采以文：东部的北汪坪部落。采，在此读扯，指坪。以文读阴汶，指北汪。

[10]自为牝牡：东南连目。连目，古时的行政区划单位，也称目连。

[11]象蛇：指象肆。

[12]留水：指大油水。

[13]河：指南澧河。

[14]䱻父夷：指辛湖夷。辛湖已消失，今只遗存有辛家寨。

[15]鱼首而彘身：通古斯的赫哲族。

[16]已呕：指水上夷。

译文：由天池山往东三百里，有座山叫阳山，山的西面住着邑城氏族，东面住着经台氏族。有一个氏族，是游牧的井陉氏族，是城东氏族，名叫林胡，他们自己也这样解释，是古老的北方夷。有一群人，是东部的北汪坪部落氏族，是东南连目的氏族，名叫象肆人，他们自己也这样解释。大油水从西边流出，向东南流入南澧河。这里住着辛湖渔民，是湖上的通古斯赫哲族，是古老的水上夷。

## 贲闻山

（115,66692E；37,04362N）

又东三百五十里，曰贲闻之山[1]，其上多苍玉[2]，其下多黄垩[3]，多涅石[4]。

注释：[1]贲闻山：指沘渭山，今称卫河山。即今河北清河县。

[2]苍玉：指清河夷。

[3]黄垩：指胡族部落。

[4]涅石：指金人氏族，即称为金人的肃慎族。

译文：由阳山往东三百五十里，有座山叫卫河山。山的西面住着清河夷，东面住着胡人部落和金人氏族。

张明友

## 王屋山

（115,57455E；37,20861N）

又北百里，曰王屋之山[1]，是多石[2]。联水[3]出焉，而西流注于泰泽[4]。

注释：[1]王屋山：指王吴山，意思是迁入的区域，在河北清河县薛吴乡与垂杨镇一带。

[2]多石：指住着种植氏族。石，读奢音，指种植。

[3]联水：指索泸河，濮语读东流为西流，此处实际往东北流。

[4]泰泽：指渤海。

译文：由卫河山往北一百里，有个地方叫王吴山，这里住着种植氏族。索泸水从这里流过，向东北流入渤海。

## 教山

（115,68776E；37,73285N）

又东北三百里，曰教山[1]。其上多玉而无石[2]。教水[3]出焉，西流注于河，是水冬干而夏流[4]，实惟干河。其中有两山[5]。是山也，广员三百步，其名曰发丸之山[6]，其山有金玉[7]。

注释：[1]教山：指衡漳河，后称衡水，在河北衡水市城区。

[2]玉而无石：指水边的部落氏族。

[3]教水：指衡水，今称滏阳水，实际往东流。

[4]河：指滹沱河。

[5]两山：指凹地。

[6]发丸之山：指藏水的地方。

[7]金玉：指场镇夷，又称集贸夷。

译文：由王吴山往东北三百里，有一个地方叫衡水。河的西面住着水边部落氏族，衡水从这里流出，向东流入滹沱河，这条河冬干而夏流，实际是干河。这里是一片凹地，有三百步长，是藏水的地方，这里生活着场镇氏族。

## 景山

（116,25636E；37,69162N）

又南三百里，曰景山[1]，南望盐贩之泽[2]，北望少泽[3]。其上多草[4]，藷藇[5]，其草多秦椒[6]，其阴多赭[7]，其阳多玉[8]。有鸟焉，其状如蛇，而四翼六目三足[9]，名曰酸与[10]，其名自詨，见则其邑有恐[11]。

注释：[1]景山：指河北景县，古时称景山。

[2]盐贩泽：指吴桥的贩盐市场，读沙卧恩泽，后谐音演变为桑园河。

[3]少泽：指双河肆，在今泽河流镇。

[4]草：指移民。

[5]藷藇：指明氏族和郁氏族。

[6]秦椒：指东店子。秦，指东；椒，指店子。

[7]赭：指者，濮语表达为苏，即苏庄氏族。

[8]玉：在此读伊，里伊族群，即带“小”字的族群。如小留屯、小青草河、小王庄等。

[9]蛇而四翼六目三足：指谢人的母系氏族的外支系。

[10]酸与：指谢夷。

[11]有恐：指阴康氏。

译文：由衡水往南三百里，有座山叫景山。从这里南望桑园河，北望双河肆。山的西面住着移民的明氏族和郁氏族，东面住着东店子氏族，北面住着苏氏族，南面住着里伊氏族。有一群人，是谢人的母系氏族的外支系，名叫谢夷，他们自己也这样解释，是那个集镇的阴康氏。

## 孟门山

（117,37837E；37,59643N）

又东南三百二十里，曰孟门之山[1]，其上多苍玉[2]，多金[3]，其下多黄垩[4]，多涅石[5]。

注释：[1]孟门山：指温店，在山东惠民县西北侧。孟，读 mo，指温。

[2]苍玉：指里伊氏族，即在名称前加“小”字的氏族。

[3]金：指场镇氏族。

[4]黄垩：指后韩、南韩村落氏族。

[5]涅石：指孙姓氏族。濮语称“孙”为涅嘎拉。

译文：由景山往东南三百二十里，有个集镇叫温店，集镇的西面住着里伊氏族和场镇氏族，东面住着南韩村氏族和孙姓氏族。

## 平山

（118,06267E；36,81139N）

又东南三百二十里，曰平山[1]。平水出于其上，潜于其下，是多美玉[2]。

注释：[1]平山：指淄博，濮语读平山为“淄博”。

[2]美玉：指蒙夷，苗族的古称谓。

译文：由温店往东南三百二十里，有座山叫淄博。淄水从西边流出，向东边流去，这里住着蒙夷。

## 京山

（118,79023E；36,85645N）

又东二百里，曰京山[1]，有美玉[2]，多漆[3]，多竹[4]，其阳多赤铜[5]，其阴有玄礵[6]。高水[7]出焉，南流注于河[8]。

注释：[1]京山：指纪山，是纪国的山。

[2]美玉：指蒙夷。

[3]漆：指毛沙坨氏族，简称毛坨氏族。

[4]竹：在此指俎姓氏族。

[5]赤铜：指纪台氏族。

[6]玄礵：指兴西氏族。

[7]高水：指古水，今已消失，只有入河口处有一小段沟渠和地名遗存。

[8]河：指弥河。

译文：由淄博往东二百里，有座山叫纪山，是蒙夷地区，住着毛沙坨氏族和俎姓氏族。南面住着纪台氏族，北面住着兴西氏族。古水从高处流出，向南流入弥河。

## 虫尾山

（119,39259E；36,84577N）

## 张明友

又东二百里，曰虫尾之山[1]，其上多金玉[2]，其下多竹[3]、多青碧[4]。丹水[5]出焉，南流注于河[6]；薄水[7]出焉，而东流注于黄泽[8]。

注释：[1]虫尾山：指昌邑山。

[2]金玉：指夹沟河族群。也称夹沟夷。

[3]竹：在此指郜部落氏族。原本读郊部落，但传承读音为郜。

[4]青碧：指岔河氏族。

[5]丹水：指堤水，即今堤河。

[6]河：指潍河。

[7]薄水：指浦河。

[8]黄泽：今称胶莱河。

译文：由纪山往东二百里，有座山叫昌邑山，山的西面住着夹沟夷，东面住着郜部落氏族和岔河氏族。堤水从高处流出，向南流入潍河；浦水从高处流出，向东流入胶莱河。

## 彭毗山

（120,52016E；36,88803N）

又东三百里，曰彭毗之山[1]，其上无草木[2]，其下多水[3]。蚤林之水[4]出焉，东南流注于河[5]。肥水出焉[6]，而南流注于床水[7]，其中多肥遗之蛇[8]。

注释：[1]彭毗山：指蚌泚山、耗河山，今莱西市城区。

[2]无草木：游牧部落。

[3]水：指莱西氏族。水，在此译为西。

[4]蚤林水：指产芝水。濮语读产芝为者雷，谐音蚤林。

[5]河：指大沽河。

[6]肥水：指府水，又称府伊，谐音肥遗。

[7]床水：小沽河，又称岔河。床，是岔的谐音。

[8]肥遗之蛇：指府水氏族。今称云山镇氏族。

译文：由昌邑山往东三百里，有座山叫蚌泚山，山的西面是游牧部落，东面住着莱西氏族。产芝水从山间流出，向东南流入大沽河。府水从山间流出，向南流入岔河。河滨住着府水氏族。

## 小侯山

（120,99151E；36,99871N）

又东百八十里，曰小侯之山[1]，明漳之水出焉[2]，南流注于黄泽[3]。有鸟焉，其状如乌而白文[4]，名曰鸪【習鸟】[5]，食之不灂[6]。

注释：[1]小侯山：指发创山，今称发城。濮语读“发创”为“修侯”，谐音小侯。

[2]名漳水：名漳是发创的同意词，名漳水今称为昌水。

[3]黄泽：今称富水。

[4]乌而白文：指水湾部落，今称龙湾部落。白，读贝，指湾；文读汶，指水。

[5]鸪【習鸟】：指古羲氏，夏屋庄与古家兰都属古羲氏。

[6]不灂：指补纠，是苗族的称谓。

译文：由蚌泚山往东一百八十里，有座山叫发城山。昌水发源于这里，向南流入富水。有一群人，是龙湾部落的氏族，名叫古羲氏，是古老的苗族。

## 泰头山
（122,04839E；37,30226N）

又东三百七十里，曰泰头之山[1]。共水[2]出焉，南流注于虖池[3]。其上多金玉[4]。其下多竹箭[5]。

注释：[1]泰头山：指泰博顶前面的山。头，即前面。中心在文登市茼山镇西侧。

[2]共水：指郭庄水，简称郭水。

[3]虖池：指泊子河。

[4]金玉：指西梁子夷。

[5]竹箭：指诸茼氏族。

译文：由发城山往东三百七十里，有座山叫泰头山。郭水从山间流出，向南流入泊子河。山的西面住着西梁子氏族，东面住着诸茼氏族。

## 轩辕山
（122,45752E；37,15742N）

又东北二百里，曰轩辕之山[1]，其上多铜[2]，其下多竹[3]。有鸟焉，其状如枭而白首[4]，其名曰黄鸟[5]，其名自詨，食之不妒[6]。

注释：[1]轩辕山：指荣成山。濮语读“荣成”为“写耶”，谐音轩辕。

[2]铜：在此指黄泥埠氏族。

[3]竹：在此指嘴，即松埠嘴氏族。

[4]枭而白首：指东边的博霞山氏族。

[5]黄鸟：指冯僚。

[6]不妒：指博霞氏族。不妒，读博堵，指博霞。

译文：由泰头山往东北二百里，有座山叫荣成山，山的西面住着黄泥埠氏族，东面住着松埠嘴氏族。有一群人，是东边的博霞山氏族，名叫冯僚，他们自己也这样解释，是古老的博霞氏。

## 谒戾山
（120,42282E；37,36413N）

又北二百里，曰谒戾之山[1]，其上多松柏[2]，有金玉[3]。沁水[4]出焉，南流注于河[5]。其东有林焉，名曰丹林[6]。丹林之水出焉，南流注于河。婴侯之水[7]出焉，北流注于汜水[8]。

注释：[1]谒戾山：指招远山。招远，濮语读为越莱，谐音谒戾。主要介绍招远集镇。招远的距离起点从蚌泚山算起。

[2]松柏：在此读数博，指西山氏族。

[3]金玉：在此指岭上夷，今称山上夷。

[4]沁水：指曲水，今称九曲水。

[5]河：指界河。

[6]丹林：指邓蔺，今称苇都、都苇子，是部落名。

[7]婴侯水：指乐后水。

[8]汜水：指黄水。

译文：由蚌泚山往北二百里，有座山叫招远山，山的西面住着西山氏族和岭上夷。九曲水从山间流出，向南流入界河。山的东边有个苇子部落，名叫都苇子。都苇子水从山间流出，向南流入界河。乐后水从山间流出，向北流入黄水。

## 沮洳山
（121,3951E；37,51111N）

东三百里，曰沮洳之山[1]，无草木[2]，有金玉[3]。濝水[4]出焉，南流注于河[5]。

注释：[1]沮洳山：指芝罘山，在山东烟台市。

[2]无草木：游牧部落地区。

[3]金玉：在此指夹河氏族。

[4]濝水：指芝水。

[5]河：指夹河。

译文：由招远山往东三百里，有座山叫芝罘山，是游牧部落地区，住着夹河氏族。芝水从山间流出，向南流入夹河。

## 神囷山
（114,50504E；37,44073N）

又北三百里，曰神囷之山[1]，其上有文石[2]，其下白蛇[3]，有飞虫[4]。黄水[5]出焉，而东流注于洹[6]；滏水[7]出焉，而东流注于欧水[8]。

注释：[1]神囷山：指神角山，在河北临城西侧，今称嶂石岩。实际介绍山下的临城，在崆山旁边。到嶂石岩的距离由天池山算起。

[2]文石：指翁城氏族。

[3]白蛇：指瀑肆，今称北瀑水。也有地名演绎为盘石。

[4]飞虫：指东部的游牧民族。

[5]黄水：指黄坪水。简称黄水。

[6]洹：指槐水。

[7]滏水：指灰山水。简称灰水。

[8]欧水：指菅等水。等，读湾音，与欧谐音。

译文：由天池山往北三百里，有座山叫嶂石岩，东侧有一座崆山。山的西面住着翁城氏族，东面住着北瀑水氏族。黄水从嶂石岩流出，向东流入槐水；灰水从嶂石岩流出，向东流入菅等水。

## 发鸠山
（114,14433E；38,03297N）

又北二百里，曰发鸠之山[1]，其上多柘木[2]。有鸟焉，其状如乌，文首，白喙，赤足[3]，名曰精卫[4]，其鸣自詨。是炎帝之少女[5]，名曰女娃[6]，女娃游于东海[7]，溺而不返[8]，故为精卫[9]。常衔西山之木石[10]，以堙东海[11]。漳水[12]出焉，东流注于河[13]。

注释：[1]发鸠山：指偏岩山，又称苍岩山、苍石岩。

[2]柘木：指江畔夷。柘木，读浙陌，指江畔，也称江滨。

[3]乌，文首，白喙，赤足：山区游牧的水边部落氏族。

[4]精卫：指井陉（vei）氏族，谐音精卫氏。陉，濮语读音 vei，也称微。

[5]炎帝之少女：指北方的草原游牧部落。炎帝，指北原、北方；少女，读薯勒。

[6]女娃：指勒瓦部落。勒瓦，即瓦伊勒，指草原。又称瓦剌。

[7]游于东海：迁徙到东海，今河北石家庄地区。此处的“游”按“越”解读。

[8]溺而不返：定居于发鸠山。溺，指定居；不返，指博发，即发鸠山。

[9]故为精卫：城池为井陉，今井陉县城。

10]木石：指“瑪施”，即军备，军队。

[11]以堙东海：以战东海，即攻打东海地区。堙，指战。

[12]漳水：即障水，因障城镇而得名，又称甘陶河。

[13]河：指冶河。

译文：由嶂石岩往北二百里，有座山叫苍岩山，山的西面住着江滨氏族。有一群人，是山区游牧的水边部落氏族，名叫井陉氏，他们也这样称呼自己。他们是北方的草原游牧部落，叫勒瓦部落。勒瓦部落迁徙到东海，定居于苍岩山，城池为井陉镇。他们常命西山的军队，去攻打东海地区。南甘陶河从山间流出，向东北流入冶河。

## 少山

（113,37827E；37,07907N）

又东北百二十里，曰少山[1]。其上有金玉[2]，其下多铜[3]。清漳之水出焉，东流注于浊漳之水。

注释：[1]少山：指丰坡山，今山西省左权县城。到丰坡的距离从天池山算起，朝西北走向。

[2]金玉：指大将山氏族，今称大江山氏族。

[3]铜：指掌背氏族。

译文：由天池山往西北一百二十里，有座山叫丰坡山。山的西面住着大江山氏族，东面住着掌背氏族。清漳水从这里流出，向东流入浊漳河。

## 锡山

（113,70627E；37,60868N）

又东北二百里，曰锡山[1]，其上多玉[2]，其下多砥[3]。牛首之水[4]出焉，而东流注于滏水[5]。

注释：[1]锡山：指曦山。今称曦阳山，即山西昔阳县城。

[2]玉：在此指瑶湾氏族。

[3]砥：指雪岭氏族。

[4]牛首水：指松溪水。松溪原读松河，倒装句的读音为 lao so，谐音牛首。

[5]滏水：指滹沱河。

译文：由丰坡山往东北二百里，有座山叫曦阳山。山的西面住着瑶湾氏族，东面住着雪岭氏族。松溪水从山间流出，向东流入滹沱河。

## 景山

（113,40835E；38,08643N）

又北二百里，曰景山[1]，有美玉[2]。景水[3]出焉，东南流入海泽[4]。

注释：[1]景山：指盂山。台字的濮语，既读景，又读盂。今山西盂县县城。

[2]有美玉：指南五台。

[3]景水：指盂水。

[4]海泽：指赛鱼河。今称桃河。

译文：由曦阳山往北二百里，有座山叫盂山，又称为南五台。盂水从山间流出，向东南流入赛鱼河。

## 题首山

（113,36711E；38,38647N）

又北百里，曰题首之山[1]，有玉[2]焉，多石[3]，无水[4]。

注释：[1]题首山：指下社山，今山西盂县下社乡。题，指下方。

[2]玉：指夷、人群。

[3]石：指桃峪氏族。

[4]无水：指细腰部落。

译文：由盂山往北一百里，有座山叫下社山，这里有人烟，住着桃峪氏族，属细腰部落氏族。

## 绣山

（113,25911E；38,7227N）

又北百里，曰绣山[1]，其上有玉[2]、青碧[3]，其木多栒[4]，其草多芍药[5]、芎藭[6]。洧水[7]出焉，而东流住于河[8]，其中有鳠[9]、黾[10]。

注释：[1]绣山：指富川山，简称富山。今山西五台县城。

[2]玉：指走马岭氏族。

[3]青碧：指河东氏族。

[4]栒：指沿河氏族，即滤滮水的沿河氏族。

[5]芍药：指富川氏族。

[6]芎藭：指匈奴移民。

[7]洧水：指滤滮水。

[8]河：指清水河。

[9]鳠、黾：指滮椿坪氏族。今称环椿坪氏族。黾，当读 mei 音。

译文：由下社山往北一百里，有座山叫富山，山的西面有走马岭氏族、东河氏族，中部住着沿河氏族，住着富川匈奴移民。滤滮水从山间流出，向东流入清水河，河口住着滮椿坪氏族。

## 松山

（113,59574E；39,00068N）

又北百二十里，曰松山[1]。阳水出焉，东北流注于河[2]。

注释：[1]松山：指守银山，简称守山。又称五台山。今山西五台县台怀镇。

[2]河：指滹沱河。

译文：由富山往北一百二十里，有座山叫守山。阳水从山间流出，向东北流入滹沱河。

## 敦与山

（113,7651E；39，29202N）

又北百二十里，曰敦与之山[1]，其上无草木[2]，有金玉[3]。溹水[4]出于其阳，而东流注于泰陆之水[5]；泜水[6]出于其阴，而东流注于彭水[7]；槐水[8]出焉，东流注于泜泽[9]。

注释：[1]敦与山：指平川山，今称大营山，在山西繁峙县大营镇。

[2]无草木：指游牧部落。

[3]金玉：指金夷。

[4]溹水：指富溪、文溪等水系，简称富溪水。

[5]泰陆水：指坦山水系，简称坦山河。

[6]泜水：指北跃溪、马牙河水系，简称北跃溪。

[7]彭水：指盘沟、古之河水系，简称盘水。

[8]槐水：指西涧岔的洪水溪。

[9]泜泽：指小沼泽，今已成旱地，叫小淤地。

译文：由守山往北一百二十里，有个地方叫平川山。山的西面是游牧部落地区，住着金夷。富溪水从山的南面流出，向东流入坦山河；北跃溪之水从山的北面流出，向东北流入盘水。洪水溪发源于这里，向东流入小沼泽。

## 柘山

（114,27968E；39,76474N）

又北百七十里，曰柘山[1]，其阳有金玉[2]，其阴有铁[3]。历聚之水[4]出焉，而北流注于洧水[5]。

注释：[1]柘山：指宽广的山，谐音又称蕉山。今山西大同市广灵县城。

[2]金玉：指集兴瞳夷。

[3]铁：指泡子氏族。今称壶泉氏族。

[4]历聚水：指大沙河。今称沙河。

[5]洧水：指化稍营的河流。在此称化水。

译文：由平川山往北一百七十里，有座山叫蕉山，山的南面住着集兴瞳氏族，北面住着泡子氏族。大沙河水从山间流出，向北流入化水。

## 维龙山

（115,24972E；40,4859N）

又北三百里，曰维龙之山[1]。其上有碧玉[2]，其阳有金[3]，其阴有铁[4]。肥水[5]出焉，而东流注于皋泽[6]，其中多礨石[7]。敞铁之水[8]出焉，而北流注于大泽[9]。

注释：[1]维龙山：指花园山，今涿鹿县北侧的山。

[2]碧玉：指蚌埠夷，彭姓氏族。

[3]金：指集镇氏族。

[4]铁：指泡子氏族。泡子，指洋河泽。

[5]肥水：指东沟水。

[6]皋泽：指古城泽。今已扩建为官厅水库。

[7]礨石：指游牧氏族。

[8]敞铁水：指归泡水。

[9]大泽：指洋河泽。

译文：由蕉山往北三百里，有座山叫花园山。山的西面住着蚌埠夷，南面住着集镇氏族，北面住着泡子氏族。东沟水从山间流出，向东流入古城泽。那里住着游牧氏族。归泡水从山间流出，向北流入洋河泽。

## 白马山

（115,83072E；40,91265N）

又北百八十里，曰白马之山[1]，其阳多石玉[2]，其阴多铁[3]，多赤铜[4]。木马之水[5]出焉，而东流注于虖沱[6]。

注释：[1]白马山：指百马山，即大马群山。实际介绍赤城。

[2]石玉：指榆树夷。

[3]铁：指泡子氏族。泡子，今已建为云州水库。

[4]赤铜：指游牧地区的氏族。今称赤城氏族。

[5]木马水：指百马河，今称白河。

[6]虖沱：指虖沱河，今密云水库。

译文：由花园山往北百八十里，有座山叫大马群山。山的南面住着榆树氏族，北面住着泡子氏族和牧区氏族。白河水从山间流出，向东流入虖沱河。

## 空桑山

（116,4637E；41,20834N）

又北二百里，曰空桑之山[1]，无草木[2]，冬夏有雪[3]。空桑之水出焉，东流注于虖沱[4]。

注释：[1]空桑山：指夏丰山，读音 ko sa，今丰宁县。因空桑的历史意义，对此山不作意译。

[2]无草木：游牧部落地区。

[3]冬夏有雪：指外部落国的山峰。东读栋，夏读啥，栋啥指外国。

[5]虖沱：指虖沱河，今密云水库。

译文：由大马群山往北二百里，有座山叫空桑山，是游牧部落地区，是外部落国的山峰。空桑之水从山间流出，向东南流入虖沱河。

## 泰戏山

（116,48564E；42,20187N）

又北三百里，曰泰戏之山[1]，无草木[2]，多金玉[3]。有兽焉，其状如羊，一角一目[4]，目在耳后[5]，其名曰辣辣[6]，其名自訆。虖沱之水[7]出焉东流注于溇水[8]。液女之水[9]出于其阳，南流注于沁水[10]。

注释：[1]泰戏山：指玛尼图羲山，简称图羲，今多仑县城。

[2]无草木：游牧部落地区。

[3]金玉：指集镇夷。

[4]羊，一角一目：指羊场伊尔古支系。

[5]目在耳后：检目在大羊场。多仑县城，又称大羊场。

[6]辣辣(dong)：氏族名，一个好斗的氏族的称谓。可按英语读为当当。

[7]虖沱水：指多伦城的水井河，又称八里子河。

[8]溇水：指多伦城东面的闪电河。

[9]液女水：指页滦水，今称滦河。

[10]沁水：指磬丘河。

译文：由空桑山往北三百里，有座山叫图羲山，是游牧部落地区，住着集镇夷。有一个氏族，是羊场的伊尔古支系，检目在大羊场，名叫当当氏，他们自己也这样称呼。虖沱水从这里流出，向东流入闪电河。滦河水发源于山的南面，向南流入磬丘河。

好斗的氏族——当当

## 石山

（118,17911E；42,84236N）

又北三百里，曰石山[1]，多藏金玉[2]。濩濩之水[3]出焉，而东流注于虖沱[4]；鲜于之水[5]出焉，而南流注于虖沱。

注释：[1]石山：指始山，又称新开山，今称新开地乡，实际往东北方向。

[2]藏金玉：指新兴的窝铺夷。

[3]濩濩水：指羊肠子水。

[4]虖沱：指老哈河。因是牧区重要的水源，所以称为虖沱。

[5]鲜于水：指金阴河。今称阴河与英金河。

译文：由图蓁山往东北三百里，有座山叫新开山，住着新兴的窝铺夷。羊肠子水从山间流出，向东流入老哈河；英金水从山间流出，向南流入老哈河。

## 童戎山

（119,00403E；42,93449N）

又北二百里，曰童戎之山[1]，皋涂之水[2]出焉，而东流注于溇液水[3]。

注释：[1]童戎山：指白镇山，是白河镇的简称，蒙古语读为乌丹。今赤峰市翁牛特旗。实际走向为东北。

[2]皋涂水：指白鹤水，今称白河水。

[3]溇液水：指少郎水。

译文：由新开山往东北二百里，有座山叫乌丹山，白河水从山间流出，向东流入少郎水。

## 高是山

（119,55317E；43,25465N）

又北三百里，曰高是之山[1]，滋水[2]出焉，而南流注于虖沱[3]。其木多棕[4]，其草多条[5]。滱水[6]出焉，东流注于河[7]。

注释：[1]高是山：指高力罕草山，简称高蓍山，谐音高是山，今称海日苏，实际往东北。

[2]滋水：指宽阔水，今称伊和诺尔水。

[3]虖沱：指老哈河。

[4]其木多棕：住在这里的牧民是牧羊氏族。

[5]其草多条：住在这里移民是种植氏族。

[6]滱水：指喊叫水，这里实际指人工开凿用于灌溉的喊叫水支流。

[7]河：指西拉木伦河。

译文：由乌丹山往东北三百里，有座山叫高蓍山，宽阔水从山间流出，向南流入老哈河。这里住着牧羊氏族和从事种植的移民。喊叫水的支流从灌区流过，向东流入西拉木伦河。

## 陆山

（121,30927E；43,60124N）

又北三百里，曰陆山[1]，多美玉[2]，姜阝水[3]出焉，而东流注于河[4]。

注释：[1]陆山：指鲁山，今称开鲁山，在内蒙古开鲁县。实际是往东北。

[2]美玉：指莫力达瓦夷。

[3]姜阝水：西辽河。姜阝，即姜，指西。西拉木伦河在这里被分为西辽河与新开河两部分。

[4]河：指辽河。

译文：由高蓍山往东北三百里，有座山叫开鲁山，住着莫力达瓦夷，西辽河从这里分出，向东流入辽河。

## 沂山

（122,00501E；44,03578N）

又北二百里，曰沂山[1]，般水[2]出焉，东流注于河[3]。

注释：[1]沂山：指河山，濮语读奢伯。今称奢伯吐，即奢伯管理区。

[2]般水：指塔班水。

[3]河：指新开河。

译文：由开鲁山往北两百里，有座山叫奢伯，塔班水从这里流出，向东流入新开河。

## 燕山

（122,05128E；44,43981N）

北百二十里，曰燕山[1]，多婴石[2]。燕水[3]出焉，东流注于河[4]。

注释：[1]燕山：指好腰山，在奢伯吐北面。

[2]婴石：指好腰氏族。“好腰”又读“窝勒”、“乌讷”。

[3]燕水：指好腰水。

[4]河：指乌讷格琴高勒。

译文：由奢伯往北一百二十里，有座山叫好腰山，住着好腰氏族。好腰水从这里流出，向东流入乌讷格琴高勒。

## 饶山

（123,95749E；47,31969N）

又北山行五百里，水行五百里，至于饶山[1]。是无草木[2]，多瑶碧[3]，其兽多橐驼[4]，其鸟多鹠[5]。历虢之水[6]出焉，而东流注于河[7]，其中多师鱼[8]，食之杀人[9]。

注释：[1]饶山：龙山，今称扎龙山，是齐齐哈尔的古称谓。饶，读 rue 音，指龙。

[2]无草木：游牧部落地区。

[3]瑶碧：指昂沘氏族，今称昂昂溪氏族。

[4]橐驼：指莫力达瓦达滁尔氏族。因名称中有两个重音达字，便简称为橐驼。

[5]鹖：读勒音，指牧民。

[6]历虢水：指嫩江。

[7]河：指松花江。

[8]师鱼：指水师夷。

[9]食之杀人：古老的边远集镇氏族。

译文：由好腰山往北行山路五百里，再行水路五百里，就到了扎龙山。这里是游牧部落地区，住着昂昂溪部落氏族，称为莫力达瓦达滁尔氏，人群都是牧民。嫩江水从这里流出，向东南流入松花江，这里还住着水师夷，是古老的边远集镇氏族。

## 乾山

（121,47634E；45,05948N）

又北四百里，曰乾山[1]，无草木[2]。其阳有金玉[3]，其阴有铁而无水[4]。有兽焉，其状如牛而三足[5]，其名曰獂[6]，其名自詨。

注释：[1]乾山：指前德门山，是内蒙古科尔沁右中旗的古称谓。距离由开鲁山算起。

[2]无草木：游牧部落地区。

[3]金玉：指佳木延艾夷。

[4]铁而无水：指浑迪阿玛萨尔氏族。铁，译为浑；阿玛萨尔音意混译为无水。

[5]牛而三足：指牧族的外来支系。

[6]獂：指巴彦呼苏氏，简称呼苏氏。

译文：由开鲁山往北四百里，有座山叫前德门山，是游牧部落地区。山的南面住着佳木延艾夷，北面住着浑迪阿玛萨尔夷。有一个氏族，是牧族的外来支系，名叫呼苏氏，他们也这样称呼自己。

## 伦山

（120,47775E；45,97228N）

又北五百里，曰伦山[1]。伦水[2]出焉，而东流注于河[3]。有兽焉，其状麋[4]，其川在尾上[5]，其名曰罴[6]。

注释：[1]伦山：指中心的山，今称桃合木。桃，通陶，也指中心。

[2]伦水：指桃合木水。

[3]河：指阿其郎图嘎查河。

[4]麋：在此指五间房（地名）。麋通梅，指数序五。

[5]其川在尾上：阿其郎图嘎查河西面。

[6]罴：指手工业氏族。

译文：由前德门山往北五百里，有座山叫桃合木山。桃合木水从山间流出，向东流入阿其郎图嘎查河。有一个氏族，是五间房氏族在阿其郎图嘎查河西面的支系，叫手工业氏族。

## 碣石山

（119,8742E；47,30057N）

又北五百里，曰碣石之山[1]。绳水[2]出焉，而东流注于河[3]，其中多蒲夷之鱼[4]。其上有玉[5]，其下多青碧[6]。

注释：[1]碣石山：指伊尔施山。伊尔施，谐音碣石。

[2]绳水：指森水，濮语读绰尔汶，今称绰尔河。

[3]河：指嫩江。

[4]蒲夷之鱼：指胡尔勒夷。

[5]玉：指伊尔施氏族。

[6]青碧：指青沘氏族，今称根多河氏族。

译文：由桃合木山往北五百里，有座山叫伊尔施山。绰尔水从山间流出，向东流入嫩江，河边住着胡尔勒夷。山的西面住着伊尔施氏族，东面住着根多河氏族。

## 雁门山

（119,74957E；49,22171N）

又北水行五百里，至于雁门之山[1]，无草木[2]。

注释：[1]雁门山：指伊敏山，今称呼伦贝尔。

[2]无草木：指游牧部落地区。

译文：由伊尔施山往北水行五百里，到达呼伦贝尔，这里是游牧部落地区。

## 帝都山

（121,0607E；50,99683N）

又北水行四百里，至于泰泽[1]。其中有山焉，曰帝都之山[2]，广员百里，无草木[3]，有金玉[4]。

注释：[1]泰泽：指额尔古纳河流域。

[2]帝都山：指耳朵山，这里指得耳布尔山。

[3]无草木：指游牧部落地区。

[4]金玉：指岭上夷。

译文：由呼伦贝尔水行四百里，到达额尔古纳地区，这里有座山叫得耳布尔山，有近百里宽，是游牧部落区域，住着岭上夷。

## 錞于毋逢山

（124,1193E；50,42516N）

又北五百里，曰錞于毋逢之山[1]，北望鸡号之山[2]，其风如飚[3]。西望幽都之山[4]，浴水[5]出焉。是有大蛇[6]，赤首白身[7]，其音如牛[8]，见则其邑大旱[9]。

凡北次三经之首，自太行之山以至于毋逢之山，凡四十六山，万二千三百五十里。其神皆马状而人面[10]者廿神。其祠之，皆用一藻茝[11]瘗之。其十四神状皆彘身而载玉[12]。其祠之，皆玉，不瘗。其十神状皆彘身而八足蛇尾[13]。其祠之：皆用一璧瘗之。大凡四十四神，皆用稰米[14]祠之。此皆不火食。

右北经之山志，凡八十七山，二万三千二百三十里。

注释：[1]錞于毋逢：指鄂伦春族的部落山。錞于，指鄂伦春的；毋，指部落；逢，指山。今称伊勒呼里山。

[2]鸡号山：指雉鸡场山。

[3]其风如飚：此山垂向于……，即此山垂向于伊勒呼里山。

[4]幽都山：指奥洛奇山。

[5]浴水：指伊敏水，即额尔古纳河。

[6]大蛇：指加格达奇塞族，简称达塞。

[7]赤首白身：犬戎的山区氏族。

[8]其音如牛：住在嫩江边。

[9]大旱：达罕氏族，王族。

[10]马状而人面：指胡族居民形象。

[11]藻茝：在此读璪珏，指璪玉。

[12]彘身而载玉：指通古斯的山区氏族形象。彘身在此作通古斯解；载，读照，指山区。

[13]彘身而八足蛇尾：指农业的粮食种植夷。彘身在此作农业解；八足，读饶则，作粮食解；蛇尾，指奢夷，即种植夷。

[14]糈米：指米类食物。食读 xie，与糈谐音。

译文：由额尔古纳的得耳布尔山往东北五百里，有座山叫伊勒呼里山。从这里北望鸡号山，垂向于伊勒呼里山；西望奥洛奇山，伊敏水向那里流去。这里有加格达奇塞族，是犬戎的山区氏族，住在嫩江边，是那个集镇的达罕氏族。

综观北山经第三系列，自太行山到伊勒呼里山，共计四十六座山，延绵一万二千三百五十里。这些山的山神中，有二十尊神是胡族居民的形象，祭祀他们时，用璪玉掩埋传达祭词。有十四神为通古斯的山区氏族形象，祭祀他们时，传达祭词皆用玉，但不掩埋。还有十尊神为农业的粮食种植夷的形象，祭祀皆用一璧掩埋。总共有四十四神，皆用米食生祭，不用熟食。

以上记载北方的山，共有八十七座，延绵二万三千二百三十里。

## 第四卷　东山经

### 樕䗪山

（136,9633E；50,56934N）

东山经之首，曰樕䗪之山[1]，北临乾昧[2]。食水[3]出焉，而东流注于海。其中多鳙鳙之鱼[4]，其状如犁牛[5]，其音如彘鸣[6]。

注释：[1]樕䗪山：指松江山。今称锡霍特山。

[2]乾昧：指切尔斯基山脉。

[3]食水：指松花江。

[4]鳙鳙鱼．指戊戎夷，即鞑靼族。

[5]犁牛：指拉扎列人。

[6]彘鸣：枝米，共青城的古称谓。

译文：东山经第一列山系最北端的山，名叫松江山。这座山与切尔斯基山相望。松花江水从这里流出，向东北流入大海。这里住着戎戎夷，是拉扎列人，住在枝米。

### 藟山

（133,52999E；46,84593N）

又南三百里，曰藟山[1]，其上有玉[2]，其下有金[3]。湖水[4]出焉，东流注于食水[5]，其中多活师[6]。

注释：[1]藟山：指勒山，即放牧之山。今称完达山。

[2]玉：指友谊氏族。“友谊”在此是音译词，指环泡水。

[3]金：指沘金氏族，今称比金氏族。

[4]湖水：指虎林水，穆林河的下游。

[5]食水：指松花江。

[6]活师：指贺氏，即牧羊氏族。

译文：由松江山往南三百里，有座山叫勒山。山的西面住着友谊氏族，东面住着金沘氏族。虎林水从这里流出，向东流入松花江，这里住着牧羊氏族。

## 栒状山

（130,96653E；45,29551N）

又南三百里，曰栒状之山[1]，其上多金玉[2]，其下多青碧石[3]。有兽焉，其状如犬，六足[4]，其名曰从从[5]，其鸣自詨。有鸟焉，其状如鸡而鼠毛[6]，其名曰蚩鼠[7]，见则其邑大旱[8]。【氵只】水[9]出焉，而北流注于湖水[10]。其中多箴鱼[11]，其状如儵[12]，其喙如箴[13]，食之无疫疾[14]。

注释：[1]栒状山：指长藏山，今称北长白山，中心在太平岭，这里主要介绍鸡西集镇。

[2]金玉：指举夷，汉语义为林夷、林口夷。

[3]青碧石：指青雅碧氏族，汉语称东鸡氏族，今称鸡西氏族，西是濮语东的音译。

[4]犬，六足：指犬戎的母系氏族。

[5]从从：对移民氏族的称谓。

[6]鸡而鼠毛：鸡西的俄罗斯人。

[7]蚩鼠：指东俄罗斯人。

[8]大旱：指达罕，即王族、统治氏族。

[9]【氵只】水：指沙石水，今称大石头河。

[10]湖水：指虎林水，今称穆棱河。

[11]箴鱼：指女真夷。

[12]儵：指太戏靺鞨。

[13]其喙如箴：指女真支系。

[14]无疫疾：指鸡水部落。今称鸡西。

译文：由勒山往南三百里，有座山叫长藏山。山的西面住着林口氏族，东面住着东鸡氏族。有一个氏族，是犬戎的母系氏族，名叫从从，他们也这样称呼自己。有一群人，是东鸡镇的俄罗斯族，名叫东俄罗斯人，是那个集镇的统治氏族。沙石水从这里流出，向北流入虎林水。这里住着女真夷，是女真支系的太戏靺鞨，是古老的鸡水部落氏族。

## 勃垒山

（129,51798E；44,5817N）

又南三百里，曰勃垒之山[1]，无草木[2]，无水[3]。

注释：[1]勃垒山：指胡子山，今称老爷岭。

[2]无草木：游牧部落地区。

[3]无水：指牡丹江部落，无，指部落；水，读绥音，指牡丹江。

译文：由长藏山往南三百里，有座山叫老爷岭，是游牧部落地区，这里的部落是牡丹江部落。

## 番条山

（129,84816E；42,96845N）

又南三百里，曰番条之山[1]，无草木[2]，多沙[3]。減水[4]出焉，北流注于海，其中多鳡鱼[5]。

注释：[1]番条山：指汾图山，即东图门山。

[2]无草木：游牧部落地区。

[3]沙：指外来氏族。

[4]减水：指兰水，今称海兰水。

[5]鳡鱼：指高丽夷。

译文：由老爷岭往南三百里，有座山叫汾图山，是游牧部落地区，住着外来氏族。海兰水从这里流出，向北流入大海，这里住着高丽夷。

## 姑儿山

（127,88071E；41,73527N）

又南四百里，曰姑儿之山[1]，其上多漆[2]，其下多桑柘[3]。姑儿之水[4]出焉，北流注于海，其中多鳡鱼[5]。

注释：[1]姑儿山：指鹅山，后称天鹅山，今称望天鹅山，是长白山南麓的火山口。

[2]漆："漆"的濮语读摩沙，谐音陌舍，借指河畔的氏族。

[3]桑柘：指双岔头氏族。

[4]姑儿水：指松花江头道水，古称鹅水。

[5]鳡鱼：指高丽夷。

译文：由汾图山往南四百里，有座山叫望天鹅山。山的西面住着河畔氏族，东面住着双岔头氏族。鹅水从这里流出，向北流入大海，这里住着高丽夷。

## 高氏山

（126,18439E；41,12325N）

又南四百里，曰高氏之山[1]，其上多玉[2]，其下多箴石[3]。诸绳之水[4]出焉，东流注于泽[5]，其中多金玉[6]。

注释：[1]高氏山：指通沟山，今吉林省通化市集安城。

[2]玉：指清河氏族。

[3]箴石：指女真氏族。

[4]诸绳水：指诸岔沟水，今称通沟河。

[5]泽：指鸭绿江。

[6]金玉：指金夷。女真部落在红山文化之前就已称金。

译文：由望天鹅山往南四百里，有座山叫通沟山。山的西面住着清河氏族，东面住着女真氏族。通沟水从山间流出，向东流入鸭绿江，这里住着金夷。

## 岳山

（124,8846E；41,32596N）

又南三百里，曰岳山[1]，其上多桑[2]，其下多樗[3]。泺水[4]出焉，东流注于泽[5]，其中多金玉[6]。

注释：[1]岳山：指我山，今称本山，在本溪县碱厂镇东侧。主峰老秃顶子。

[2]桑：指双河氏族，即本溪氏族与南太子河氏族。

[3]樗：指凉水泉氏族，今称桓仁氏族。

[4]泺水：指普乐水，今称大雅河。

[5]则：指浑江。

[6]金玉：指夹沟、岔沟等山区谿谷氏族。

译文：由通沟山往南三百里，有座山叫本山。山的西面住着双河氏族，山的东面住着凉水泉氏族。普乐水从山间流出，向东流入浑江，这里住着山区的谿谷氏族。

## 犲山

（124,0981E；40,45823N）

又南三百里，曰犲山[1]。其上无草木[2]，其下多水[3]。其中多堪孖之鱼[4]。有兽焉，其状如夸父而彘毛[5]，其音如呼[6]，见则天下大水[7]。

注释：[1]犲山：指它山，属千山山脉的南麓，今称洼岭。

[2]无草木：游牧部落地区。

[3]水：读奢，指凤城氏族。

[4]堪孖鱼：指华伐夷，濮语读“煦戳”、“戳煦”。

[5]夸父而彘毛：指北胡的通古斯外来民。毛，指外来民。

[6]呼：指东边、东面。这里指东青苔峪。

[7]大水：指达罕氏族。即统治氏族。

译文：由本山往南三百里，有座山叫它山。山的西面是游牧部落地区，东面住着凤城氏族。这里还住着华伐夷。有一个氏族，是北胡的通古斯外来民，住在东青苔峪，是那个地方的统治氏族。

## 独山

（130,41876E；51,43934N）

又南三百里，曰独山[1]。其上多金玉[2]，其下多美石[3]。末涂之水[4]出焉，而东流注于沔[5]。其中多偹鳙[6]，其状如黄蛇，鱼翼[7]，出入有光[8]，见则其邑大旱[9]。

注释：[1]独山：指图拉纳山，在黑龙江北面的俄罗斯境内，在外兴安岭南面。距离由外兴安岭算起。

[2]金玉：指沙德临纳夷。

[3]美石：指尼曼河氏族。

[4]末涂水：指托木河。

[5]沔：指阿穆尔河。

[6]偹鳙：指条戎，又称克列人。

[7]黄蛇，鱼翼：胡族的哲夷。

[8]出如有光：迁居于养鹿镇，今别洛戈尔斯克。有光，指养鹿。

[9]大旱：指达罕，即统治氏族。

译文：由外兴安岭往南三百里，有座山叫图拉纳山。山的西面住着沙德临纳夷，东面住着尼曼河氏族。托木水从山间流出，向东南流入阿穆尔河。河畔住着条戎氏族，是胡族的哲夷，迁居于养鹿镇，是那个集镇的达罕氏族。

## 泰山

（128,90763E；47,7282N）

又南三百里，曰泰山[1]，其上多玉[2]，其下多金[3]。有兽焉，其状如豚而有珠[4]，名曰狪狪[5]，其名自訆。环水[6]出焉，东流注于江[7]，其中多水玉[8]。

注释：[1]泰山：指带岭，又称小兴安岭。

[2]玉：指龙河氏族。

[3]金：指上甘岭氏族。

[4]豚而有珠：指汤旺河的伊春河岔口氏族。

[5]狪狪：读陀陀，指卡卡氏，又称伊春嘎氏。

[6]环水：汤旺河，又称浩良水，简称浩水，谐音环水。

[7]江：指松花江。

[8]水玉：指河滨氏族。水为氏族，玉为河。

译文：由图拉纳山往南三百里，有座山叫带岭。山的西面住着龙河氏族，东面住着上甘岭氏族。有一个氏族，是汤旺河的伊春河岔口氏族，名叫陀陀，他们也这样称呼自己。浩水从山间流出，向东南流入松花江，河畔住着河滨氏族。

## 竹山

（127,84522E；45,59875N）

又南三百里，曰竹山[1]，錞于江[2]，无草木[3]，多瑶碧[4]。激水[5]出焉，而东流注于娶檀之水[6]，其中多茈蠃[7]。

凡东山经之首，自樕螽之山以至于竹山，凡十二山，三千六百里。其神状皆人身龙首[8]。祠：毛用一犬祈[9]，聃用鱼[10]。

注释：[1]竹山：指恩山，读音为竹，濮语的恩字由恒青二字构成，恒青为竹。今称大青山。

[2]江：指松花江

[3]无草木：游牧部落地区。

[4]瑶碧：指大宾氏族，即今宾县氏族。

[5]激水：指布吉水。布吉指胡子，古人以胡子长来表达延寿。今称延寿水。

[6]娶檀水：指庆檀水。娶檀，是沐浴之意。

[7]茈蠃：指僥僚，即通古斯人。

[8]人身龙首：指定居的牧族的形象。龙首，读勒属，指牧民氏族。

[9]毛用一犬祈：用一只角代替祭词。犬，读去，指角。

[10]聃用鱼：读珥用哲，指用铲子掩埋。这里指用铲子将动物的角掩埋。聃指埋。

译文：由带岭往南三百里，有座山叫恩山，紧挨着松花江，是游牧部落地区，住着大宾氏族。布吉水从山间流出，向东流入庆檀水，河畔住着通古斯人。

综观东山经第一列山系，自松江山到恩山共计十二座山，延绵三千六百里，这十二座山的山神皆为定居的牧民氏族的形象。祭祀这些山神，用一只角代替祭词，用铲子将其埋入地下。

## 东山经第二山系 空桑山

（129,95253E；45,36477N）

东次二经之首，曰空桑之山[1]。北临食水[2]，东望沮吴[3]，南望沙陵[4]，西望湣泽[5]。有兽焉，其状如牛而虎文[6]，其音如钦[7]，其名曰軨軨[8]，其鸣自訆，见则天下大水[9]。

注释：[1]空桑山：空桑，濮语“嘎韶”的音译，指“锅甑”，今称锅盔山。

[2]食水：指松花江。

[3]沮吴：指鸡西部落。

[4]沙陵：梨树镇与穆棱镇合称沙陵。

[5]潛泽：指牡丹江。

[6]牛而虎文：游牧的乌斯浑支系。虎文，浑的谐音。

[7]钦：指莲，读音扯，谐音钦，今称莲花镇。

[8]軨軨：读涅涅，指养鹿氏族。

[9]大水：指达罕氏族，即统治氏族。

译文：东山经第二系列的第一座山，叫锅盔山。这座山北临松花江，东望鸡西部落，南望梨树镇和穆棱镇，西望牡丹江。有一个氏族，是游牧的乌斯浑支系，住在莲花镇，名叫涅涅，他们也这样称呼自己，是那个地区的达罕氏族。

## 曹夕山

（128,3211E；44,46511N）

又南六百里，曰曹夕之山[1]，其下多穀而无水[2]，多鸟兽[3]。

注释：[1]曹夕山：指秃顶山，又称秃顶子岭。在张广才岭南麓。

[2]穀而无水：指拉林部落氏族。拉林，濮语读卡举，谐音穀。

[3]鸟兽：指河滨氏族。

译文：由锅盔岭往南六百里，有座山叫秃顶子岭。山的西面住着拉林部落氏族，住着河滨氏族。

## 峄皋山

（126,7713E；42,536N）

又西南四百里，曰峄皋之山[1]，其上多金玉[2]，其下多白垩[3]。峄皋之水[4]出焉，东流注于激女之水[5]，其中多蜃珧[6]。

注释：[1]峄皋山：指景城山，在今靖宇县北面，景城，今称靖宇县。

[2]金玉：指梁子夷，又称顶子夷。

[3]白垩：指景山镇头道沟氏族。

[4]峄皋水：指那尔轰河流域。

[5]激女水：松花江源头的石壁河。激指壁，女指石。

[6]蜃珧：指买粮氏，（氏族名）。

译文：由秃顶子岭往西南四百里，有座山叫景城山。山的西面住着顶子夷，东面住着头道沟氏族。那尔轰水从山间流出，向东流入石壁河。这里住着买粮氏族。

## 葛山尾

（125,27564E；42,11166N）

又南水行[1]五百里，流沙[2]三百里，至于葛山之尾[3]，无草木[4]，多砥砺[5]。

注释：[1]水行：指沿挥发河行进。

[2]流沙：指沿柳河行进，虽然沿水道走，但并不一定通航。

[3]葛山尾：指山城南，也称南山城。今辽宁省南山城镇。

[4]无草木：游牧部落地区。

[5]砥砺：指甸子黎。

译文：由景城山往南沿挥发河行五百里，再沿柳河行三百里，到达南山城，这里是游牧部落地区，住着甸子氏族。

## 葛山首

（124,08456E；41,92125N）

又南三百八十里，曰葛山之首[1]，无草木[2]。澧水[3]出焉，东流注于余泽[4]，其中多珠鳖鱼[5]，其状如肺而有目[6]，六足有珠[7]，其味酸甘[8]，食之无疠[9]。

注释：[1]葛山首：指西城山，西在濮语中读首、索、萨，今辽宁抚顺县城北山。

[2]无草木：游牧部落地区。

[3]澧水：指斟戣水，今称章党水。

[4]余泽：指峪泽，又称萨尔浒。

[5]珠鳖鱼：指浊泚夷，又称浑河夷。

[6]肺而有目：东部的蒙族。此时期的蒙族指补蒙纠，属东胡苗蒙。

[7]六足有珠：母系的浑河部落。

[8]其味酸甘：指东排山，读音且维芍嘎，今称东洲。

[9]食之无疠：古老的斟戣部落氏族。

译文：由南山城往南三百八十里，有座山叫西城山，是游牧部落地区。斟戣水从山间流出，向东南流入峪泽，这里住着浑河夷，是东部蒙族母系氏族的浑河支系氏族，住在且维芍嘎，是古老的斟戣部落氏族。

## 余峨山

（122,07372E；41,13633N）

又南三百八十里，曰余峨之山[1]。其上多梓楠[2]，其下多荆芑[3]。杂余之水[4]出焉，东流注于黄水[5]。有兽焉，其状如菟而鸟喙[6]，鸱目蛇尾[7]，见人则眠[8]，名曰犰狳[9]，其鸣自訆，见则螽蝗为败[10]。

注释：[1]余峨山：指盘锦。盘锦在辽河南岸，故称为溢卧、溢阳。

[2]梓楠：指太平河氏族。

[3]荆芑：指坝墙子氏族。芑，读己音，意为墙、壁。

[4]杂余水：辽河称为余，外辽河称为杂余。

[5]黄水：指浑河，又称浑江。

[6]菟而鸟喙：土族的河边支系。

[7]鸱目蛇尾：直目人的塞夷。此处因涉及到丝织业，当按月氏塞夷解译。

[8]见人则眠：是那个集镇的织绸氏族。

[9]犰狳：睢(chui)夷，即养蚕夷。

[10]螽蝗为败：读“则浑溢帕”，指浑江河畔。

译文：由西城山往西南三百八十里，有座城镇叫溢卧。它的西面住着太平河氏族，东面住着坝墙子氏族。外辽河水从旁边流出，向东南流入浑江河。有一个氏族，是土族的河边支系，是直目人的塞夷，是那个集镇的织绸氏族，名叫睢夷，他们也这样称呼自己，是浑江河畔的氏族。

## 杜父山

（120,87493E；40,81261N）

张明友

又南三百里，曰杜父之山[1]，无草木[2]，多水[3]。

注释：[1]杜父山：读嗒洪鲁，今谐音称大红螺。原意是指鹰山。

[2]无草木：游牧部落地区。

[3]水：指响水河氏族。

译文：由溢卧往南三百里，有座山叫大红螺，是游牧部落地区，住着响水河氏族。

## 耿山

（120,34329E；40,32813N）

又南三百里，曰耿山[1]，无草木[2]，多水碧[3]，多大蛇[4]。有兽焉，其状如狐而鱼翼[5]，其名曰朱獳[6]，其鸣自訆，见则其国有恐[7]。

注释：[1]耿山：指古山，也称股山。今称高台。

[2]无草木：游牧部落地区。

[3]水碧：指绥沘氏族。

[4]大蛇：指大肆夷。

[5]狐而鱼翼：东部的哲夷，即东部的渔业氏族。

[6]朱獳：指六江氏，读浙漏，今称六股河人。

[7]有恐：指补苦，即有夏氏族，属红山文化的主体氏族。

译文：由大红螺往南三百里，有座山叫高台山，是游牧部落地区，住着绥沘氏族，住着游牧的大肆夷。有一个氏族，是东部的哲夷，名叫六江氏，他们也这样称呼自己，是那个国家的有夏氏族。

## 卢其山

（119,7561E；40,0088N）

又南三百里，曰卢其之山[1]，无草木[2]，多沙石[3]。沙水[4]出焉，南流注于涔水[5]，其中多鵹鹕[6]，其状如鸳鸯而人足[7]，其鸣自訆，见则其国多土功[8]。

注释：[1]卢其山：指角山，山读卢，角读其，实际介绍山脚的部落，这里后来成为山海关。

[2]无草木：游牧部落地区。

[3]沙石：指长河氏族，今称石河氏族。

[4]沙水：指长河水，今称石河水。

[5]涔水：指辽东湾。

[6]鵹鹕：指青胡。

[7]鸳鸯而人足：北部的定居支系。

[8]见则其国多土功：那个部落国很贫穷。

译文：由高台山往南三百里，有座山叫角山，是游牧部落地区，住着石河氏族。石河水从山间流出，向南流入辽东湾，石河河畔住着青胡，是北部的定居支系，他们也这样称自己。那个部落国很贫穷。

## 姑射山

（118,43479E；39,73084N）

又南三百八十里，曰姑射之山[1]，无草木[2]，多水[3]。

注释：[1]姑射山：读古冶山，指大城山，在今唐山市古治区。

[2]无草木：游牧部落地区。

[3]水：指云氏族，也称睢氏族，分别有黄、习、水三姓。

译文：由角山往南三百八十里，有座山叫古冶山，是游牧部落地区，住着云氏族。

## 北姑射山

（117,1987E；39,13783）

又南水行三百里，流沙百里，曰北姑射之山[1]。无草木[2]，多石[3]。

注释：[1]北姑射山：读贝古冶山，指津大城，今称天津。津、静、镜都读 bi 音。

[2]无草木：游牧部落地区。

[3]石：读砾音，指倪庄、倪黄庄、凝侯庄等带石概念读音的氏族。他们是较早的居民，属游牧氏族。

译文：由古冶水行三百里，旱行百里，有一个地区叫津大城，是游牧部落地区，住着石氏族。

## 南姑射山

（116,64419E；38,70435N）

又南三百里，曰南姑射之山[1]，无草木[2]，多水[3]。

注释：[1]南姑射山：读勒古冶、二姑院，指二大城。因属远古某国的南京，又称召扶，今称大城。

[2]无草木：游牧部落地区。

[3]水：指召扶氏族。扶，在濮语中读携，谐音水。

译文：由津大城往南三百里，是二大城，属游牧部落地区，住着召扶氏族。

## 碧山

（116,57995E；38,08318N）

又南三百里，曰碧山[1]，无草木[2]，多大蛇[3]，多碧[4]、水玉[5]。

注释：[1]碧山：指河边的山，今称泊头。

[2]无草木：游牧部落地区。

[3]大蛇：指大肆夷。

[4]碧：指河滨氏族。

[5]水玉：指云夷。

译文：由二大城往南三百里，有个地方叫泊头，是游牧部落地区，住着大肆夷、河滨氏族和云夷。

## 缑氏山

（116,64999E；36,93394N）

又南五百里，曰缑氏之山[1]，无草木[2]，多金玉[3]。原水[4]出焉，东流注于沙泽[5]。

注释：[1]缑氏山：指夏族则柯氏的住地，也称古氏、缑氏。因为是禹的后裔，所以崇拜禹。今称禹城。

[2]无草木：游牧部落地区。

[3]金玉：指集镇夷。

[4]原水：指救援水，濮语读救援为“徒骇”，今称徒骇河。

[5]沙泽：读奢泽，指黄河。

译文：由泊头往南五百里，是则柯氏族地区，属游牧部落地区，住着集镇夷。徒骇水从这里流出，向东流入黄河。

## 姑逢山

（116,76705E；36,18105N）

又南三百里，曰姑逢之山[1]，无草木[2]，多金玉[3]。有兽焉，其状如狐而有翼[4]，其音如鸿雁[5]，其名曰獙獙[6]，见则天下大旱[7]。

注释：[1]姑逢山：指东城山，今称肥城山，在山东省肥城。

[2]无草木：游牧部落地区。

[3]金玉：指集镇夷。

[4]狐而有翼：肥城的羿部落氏族。

[5]鸿雁：指黄叶庄。

[6]獙獙：指背河氏族。背河，濮语读为臂沘，谐音獙獙。

[7]大旱：达罕氏族，统治氏族。

译文：由禹城往南三百里，有座山叫肥城山，是游牧部落地区，住着集镇夷。有一个氏族，是肥城的羿部落氏族，住在黄叶庄，名叫背河氏，是那个地区的统治氏族。

## 凫丽山

（117,21702E；35,50537N）

又南五百里，曰凫丽之山[1]，其上多金玉[2]，其下多箴石[3]。有兽焉，其状如狐而九尾，九首，虎爪[4]，名曰蠪姪[5]，其音如婴儿[6]，是食人[7]。

注释：[1]凫丽山：指沂(li)蒙山，凫丽、沂蒙在濮语中都是指母亲，在山东曲阜东南侧。

[2]金玉：指济夷。

[3]箴石：指平邑氏族。

[4]狐而九尾，九首，虎爪：东部九夷苗族的王族支系。九尾，指九夷；九首，指纠属，即苗族。虎爪，指王族支系。

[5]蠪姪：指鲁枝氏，苗族的一个大支系，原籍在山东曲阜地区。迁徙到贵州的鲁枝氏，今称六(lu)枝氏，又称苗。

[6]婴儿：北面，这里指曲阜。

[7]是食人：是古老的定居氏族。

译文：由肥城山往南五百里，有座山叫沂蒙山。山的西面住着济夷，东面住着平邑氏族。有一个氏族，是东部九夷苗族的王族支系，名叫鲁枝氏，住在北面的曲阜，是古老的定居氏族。

今日蠪姪苗

## 硜山

（118,35644E；35,10207N）

又南五百里，曰硜山[1]，南临硜水[2]，东望湖泽[3]。有兽焉，其状如马，而羊目、四角、牛尾[4]，其音如獆狗[5]，其名曰祓祓[6]。见则其国多狡客[7]。有鸟焉，其状如凫而鼠尾，善登木[8]，其名曰絜钩[9]，见则其国多疫[10]。

凡东次二经之首，自空桑山至于硜山，凡十七山，六千六百四十里。其神状皆兽身人面载觡[11]。其祠，毛用一鸡祈[12]，婴[13]用一璧瘗。

注释：[1]硜山：指茤山，即兰山，今临沂市。

[2]硜水：指兰水，今称沂水。

[3]湖泽：指虎园，莒南县古称虎园。湖，指园；泽，指虎。

[4]马而羊目、四角、牛尾：苗族的蚩尤母系僚夷。

[5]獆狗：指熟城，临沂城的古称谓。濮语以“熟”表示手工业发达的城镇。

[6]祓祓：蚩尤氏，又称尤尤氏。

[7]狡客：指缫丝氏族。

[8]凫而鼠尾，善登木：东部九夷的明镇苗。善登，指明镇，临沂城的古称谓，又称熟城。

[9]絜钩：读契勾，东夏族陈锋部落的濮语称谓。

[10]多疫：读都夷，指古老夷，古老氏族。

[11]兽身人面载觡：穿着华丽的定居氏族形象。载觡，指美丽。

[12]鸡：指矶，即璧玉。

[13]婴：也就是。

译文：由沂蒙山往南五百里，有座山叫兰山，这里南临兰水，东望虎园。有一个氏族，是苗族的蚩尤母系僚(lao)夷，住在熟城，名叫尤尤氏。他们是这个国家的缫丝氏族。有一群人，是东部九夷的明镇苗，名叫契勾氏，是契那的古老夷。

综观东山经第二列山系，自锅盔山至兰山。共十七座山，延绵六千六百四十里。这些山的山神皆为穿着华丽的定居氏族的形象。祭祀这些山神时，用一璧玉传达祭词，也就是将一块璧玉埋入地下。

## 东山经第三山系 尸胡山

（127,32925E；49,42489N）

又东次三经之首，曰尸胡之山[1]，北望【歹羊】山[2]，其上多金玉[3]，其下多棘[4]。有兽焉，其状如麋而鱼目[5]，名曰妴胡[6]，其名自訆。

注释：[1]尸胡山：指孙吴山，在小兴安岭北端。

[2]【歹羊】山：指西瓦巍，今称兴安岭；北望，指贝望，即南望。

[3]金玉：指平度夷。

[4]棘：指腰屯氏族。腰，读音缴，谐音棘。

[5]麋而鱼目：王泡子湖的渔民。读为武枝而哲目。麋，指武枝。武枝湖即王泡子。

[6]妴胡：指武湖氏，也称吴湖氏。

译文：东山经第三系列最北端的山，名叫孙吴山，南望兴安岭。山的西面住着平度氏族，东面住着腰屯氏族。有一个氏族，是王泡子湖的渔民，名叫吴湖氏，他们也这样称呼自己。

## 岐山

（127,10226E；47,24630N）

又南水行八百里，曰岐山[1]。其木多桃李[2]，其兽多虎[3]。

张明友

注释：[1]岐山：指平坦的地区，也称平山。今小兴安岭南面的绥化市的努敏河一带。

[2]桃李：肃慎族和扶余人的各个邑落以圆栅为寨，称为陶篱，谐音桃李或团林。

[3]虎：指扶余人。

译文：由孙吴山往南水行八百里，是平山。那里的检目皆以陶篱为寨，居住的氏族为扶余人。

## 诸钩山

（126,30852E；45,37624N）

又南水行七百里，曰诸钩之山[1]，无草木[2]，多沙石[3]。是山也，广员百里，多寐鱼[4]。

注释：[1]诸钩山：指君城山，是肃慎部落的中心区域。今哈尔滨双城地区。

[2]无草木：游牧部落地区。

[3]沙石：指松花江氏族。

[4]寐鱼：指五常夷。寐，濮语数序"五"的读音。

译文：由平山往南水行七百里，到达君城山，这里是游牧部落地区，住着松花江氏族。这个地方有百里宽阔，还住着五常夷。

## 中父山

（126,5679E；43,86817N）

又南水行七百里，曰中父之山[1]，无草木[2]，多沙[3]。

注释：[1]中父山：指首王山，又称前王山。今吉林市区。

[2]无草木：游牧部落地区。

[3]沙：指松花江氏族。

译文：由君城山往南水行七百里，有座山叫首王山，是游牧部落地区，住着松花江氏族。

## 胡射山

（127,48578E；42,17088N）

又东水行千里，曰胡射之山[1]，无草木[2]，多沙石[3]。

注释：[1]胡射山：指长白山。胡在此读 wu 音，指白，射读 xie 音，指长。

[2]无草木：游牧部落地区。

[3]沙石：指松花江氏族，简称松江氏族。

译文：由首王山往东水行千里，到达长白山，这里是游牧部落地区，住着松花江氏族。

## 孟子山

（128,29424E；41,09253N）

又南水行七百里，曰孟子之山[1]。其木多梓桐[2]，多桃李[3]，其草多菌浦[4]，其兽多麋鹿[5]。是山也，广员百里。其山有水焉，名曰碧阳[6]，其中多鳣鲔[7]。

注释：[1]孟子山：指收马山，今称盖马高原。

[2]其木多梓桐：这里住着开甲胡族，今称甲山胡。

[3]桃李：指团林氏族。团林，也读陶篱，是肃慎族"围寨"的称谓。

[4]其草多菌浦：住着长津浦游牧民。

[5]其兽多麋鹿：住着梨寨狩猎氏族。

[6]碧阳：指大川河。

[7]鱣鲔：指咸镜山南面的氏族。

译文：由长白山往南水行七百里，有座山叫盖马高原。这里住着甲山胡族，住着团林氏族。这里还住着长津浦游牧民，住着梨寨狩猎氏族。这座山有百里宽广，有大川河发源于这里，河边住着咸镜山南面的氏族。

## 跂踵山

（124,34774E；40,01866N）

又南水行五百里，曰流沙[1]，行五百里，有山焉，曰跂踵之山[2]，广员二百里，无草木[3]，有大蛇[4]，其上多玉[5]。有水焉，广员四十里皆涌，其名曰深泽[6]，其中多蠵龟[7]。有鱼焉，其状如鲤而六足鸟尾[8]，名曰鮯鮯之鱼[9]，其名自訆。

注释：[1]流沙：指鸭绿江。

[2]跂踵山：指安东山。今辽宁丹东市。

[3]无草木：游牧部落地区。

[4]大蛇：指大集肆。

[5]玉：指河川氏族。

[6]深泽：指沙河。

[7]蠵龟：指东渡口氏族。

[8]鲤而六足鸟尾：住在青梅岭的僚夷。

[9]鮯鮯鱼：指蚕茧夷，即养蚕为业的族群。

译文：由盖马高原往南水行五百里，到达鸭绿江，再水行五百里就到达安东。这里方圆二百里都是游牧部落地区，有一个大集肆，住着河川氏族。有一条河，从河口到源头长四十里，名叫沙河，河畔住着东渡口氏族。有一群僚夷，是住在青梅岭的僚夷，名叫蚕茧夷，他们也这样称呼自己。

## 踇隅山

（124,88373E；38,14674N）

又南水行九百里，曰踇隅之山[1]。其上多草木[2]，多金玉[3]，多赭[4]。有兽焉，其状如牛而马尾[5]，名曰精精[6]，其鸣自訆。

注释：[1]踇隅山：指瞌睡山。今称梦金浦，在朝鲜黄海南道。

[2]草木：指游牧氏族。

[3]金玉：指金夷，是肃慎族的称谓。

[4]赭：指渔民。

[5]牛而马尾：僚族的苗夷。

[6]精精：指斤氏族。也称斤斤氏。

译文：由安东往西水行九百里，到达瞌睡山。这里住着游牧氏族，金夷和渔民。有一个氏族，是僚族的苗夷，名叫斤斤氏，他们也这样称呼自己。

## 无皋山

（127,93807E；37,33979N）

又南水行五百里，流沙[1]三百里，至于无皋之山[2]，南望幼海[3]，东望榑木[4]，无草木[5]，多风[6]。是山也，广员百里。

凡东次三经之首，自尸胡山至于无皋之山，凡九山，六千九百里。其神状皆人身而羊角[7]。其祠：用一牡羊[8]，米用黍。是神也，见则风雨水为败[9]。

注释：[1]流沙：指绿江，今称汉江。

[2]无皋山：指原城，今称原州，在韩国江原道，位于朝鲜半岛的正中心。

[3]幼海：指庆尚地区。庆、亲都读 you。

[4]榑木：指富川检目地区，简称富川地区。

[5]无草木：游牧部落地区。

[6]风：指王族。

[7]人身而羊角：东部支系的定居氏族形象。羊角读 chi go 指东部。

[8]牡羊：读牡蚩，指玉坠。

[9]见则风雨水为败：那个地区的统治氏族的形象。败，指庙宇、偶像。

译文：由瞌睡山往南水行五百里，再沿绿江水行三百里，到达原城。这里南望庆尚，东望富川，是游牧部落地区，住着王族氏族。这座山方圆百里。

综观东山经第三列山系，北自孙吴山，南至原城，共九座山，延绵六千九百里。这些山的山神都是定居的东部氏族的形象。祭祀这些山神时，用一只玉坠传达祭词，米用黍米。这些神都是那个地区统治氏族的形象。

## 东山经第四山系 北号山

（129,70107E；47,01566N）

又东次四经之首，曰北号之山[1]，临于北海。有木焉，其状如杨，赤华[2]，其实如枣而无核[3]，其味酸甘[4]，食之不疟[5]。食水[6]出焉，而东北流注于海。有兽焉，其状如狼，赤首鼠目[7]，其音如豚[8]，名曰猲狚[9]，是食人。有鸟焉，其状如鸡而白首[10]，鼠足而虎爪[11]，其名曰鬿雀[12]，亦食人。

注释：[1]北号山：指黑龙江佳木斯的浩良山，今称青黑山。

[2]杨，赤华：南面的桦川氏族。

[3]枣而无核：佳木斯的乌赫氏族。

[4]其味酸甘：且维芍嘎，青黑山的远古称谓，也是佳木斯集镇的古称谓。

[5]食之不疟：古老的补勒，即古老的游牧氏族。

[6]食水：指松花江。

[7]狼，赤首鼠目：游牧的犬戎俄罗斯族。

[8]豚：指汤源。

[9]猲狚：氏族名，指兴安部落氏族，可称兴纪氏。

[10]鸡而白首：指鸡西的白人氏族。

[11]鼠足而虎爪：俄罗斯族的游牧支系。

[12]鬿雀：氏族名，指东犬戎。

译文：东山经第四系列最北端的山，叫浩良山，紧邻北海地区。这里有一个管理氏族，是山南的桦川氏族，实际是佳木斯的乌赫氏族，住在且维芍嘎，是古老的游牧氏族。松花江水从这里流过，向东北流入大海。有一个氏族是游牧的犬戎俄罗斯支系，住在汤源，名叫猲狚氏，是古老的居民。有一群人，是鸡西的白人氏族，是俄罗斯族的游牧支系，名叫东犬戎，也是古老的居民。

## 旄山

（129,01717E；45,66162N）

又南三百里，曰旄山[1]，无草木[2]。苍体之水[3]出焉，而西流注于展水[4]，其中多鱃[5]，其状如鲤而大首[6]，食者不疣[7]。

注释：[1]旄山：指；亮朱山。属张广才岭北麓。亮朱，读韶旄。

[2]无草木：游牧部落地区。

[3]苍体水：指张广水，包括亮朱河、石头河、黄泥河、驿马河等水系。

[4]展水：指延展水，又称蚂蜓河。蚂，即展。

[5]鱃鱼：指亮夷。

[6]鲤而大首：石头河的游牧氏族。鲤，指石头。

[7]食者不疣：古老的北方氏族。疣，同幽，在此指北方。

译文：由浩良山往南三百里，有座山叫亮朱山，是游牧部落地区。张广水从山间流出，向西流入蚂蜓河，那里住着亮夷，是石头河的游牧氏族，是古老的北方氏族。

## 东始山

（126,94685E；44,41285N）

又南三百二十里，曰东始之山[1]，上多苍玉[2]。有木焉，其状如杨而赤理[3]，其汁如血[4]，不实[5]，其名曰芑[6]，可以服马[7]。泚水[8]出焉，而东北流注于海，其中多美贝[9]，多茈鱼[10]，其状如鲋，一首而十身[11]，其臭如蘼芜[12]，食之不糟[13]。

注释：[1]东始山：在张广才岭南端的舒兰。东始是氏族名，以此而得山名。

[2]苍玉：指候岭夷，今称猴岭夷。

[3]杨而赤理：南面的腰红石、南红石氏族。

[4]其汁如血：指路河支系。血，读奢，指河。

[5]不实：指氏族。

[6]芑：指腰氏，读缴。

[7]可以服马：柯尔克孜的扶余蒙。

[8]泚水：指徙僚，今称溪浪河。泚，移动之意。

[9]美贝：春十，指满春、永春氏族。

[10]茈鱼：指移民。

[11]鲋，一首而十身：东始族的永春支系。鲋一首，指东始族。十身，永春支系。

[12]其臭如蘼芜：是春部落的支系。

[13]不糟：手工业氏族。糟，指累，是蚁族概念，即产业和手工业族群。

译文：由亮朱山往南三百二十里，有座山叫东始山，西面住着候岭氏族。有一个管理氏族，是南面的腰红石、南红石等路河支系氏族，称为腰氏，是柯尔克孜的扶余蒙。溪浪水从这里流出，向东北流入大海。这里还住着永春氏移民，是东始的永春氏，属春部落支系，是古老的手工业氏族。

## 女烝山

（126,0152E；43,29887N）

又东南三百里，曰女烝之山[1]。其上无草木[2]，石膏水[3]出焉，而西流注于鬲水[4]。其中多薄鱼[5]，其状如鳣鱼而一目[6]，其音如欧[7]，见则天下大旱[8]。

注释：[1]女烝山：指烟筒山。

[2]无草木：游牧部落地区。

[3]石膏水：指梨弯水，今称大梨河。

[4]鬲水：指清明水，今称饮马河。

[5]薄鱼：指富夷，读音蚌夷。

[6]鳣鱼而一目：指游牧支系的伊通部落夷。

[7]欧：卧的谐音，指南面。

[8]大旱：达罕氏族。

译文：由东始山往东南三百里，有座山叫烟筒山。山的西面是游牧部落地区。梨弯水从山间流出，向西南流入清明河。这里住着富夷，是游牧支系的伊通部落夷，住在山南，是这个地区的达罕氏族。

## 钦山

（125,14265E；42,88778N）

又南二百里，曰钦山[1]，多金玉无石[2]。师水[3]出焉，而北流注于皋泽[4]。其中多鱃鱼[5]，多文贝[6]。有兽焉，其状如豚而有牙[7]，其名曰当康[8]，其名自訆，见则天下大穰[9]。

注释：[1]钦山：指蒸腾的山，又称烧锅山，今辽源城。

[2]金玉无石：指金夷部落氏族。

[3]师水：指奢咪水，即梨树河。

[4]皋水：读共水，指鹿河，今称东辽河。

[5]鱃鱼：指梨树河氏族。

[6]文贝：指渭津河氏族。

[7]豚而有牙：白泉的英俊氏族。白泉，读吐汶。有牙，也读雅优，指漂亮、英俊。

[8]当康：读德酷，指德旺氏。

[9]大穰：读达儒，指管理氏族。

译文：由烟筒山往南二百里，有座山叫烧锅山，住着金夷部落氏族。梨树河水从山间流出，向北流入东辽河。这里住着梨树河夷和渭津河夷。有一个氏族，是白泉的英俊氏族，名叫德旺氏，他们也这样称呼自己，是那个地区的管理氏族。

## 子桐山

（123,43258E；41,80501N）

又东南二百里，曰子桐之山[1]。子桐之水[2]出焉，而西流注于余如之泽[3]。其中多鮹鱼[4]，其状如鱼而鸟翼[5]，出入有光[6]。其音如鸳鸯[7]，见则天下大旱[8]。

注释：[1]子桐山：指甸子山，是沈阳北面的山，实际介绍的是沈阳。

[2]子桐水：指甸子水，今称浑河。

[3]余如泽：指大龙河，今称辽河。

[4]鮹鱼：指大洼渔民。

[5]鱼而鸟翼：从事渔业的河滨夷。

[6]出入有光：往来于双河口之间。

[7]鸳鸯：指台安。

[8]大旱：达罕氏族。

译文：由烧锅山往东南二百里，有座山叫甸子山。浑河水从山间流出，向西流入辽河。河口处住着大洼渔民，是从事渔业的河滨氏族，往来于双河口，住在台安，是那个地区的达罕氏族。

## 剡山

（125,53258E；42,67651N）

又东北二百里，曰剡山[1]，多金玉[2]。有兽焉，其状如彘而人面[3]，黄身而赤尾[4]，其名曰合窳[5]，其音如婴儿[6]。是兽也，食人[7]，亦食虫蛇[8]，见则天下大水[9]。

注释：[1]剡山：指丰山，今吉林省东丰县城。

[2]金玉：指集镇夷。

[3]彘而人面：通古斯居民。

[4]黄身而赤尾：山区氏族的游牧夷。黄，读洪鲁，指山。

[5]合窳：指鞣鞨夷。

[6]婴儿：指北面。

[7]食人：古老的居民。

[8]食虫蛇：古老的游牧集肆夷。

[9]大水：达罕氏族。大，指达罕；水，指氏族。

译文：由甸子山往东北二百里，有座山叫丰山，住着集镇夷。有一个氏族，是通古斯的居民，是山区的游牧夷，名叫鞣鞨夷，住在北面。这个氏族，是古老的居民，也是古老的游牧集肆夷，是那个地区的达罕氏族。

## 太山

（126,74832E；42,97175N）

又东二百里，曰太山[1]，上多金玉[2]，桢木[3]。有兽焉，其状如牛而白首，一目而蛇尾[4]，其名曰蜚[5]，行水则竭[6]，行草则死[7]，见则天下大疫[8]。钩水[9]出焉，而北流注于劳水[10]，其中多鳝鱼[11]。

凡东次四经之首，自北号之山至于太山，凡八山，千七百二十里。

右东经之山志，凡四十六山，万八千八百六十里。

注释：[1]太山：指富太山，在吉林省桦甸市北面。实际往东北向介绍桦甸。

[2]金玉：指集镇夷。

[3]桢木：指杨姓氏族。

[4]牛而白首，一目而蛇尾：河边的摆渡氏族，河畔的寨夷。一目，读溢陌。

[5]蜚：指费氏。汉译为盘氏、漂氏、罗圈氏三大姓。今都有遗存名。

[6]行水则竭(xie)：指赫哲羲国。

[7]行草则死：指赫哲氏族。

[8]大疫：指达罕夷。

[9]钩水：指富太沟水，又称富江。

[10]劳水：指松江。

[11]鳝鱼：指河渡运输夷。

译文：由丰山往东北二百里，有座山叫富太山。山的西面住着集镇夷和杨姓氏族。有一个氏族，是河边的摆渡氏族，是河畔的集肆夷，名叫费氏，是赫哲羲国的赫哲氏族，是那个地区的达罕夷。富沟水从山间流出，向东流入松江，这里住着河渡运输夷。

综观东山经第四列山系，从浩良山到富太山，共八座山，延绵一千七百二十里。
以上所述东部山系，共计四十六座山，延绵一万八千八百六十里。

## 第五卷　中山经

### 薄山 甘枣山

（110,3179E；34,64051N）

中山经薄山[1] 之首，曰甘枣之山[2]，共水[3]出焉，而西流注于河[4]。其上多杻木[5]。其下有草[6]焉，葵本而杏叶[7]，黄华而荚实[8]，名曰箨[9]，可以已懵[10]。有兽焉，其状如楏鼠而文题[11]，其名曰𪕬[12]，食之已瘿[13]。

注释：[1]薄山：指条山山脉，在山西蒲州东侧。今称中条山。濮语“条”读薄。

[2]甘枣山：甘枣读嘎照，指山垭口，今称风铃渡镇。

[3]共水：指勾水，即候渡水，今称后渡水。濮语读渡为勾。

[4]河：指黄河。

[5]杻木：指言官氏族，今谐音传承为六官寨氏族。

[6]草：指游牧民。

[7]葵本而杏叶：指有夏的恒夷。恒夷，即王族。

[8]黄华而荚实：黄坡寨的姜氏，今称黄洛的姜氏。洛，即寨。

[9]箨：指妥鲁则柯氏，即中央氏。

[10]可以已懵：夏国的核心氏族。懵，读梅，指核心。

[11]楏鼠而文题：洞地的苗族。洞地，指苗族家支的中心，也称度地，有西侯度遗址。

[12]𪕬：指侯氏。

[13]食之已瘿：古老的小侯氏族。瘿，读伊，指小。

译文：中山经第一列山系是薄山山脉，头一个地方叫山垭口，侯渡水从山间流出，向西流入黄河。山的西面住着六官村氏族。东面住着游牧民，是有夏的恒夷，是黄洛的姜氏族，名叫中央氏，是夏国的核心氏族。有一个氏族，是洞地的苗族，名叫侯氏，是古老的小侯夷。

### 历儿山

（110,4307E；34,6667N）

又东二十里，曰历儿之山[1]。其上多橿[2]，多欙木[3]，是木也，方茎而员叶[4]，黄华而毛[5]，其实如楝[6]，服之不忘[7]。

注释：[1]历儿山：今仍称历儿山，在芮城县阳城镇北面。实际介绍阳城镇。

[2]橿：指焦氏族。

[3]欙木：指任官氏，又称任土目氏族。今称任氏。

[4]方茎而员叶：统治部落的大氏族。

[5]黄华而毛：东历儿山的管理氏族。

[6]其实如楝：实际称为任氏。

[7]服之不忘：山区的补华，即山区的华胥氏。

译文：由山垭口往东二十里，有座山叫历儿山。山的西面住着焦氏族，住着任土目氏族。这个土目氏族，是统治部落的大氏族，是东历儿山的管理氏族，实际称为任氏，是山区的华胥氏族。

## 渠猪山
（110,4854E；34,67935N）

又东十五里，曰渠猪之山[1]，其上多竹[2]，渠猪之水出焉，而南流注于河[3]。其中多豪鱼[4]，状如鲔[5]，赤喙尾赤羽[6]，可以已白癣[7]。

注释：[1]渠猪山：指角村山。山在阳城镇杜庄北面，这里实际介绍的是杜庄。

[2]竹：指角村氏族。竹同猪音，指村。

[3]河：指黄河。

[4]豪鱼：指郝夷，属游牧部落的姓氏。

[5]鲔：指南，杜庄的古称谓。鲔即渭，东南西北的“汾渭洛武”，对应春夏秋冬的“梅杜苏洗”。

[6]赤喙尾赤羽：游胡夷的游牧支系。

[7]可以已白癣：夏国的鲜卑夷。

译文：由历儿山往东十五里，有座山叫角村山。山的西面住着角村氏族，角村水从山间流出，向南流入黄河。这里住着郝夷，是南角村游牧胡的游牧支系，是夏国的鲜卑夷。

## 葱聋山
（110,66401E；34,80777N）

又东三十五里，曰葱聋之山[1]，其中多大谷[2]，是多白垩[3]，黑、青、黄垩[4]。

注释：[1]葱聋山：指草坡山，在山西芮城县北面的中条山上。

[2]大谷：指塔儿园氏族。

[3]白垩：指大柏峪氏族。

[4]黑、青、黄垩：黑垩，指风伯峪氏族；青垩，指东面的石鹿峪氏族；黄垩，指王官峪氏族。黑读哼音，指风。

译文：由角村山往东三十五里，有座山叫草坡山，住着塔儿园氏族，还住着大柏峪氏族、风伯峪氏族、石鹿峪氏族和王官峪氏族。

## 涹山
（110,81829E；34,84666N）

又东十五里，曰涹山[1]，其上多赤铜[2]，其阴多铁[3]。

注释：[1]涹山：指后岭。

[2]赤铜：指前凹氏族。

[3]铁：指解州氏族。解，汉语必须读 xie 音，才能对应濮语的 tie 音。

译文：由草坡山往东十五里，有座山称为后岭，山的西面住着前凹氏族，北面住着解州氏族。

## 脱扈山
（111,32413E；35,14088N）

又东七十里，曰脱扈之山[1]。有草焉，其状如葵叶而赤华[2]，荚实[3]，实如棕荚[4]，名曰植楮[5]，可以已癙[6]，食之不眯[6]。

注释：[1]脱扈山：指中留山。在山西运城市夏县东侧。

[2]葵叶而赤华：指康家坪山。

[3]荚实：指景氏族。

[4]棕荚：指景岭。

[5]植楮：指景睢氏。濮语读睢为崔，谐音楮。

[6]可以已癙：夏国的共工夷。

[7]食之不眯：古老的天人氏族。眯，指天，补眯指天人氏族。

译文：由后岭往东七十里，有座山叫中留山。有一个移民氏族，是康家坪山的景氏族，实际住在景岭，名叫景睢氏，是夏国的共工夷，是古老的天人氏族。

## 金星山

（111,40962E；35,21833N）

又东二十里，曰金星之山[1]，多天婴[2]，其状如龙骨[3]，可以已痤[4]。

注释：[1]金星山：指半岭。金，指岭；星，指半。

[2]天婴：指七峪和七草沟氏族。七，读照，又称天照，所以七峪被译为天婴。

[3]龙骨：指埝沟氏族。

[4]可以已痤：夏国的照夷。痤，读 zhuo，与照谐音。

译文：由中留山往东二十里，有座山叫半岭，住着七峪和七草沟氏族，属埝沟支系，是夏国的照夷。

## 泰威山

（111,7433E；35,12418N）

又东七十里，曰泰威之山[1]。其中有谷，曰枭谷[2]，其中多铁[3]。

注释：[1]泰威山：指雷公南岭，今称南岭。

[2]枭谷：指解国，今称解峪乡。解，读谢，濮语读铁。枭、谢谐音。

[3]铁：指解氏族。

译文：由半岭往东七十里，有座山叫雷公南岭。这里有一个国家，叫解国，住着解姓氏族。

## 橿谷山

（111,88467E；35,1185N）

又东十五里，曰橿谷之山[1]，其中多赤铜[2]。

注释：[1]橿谷山：指西沟山。在后清河与沇河交汇处的古城镇。

[2]赤铜：指坪沿庄氏族。

译文：由雷公南岭往东十五里，有座山叫西沟山，这里住着坪沿庄氏族。

## 吴林山

（112,28132E；35,17696N）

又东百二十里，曰吴林之山[1]，其中多葌草[2]。

注释：[1]吴林山：指王屋山。王屋山原称王府山，濮语读府为鬲，谐音林。

[2]葌草：本指兰姓移民，此处指济源移民，济源切音为葌。

译文：由西沟山往东一百二十里，有座山叫王屋山，住着济源移民。

## 牛首山
（112,68595E；35,19022N）

又北三十里，曰牛首之山[1]。有草焉，名曰鬼草[2]，其叶如葵而赤茎[3]，其秀如禾[4]，服之不忧[5]。劳水[6]出焉，而西流注于潏水[7]，是多飞鱼[8]，其状如鲋鱼[9]，食之已痔衕[10]。

注释：[1]牛首山：指沁河山，因濮语“沁河”的读音像“牛首”，就成了牛首山。

[2]鬼草：指硬殿氏族，今称硬庄氏族。

[3]葵而赤茎：北面的游牧部落氏族。

[4]其秀如禾：实际是牧羊氏族。

[5]服之不忧：山区的北部氏族。

[6]劳水：指愁沟水。

[7]潏水：指沙石沟水。

[8]是多飞鱼：这里住着河东夷。

[9]鲋鱼：指东逯夷。飞、鲋都指东。

[10]已痔衕：指开阔地、平原地区的氏族，一般都称梓桐或桐梓，这里称紫陵夷。

译文：由王屋山往东北三十里，有座山叫沁河山。有一个游牧氏族，名叫硬庄氏族，属北部游牧部落的支系，实际是牧羊氏族，是山区的北部氏族。愁沟水从山间流出，向东南流入沙石沟水，这里住着河东夷，实际是东逯夷，是古老的平原氏族。

## 霍山
（113,05693E；35,20996N）

又北四十里，曰霍山[1]，其木多穀[2]。有兽焉，其状如狸，而白尾有鬣[3]，名曰朏朏[4]，养之可以已忧[5]。

注释：[1]霍山：指月山，月读 hu，与霍谐音，这里介绍月山下的聚落，实际往东北方向。

[2]穀：指谷坨和郜疙塔氏族。郜疙塔，原称郜仡。

[3]狸而白尾有鬣：山区的丹河牧族。狸，读嶷(lei),指山区。白尾，读博拉溢，指红河，今称丹河。

[4]朏朏(kuku):指郜仡氏，与夏姓同宗。

[5]养之可以已忧：相同于夏国的北部夷。养，读伊，指同。

译文：由沁河山往东北四十里，有座山叫月山，这个管理区住着谷坨和郜仡氏族。有一个氏族，是山区的丹河牧族，名叫郜仡氏，相同于夏国的北部夷。

## 合谷山
（113,23103E；35,24246N）

又北五十二里，曰合谷之山[1]，是多薝棘[2]。

注释：[1]合谷山：指焦国山，今焦作市城区。

[2]薝棘：指掌部落，即疙角掌部落。薝，指掌；棘，指纪，即部落。

译文：由月山往东北五十二里，有座山叫焦国山，这里住着疙角掌部落氏族。

## 阴山
（113,52278E；35,45059N）

又北三十五里，曰阴山[1]，多砺石、文石[2]。少水[3]出焉，其中多雕棠[4]，其叶如榆叶而方[5]，其实如赤菽[6]，食之已聋[7]。

注释：[1]阴山：指坤山，这里介绍坤山及山脚下的聚落，实际是往东北方向。

[2]砺石、文石：牛氏、水氏。

[3]少水：指奢水，即黄水。

[4]雕棠：指胖(mang)泥，后演变为莽岭。这里指莽岭氏族。

[5]榆叶而方：榆树沟夷的统治氏族。

[6]赤菽：指簸箕不铁。赤菽，指簸箕；不铁，指解氏族。不，作补解读。

[7]已聋：山区夷。

译文：由焦国山往东北三十五里，有座山叫坤山，住着牛氏族和水氏族。黄水从山间流出，河畔住着莽岭氏族，属于榆树沟夷的统治氏族，实际是簸箕湾的解氏，是古老的山区夷。

## 鼓镫山

（114,29186E；35,7502N）

又东北四百里，曰鼓镫之山[1]，多赤铜[2]。有草焉，名曰荣草[3]，其叶如柳[4]，其本如鸡卵[5]，食之已风[6]。

凡薄山之首，自甘枣山至于鼓镫之山，凡十五山，六千六百七十里。历儿，冢也，其祠礼：毛用太牢之具，县以吉玉[7]。其余十三山者，毛用一羊[8]，县婴用桑封[9]，瘗而不糈。桑封者，桑主[10]也，方其下而锐其上，而中穿之加金[11]。

注释：[1]鼓镫山：读勾邓山，指鹤镇山，今称鹤壁。

[2]赤铜：指平原氏族。

[3]荣草：指罗氏移民。

[4]柳：指僚(lao)族。

[5]鸡卵：读革哼，指鞯羿人。

[6]已风：指东部夷。

[7]县以吉玉：敬以璧玉。

[8]羊：指瑒(chang)玉，祭祀用的玉。此时期的瑒玉的规格较小，可以用其他玉套加封。

[9]县婴用桑封：用信封密闭。县婴，指密闭。

[10]桑主：指信封玉，相似于琮。主、诸，指封。

[11]中穿之加金：中空加盖。

译文：由坤山往东北四百里，有座山叫鹤镇山，住着平原氏族。有一个移民氏族，名叫罗氏移民，是僚族支系，实际是鞯羿人，是古老的东部夷。

综观中山经第一列山系，从山垭口到鹤镇山，共十五座山，延绵六千六百七十里（实际为九百三十七里）。其中历儿山是宗山，祭祀时用太牢礼，供奉以璧玉。其余十三座山，用一瑒玉供奉，用信封密封、掩埋而不用食物。信封是一种信玉，下方而上尖，中空并加盖。

## 中山经第二山系 济山 煇诸山

（114,35168E；34,79992N）

中次二经济山之首，曰煇诸之山[1] ，其上多桑[2]，其兽多闾麋[3]，其鸟多鹖[4]。

注释：[1]煇诸山：指开村山，后称开封山，实际是指开封古城。

[2]桑：指花姓氏族。

[3]闾麋：指楼庄氏族。当地的村落常以洛称谓，指村寨，今谐音称为楼。麋，指庄。

[4]鹖：指牧羊氏族。鹖，同贺，指羊。

译文：中山经第二列山是济山山系，最东边的一座山叫开封山。山的西边住着花姓氏族，东边住着楼庄氏族，还住着牧羊氏族。

## 发视山

（114,18916E；34,4083N）

又西南二百里，曰发视之山[1]。其山多金玉[2]，其下多砥砺[3]。即鱼水[4]出焉，而西流注于伊水[5]。

注释：[1]发视山：指苇肆山，今称尉氏山。指尉氏县城。发，读费，指苇。

[2]金玉：指要夷。要，通腰，读缴，与金谐音。

[3]砥砺：指河滨夷。砥，读迭，指河滨；砺，通黎，指夷。

[4]即鱼水：指贾鲁河。实际是向东南流，濮语"东"读须音，与西谐音。

[5]伊水：今称颖河。

译文：由开封山往西南二百里，有座山叫尉氏山。山的西面住着要氏族，东面住着河滨夷。贾鲁河水从这里流过，向东南流入颖河。

## 豪山

（113,77357E；34,38629N）

又西三百里，曰豪山[1]，其上多金玉而无草木[2]。

注释：[1]豪山：指和山，是河南新郑的古称谓，在河南新郑和庄镇。

[2]金玉而无草木：郑夷的游牧部落。

译文：由尉氏山往西三百里，有座山叫和山，西边住着郑夷的游牧部落氏族。

## 鲜山

（113,3792E；34,53644N）

又西三百里，曰鲜山[1]，多金玉[2]，无草木[3]，鲜水[4]出焉，而北流注于伊水[5]。其中多鸣蛇[6]，其状如蛇而四翼[7]，其音如磬[8]，见则其邑大旱[9]。

注释：[1]鲜山：指新山，在河南新密南面。实际介绍新山北面的新密。

[2]金玉：指郑夷。

[3]无草木：游牧部落氏族。

[4]鲜水：指新水。

[5]伊水：今称颖河。鲜水北流实际是指南流，南读贝，与北同音。

[6]鸣蛇：指米氏塞夷。

[7]蛇而四翼：塞夷的母系氏族。四、六都指母系。

[8]磬：指磬屏，今称青屏。

[9]大旱：指达罕氏族。

译文：由和山往西三百里，有座山叫新山，住着郑夷的游牧部落氏族。新水从山间流出，向南流入颖河。这里住着米氏塞夷，是塞夷的母系氏族，住在青屏，是这个集镇的达罕氏族。

## 阳山

（113,03206E；34,46401N）

又西三百里，曰阳山[1]，多石[2]，无草木[3]。阳水出焉，而北流注于伊水。其中多化蛇[4]，其状如人面而豺身[5]，鸟翼而蛇行[6]，其音如叱呼[7]，见则其邑大水[8]。

注释：[1]阳山：指叱阳山，即嵩山南面的登封城，简称嵩阳。

[2]石：指独孤氏。今汉语称为石氏，属音译姓氏。

[3]无草木：游牧部落氏族。

[4]化蛇：指乌孜别克塞夷。

[5]人面而豺身：定居的外来氏族。豺，指他，在此表示外来的。

[6]鸟翼而蛇行：傣族人的打扮，塞夷的习俗。

[7]叱呼：指森山，今谐音称嵩山。

[8]大水：指游牧氏族。

译文：由新山往西三百里，有座山叫嵩阳山，住着石姓氏族，是游牧部落氏族。阳水从山间流出，向北流入颍河。这里住着乌孜别克塞夷，是定居的外来氏族，傣族人的打扮，塞夷的习俗，住在嵩山，是这个集镇的游牧氏族。

## 昆吾山

（112,7441E；34,26558N）

又西二百里，曰昆吾之山[1]，其上多赤铜[2]。有兽焉，其状如彘而有角[3]，其音如号[4]，名曰蠪蚳[5]，食之不眯[6]。

注释：[1]昆吾山：指夏部落的山。今称夏店。

[2]赤铜：移民区域的氏族。

[3]彘而有角：指东部的补苦氏族。

[4]号：指洪哈，意思是张口，夏店的古地名。

[5]蠪蚳：指鲁枝氏，苗族的补苦氏族。补苦，即有夏。

[6]不眯：指补蒙纠，即苗族。眯，在此指蒙。

译文：由嵩阳山往西二百里，有座山叫夏部落山，山的西面住着移民区域的氏族。有一个氏族，是东部的补苦氏族，住在张口，名叫鲁枝氏，是古老的苗族。

## 葌山

（112,46923E；34,14921N）

又西百二十里，曰葌山[1]，葌水出焉，而北流注于伊水[2]，其上多金玉[3]，其下多青雄黄[4]。有木焉，其状如棠而赤叶[5]，名曰芒草[6]，可以毒鱼[7]。

注释：[1]葌山：指兰草山。今谐音称为涧山。主要介绍山南的汝阳集镇。

[2]伊水：指伊川水，今称伊河。

[3]金玉：指葌夷，即兰村夷

[4]青雄黄：指东车坊氏族。

[5]棠而赤叶：中心的游牧夷。

[6]芒草：指苗族移民。

[7]可以毒鱼：有夏国的古老夷。毒，指老。

译文：由夏部落山往西南一百二十里，有座山叫涧山。涧水从山间流出，向北流入伊河。山的西面住着兰村氏族，东面住着东车坊氏族。有一个管理氏族，是中心的游牧夷，是苗族移民，是有夏国的古老夷。

## 独苏山
（111,85719E；34,02276N）

又西一百五十里，曰独苏之山[1]，无草木而多水[2]。

注释：[1]独苏山：指老氏山、旧氏山。在今河南嵩县旧县镇。

[2]无草木而多水：游牧部落的旧氏的区域。

译文：由涧山往西一百五十里，有座山叫旧氏山，是游牧部落的旧氏的区域。

## 蔓渠山
（111,62391E；33,77896N）

又西二百里，曰蔓渠之山[1]。其上多金[2]，其下多竹箭[3]，伊水出焉，而东流注于洛[4]。有兽焉，其名曰马腹[5]，其状如人面而虎身[6]，其音如婴儿[7]，是食人[8]。

凡济山之首，自煇诸之山至于蔓渠之山，凡九山，一千六百七十里。其神皆人面而鸟身[9]。祠：用毛[10]，用一吉玉[11]，投[12]而不糈。

注释：[1]蔓渠山；指老君山，在河南省栾川城南侧，这里介绍栾川城。蔓渠，指头发花白的长者，这里指老君。

[2]金：指截岭氏族。

[3]竹箭：指朱村氏族。

[4]洛水：指洛河。

[5]马腹：指莽山濮。

[6]人面而虎身：定居的濮族。腹、虎都指濮。

[7]婴儿：北面。指北面的赤土店。

[8]是食人：是古老的居民。

[9]人面而鸟身：定居的僚族人的形象。

[10]毛：祭词、闻。

[11]吉玉：指璧玉。

[12]投：指潜，在此指掩埋。

译文：由旧氏山往西二百里，有座山叫老君山。山的西面住着截岭氏族，东面住着朱村氏族。伊河发源于这座山，向东流入洛河。有一个氏族，名叫莽山濮，是定居的濮族，住在北面，是古老的居民。

综观济山山系，从开封山到老君山，共计九座山，延绵一千六百七十里。这九座山的山神皆为定居的僚族人的形象。祭祀这些山神时，只用祭词，用一璧玉传达，将玉掩埋而不用食物。

## 中山经第三山系 萯山 敖岸山
（111,95259E；33,63813N）

中次三经萯山[1]之首，曰敖岸之山[2]，其阳多㻬琈之玉[3]，其阴多赭、黄金[4]。神熏池[5]居之。是常出美玉[6]。北望河林[7]，其状如茜如举[8]。有兽焉，其状如白鹿而四角[9]，名曰夫诸[10]，见则其邑大水[11]。

注释：[1]萯山：指伏牛山山系。

[2]敖岸山：读武恩山，指白水山，今称为白河山。

[3]㻬琈玉：白又读吐，㟭琈玉指白马夷。今称白河乡夷。

[4]赭、黄金：指东坪、后岭夷。

[5]神熏池：指井池氏。熏，即陉，指井。

[6]常出美玉：常出指旁边，美玉指木家。旁边是木家庄。

[7]河林：指合林，原读合跟，今称岭南。

[8]如茜如举：指山顶树木成林。茜，读 xi 音，指山峰、山顶；举，指林。

[9]白鹿而四角：白山的有夏氏族。四角，读补古，指有夏部落。

[10]夫诸：指苇园氏族。

[11]大水：指游牧氏族。

译文：中山经第三列山系是伏牛山，最西边的山是白河山。山的南面住着白马夷，北面住着东坪氏族和后岭氏族。中部住着井池氏，旁边住着木家庄氏族。从这里北望合林，山顶树木成林。这里有一个氏族，是白河山的有夏氏族，名叫苇园氏，是这个集镇的游牧氏族。

## 青要山

（112,05335E；33,13375N）

又东十里，曰青要之山[1]，实惟帝之密都[2]。北望河曲[3]，是多驾鸟[4]。南望墠渚[5]，禹父之所化[6]，是多仆累，蒲卢[7]。魋武罗[8]司之，其状人面而豹文[9]，小腰而白齿，而穿耳以鐻[10]，其鸣如鸣玉[11]。是山也，宜女子[12]。畛水出焉，而北流注于河[13]。其中有鸟焉，名曰幼鸟[14]，其状如凫，青身而朱目赤尾[15]，食之宜子[16]。有草焉，其状如葌，而方茎黄华赤实[17]，其本如藁本[18]，名曰荀草[19]，服之美人色[20]。

注释：[1]青要山：读池饶山，指龙池山

[2]帝之密都：昳之冥都。昳，指死人。指烧人场。说明远古时期也有火化的习俗。

[3]河曲：读赫去，指宝石角，今称顶宝石村。

[4]驾鸟：读嘉僚（lao），指稻谷田。

[5]墠渚：读啥渚，指后院。

[6]禹父之所化：靠山的山区聚落。靠山，今谐音称峰一沟。

[7]仆累、蒲卢：指僚族、濮民。

[8]魋武罗：指僚部落氏族。

[9]人面而豹文：定居的豹子水氏族。

[10]小腰而白齿，而穿耳以鐻：小火焰的白河岔河部落氏族。穿耳，即畛水。穿、畛都读丑，指岔。

[11]鸣玉：指蒙夷，即苗夷支系。

[12]宜女子：也称金山蔓。子读陌音，谐音蔓。

[13]河：指白河。岔河实际是向南流入白河。

[14]幼鸟：指佑僚。

[15]凫，青身而朱目赤尾：东部青沟后院的苗蒙游牧夷。

[16]宜子：读溢陌，指河畔氏族。

[17]葌，而方茎黄华赤实：葌读纠，指苗族方国的山区游牧氏族。

[18]藁本：读苦樊，指农业氏族。

[19]荀草：读须撮，指东部移民。这里就称须撮，延伸为东部人概念。

[20]服之美人色：马坪门惹舍，今称马市坪。

译文：由白河山往东十里，有座山叫龙池山，实际是死人的冥都。从这里北望宝石角、稻谷田，南望后院、峰一沟的山区聚落，这些聚落住着僚族濮民。这里是僚部落氏族建立的区域，僚部落是白河岔河的小火焰蒙夷支系。这座山也称金山蔓。岔河水从山间流出，向南流入白河。有一群人，名叫佑僚，是东部青沟后院的苗蒙游牧夷，是古老的河畔氏族。有一群移民，是苗族方国的山区游牧氏族，原本是农业氏族，名叫须撮，是马坪门惹舍人。

## 騩山

（112,13375E；33,70857N）

又东十里，曰騩山[1]，其上有美枣[2]，其阴有琈玗之玉[3]。正回之水[4]出焉，而北流注于河[5]。其中多飞鱼[6]，其状如豚而赤文[7]，服之不畏雷[8]，可以御兵[9]。

注释：[1]騩山：指驴蹄山，简称蹄山，读音果山，谐音騩山。

[2]美枣：指桃花崖氏族。

[3]琈玗玉：指铁伏夷，原意是北关夷。

[4]正回水：指铁伏水，今称铁佛水。伏，指阴。

[5]河：指北汝河。

[6]飞鱼：指伏枝夷，即东坪夷。简称伏夷，谐音飞鱼。

[7]豚而赤文：指车水屯，今称车村。

[8]服之不畏雷：东坪博维黎，今称东城人。黎，指人。

[9]可以御兵：有夏国的河滨夷。

译文：由龙池山往东十里，叫驴蹄山，山的西面有桃花崖氏族，北面有铁伏夷。铁伏水从山间流出，向北流入北汝河。河边住着东坪夷，是车水屯的东城人，是有夏国的河滨夷。

## 宜苏山

（112,34172E；33,71906N）

又东四十里，曰宜苏之山[1]。其上多金玉[2]，其下多蔓居之木[3]。滽滽之水[4]出焉，而北流注于河[5]，是多黄贝[6]。

注释：[1]宜苏山：读尼苏山，指石者山，今称石人山。苏，指老者、富翁、有名望的人。

[2]金玉：指沙岭夷。

[3]蔓居木：指苗族部落目夷。

[4]滽滽水：指龙潭水。龙潭读尧汶，谐音滽滽。

[5]河：指沙河。

[6]黄贝：读伏贝，指东湾。

译文：由驴蹄山往东四十里，有座山叫石人山，西面住着沙岭夷，东面住着苗族部落管理夷，龙潭水从山间流出，向北流入沙河，这里住着东湾氏族。

## 和山

（112,7074E；33,68832N）

又东二十里，曰和山[1]。其上无草木而多瑶碧[2]。实惟河之九都[3]。是山也，五曲，九水出焉，合而北流注于河，其中多苍玉[4]。吉神泰逢司之[5]，其状如人而虎尾[6]，是好[7]居于萯山之阳，出入有光[8]。泰逢神动天地气也[9]。

凡萯山之首，自敖岸之山至于和山，凡五山，四百四十里。其祠：泰逢、熏池、武罗[10]皆一牡羊副[11]，婴用吉玉[12]。其二神用一雄鸡[13]瘗之，糈用稌。

注释：[1]和山：指六羊山，和指羊，同时又称泰山。

[2]无草木、多瑶碧：游牧部落、住着老龙河氏族。

[3]河之九都：九条支流汇合之地。

[4]苍玉：指羌夷。

[5]吉神泰逢：指计氏族的泰山氏。濮语“计”读 tie 音，与“泰”谐音。

[6]人而虎尾：定居的胡夷，即游牧夷。

[7]是好：之前，原先。

[8]出如有光：迁集镇于阴门。有光，读幽光，指阴门、北门。今称下汤镇。

[9]动天地气也：本泰北犬夷。动，指本，原本；天地，读泰狄，指泰北；气也，读犬夷。

[10]泰逢、熏池、武罗：泰山、井池、武僚这些氏族和部落名被用做所在山的山神名。

[11]牡羊副：要求用玉坠祭拜。牡，指玉坠；羊读贺，在此指拜；副，指要求。

[12]吉玉：指璧玉。

[13]雄鸡：读珣珏，指软玉。

译文：由石人山往东二十里，是六羊山。西面是游牧部落，住着老龙河氏族。这里实际是九条支流汇合之地。这座山有五个山峰，有九条支流向北流入沙河，河畔住着羌夷，是泰山氏部落建立的区域。泰山氏是定居的胡夷，原先居住在伏牛山南，后迁集镇于阴门，泰山氏本属泰北的犬夷。

综观伏牛山山系，西自白云山，东至六羊山，共五座山，延绵四百四十里。祭祀泰山、井池、武僚要求用玉坠祭拜，掩埋则用璧玉。其余二山神用软玉掩埋，食物用荞麦饼。

## 中山经第四山系 厘山 鹿蹄山

（113,52746E；34,75965N）

中次四经厘山之首，曰鹿蹄之山[1]，其上多玉[2]，其下多金[3]。甘水[4]出焉，北流注于洛[5]，其中多泠石[6]。

注释：[1]鹿蹄山：读鲁体山，指上原。在河南郑州须水镇。

[2]玉：豫陇氏族。

[3]金：指丁姓氏族，原住在须水镇的东边，今住在北面。

[4]甘水：指孙水，实际为东孙水，今称须水，由东孙水的“须甘汶”简约而来。

[5]洛：指贾鲁河。鲁、洛谐音。

[6]泠石：指孙氏族。

译文：中山经第四列山系是厘山山脉，最东边是上原。上原的西边住着豫陇氏族，东边住着丁姓氏族。须水从这里流出，向北流入贾鲁河，河边住着孙氏族。

## 扶猪山

（113,38738E；34,74491N）

西五十里，曰扶猪之山[1]。其上多礝石[2]。有兽焉，其状如貉而人目[3]，其名曰麐[4]。虢水[5]出焉，而北流注于洛[6]，其中多瑌石[7]。

注释：[1]扶猪山：读乌诸山，指官咀山，又称佬倌咀、老官咀。

[2]礝石：指放牧氏族。

[3]貉而人目：佬倌咀的集镇管理氏族。貉，读哈音，指佬。

[4]麐：指荥氏族。即今荥阳人。

[5]虢水：指西孙水，今称为魏河、傅北河、寨河多个河段，没有统一名称。

[6]洛：指贾鲁河。

[7]瑌石：放牧氏族。

译文：由上原往西五十里，有座山称为佬倌咀，那里住着放牧氏族。有一个氏族，是佬倌咀的集镇管理氏族，名叫荥氏族。西孙水从这里流出，向北流入贾鲁河，河边住着放牧氏族。

## 釐山

（113,1061E；34,6584N）

又西一百二十里，曰釐山[1]，其阳多玉[2]，其阴多蒐[3]。有兽焉，其状如牛。苍身[4]，其音如婴儿[5]，是食人[6]，其名犀渠[7]。滽滽之水[8]出焉，而南流注于伊水[9]。有兽焉，名曰【犭頡】[10]，其状如獳犬而有鳞[11]，其毛如彘鬣[12]。

注释：[1]釐山：读厘山，指青山，今称青龙山。在河南巩义市南侧。

[2]玉：指大水氏族。

[3]蒐：读奢，指凤凰台氏族。

[4]牛，苍身：牛苍，读尼采，指后石。牛苍身，指后石河氏族。

[5]婴儿：北面，即巩义城。

[6]是食人：是古老的居民。

[7]犀渠：指东郭氏。

[8]滽滽水：指罗河。罗读雍。

[9]伊水：指伊洛河。

[10]【犭頡】：指涉氏族。今涉村镇氏族。

[11]獳犬而有鳞：石姓犬戎的定居氏族。氐羌语读石为诺、洛；有鳞，读补令，指定居的氏族。

[12]彘鬣：指种植支系。

译文：由佬倌咀往西一百二十里，有座山叫青龙山，山的南面住着大水氏族，北面住着凤凰台氏族。有一个氏族，是后石河氏族，住在北面，是古老的居民，名叫东郭氏。罗河水从山间流出，向南流入伊洛河。河边有一个氏族，名叫涉氏，是石姓犬戎的定居氏族，属种植支系。

## 箕尾山

（112,69596E；34,69694N）

又西二百里，曰箕尾之山[1]。多穀[2]，多涂石[3]。其上多㻬琈之玉[4]。

注释：[1]箕尾山：指再兴山，今称二里头。箕尾，读 ju vei，指第二次兴盛。

[2]穀：指夏姓氏族。

[3]涂石：指管理氏族。

[4]㻬琈玉：指统治之夷。

译文：由青龙山往西二百里，有个地方叫再兴山，住着夏姓氏族，住着管理氏族。西面住着统治氏族。

## 柄山

（112,35265E；35,4902N）

又西二百五十里，曰柄山[1]，其上多玉[2]，其下多铜[3]。滔雕之水[4]出焉，而北流注于洛[5]。其中多羬羊[6]。有木焉，其状如樗[7]，其叶如桐而荚实[8]，其名曰茇[9]，可以毒鱼 。

注释：[1]柄山：指门山，今称龙门山，在伊河与洛河之间。

[2]玉：指宜阳的锦屏氏族。

[3]铜：指伊河边的窑罐氏族。

[4]滔雕水：指龙门山的上积河，今称上河。

[5]洛：指洛河。

[6]羬羊：指东坡氏族。羬读 qio 音，指坡；羊读 ts'i 音，指东。

[7]樗：指迁徙而来的。

[8]桐而荚实：指上河边的殷氏族。殷在古濮语中读嘉。

[9]芨：指碗，这里指制碗氏族。

[10]毒鱼：指古老夷。

译文：由再兴山往西二百五十里，有座山叫门山，山的西面住着锦屏氏族，东面住着窑罐氏族。上河水从山间流出，向北流入洛河。河边住着东坡氏族。有一支苗族，是迁徙来上河边的殷氏族支系，是夏国的古老夷。

## 白边山

（111,89259E；34,31869N）

又西二百里，曰白边之山[1]，其上多金玉[2]，其下多青雄黄[3]。

注释：[1]白边山：指贝嘎别，即白果山，今称花果山，属熊耳山东麓。

[2]金玉：指涧口夷。

[3]青雄黄：指阎焦溪氏族，今称焦川氏族。

译文：由门山往西二百里，有座山叫白果山，山的西面住着涧口夷，东面住着阎焦溪氏族。

## 熊耳山

（111,41572E；34,14142N）

又西二百里，曰熊耳之山[1]，其上多漆[2]，其下多棕[3]。浮濠之水[4]出焉，而西流注于洛[5]，其中多水玉[6]，多人鱼[7]。有草焉，其状如苏而赤华[8]，名曰葶苧[9]，可以毒鱼[10]。

注释：[1]熊耳山：今仍然称熊耳山，主峰在河南卢氏县东边。

[2]漆：指龙窝，窝的濮语读音 qi，与漆同音。

[3]棕：指帽缨氏族，又称纵目人。

[4]浮濠水：指放捋水，今称范里水，流经范里镇。

[5]洛：指洛河。

[6]水玉：读云夷，多指青云族，今称水族，属共工氏支系。

[7]人鱼：指骨垛村氏族。人，指垛；鱼，指骨。

[8]苏而赤华：指北苏村的放羊氏族，来到洛河南岸聚成南苏村和排楼村。

[9]葶苧：指排楼人，今称河楼人。

[10]毒鱼：古老夷。

译文：由白果山往西二百里，有座山叫熊耳山，山的西面住着龙窝氏族，东面住着纵目氏族。范里水从山间流出，向西流入洛河，河边住着青云夷，住着骨垛村氏族。有一个移民氏族，是来自北苏村的放羊氏族，名叫排楼人，是夏国的古老夷。

## 牡山

（110,7186E；34,32453N）

又西三百里，曰牡山[1]。其上多文石[2]，其下多竹箭竹䉋[3]，其兽多㸲牛[4]，羬羊[5]，其鸟多赤鷩[6]。

注释：[1]牡山：读卯山，在濮语中是指猪、朱。今称为朱山，在河南宝灵市朱阳镇。

[2]文石：读卯石，指朱姓氏族。

[3]竹箭竹䉋：指竹䉋岭的竹䉋氏族。今谐音称走马氏族。

[4]㸲牛：指琴河氏族，今称前河氏族。

[5]羬羊：指东坡氏族，今谐音称前坡氏族。

[6]赤鷩：指运头河氏族，今称董家埝河氏族。

译文：由熊耳山往西三百里，有座山叫朱山，山的西边住着朱姓氏族，东边住着走马氏族。这里的还住着前河氏族、前坡氏族和运头河氏族。

## 讙举山

（110,21768E；34,32621N）

又西三百五十里，曰讙举之山[1]。洛水出焉，而东流注于玄扈之水[2]，其中多马肠之物[3]，此二山洛间也[4]。

凡厘山之首，自鹿蹄之山至于玄扈之山，凡九山，千六百七十里。其神状皆人面兽身[5]。其祠之，毛用一白鸡[6]，祈而不糈，以采衣之[7]。

注释：[1]讙举山：指老爷岭，也称洛岭。讙，指头人、老爷；举，指岭。

[2]玄扈水：指巡检水。是洛河的支流。

[3]马肠之物：肠，由腹误译而来。马腹之物，指莽濮部落。

[4]此二山洛间也：金堆山是洛岭的主峰。此二，读崔勒，指金堆。间，指姜、主。

[5]人面兽身：定居的氏族的形象。

[6]白鸡：指一般的玉。白读珄音。

[7]以采衣之：其他的相同。以采，指其它；衣，指同。

译文：由朱山往西三百五十里，有座山叫老爷岭，又称巡检岭、洛岭。洛水从山间流出，向东流入巡检河。河边住着莽濮部落氏族，金堆山是洛岭的主峰。

综观中山经第四列山系，东自上原，西至巡检山，共有九座山，延绵一千六百七十里。这些山的山神，都是原住居民的形象。祭祀时，传达祭词用一般的玉，祈祷而不用食物，其他的仪式相同。

## 中山经第五山系 薄山 苟床山

（100,14077E；37,32437N）

中次五经薄山[1]之首，曰苟床之山[2]，无草木[3]，多怪石[4]。

注释：[1]薄山：指博山山系，这里指博羲部落联盟的山脉，也称包牺氏区域的山脉。

[2]苟床山：指刚察山，在青海刚察县。也称尕曲山。

[3]无草木：游牧部落地区。

[4]怪石：指尕曲氏族。怪、尕谐音。也称刚察氏族。

译文：中山经第五列山系是博山山脉，最西边的山叫刚察山，是游牧部落地区，住着尕曲氏族。

## 首山

（100,62102E；36,28283N）

东三百里，曰首山[1]，其阴多穀柞[2]，其草多术(zhu)芫[3]，其阳多㻬琈之玉[4]，木多槐[5]。其阴有谷，曰机谷[6]，多馱鸟[7]，其状如枭而三木，有耳[8]，其音如录[9]，食之已垫[10]。

注释：[1]首山：指共和山，又称日月山。在青海湟源南侧，这里实际介绍的是湟源。

[2]古柞：指根照，即大山根氏族。

[3]术芫：指岔河氏族。

[4]㻬琈玉：指火焰坡夷。羌语、彝语读火为夺，夺、㻬谐音。

[5]槐：指湟水氏族。

[6]机谷：指助国。有互助县的东助国相对应。今称大通。

[7]馱鸟：指土僚，土族的濮语称谓，今称土族。

[8]枭而三目有耳：大通的外支系牧族。通读 shi,谐音枭。

[9]录：指元树尔。濮语称元为录。

[10]已垫：指坝沟夷，今称土族。垫，即甸，指坝子。坝沟在内蒙古察哈尔南部。

译文：由刚察山往东三百里，有座山叫共和山。山的北面住着大山根氏族，住在此地的游牧民是岔河口氏族。山的南面住着火焰坡氏族，管理氏族为湟水氏族。共和山北面有一个国家，叫助国，住着土僚，是大通的外支系牧族，住在元树尔，是古老的坝沟夷。

## 县斸山

（102,03154E；35,93765N）

又东三百里，曰县斸之山[1]，无草木[2]，多文石[3]。

注释：[1]县斸山：读羲注山，指望尖山、扎尖山。在青海扎尖县。

[2]无草木：游牧部落地区。

[3]文石：指马克唐氏族。文读闷，谐音马。

译文：由共和山往东三百里，有座山叫扎尖山，是游牧部落地区，住着马克唐氏族。

## 葱聋山

（102,99378E；35,49224N）

又东三百里，曰葱聋之山[1]，无草木[2]，多【广夆】石[3]。

注释：[1]指仓寨山，即霍尔仓香告山。聋，读陇，指寨。在甘肃临夏县城南侧。

[2]无草木：游牧部落地区。

[3]【广夆】石：指巴氏族，即多支巴氏族。多支巴，指历夏人，今称临夏人。

译文：由扎尖山往东三百里，有座山叫仓寨山，是游牧部落地区，住着多支巴氏族。

## 条谷山

（103,86418E；35,37416N）

东北五百里，曰条谷之山[1]，其木多槐桐[2]，其草多芍药[3]、亹冬[4]。

注释：[1]条谷山：指洮国山，在今甘肃临洮县城。

[2]槐桐：指灵洮氏族，今称临洮氏族。

[3]芍药：指寻街，今称线街。其草在此指人、人群。

[4]亹冬：指绸衣氏族，即绸衣商贩族群。

译文：由仓寨山往东北五百里，有座山叫洮国山，那里的管理氏族是灵洮氏族，人群是寻街的绸衣商贩族群。

## 超山

（103,87742E；35,43304N）

又北十里，曰超山[1]，其阴多苍玉[2]，其阳有井[3]，冬有水而夏竭[4]。

注释：[1]超山：指处女川，又称莲儿川、连儿川，今甘肃临洮县十里铺镇。

[2]苍玉：指程家铺氏族。

[3]井：读纪，指部落。竭，也指部落。

[4]冬有水而夏竭：指花川坪的夏部落。冬，读堵，指坪；有水，读仰韶，指花川。

译文：由洮国山往北十里，叫处女川，它的北面住着程家铺氏族，它的南面有一个部落，是花川坪的夏部落。

## 成侯山

（105,19906E；35,70387N）

又东五百里，曰成侯之山[1]，其上多櫄木[2]，其草多芃[3]。

注释：[1]成侯山：指清爽山，读音成侯，今称哼喉山，在甘肃会宁县翟家所镇西侧。

[2]櫄木：读羲木，指红窑。

[3]芃：读铺，指陶艺氏族。

译文：由处女川往东五百里，有座山叫清爽山，山的西面是红窑，住在此地的人群是陶艺族群。

## 朝歌山

（106,46418E；35,85706N）

又东五百里，曰朝歌之山[1]，谷多美垩[2]。

注释：[1]朝歌山：朝歌山又称朝那邑，今宁夏彭阳县古城镇，在此仍称原名。

[2]美垩：指碱沟卧氏族。卧，指山南、山脚下。

译文：由清爽山往东五百里，有座山叫朝歌山，那个国家住着碱沟卧氏族。

## 槐山

（107,75193E；35,89919N）

又东五百里，曰槐山[1]，谷多金锡[2]。

注释：[1]槐山：指白马铺镇，简称马山，在甘肃庆阳市白马铺镇。马，读音胡，与槐谐音。

[2]金锡：指戴岭氏族。金，指岭；锡指捋、戴。

译文：由朝歌山往东五百里，有座山叫马山，这个国家住着戴岭氏族。

## 历山

（107,86581E；35,91401N）

又东十里，曰历山[1]，其木多槐[2]，其阳多玉[3]。

注释：[1]历山：指楼山，今称高楼乡。

[2]槐：指胡同氏族。

[3]玉：指同，即十字胡同。

译文：由马山往东十里，是楼山，管理氏族为胡同氏，南面住着十字胡同氏族。

## 尸山

（107,98268E；35,88922N）

又东十里，曰尸山[1]，多苍玉[2]，其兽多麖[3]。尸水出焉，南流注于洛水[4]，其中多美玉[5]。

注释：[1]尸山：指视山，今称板桥乡。视指监督，与董同义。尸水即视水，今称县河。

[2]苍玉：指塬子夷，今有地名杨家塬子。

[3]麖：李姓的濮语读音，这里指李家庄氏族。

[4]洛水：指西河，又称马莲河。

[5]美玉：指李家沟夷。

译文：由楼山往东十里，是视山，住着塬子夷，还住着李姓氏族。视水从山间流出，向西流入马莲河，河边住着李家沟夷。

## 良余山

（108,19918E；35,91081N）

又东十里，曰良余之山[1]，其上多榖柞，无石[2]。余水[3]出于其阴，而北流注于河[4]；汝水[5]出于其阳，而南流注于洛[6]。

注释：[1]良余山：良余读 na yi，指太我山，今称太莪乡。

[2]榖柞无石：指关村部落氏族。

[3]余水：指莪水。

[4]河：指县河。

[5]汝水：指川子水，实际指北川子水，又称固城河。

[6]洛：指马莲河。

译文：由视山往东十里，是太莪山，它的西面住着关村部落氏族。莪水发源于山的北面，向北流入县河；北川子水发源于山的南面，向南流入马莲河。

## 蛊尾山

（108,5288E；35,82898N）

又东南十里，曰蛊尾之山[1]，多砺石[2]，赤铜[3]。龙余之水[4]出焉，而东南流注于洛[5]。

注释：[1]蛊尾山：指固南山，在固城东南侧。

[2]砺石：指上侍氏族，今称上石庙氏族。

[3]赤铜：指下侍氏族，今称下石庙氏族。

[4]龙余水：指僚伊水，即小河子水。

[5]洛：指洛河，在陕西境内。

译文：由太莪山往东南十里，是固南山，那里住着上侍氏族和下侍氏族。小河子水从山间流出，向东南流入洛河。

## 升山

（109,13287E；35,89345N）

又东北二十里，曰升山[1]。其木多榖柞棘[2]，其草多藷萸蕙[3]，多寇脱[4]。黄酸之水[5]出焉，而北流注于河[6]。其中多旋玉[7]。

注释：[1]升山：读蓍山，今称草爬山，实际介绍夏村部落，今称张村驿镇。

[2]榖柞棘：指夏村部落，今族群有所更迭，只剩遗名下家河。

[3]藷萸蕙：读楚律维，指老鼠沟氏族。

[4]寇脱：指卡桩子氏族，今称卡子沟氏族。

[5]黄酸水：指党河水。黄，读音党，黄色读音奢。

[6]河：指葫芦河。

[7]旋玉：指獫狁夷，后称匈奴。

译文：由固南山往东北二十里，有座山叫蓍山。那里的管理氏是夏村部落氏族，人群住着老鼠沟氏族和卡桩子氏族。党河水从山间流出，向北流入葫芦河，河边住着獫狁夷。

## 阳虚山

（109,38753E；35,99962N）

又东十二里，曰虚之山[1]，多金[2]，临于玄扈之水[3]。

凡薄山之首，自苟床之山至于阳虚之山，凡十六山，二千九百八十二里。升山冢也，其祠礼：太牢，婴用吉玉。首山，魋也[4]，其祠用稌、黑牺[5]太牢之具，蘖酿[6]；干儛，置鼓[7]；婴用一璧。尸水，合天也[8]，肥牲[9]祠之；用一黑犬[10]于上，用一雌鸡[11]于下，刉一牝羊[12]，献血[13]。婴用吉玉，采之[14]，飨之[15]。

注释：[1]阳虚之山：指周峁，今称富县县城。阳煦为周，阳煦读成阳虚，是后人理解的变异，今仍称为阳煦山。

[2]金：指姬姓氏族。

[4]玄扈水：指獫胡水，是洛河富县段的别称。

[4]魋也：指轩辕，即首脑山。

[5]黑牺：指赫胥氏。

[6]蘖酿：读量料，指鹿肉。

[7]干儛置鼓：勇士列队击鼓。干，读嘎，指勇士；儛，指队伍、列队。

[8]合天：赫胥氏的区域。

[9]肥牲：指夜晚。

[10]黑犬：指赫胥氏犬戎。

[11]用一雌鸡：指獫狁的游牧部落。

[12]刉一牝羊：在同一时候。

[13]献血：读携糈，指带着食物。

[14]采之：献祭。采，指献、候。

[15]飨之：指供奉，给予。飨的濮文是顺时针万字符“卍”。佛教崇尚施舍，也即此符号。

译文：由蓍山往东十二里，是阳煦山，住着姬姓氏族，紧临獫胡河。

综观中山经第五列山系的博山山脉，从西边的刚察山到东边的阳山，共计十六座山（实际只有十五座山），延绵二千九百八十二里。蓍山是东边的宗山，用太牢礼祭祀，用璧玉掩埋。共和山是全山系的首脑山，用荞麦、赫胥氏的太牢礼和鹿肉祭祀；以勇士排列击鼓；用一璧玉掩埋。视水是赫胥氏的区域，在夜晚祭祀；赫胥氏犬戎在西边，獫狁的游牧部落氏族在东边，在同一时候带着食物、掩埋通灵用的璧玉，献祭、供奉。

张明友

## 中山经第六山系 缟羝山 平缝山

（112,75034E；34,77624N）

中次六经缟羝山[1]之首，曰平缝之山[2]。南望伊洛，东望穀城之山[3]，无草木，无水[4]，多沙石[5]。有神焉，其状如人而二首[6]，名曰骄虫[7]，是为螫虫[8]，实惟蜂蜜之庐，其祠之，用一雄鸡，禳而勿杀[9]。

注释：[1]缟羝山：指鹤甸山脉。

[2]平缝山：读虮蜉山，也称邙岭，今为邙岭乡。

[3]穀城山：指巩城山，即青龙山。

[4]无草木无水：游牧部落的氏族。这里应解读为游牧部落地区。

[5]沙石：指外来氏族。

[6]有神焉，人而二首：有一个氏族，是定居的牧族。二首，读勒属，指牧族。

[7]骄虫：指北方移民。这里仍用音译表达为缴绰。

[8]螫(shi)虫：指草原移民。

[9]蜂蜜之庐：密山（哈密）之民。庐，指民，读音奴。

[10]其祠之，用一雄鸡，禳而不杀：支系为匈奴部落乌孙戎，即哈萨克族。

译文：中山经第六山系是鹤甸山脉，最东边的地区叫邙岭。那里南望伊河和洛河，东望巩城山，是游牧部落地区，住着外来氏族。有一个氏族，是定居的牧族，名叫缴绰，也是草原移民，实际是密山之民，是匈奴部落的乌孙戎。

## 缟羝山

（112,62647E；34,81407N）

西十里，曰缟羝之山[1]，无草木[2]，多金玉[3]。

注释：[1]缟羝山：指鹤甸山。在河南孟津县白鹤镇至会盟镇。会盟镇在周之前称白鹤。

[2]无草木：游牧部落地区。

[3]金玉：指贾夷。

译文：由邙岭往西十里，是鹤甸山，是游牧部落地区，住着贾姓氏族。

## 廆山

（112,44253E；34,8257N）

又西十里，曰廆山[1]，其阴多㻬琈之玉[2]，其西有谷，名曰雚谷[3]，其木多柳楮[4]。其中有鸟焉，状如山鸡而长尾[5]，赤如丹火而青喙[6]，名曰鸰【要鸟】[7]，其名自呼，服之不眯[8]。交觞之水[9]出于其阳，而南流注于洛[10]；余随之水[11]出于其阴，而北流注于穀水[12]。

注释：[1]廆山：指古岭，今称古庄岭，在孟津县东北侧，实际介绍孟津。

[2]㻬琈玉：指白滑庄夷，今称滑庄夷。

[3]雚谷：孟津县城古称雚国。

[4]柳楮：指瀍河氏族。柳，即流，读劳音，指河；楮、瀍诸音。

[5]山鸡而长尾：外部落的游牧夷。

[6]赤如丹火而青喙：犬戎牧羊族的东支系。

[7]鸰【要鸟】：指朝阳氏族。

[8]不眯：指密山氏族。

[9]交觞水：指瀍河水。

[10]洛：洛河。

[11]余随水：指长秋沟水，这里简称为长秋水。

[12]瀔水：指古庄河。

译文：由鹤甸山往西十里，有座山叫古岭，山的北面住着滑庄氏族，西面有一个国家，管理氏族为瀍河氏族。这里有一群人，是外部落的犬戎，是犬戎牧羊族的东部支系，名叫朝阳氏，他们自己也这样称呼，是胡族的密山氏族。瀍河水从山的南面流出，向南流入洛河；长秋沟水从山的北面流出，向北流入古庄河。

## 瞻诸山

（111,87526E；34,74661N）

又西三十里，曰瞻诸之山[1]，其阳多金[2]，其阴多文石[3]。谢水[4]出焉，而南流注于洛；少水[5]出其阴，而北流注于瀔水[6]。

注释：[1]瞻诸山：指则茹山，意为麻仓山，今义马市城区。茹，读 zhu 音。

[2]金：指江岭氏族。岭读金音。

[3]文石：石门氏族。

[4]谢水：指谢湾水。

[5]少水：指畛水。

[6]瀔水：指夏河，黄河仰韶流域的古称谓。

译文：由古岭往西三十里，有座山叫则茹山，南面住着江岭氏族，北面住着石门氏族。谢湾水从山间流出，向南流入洛河；畛水从北面流出，向北流入夏河。

## 娄涿山

（111,56796E；34,71462N）

又西三十里，曰娄涿之山[1]，无草木[2]，多金玉[3]。瞻水出于其阳[4]，而东流注于洛；陂水[5]出于其阴，而北流注于瀔水[6]，其中多茈石[7]、文石[8]。

注释：[1]娄涿山：指石硖山，今义马市观音堂镇。硖，指山冲，濮语读 zhu 音，与涿谐音。

[2]无草木：游牧部落地区。

[3]金玉：指岭上夷。

[4]瞻水：指昌河。

[5]陂水：指涧河，今称涧底河。涧，读 bi 音。

[6]瀔水：指夏河，黄河仰韶流域的古称谓。

[7]茈石：指杨厓氏族。

[8]文石：指南厓氏族，今只遗名东厓。

译文：由则茹山往西三十里，有座山叫石硖山，是游牧部落地区，住着岭上夷。昌水从山的南面流出，向东流入洛河；涧水从山的北面流出，向北流入夏河，河边住着杨厓氏族和南厓氏族。

## 白石山

（111,3983E；34,5595N）

又西四十里，曰白石之山[1]。惠水[2]出于其阳，而南流注于洛，其中多水玉[3]；涧水[4]

出于其阴，北流注于穀水[5]，其中多麋石[6]、栌丹[7]。

注释：[1]白石山：此山名已经汉译，山上有遗存名白石崖村。

[2]惠水：指浑春河。

[3]水玉：指河滨夷。

[4]涧水：今称涧河，又称青龙涧河。

[5]穀水：指夏河，黄河仰韶流域的古称谓。

[6]麋石：指李姓氏族。

[7]栌丹：指城镇氏族，即三门峡集镇氏族。

译文：由石硖山往西四十里，有座山叫白石山。浑春水从山的南面流出，向南流入洛河，那里住着河滨夷；涧水从山的北面流出，向北流入夏水，那里住着李姓氏族和城镇氏族。

## 穀山

（110,95165E；34,61176N）

又西五十里，曰穀山[1]，其上多穀，其下多桑[2]。爽水[3]出焉，而北流注于穀水，其中多碧绿[4]。

注释：[1]穀山：指函谷山。在河南宝灵县函谷关镇西南侧。

[2]桑：指凤坪氏族，谐音称稠桑氏族。

[3]爽水：指雷沟水。雷，读绍音，谐音称爽。

[4]碧绿：读沘鲁，指河边氏族。

译文：由白石山往西五十里，有座山叫函谷山。西边住着函谷氏族，东边住着稠桑氏族。雷沟水从山间流出，向东北流入函谷河，那里住着河边氏族。

## 密山

（110,55183E；34,54475BN）

又西七十二里，曰密山[1]，其阳多玉[2]，其阴多铁[3]。豪水[4]出焉，而南流注于洛[5]，其中多旋龟[6]，其状鸟首而鳖尾[7]，其音如判木[8]。无草木。

注释：[1]密山：指眉山，在河南宝灵县故县镇。

[2]玉：读河滨氏族。河指枣乡河。

[3]铁：按磨头村氏族。

[4]豪水：读哈水，指芦苔水。芦，读哈音。并且向北流入黄河，汉语翻译为洛，有误。

[5]洛：这里指黄河。

[6]旋龟：指轩辕后裔，今称北帝王村氏族。

[7]鸟而鳖尾：僚族的河边夷。

[8]判木：读盘陌，指河坎上，今称盘东和盘西。

译文：由函谷山往西七十二里，有座山叫眉山，山的南面住着河滨氏族，北面住着磨头村氏族。芦苔水从山间流出，向北流入黄河，河边住着轩辕后裔，是僚族的河边夷，住在河坎上。这里是游牧部落地区。

## 长石山

（109,98057E；34,7974N）

又西百里，曰长石之山[1]，无草木，多金玉[2]。其西有谷焉，名曰共谷[3]，多竹[4]。共水出焉，西南流注于洛[5]，其中多鸣石[6]。

注释：[1]长石山：读丘舍山，指坡河山，今称婆合山，在陕西大荔县。

[2]金玉：指邓姓氏族。这里指邓庄夷。

[3]共谷：指共国，又称同国，大荔县的古称谓，今陕西大荔县。

[4]竹：读则，指铁姓氏族。

[5]洛：洛河。共水实际向东南流入洛河。

[6]鸣石：指埝头氏族。埝、粘，读么，谐音鸣。

译文：由眉山往西一百里，有座山叫坡河山，是游牧部落地区，住着邓庄氏族。山的西面有一个国家，叫荔国，住着铁姓氏族。荔水从那里流出，向东南流入洛河，河边住着埝头氏族。

## 傅山

（109,18026E；34,74798N）

又西一百四十里，曰傅山[1]，无草木，多瑶碧[2]。厌染之水[3]出于其阳，而南流注于洛[4]，其中多人鱼[5]。其西有林[6]焉，名曰墦冢[7]。穀水[8]出焉，而东流注于洛，其中多珚玉[9]。

注释：[1]傅山：上官山。上官，濮语读鲁乌、立乌，谐音莲湖。濮语乌、湖不分，又演变成富音。今称富平县。

[2]瑶碧：指洛瑶碧，即石川河。这里指石川河氏族。

[3]厌染水：指迤惹水，即迤镇水。石川河之阳指北面。

[4]洛：指石川河。

[5]人鱼：指集镇夷。这里指迤镇夷。

[6]林：指令，即定居点。也称聚落。

[7]墦冢：指苇村。今谐音称忽周村。

[8]穀水：指交水。

[9]珚夷：指石川夷。

译文：由坡合山往西一百四十里，有座山叫上官山，是游牧部落地区，住着石川河氏族。迤镇水发源于北面，向南流入石川河，河边住着迤镇夷。西边有一个聚落，名叫忽周村。交水从那边流出，向东流入石川河，河边住着石川夷。

## 橐山

（108,9474E；34,897N）

又西五十里，曰橐山[1]，其木多樗[2]，多備木[3]，其阳多金玉[4]，其阴多铁[5]，多萧[6]。橐水[7]出焉，而北流注于河[8]。其中多脩辟之鱼[9]，状如黾而白喙[10]，其音如鸱[11]，食之已白癣[12]。

注释：[1]橐山：读棠山，指泥山。在陕西耀州，今谐音称铜川。

[2]樗：指崔姓氏族。

[3]備木：指爷氏土目。今称耀氏土目。

[4]金玉：指丁沟氏族。

[5]铁：读棠，指泥阳氏族。

[6]萧：指孝氏族。这个姓氏是赫胥氏的代称，以其夜祭习俗如枭的行为而得名，赫胥氏的枭、肖、萧、孝姓氏由此而来。

[7]橐水：指泥河水。实际为南流，北应指贝。

[8]河：指孝河，濮语称孝沘、脩沘。

[9]脩辟鱼：指孝河夷。

[10]黾而白喙：五台山支系。黾，指五。指耀州的五台山。

[11]鸥：指东边。

[12]食之已白癣：古老的博羲夷。

译文：由上官山往西北五十里，有座山叫泥山，那里的管理氏族是崔氏和爷氏，南面住着丁沟氏族，北面住着泥阳氏族和孝氏族。泥河水从山间流出，向南流入孝河。这里住着孝河夷，是五台山支系，住在东边，是古老的博羲夷。

## 常烝山

（108,64064E；35,05542N）

又西九十里，常烝之山[1]，无草木，多垩[2]。潐水[3]出焉，而北流注于河[4]，其中多苍玉[5]。菑水[6]出焉，而北流注于河[7]。

注释：[1]常烝山：指造铁山。常烝，读撮则，指造铁。今称铁王山。

[2]垩：汶的变音，指甘泉氏族。

[3]潐水：楚水的变音，指凉水。实际向南流，北指贝，表示南方。

[4]河：指清水河氏族。

[5]苍玉：读楚夷，指凉水夷。

[6]菑水：指簸箕水。实际向南流，北指贝。

[7]河：指泾河。

译文：由泥山往西北九十里，有座山叫造铁山，是游牧部落地区，住着甘泉氏族。凉水从山间流出，向南流入清水河，河边住着凉水夷。簸箕水从山间流出，向南流入泾河。

## 夸父山

（108,20209E；35,18568N）

又西九十里，曰夸父之山[1]。其木多椶枏[2]，多竹箭[3]。其兽多㸲牛[4]、羬羊[5]，其鸟多鷩[6]。其阴多玉[7]，其阳多铁[8]。其北有林焉，名曰桃林[9]，是广员三百里[10]，其中多马[11]。湖水[12]出焉，而北流注于河[13]，其中多珚玉[14]。

注释：[1]夸父山：本应解读为北胡山，但其他相关的叙述中没有游牧和胡的概念，在此按北极解读为北部落山。在陕西彬州市义门镇和北极镇。

[2]椶枏：指贵族。

[3]竹箭：指旺京氏族。今称旺安氏族。

[4]㸲牛：指弥家河氏族。㸲，指弥；牛，指河。

[5]羬羊：指东秦氏族。这个记录说明，早期的秦是在甘肃地区。

[6]鷩：读憋，指沟老头氏族。憋，指老。

[7]玉：指玉子氏族。今称南玉子氏族。

[8]铁：指计氏族。

[9]桃林：指中府，即政治中心，今称福托，两个概念读音相同。桃，指中，读妥；林，指府。

[10]广原三百里：指北夷的边塞都城。三读 sa，指边、外。

[11]马：指目，即管理氏族。

[12]湖水：指师家河水。师读湖音。

[13]河：指泾河。

[14]珚玉：指阎夷。

译文：由造铁山往西北九十里，有座山叫北部落山，管理氏族为贵族和旺京氏族。这里还住着弥家河氏族、东秦氏族、沟老头氏族。南面住着南玉子氏族，北面住着计氏族。南面有一个府，名叫中府，是北夷的边塞都城，住着管理氏族。师水从山间流出，向南流入泾河，河边住着阎夷。

## 阳华山

（107,37022E；35,33664）

又西九十里，曰阳华之山[1]。其阳多金玉[2]，其阴多青雄黄[3]，其草多藷萸[4]，多苦辛[5]，其状如橚[6]，其实如瓜[7]，其味酸甘[8]，食之已虐[9]。杨水[10]出焉，而东南流注于洛[11]，其中多人鱼[12]。门水[13]出焉，而东北流注于河[14]，其中多玄礵[5]。【纟昔】姑之水[16]出于其阳，而东流注于门水，其上多铜[17]。门水出于河，七百九十里入洛水[18]。

凡缟羝山之首，自平缝之山至于阳华之山，凡十四山，七百九十里。岳在其中[19]，以六月祭之，如诸岳之祠法，则天下安宁。

注释：[1]阳华山：指阳泉山，在甘肃平凉市泾川县城。

[2]金玉：指丁氏族。

[3]青雄黄：指东贤氏族，今将东演变为端，称端贤氏族。

[4]藷萸：指肃慎夷。

[5]苦辛：指古兴氏族，今称嘎仙氏族。汉语指夏兴国氏族。

[6]橚：指肃慎族。

[7]瓜：指古兴氏。

[8]其味酸甘：且维索嘎，泾川城的古名。

[9]已虐：指游牧夷。本为狩猎夷，南迁后转为游牧业。

[10]杨水：指杨家崖水，简称杨水。

[11]洛：指黑河。氐羌语称黑为纳，谐音洛。

[12]人鱼：指狼儿咀夷。人，是濮语狼的读音。

[13]门水：泾河的泾川段称门水。

[14]河：指蒲河。

[15]玄礵：指盖氏肃慎，又称盖郭氏。

[16]【纟昔】姑水：指乳川河。今谐音称汭河。

[17]铜：指中村氏族，今称同中村氏族。

[18]洛水：实际指渭河。

[19]岳在其中：冢在青要山。岳、要都是濮语龙的音译，青要山是则茹部落的祭祀山。

译文：由北部落山往西九十里，有座山叫阳泉山。山的南面住着丁姓氏族，北面住着东贤氏族，住着肃慎夷，住着古兴氏，是肃慎的古兴氏，住在且维索嘎，是古老的游牧夷。杨水从山间流出，向南流入黑河，河边住着狼儿咀夷。门水从这里流出，向东北流入蒲河，河边住着盖郭氏。汭水从山的南面流出，向东流入门水，汭水的西边住着同中村氏族。门水汇入蒲河后，经过七百九十里水路汇入渭水。

综观鹤甸山系，从邙岭至阳泉山，共计十四座山，延绵七百九十里。青要山为宗山，在六月祭祀，祭祀方法与其他的宗山相同，是这里山系的大佬。

## 中山经第七山系 苦山 休与山

（110,43236E；33,87422N）

中次七经苦山[1]之首，曰休与之山[2]，其上有石[3]焉，名曰帝台之棋[4]，五色而文[5]，其状如鹑卵[6]。帝台之石，所以祷百神者也[7]，服之不蛊[8]。有草焉，其状如蓍[9]，赤叶而本丛生[10]，名曰夙条[11]，可以为簳[12]。

注释：[1]苦山：指夏山。

[2]休与山：指羲庚山。羲指红色，又称丹庚山。今称庚岭，在陕西洛南县莽岭。

[3]石：指氏族。

[4]帝台之棋：北方的犬戎。

[5]五色而文：塞族部落南迁的支系。

[6]鹑卵：指移民。读绰鲁，谐音鹑卵。

[7]所以祷百神者也：塞夷的景部落支系夷。

[8]服之不蛊：胡族的补苦氏。

[9]蓍：指草原地区。

[10]赤叶而本丛生：犬戎的农业移民氏族。

[11]夙条：指麦积氏族。

[12]可以为簳：夏国的有贡献的氏族，有作为的氏族。

译文：中山经第七列山系是夏山山脉，最西端的一座山叫庚岭。山的西北面有一个氏族，是北方犬戎塞族部落南迁的支系，是移民氏族，是北方氏族的塞夷景部落支系夷，胡族的补苦氏。有一个移民氏族，是草原犬戎的农业移民氏族，名叫麦积氏，是夏国的有贡献的氏族。

## 鼓钟山

（111,07499；33,68784N）

又东三百里，曰鼓钟之山[1]，帝台之所以觞百神也[2]。有草焉，方茎而黄华[3]，员叶而三成[4]，其名曰焉酸[5]，可以为毒[6]。其上多砺[7]，其下多砥[8]。

注释：[1]鼓钟山：指耿村山，在河南卢氏县瓦窑沟乡北面。

[2]帝台之所以觞百神也：北面是丝绸夷的漂洗氏族之乡。

[3]方茎而黄华：指玉皇岭的山南氏族。方茎指玉皇岭；黄华，读黄卧，指山南。

[4]员叶而三成：颜子河的东边支系。

[5]焉酸：读音 yan shao，指莲花氏族。这里的莲同年景的年。

[6]为毒：读夷毒，指古老夷。

[7]砺：指南泥沟氏族。砺，指泥。

[8]砥：指蠡姓氏族，即刘姓氏族。

译文：由庚岭往东三百里，有座山叫耿村山，北面是丝绸夷的漂洗氏族之乡。有一个游牧氏族，是玉皇岭的山南氏族，是颜子河的东边支系，名叫莲花氏，是夏国的古老夷。耿村的西面住着南泥沟氏族，东面住着刘姓氏族。

## 姑媱山

（11153858E；33,50328N）

又东二百里，曰姑媱之山[1]，帝女死焉[2]，其名曰女尸[3]，化为䔄草[4]，其叶胥成[5]，其华黄[6]，其实如菟丘[7]，服之媚于人[8]。

注释：[1]姑媱山：读勾饶山，指军龙山，即军马河与龙潭河之山。在河南西峡县双龙镇北面。

[2]帝女死焉：北部是游牧氏族之乡。

[3]女尸：指牧肆，今军马河镇。

[4]化为䔄草：指山南的龙成街，今双龙镇。化为，指山南；䔄草，指龙成。

[5]其叶胥成：河街换肆。其叶，指河街；胥成，指换肆。

[6]其华黄：南山街。

[7]菟丘：换街。

[8]服之媚于人：马家庄的集镇。

译文：由耿村山往东二百里，有座山叫军龙山，北部是游牧氏族之乡，称为牧肆。山南的龙成街，称为河街换肆、南山街、换街，是马家庄的集镇。

## 苦山

（111,78858E；33,36512N）

又东二十里，曰苦山[1]。有兽焉，名曰山膏[2]，其状如逐[3]。赤如丹火[4]，善詈[5]。其上有木焉，名曰黄棘[6]，黄华而员叶[7]，其实如兰[8]，服之不字[9]。有草焉，员叶而无茎[10]，赤华而不实[11]，名曰无条[12]，服之不瘿[13]。

注释：[1]苦山：指夏山，在河南内乡县夏馆镇。

[2]山膏：读 sa ga，指撒拉族。

[3]逐：指幢，即五道幢。

[4]赤如丹火：游牧的鞑胡。

[5]善詈：外来黎。黎，指人、民。

[6]黄棘：指黄靳氏。

[7]黄华而员叶：又称黄华氏。员叶，指又称。

[8]兰：指僚族。

[9]服之不字：山区的种植氏族。

[10]员叶而无茎：也称为靳部落氏族。

[11]赤华而不实：游胡的草原氏族。

[12]无条：指克列部落氏族。简称武条氏。

[13]服之不瘿：胡族的北方氏族。

译文：由军龙山往东二十里，有座山叫夏山。有一个氏族，名叫撒拉族，属五道幢的游牧鞑胡，是外来黎。那里有一个管理氏族，名叫黄棘氏，又称黄华氏，是僚族的山区种植氏族。有一个移民氏族，也称靳部落氏族，是游胡的草原氏族，名叫武条氏，是胡族的北方氏族。

## 堵山

（112,13404E；33,11975N）

又东二十七里，曰堵山[1]，神天愚居之[2]，是多怪风雨[3]。其上有木焉，名曰天楄[4]，方茎而葵状[5]。服者不哽[6]。

注释：[1]堵山：指平顶山，简称平山，在河南省镇平县北面，赵家湾水库旁。

[2]神天愚居之：响水潭氏族部落所在地。神，指氏族；天愚，读滔溢，指响水潭。

[3]怪风雨：指北苇子夷。

[4]天楄：指响濮，响水潭濮。

[5]方茎而葵状：平部落的北村氏族。

[6]服者不哽：平山的濮越人。

译文：由夏山往东二十七里，有座山叫平山，是响水潭氏族的部落所在地，这里住着北苇子夷。西面有一个管理氏族，是平部落的北村氏族，是平山的濮越人。

## 放皋山

（112,53702E；33,00354N）

又东五十二里，曰放皋之山[1]。明水[2]出焉，南流注于伊水[3]，其中多苍玉[4]。有木焉，其叶如槐[5]，黄华而不实[6]，其名曰蒙木[7]，服之不惑[8]。有兽焉，其状如蜂[9]，枝尾而反舌[10]，善呼[11]，其名曰文文[12]。

注释：[1]放皋山：指宛城，在河南南阳市城区。

[2]明水：指潦河。古以西、秋为明，称明水。

[3]伊水：指白河。白俊、清秀、伊是相同的概念。

[4]苍玉：指褚岗夷。

[5]槐：指贵族支系。

[6]黄华而不实：黄华氏族。

[7]蒙木：指苗族土目。

[8]服之不惑：东部的贵族。不惑，读补冯，指贵族。

[9]蜂：指冯部落。

[10]枝尾而反舌：沙河地区的管理氏族。

[11]善呼：读巳呼，指独山氏族。

[12]文文：指白河氏、白水氏。伊水又称白水，读舞汶，谐音文文。

译文：由平山往东五十二里，有座山叫宛城山。潦河水从山间流出，向南流入白河，河边住着褚岗夷。有一个管理氏族，属贵族支系，是黄华氏族，称为苗族土目，是东部的贵族。有一个氏族，是冯部落的沙河地区管理氏族，独山夷，名叫白水氏。

## 大【非/古】山

（112,93683E；33,05544N）

又东五十七里，曰大【非/古】之山[1]，多瑪琈之玉[2]，多麋玉[3]。有兽焉，其状叶如榆[4]，方茎而苍伤[5]，其名曰牛伤[6]，其根苍文[7]，服者不厥[8]，可以御兵[9]。其阳狂水[10]出焉，西南流注于伊水[11]，其中多三足龟[12]，食者无大疾[13]，可以已肿[14]。

注释：[1]大【非/古】山：指泰费山。【非/古】，指费部落，今称泰山，在河南南阳东面的社旗县城。

[2]瑪琈玉：指马桥夷。瑪，指桥；琈，指马。

[3]麋玉：指五庄夷，今称五朝庄夷。

[4]其状叶如榆：东赵河之夷。其，在此作东解。

[5]方茎而苍伤：费部落的尚舍。费，指卖。尚舍，读且舍，谐音苍伤，今称尚营。

[6]牛伤：指勒舍，即牧族之舍。

[7]其根苍文：紧靠尚河。尚河，读且汶，是东赵河的支流。

[8]服者不厥：费部落的京都。

[9]御兵：指河滨夷。

[10]狂水：指夏水，在城北。今称潘河。

[11]伊水：指清河，也称河清。在城东侧，今属潘河。

[12]三足龟：读奢咀高，指焦家河口。奢咀，指河口；高，是焦的粤濮语读音。

[13]食者无大疾：肆部落的游牧氏族。肆，指集市、店，也读赊，是费部落的别称。

[14]可以已肿：夏国的贵夷，即贵族。

译文：由宛城山往东五十七里，有座山叫泰费山，住着马桥夷，住着五庄夷。有一个游牧氏族，是东赵河费部落的尚舍氏族，名叫勒舍氏，他们依着尚河，是费部落的京都氏族，是夏国的河滨夷。夏水从北面流出，向东南流入清河，这里住着焦家河口氏族，是费部落的游牧氏族，是夏国的贵族。

## 半石山

（113,43027E；33,10704N）

又东七十里，曰半石之山[1]。其上有草焉，生而秀[2]，其高丈余[3]，赤叶赤华[4]，华而不实[5]，其名曰嘉荣[6]，服之者不霆[7]。来需之水[8]出于其阳，而西流注于伊水[9]，其中多鯩鱼[10]，黑文[11]，其状如鲋[12]，食者不睡[13]。合水[14]出于其阴，而北流注于洛[15]，多䲢鱼[16]，状如鳜，居逵[17]，苍文赤尾[18]，食者不痈[19]，可以为瘘[20]。

注释：[1]半石山：读邦舍山，指象河山，实际介绍象河集镇。

[2]生而秀：建立的王国。秀，读象，指王国、邦国。

[3]其高丈余：读契高涿夷，指东史村夷。

[4]赤叶赤华：指汇集成的游胡。

[5]华而不实：指胡族的埠肆。

[6]嘉荣：指西岗肆。

[7]服者不霆：胡族的亳都区域。

[8]来需水：指东流水。

[9]伊水：指离水，今称陡河。

[10]鯩鱼：指菜园夷。鯩，读浓，指菜。

[11]黑文：指姜水夷。姜，也称黑。

[12]鲋：指东部的。

[13]食者不睡：河边氏族。

[14]合水：由两条东西向的小支流汇成，今无名称标注，仍称合水。

[15]洛：指姜水西面的河。由北向南，流经洼张。合水北流，北（贝）指南。

[16]䲢鱼：今已无遗迹，按滕姓氏族称。

[17]鳜，居逵：北部的部落氏族。

[18]苍文赤尾：张洼的游牧夷。张洼，即洼张。

[19]食者不痈：河边的放牧氏族。痈，读若，指放牧。

[20]可以为瘘：夏国的南僚。

译文：由泰费山往东七十里，有座山叫象河山。这里有游牧氏族建立的王国，是东史村夷汇集成的游牧胡的埠肆，名叫西岗肆，是胡族的亳都区域。东流水发源于集肆的南面，向东流入陡河，河边住着菜园夷和姜水夷，是东部的河边氏族。合水从集肆的北面流出，向东南流入西水，河边住着滕姓夷，是北部的部落氏族，是张洼的游牧夷，是河边的放牧氏族，夏国的南僚。

## 少室山

（113,7875E；33,11416N）

又东五十里，曰少室之山[1]，百草木成囷[2]。其上有木焉，其名曰帝休[3]，叶状如杨[4]，其枝五衢[5]，黄华黑实[6]，服者不怒[7]。其上多玉[8]，其下多铁[9]。休水[10]出焉，而北流注于洛[11]，其中多鯑鱼[12]，状如盩蜼而长距[13]，足白而对[14]，食者无蛊疾[15]，可以御兵[16]。

注释：[1]少室山：花肆山，今称花庄镇。

[2]百草木成囷：半截楼的蔡丘。蔡丘，指女儿街。半截楼，地名。

[3]帝休：指小花氏。帝休应读刁少，指小花。

[4]叶状如杨：读伊媑额耶，即美女之乡。

[5]其枝五衢：指女儿部落支系，今谐音称五车牛支系。

[6]黄华黑实：指哄哄黑氏，即普者黑氏，意为贤良高贵的氏族。

[7]服者不怒：统治的母系部落。不怒，读补诺，指女儿部落，也称母系部落。

[8]玉：指河滨氏族。

[9]铁：指土楼氏族。土按泥读为棠，与铁谐音。

[10]休水：读少水，指花水。向南流。北应指贝。

[11]洛：指汝河。

[12]鰟鱼：指刁夷，即带“小”字的村镇夷，如小和庄、小官庄、小陈庄。

[13]盩蜼而长距：花山的分支氏族。盩蜼，花山的氐羌语表达。

[14]足白而对：分走的村镇，分出的村镇。

[15]食者无蛊疾：建立的勾纪部落。勾纪部落，也称部落国。

[16]可以御兵：夏国的河滨夷。

译文：由象河山往东五十里，有个集镇叫花肆，是半截楼的女儿街。那里有个管理中心，名叫小花肆，是美女之乡，是五车牛支系的普者黑氏统治的母系部落。部落的西边住着河滨氏族，东边住着土楼氏族。花水从这里流出，向南流入汝河，河边住着小字夷，是花山的分支氏族分出的村镇建立的勾纪部落，是夏国的河滨夷。

## 泰室山

（113,99551E；33,144N）

又东三十里，曰泰室之山[1]。其上有木焉，叶状如梨而赤理[2]，其名曰栯木[3]，服者不妒[4]。有草焉，其状如术(zhu)[5],白华黑实[6]，泽如蘡薁[7]，其名曰䔄草[8]，服之不昧[9]。上多美石[10]。

注释：[1]泰室山：读堵肆山，指平肆，今称遂平县城。

[2]叶状如梨而赤理：美女乡旁边的移府，今称车府、车站镇。

[3]栯(yu)木：指离目，即附属管理中心。

[4]服者不妒：东部的平都。不，读亳，指都；妒，指平。

[5]术：读阜，指北方。

[6]白华而黑实：燕山的贵族。白华，读拜洪，指燕山。

[7]泽如蘡薁：燕夷的支系。

[8]䔄草：指燕绰，燕山移民的简称。

[9]服之不昧：东部的河川氏族。

[10]美石：指魏氏族。

译文：由花肆往东三十里，是平肆，这里有一个管理中心，是美女乡旁边的移府，名叫离目，是东部的平都。有一个移民氏族，是北方燕山的贵族燕夷的支系，称为燕绰，是平都东部的河川氏族。平肆的西边住着魏氏族。

## 讲山

（114,02274E；33,38766N）

又北三十里，曰讲山[1]，其上多玉[2]，多柘[3]，多柏[4]。有木焉，名曰帝屋[5]，叶状如椒[6]，反伤赤实[7]，可以御凶[8]。

注释：[1]讲山：指西山，今西平县城。讲，顺序指大，颜色指黑，方位指西。

[2]玉：指河滨氏族。

[3]柘：指石庄氏族。

[4]柏：指柏姓氏族。

[5]帝屋：指北行政中心，北屋。帝指狄，即北。

[6]叶状如椒：指美女乡的边缘管区。

[7]反伤赤实：指游牧氏族的治所。

[8]御凶：指有熊夷，即华胥夷。这里指华胥夷的管区。

译文：由平肆往北三十里，有个地方叫西山，这里住着河滨夷，住着石庄氏族，住着柏姓氏族。有一个行政中心，名叫北屋，是美女乡的边缘管区，是游牧氏族的治所，夏国华胥夷的检目。

## 婴梁山

（114,01518E；33,58476N）

又北三十里，曰婴梁之山[1]，上多苍玉[2]，錞于玄石[3]。

注释：[1]婴梁山：指尹河山，今漯河城。尹河，今称为澧河。

[2]苍玉：指岔河口夷。

[3]玄石：指长河，今称颍河。

译文：由西山往北三十里，有个集镇叫尹河山，这里住着岔河口氏族，紧挨着颍河。

## 浮戏山

（114,34057E；5952N）

又东三十里，曰浮戏之山[1]。有木焉，叶状如樗而赤实[2]，名曰亢木[3]，食之不蛊[4]，汜水出焉，而北流注于河[5]。其东有谷，因名曰蛇谷[6]，上多少辛[7]。

注释：[1]浮戏山：指冯羲山，在漯河市谭庄镇冯村。冯羲指国王。

[2]樗而赤实：指母系部落的行政中心。樗，作雎解，指女人、母系。

[3]亢木．指康日。康，指族群。

[4]不蛊：指夏族，这里指夏族的检目。

[5]河：今称新沽河。

[6]蛇古：指河汇国。

[7]少辛：指河汇氏族。

译文：由尹河山往东三十里，有个集镇叫冯羲山，这里有一个检目，是母系部落的行政中心，名叫康目，是古老的夏族的检目。汜水从这里流出，向北流入新沽河。冯羲山的东边有一个国家，名叫河汇国，那里住着河汇氏族。

## 少陉山

（114,64233E；33,63654N）

又东四十里，曰少陉之山[1]。有草焉，名曰【艹/冈】草[2]，叶状如葵，而赤茎白华[3]，实如蘡薁[4]，食之不愚[5]。器难之水[6]出焉，而北流注于役水[7]。

注释：[1]少陉山：指河汇山，今河南周口市。

[2]【艹/冈】草：指孙氏移民。

[3]葵而赤茎白华：北方的游牧部落燕胡。

[4]蘡薁：指燕夷。

[5]不愚：河滨氏族。

[6]器难水：指运河水。这里指贾鲁河水。向南流；北，读贝，指南。

[7]役水：指伊水，今称颖河。

译文：由冯羲山往东四十里，是河汇山。有一个移民氏族，叫孙氏移民，支系为北方游牧部落的燕胡，实际为燕夷，是古老的河滨氏族。贾鲁河水流经这里，向南流入颖河。

## 太山

（114,76386E；33,60839N）

又东南十里，曰太山[1]。有草焉，名曰梨[2]，其叶状如荻而赤华[3]，可以已疽[4]。太水[5]出于其阳，而南流注于役水[6]。承水[7]出于其阴，而东北流注于役水。

注释：[1]太山：指项庄，今称项庄村。在周口东南侧。项，濮读特，谐音太。

[2]梨：指卑，这里指鲜卑。

[3]荻而赤华：北方的游牧胡。

[4]已疽：指举夷，即林胡，东胡。

[5]太水：指项水。

[6]役水：伊水，今称颖河。

[7]承水：指运河。运、行，读蚩、车，谐音承。

译文：由河汇山往东南十里，是项庄。有一个移民氏族，名叫鲜卑氏，是北方的游牧胡，夏国的林胡夷。项水从南面流出，向南流入伊水；运河水从项庄的北面流过，向东南流入伊水。

## 末山

（114,99941E；33,958N）

又东二十里，曰末山[1]，上多赤金[2]，末水[3]出焉，北流注于役水[4]。

注释：[1]末山：指朱山，中心在朱集北面的冯塘乡。

[2]赤金：指杨楼氏族。

[3]末水：指朱水。

[4]役水：指汲水。

译文：由项庄往东二十里，是朱山。这里住着杨楼氏族。朱水从这里流出，向北流入汲水。

## 役山

（115,20167E；33,64153N）

又东二十五里，曰役山[1]，上多白金[2]，多铁[3]。役水[4]出焉，北流注于河[5]。

注释：[1]役山：指汲山，今称郸城。汲、取，在濮语中都读 yu。

[2]白金：指场集氏族。

[3]铁：读投，指前屯氏族。

[4]役水：指汲水。

[5]河：指茨河。

译文：由朱山往东二十五里，是汲山，这里住着场集氏族，住着前屯氏族。汲水从这里流出，向北流入茨河。

## 敏山

（115,4892E；33,8599N）

又东三十五里，曰敏山[1]。上有木焉，其状如荆，白华而赤实[2]，名曰蓟柏[3]，服者不寒[4]，其阳多瑻琈之玉[5]。

注释：[1]敏山：指涡山，今鹿邑县城。涡在濮语中读 mie 音，谐音敏。

[2]荆，白华而赤实：包牺胡的游牧氏族。荆白，指节并，是包牺氏的称谓。

[3]蓟柏：指节并，是包牺氏的称谓。

[4]不寒：指蚌埠氏。

[5]瑻琈玉：指桥口夷。

译文：由汲山往东三十五里，有座山叫涡山。那里有一个蒙族，是包牺胡的游牧氏族，名叫节并，是胡族的蚌埠氏。涡山的南面住着桥口夷。

## 大騩山

（115,77584E；33,87268N）

又东三十里，曰大騩之山[1]，其阴多铁[2]、美玉[3]、青垩[4]。有草焉，其状如蓍而毛[5]，青华而白实[6]，其名曰【卄/狼】[7]，服之不夭[8]，可以为服病[9]。

凡苦山之首，自休与之山至于大騩之山，凡十有九山，千一百八十四里。其十六神者，皆豕身而人面[10]。其祠：毛牷用一羊羞[11]，婴用一藻玉瘗。苦山、少室山、太室皆冢也，其祠之，太牢之具，婴以吉玉。其神状皆人面而三首[12]。其余属豕身人面也。

注释：[1]大騩山：指鞑仡镇，是亳州的古称谓，因是商族人的封地而得名。

[2]铁：指谯镇氏族。

[3]美玉：指五里村夷。

[4]青垩：指驮运部落。青，是濮语“驮”的音译。

[5]有草焉，其状如蓍而毛：指有一群移民，是草原蛮蛮。

[6]青华而白实：驮运的部落氏族。

[7]【卄/狼】：指卢氏。

[8]服之不夭：指胡族的河川氏族。

[9]为服病：属于回鹘。

[10]豕身而人面：种植氏族的居民形象。

[11]毛牷用一羊羞：用羊尊盛祭食。毛牷，读馍切，指祭食，羊羞，读蚩歇，指羊尊。

[12]人面三首：指定居的王族形象。三首，读韶属，指王族。

译文：由涡山往东三十里，有一个集镇叫鞑仡镇，北面住着谯镇氏族、五里村夷和驮部落氏族。有一群移民，是草原蛮蛮，是运输部落的氏族，名叫卢氏，是胡族的河川氏族，属于夏国的回鹘。

综观夏山山系，从庚岭到鞑仡镇，共计十九座山，延绵一千一百八十四里。其中十六座山的山神为定居的种植氏族的形象，祭祀时，用羊尊盛食物，用藻玉掩埋。夏山、花肆、平肆为宗山，祭祀用太牢之礼，用璧掩埋。这三座山的神为定居的王族的形象，其余皆为定居的种植氏族的形象。

张明友

## 中山经第八山系 荆山 景山

（109,80248E；32,94227N）

中次八经荆山之首，曰景山[1]，其上多金玉[2]，其木多杼檀[3]。睢水[4]出焉，东南流注于江[5]，其中多丹粟[6]，多文鱼[7]。

注释：[1]景山：在湖北郧西县景阳乡，实际介绍景阳乡，今称大、小兰乡。

[2]金玉：指景夷。

[3]杼檀：指花栎巴，今称花栎扒。氐羌语的“花”读照，与杼谐音。

[4]睢水：指黄龙水。

[5]江：水江，即汉江。

[6]丹粟：指骡马店氏族。

[7]文鱼：指官营坡氏族。

译文：中山经第八列山系叫荆山山系，最西边的一座山叫景山，这里住着景夷，部落叫花栎巴。黄龙水从这里流出，向东南流入汉江，河边住着骡马店氏族，住着官营坡夷。

## 荆山

（110,40596E；32,99288N）

东北百里，曰荆山[1]，其阴多铁[2]，其阳多赤金[3]。其中多犛牛[4]，多虎豹[5]，其木多松柏[6]，其草多竹[7]，多橘櫾[8]。漳水[9]出焉，而东南流注于睢[10]，其中多黄金[11]，多鲛鱼[12]，其兽多闾麋[13]。

注释：[1]荆山：在湖北郧西县北侧，实际介绍郧西县城。

[2]铁：指土门镇氏族。

[3]赤金：指池涧氏族。

[4]犛牛：指春河氏族。春河，读梅僚，谐音犛牛。

[5]虎豹：指阴坡氏族。濮语的阴阳读补伏，补指阳，伏指阴；伏、虎谐音。

[6]松柏：指粟巴，即西部落，今称郧西部落。

[7]竹：指北隅氏族。

[8]橘櫾：指龙牌沟氏族。

[9]漳水：指照水，今称天河。

[10]睢水：指汉水。

[11]黄金：指范家岭氏族。

[12]鲛鱼：指贾姓夷。

[13]闾麋：指阎家沟口氏族。

译文：由景山往东北一百里，有座山叫荆山，山的北面住着土门镇氏族，南面住着池涧氏族。中心住着春河氏族，住着阴坡氏族，部落名叫郧西部落，这里还住着北隅游牧民，住着龙牌沟氏族。天河从这里流出，向东南流入汉水，河边住着范家岭氏族，住着贾夷，还住着阎家沟口氏族。

## 骄山

（111,19629E；33,01213N）

又东北百五十里，曰骄山[1]，其上多玉[2]，其下多青雘[3]，其木多松柏[4]，多桃枝钩端[5]。神鼍围[6]处之，其状如人面。羊角虎爪[7]，恒游于睢漳之渊[8]，出入有光[9]。

注释：[1]骄山：指竹山，也称梅塔山，在湖北郧县梅铺镇。濮语称竹为骄、梅塔。

[2]玉：指“家扒”氏族。

[3]青雘：指东马黄沟氏族。今称马黄沟氏族。

[4]松柏：指西湾，这里指西湾检目。

[5]桃枝钩端：滔江部落集镇。

[6]神鼍围：指滔水氏。围，读汶，指水。

[7]人面羊角虎爪：定居的茨沟胡族支系。

[8]恒游于睢漳之渊：迁徙于羲乔之乡，即丹江乔乡。漳渊，指乔迁之乡，简称乔乡。

[9]出入有光：建立的城镇。

译文：由郧西山往东北一百五十里，有座山叫竹山。西边住着家扒氏族，东边住着马黄沟氏族。这里的检目叫西湾检目，是滔江部落的集镇。滔水氏族住在这里，他们是定居的茨沟胡族支系，迁徙到丹江乔乡，建立了这个城镇。

## 女几山

（111,84917E；33,04507N）

又东一百二十里，曰女几之山[1]，其上多玉[2]，其下多黄金[3]，其兽多豹虎[4]，多闾、麋、麖、麂[5]，其鸟多白鷮[6]，多翟[7]，多鸩[8]。

注释：[1]女几山：指勒纪山，即游牧部落山。今称内纪山，内乡山，在河南内乡县城。

[2]玉：指黄水河氏族。

[3]黄金：指后部落氏族。

[4]豹虎：指马湾氏族。读音贝胡。

[5]闾麋麖麂：指靳庄场部落氏族。

[6]白鷮：指屈湾氏族。白，在此读贝音。

[7]翟：指河滨氏族。翟，在此读迭音。

[8]鸩：在此指郑坑氏族。

译文：由竹山往东北一百二十里，有座山叫内纪山，西面住着黄水河氏族，东面住着后部落氏族。中部住着马湾氏族，靳庄场部落氏族，屈湾氏族，河滨氏族和郑坑氏族。

## 宜诸山

（112,5904E；32,71117N）

又东北二百里，曰宜诸之山[1]，其上多金玉[2]，其下多青雘[3]。洈水[4]出焉，而南流注于漳[5]，其中多白玉[6]。

注释：[1]宜诸山：指官村山，今称官庄山，在河南唐河县官庄镇。宜，读 vei 音。

[2]金玉：指岳岗氏族。

[3]青雘：指东何庄氏族。

[4]洈水：指官庄水，今称涧河。

[5]漳：指丹江，也称汉江。

[6]白玉：指河湾夷。白读贝，指湾。

译文：由内纪山往东南二百里，有个集镇叫官庄山。西边住着岳岗氏族，东边住着东何庄氏族。官庄水从这里流出，向南流入汉江。河边住着河湾氏族。

## 纶山

（113,67129E；32,18792N）

又东北三百五十里，曰纶山[1]，其木多梓枏[2]，多桃枝[3]，多柤栗橘櫾[4]，其兽多闾麈麢㚟[5]。

注释：[1]纶山：指草山，今湖北随州市草店镇。实际往东南。

[2]梓枏：指枝楼，今称楼子湾。楼，即寨子之意。

[3]桃枝：指邓子堰氏族。

[4]柤栗橘櫾：指下河油村，今称下河油房氏族。

[5]闾麈麢㚟：指草堰村氏族。

译文：由官庄山往东南三百五十里，有座山叫草山，检目名叫楼子湾检目。这里住着邓子堰氏族，住着下河油房氏族，还住着草堰村氏族。

## 陆鄃山

（114,31543E；31,96904N）

又东北二百里，曰陆鄃之山[1]，其上多㻬琈之玉[2]，其下多垩[3]，其木多杻橿[4]。

注释：[1]陆鄃山：指涩港山，今河南信阳市灵山镇涩港村。鄃，读 gui 音，指港。

[2]㻬琈玉：指响塬夷。

[3]垩：原指败，这里指垮冲氏族。

[4]杻橿：读陆节，指沙湖。

译文：由草山往东南二百里，有座山叫涩港山，西面住着响塬氏族，东面住着垮冲氏族，检目称为沙湖检目。

## 光山

（114,90076E；32,00468N）

又东百三十里，曰光山[1]，其上多碧[2]，其下多木[3]。神计蒙[4]处之，其状人身而龙首[5]，恒游于漳渊[6]，出入必有飘风暴雨[7]。

注释：[1]光山：指河南光山县县城。

[2]碧：指破楼氏族。破，指逃亡的，跳动的。濮语读 be 音，谐音碧。

[3]木：在此指冯店氏族。冯胡通义，濮语读胡为木。

[4]神计蒙：指苗族部落氏族。

[5]人身而龙首：定居的僚族。

[6]漳渊：指乔乡。

[7]必有飘风暴雨：属于自己统治的部落邑。

译文：由涩港山往东一百三十里，有座山叫光山，山的西面住着破楼氏族，东面住着冯店氏族。苗族部落氏族住在这里，他们是定居的僚族，迁徙到乔乡，建立了属于自己统治的部落邑。

## 岐山

（115,40819E；31,79695N）

又东百五十里，曰岐山[1]，其阳多赤金[2]，其阴多白珉[3]，其上金玉[4]，其下多青雘[5]，其木多樗[6]。神涉鼍处之[7]，其状人身而方面[8]，三足[9]。

注释：[1]岐山：指伤山，后改称商山，今河南商城县城。

[2]赤金：指天平岗氏族。

[3]白珉：读贝米，指烟庄氏族。今称烟巴头氏族。

[4]金玉：指薛家岗夷。

[5]青雘：指陪山氏族。

[6]樗：指江平子检目。

[7]神涉鼍：指木头河村氏族，简称木村氏族。

[8]人身而方面：定居在李湖边的。

[9]三足：指木村。

译文：由光山往东一百五十里，有座山叫商山。山的南面住着天平岗氏族，北面住着烟巴头氏族，西面住着薛家岗夷，东面住着商山氏族，检目名叫江坪子检目。木村氏族住在这里，定居在李湖边的木村。

## 铜山

（115,91828E；31,84666N）

又东百三十里，曰铜山[1]，其上多金银铁[2]，其木多榖柞相栗橘櫾[3]，其兽多豹[4]。

注释：[1]铜山：指叶山，意为同山，实际指安徽金寨县叶集镇。

[2]金银铁：指丁小台氏族。

[3]榖柞柤栗橘櫾：殷家园叶集府。栗，指富；橘櫾，指叶集、大集。

[4]豹：指农业氏族。

译文：由商山往东一百三十里，有座山叫叶山，西面住着丁小台氏族，检目名叫殷家园叶集府，住着农业氏族。

## 美山

（116,51559E；31,79001N）

又东北一百里，曰美山[1]，其兽多兕牛[2]，多闾麈[3]，多豕鹿[4]，其上多金[5]，其下多青雘[6]。

注释：[1]美山：指茶棚山，茶，濮语读 mei、mi，彝语读 lu，今安徽六安城北。实际往东。

[2]兕牛：指种稻氏族，在此指犁华塘氏族。

[3]闾麈：指楼村氏族，在此指茶楼村氏族。

[4]豕鹿：指谢塘氏族。

[5]金：指沙摊店氏族。

[6]青雘：指秦圩氏族。

译文：由叶山往东北一百里，有座山叫茶棚山，那里住着犁华塘氏族，住着茶楼村氏族，住着谢塘氏族。西边住着沙摊店氏族，东边住着秦圩氏族。

## 大尧山

（116,87873E；32,07173N）

又东北百里，曰大尧之山[1]，其下多松柏[2]，多梓桑[3]，多机[4]，其草多竹[5]，其兽多虎豹麢臭[6]。

注释：[1]大尧山：读戴耶山，是大刘山的濮语称呼，在今安徽炎刘、双庙、小甸一带。

[2]松柏：读苏布，指老家园氏族。

[3]梓桑：指二里坪氏族。

[4]机：指祭田氏族。

[5]竹：指塘咀子氏族。

[6]虎豹麤臭：指东山石坝子氏族。虎豹，指东山；麤臭，指石坪，即石坝子。

译文：由茶棚山往东北一百里，有座山叫大刘山，那里住着老家园氏族，住着二里坪氏族，住着祭田氏族，住着塘咀子氏族，还住着东山石坝子氏族。

## 灵山

（118,28108E；32,27758N）

又东北三百里，曰灵山[1]，其上多金玉[2]，其下多青䨼[3]，其木多桃李梅杏[4]。

注释：[1]灵山：指琅琊山，在安徽滁州东侧。琅琊，即灵芝。

[2]金玉：指后岭夷。

[3]青䨼：指东湖氏族。

[4]桃李梅杏：指谯楼城头人。梅，读 mu，指城。杏，读 heng，指头人，即首领。

译文：由大刘山往东北三百里，有座山叫琅琊山，西面住着后岭夷，东面住着东湖氏族，检目住着谯楼城的头人。

## 龙山

（118,56328E；32,50864N）

又东北七十里，曰龙山[1]，上多寓木[2]，其上多碧[3]，其下多赤锡[4]，其草多桃枝钩端[5]。

注释：[1]龙山：龙山是已汉译地名，今安徽省来安县龙山乡。

[2]寓木：读 yi mo，指河坎。

[3]碧：指大背篓氏族，今称大庄子氏族。

[4]赤锡：指涂郢氏族。

[5]桃枝钩端：指下棚涧边。

译文：由琅琊山往东北七十里，有座山叫龙山，那里住着河坎氏族，西边住着大庄子氏族，东边住着涂郢氏族，人们住在下棚涧边。

## 衡山

（118,83262E；32,45948N）

又东南五十里，曰衡山[1]，其上多寓木榖柞[2]，多黄垩白垩[3]。

注释：[1]衡山：指低海拔的山，今称平山，在南京市六合区马鞍镇北面。

[2]寓木榖柞：指水畔的山根氏族，此处的根只是音译。

[3]黄垩白垩：指马洼和小洼氏族。小，读 ba 音。

译文：由龙山往东南五十里，有座山叫平山，山的西面住着水畔的山根氏族，住着马洼和小洼氏族。

## 石山

（119,04465E；32,29436N）

又东南七十里，曰石山[1]，其上多金[2]，其下多青雘[3]，多寓木[4]。

注释：[1]石山：指破山，在南京仪征市西侧。破，濮语读音 she 音，与石同音。

[2]金：指横梁氏族。

[3]青雘：指溪口氏族。溪，指胥浦河。

[4]寓木：指江畔氏族。江，即长江，濮语读斜寓。

译文：由平山往东南七十里，有座山叫破山，西边住着横梁氏族，东边住着溪口氏族和江畔氏族。

## 若山

（118,98671E；31,75655N）

又南百二十里，曰若山[1]，其上多㻬琈之玉[2]，多赭[3]，多邽石[4]，多寓木[5]，多柘[6]。

注释：[1]若山：指仁山，今称大仁山，在南京溧水区北面。

[2]㻬琈玉：指安山夷。濮语安、设，读音 t'u。

[3]赭：指则启，这里指大陈仓夷，是古陈国的下属管理夷。

[4]邽石：指港运氏族。

[5]寓木：指河坎氏族。

[6]柘：指柘塘氏族。

译文：由破山往南一百二十里，有座山叫仁山，山的西面住着安山夷，住着大陈仓夷，住着港运氏族，住着河坎氏族和柘塘氏族。

## 彘山

（119,45406E；31,79566N）

又东南一百二十里，曰彘山[1]，多美石[2]，多柘[3]。

注释：[1]彘山：指直山，直是避汉武帝名讳而更名，今常州市直溪镇，从破山起算距离。

[2]美石：指李姓氏族。

[3]柘：指柘荡氏族。

译文：由破山往东南一百二十里，有座山叫直山，住着李姓氏族和柘荡氏族。

## 玉山

（119,5715E；31,7461N）

又东南一百五十里，曰玉山[1]，其上多金玉[2]，其下多碧[3]、铁[4]，其木多柏[5]。

注释：[1]玉山：指坛山，今常州市金坛区，从破山起算距离。

[2]金玉：指经夷，即直溪夷。

[3]碧：指元港氏族。

[4]铁：指东直泡氏族，今称钱资荡氏族。钱资，即东直。

[5]柏：指下塘桥氏族。

译文：由破山往东南一百五十里，有座山叫坛山，西边住着直溪夷，东边住着元港氏族，住着东直泡氏族，检目住着下塘桥氏族。

张明友

## 讙山

（119,42545E；32,18792N）

又东南七十里，曰讙山[1]，其木多檀[2]，多邽石[3]，多白锡[4]。郁水[5]出于其上，潜于其下，其中多砥砺[6]。

注释：[1]讙山：指宝华山东麓的红山，仍称宝华山，今镇江城，从破山起算距离。

[2]其木多檀：中心住着丹徒氏族。木，指中心；檀，指丹徒氏族。

[3]邽石：指港运氏族。

[4]白锡：指红山氏族。

[5]郁水：指斜郁水，即长江。

[6]砥砺：指江心岛氏族。

译文：由破山往东南七十里，有座山叫宝华山，中心住着丹徒氏族，住着港运氏族，住着红山氏族。长江水从西边向东边流去，江中住着江心岛氏族。

## 仁举山

（119,44868E；32,78157N）

又东北百五十里，曰仁举之山[1]，其木多榖柞[2]，其阳多赤金[3]，其阴多赭[4]。

注释：[1]仁举山：指双龙山，今江苏高邮市，从破山起算距离。

[2]榖柞：指桥村氏族。

[3]赤金：指盐河部落氏族。

[4]赭：指绪姓氏族。濮语绪读赭音。

译文：由破山往东北一百五十里，有座山叫双龙山，中心住着桥村氏族，南面住着盐河部落氏族，北面住着绪姓氏族。

## 师每山

（119,84535E；32,93432N）

又东五十里，曰师每之山[1]，其阳多砥砺[2]，其阴多青雘[3]，其木多柏[4]，多檀[5]，多柘[6]，其草多竹[7]。

注释：[1]师每山：指青苔山，今江苏兴化市。

[2]砥砺：指泡子夷。

[3]青雘：指浸湖氏族，今称乌巾荡氏族。

[4]柏：指商贩氏族。

[5]檀：指上官河氏族。

[6]柘：指仓廪氏族。

[7]其草多竹：绰口荡住着快运氏族。

译文：由双龙山往东五十里，有座山叫青苔山，山的南面住着泡子夷，北面住着浸湖氏族。中部住着商贩氏族，住着上官河氏族，住着仓廪氏族。绰口荡住着快运氏族。

## 琴鼓山

（119,96191E；31,81746N）

又东南二百里，曰琴鼓之山[1]，其木多榖柞椒柘[2]，其上多白珉[3]，其下多洗石[4]，其兽多豕鹿[5]，多白犀[6]，其鸟多鸩[7]。

凡荆山之首，自景山至琴鼓之山，凡二十三山，二千八百九十里。其神状皆鸟身而人面[8]。其祠：用一雄鸡[9]祈瘗，用一藻圭[10]，糈用稌。骄山冢也，其祠：用羞酒[11]少牢祈瘗，婴毛一璧[12]。

注释：[1]琴鼓山：指藻溪山，常州的古称谓。琴指溪，鼓指藻。

[2]榖柞椒柘：指藻港的巢支系氏族。巢，读 jiao 音。

[3]白珉：指白庄氏族，这里是濮汉混读。

[4]洗石：指横河氏族，今称横塘河氏族。

[5]豕鹿：指原住民。

[6]白犀：指经商氏族。

[7]鸩：指好、漂亮。

[8]鸟身人面：僚族居民的形象。

[9]雄鸡：指软玉。

[10]藻圭：玉的形制的一种，是上尖下方的条形玉牌。

[11]羞酒：指用樽盛酒。

[12]婴毛一璧：掩埋的信玉用一璧玉。

译文：由青苔山往东南二百里，有座山叫藻溪山，中心住着藻港的巢支系氏族。山的西面住着白庄氏族，东面住着横河氏族，这里的族群为原住民和经商氏族，这里的人都很漂亮。

综观荆山山系，从景山到藻溪山，共二十三山延绵二千八百九十里。这些山的山神皆为僚族居民的形象。祭祀用一软玉制作的藻圭掩埋，食物用荞麦食品。竹山是宗山，祭祀用樽酒少牢礼，掩埋的信玉要用一璧玉。

## 中山经第九山系　岷山　女几山
（102,36317E；30,81746N）

中次九经岷山[1]之首，曰女几之山[2]，其上多涅[3]，其木多杻橿[4]，其草多菊术(zhu)[5]。洛水[6]出焉，东流注于江[7]，其中多雄黄[8]，其兽多虎豹[9]。

注释：[1]岷山：指岷山山脉，南面的大雪山属岷山南脉。

[2]女几山：指小金山，女指小，几，指部落，音译为金，今四川小金县。

[3]涅：指大金川氏族。

[4]杻橿：指小金关氏族。

[5]菊术：指美村氏族。

[6]洛水：指泸水，是小金川与大金川汇合的水，今称大渡河。

[7]江：指岷江，属长江支流。

[8]雄黄：指笑山氏族，又称乐山氏族。

[9]虎豹：指月弦嘴氏族。

译文：中山经第九列是岷山山系，最西边的一座山叫金部落山，西边住着大金川氏族，中心住着小金关氏族，住着美村氏族。泸水从这里流出，向东流入岷江，河口处住着乐山氏族，住着月弦嘴氏族。

## 岷山
（103,85306E；31,6812N）

又东北三百里，曰岷山[1]。江水[2]出焉，东北流注于海，其中多良龟[3]，多鼍[4]，其上多金玉[5]，其下多白珉[6]，其木多梅棠[7]，其兽多犀象[8]，多夔牛[9]，其鸟多翰、鷩[10]。

注释：[1]岷山：指岷江山，今四川省茂县县城。

[2]江水：指岷江，属长江源头之一。

[3]良龟：指良渚氏族。

[4]鼍：指蚩尤中国氏族。鼍，指中国，蚩尤联盟最早称中国。

[5]金玉：指得西岭夷。

[6]白珉：指岷江部落夷。

[7]梅棠：指前敫氏族。

[8]犀象：指凤泽夷。今称凤仪镇夷。

[9]夔牛：指夏河氏族。即甘肃夏河的氏族。

[10]翰鷩：指靖州氏族，今称静州氏族。

译文：由金部落山往东北三百里，有座山叫岷江山。岷江水从那里流出，向东北流入大海，出海口处住着良渚氏族，住着蚩尤中国氏族。岷江山的西边住着得西岭夷，东边住着岷江部落氏族，中心住着前敫氏族，住着凤泽氏族，住着夏河氏族，住着静州氏族。

## 崃山

（104,73484E；31,77213N）

又东北一百四十里，曰崃山[1]。江水[2]出焉，东流注大江[3]。其阳多黄金[4]，其阴多麋麈[5]，其木多檀柘[6]，其草多薤韭[7]，多药、空夺[8]。

注释：[1]崃山：指油山。今四川绵阳市江油县城。

[2]江水：指涪江水。

[3]大江：指嘉陵江。

[4]黄金：指马家冲脊氏族。水北为阳。

[5]麋麈：指沙棠村氏族。水南为阴。

[6]檀柘：指太平村氏族。

[7]薤韭：指谢苗氏族。

[8]药空夺：读月康鞑，指月氏游牧氏族。

译文：由岷江山往东北一百四十里，有座山叫油山。涪江水从山间流出，向东流入岷江。北面住着马家冲脊氏族，南面住着沙棠村氏族，中心住着太平村氏族，住着谢苗移民，住着月氏游牧民。

## 崌山

（105,59297E；31,63528N）

又东一百五十里，曰崌山[1]。江水[2]出焉，东流注于大江[3]，其中多怪蛇[4]，多鰲鱼[5]，其木多楢杻[6]，多梅梓[7]，其兽多夔牛[8]、麢、臭、犀、兕[9]。有鸟焉，状如鸮而赤身白首[10]，其名曰穷脂[11]，可以御火[12]。

注释：[1]崌山：指黄松林山，简称黄林山、林山。在四川广元市剑阁县金仙镇。

[2]江水：指西江水。

[3]大江：指嘉陵江。

[4]怪蛇：指双柏村氏族。双，读 gang，谐音怪。

[5]鰲鱼：指水碾拐夷。

[6]楢杻：指涂姓分支氏族。

[7]梅梓：指仙村氏族。

[8]夔牛：指榨油树氏族。

[9]鸁鱼犀兕：指小桥、黄松林、顺村、老青杆氏族。

[10]鹗而赤身白首：指东边的苍羲部落氏族。

[11]穷脂：指街坪氏，今称店子坪氏族。

[12]御火：指念诵氏族，即有文化的氏族。

译文：由油山往东一百五十里，有座山叫林山。西江水从那里流出，向东流入嘉陵江，河边住着双柏村氏族，住着水碾拐夷。中心住着涂姓分支氏族，住着仙村氏族。周围住着小桥村氏族、黄松林氏族、顺村氏族、老青杆氏族。有一群人，是东边的涂姓部落氏族，叫街坪氏，是夏国的念诵氏族。

## 高梁山

（107,10424E；31,56366N）

又东三百里，曰高梁之山[1]，其上多垩[2]，其下多砥砺[3]，其木多桃枝钩端[4]。有草焉，状如葵而赤华[5]，荚实，白柎[6]，可以走马[7]。

注释：[1]高梁山：指蜈蚣山。濮语称蜈蚣为蚣蜈，读音 gonglong,谐音高梁。在四川平昌县城。

[2]垩：指牟家湾氏族。

[3]砥砺：指石岗坪氏族。

[4]桃枝钩端：指开平部落集镇氏族。今称平昌氏族。

[5]葵而赤华：北面的游牧濮。

[6]荚实白柎：蒋家坡濮族。

[7]走马：指照苗。即且照苗，都城在合川。

译文：由林山往东三百里，有座山叫蜈蚣山。山的西面住着牟家湾氏族，东面住着石岗坪氏族，中心住着开平部落集镇氏族。有一个游牧氏族，是北面的游牧濮，是蒋家坡濮族，是夏国的且照苗。

## 蛇山

（109,51927E；31,10002N）

又东四百里，曰蛇山[1]，其上多栒[2]，多豫樟[3]，其草多嘉荣[4]，少辛[5]。有兽焉，其状如狐而白尾长耳[6]，名曰【犭也】狼[7]，见则国内有兵[8]。

注释：[1]蛇山：指凤山，今重庆市巫溪县凤凰镇。

[2]栒：指七星村氏族。栒，指七。

[3]豫樟：指樟树坪氏族。

[4]嘉荣：指贾家埫氏族。

[5]少辛：指兴旺村氏族。

[6]狐而白尾长耳：濮族的山区游牧夷。狐，指濮；白，指山区；尾长耳，指游牧夷。

[7]【犭也】狼：指私那氏。

[8]国内有兵：属于中河村的氏族。国内，读果洛，指中心、中村，这里指中河村。

译文：由蜈蚣山往东四百里，有座山叫凤山，它的西面住着七星村氏族，住着樟树坪氏族，住着贾家埫和兴旺村牧民。有一个氏族，是濮族的山区游牧夷，名叫私那氏，属于中河村的氏族。

张明友

## 鬲山

（112,20191E；31,04649N）

又东五百里，曰鬲山[1]，其阳多金[2]，其阴多白珉[3]。蒲【鸏鸟】之水[4]出焉，而东流注于江[5]，其中多白玉[6]。其兽多犀象熊罴[7]，多猿蜼[8]。

注释：[1]鬲山：指掇山，今湖北省荆门市城区。

[2]金：指荆门氏族。

[3]白珉：指关垱冲氏族。

[4]蒲【鸏鸟】水：读 p'u hin 水，指漳沮水。

[5]江：指长江。

[6]白玉：指垱夷，今称当阳夷。

[7]犀象熊罴：指鞋堰冲氏族、象山氏族、熊窝子氏族、金鸡庙氏族。

[8]猿蜼：指龙泉氏族。

译文：由凤山往东五百里，有座山叫掇山，南面住着荆门氏族，北面住着关垱冲氏族。漳沮水从这里流出，向东南流入长江，河边住着当阳夷。集镇中心住着鞋堰冲氏族，住着象山氏族，住着熊窝子氏族，住着金鸡庙氏族，还住着龙泉氏族。

## 隅阳山

（113,92513E；30,92243N）

又东三百里，曰隅阳之山[1]，其上多金玉[2]，其下多青雘[3]，其木多桑梓[4]，其草多茈[5]。徐之水[6]出焉，东流注于江[7]，其中多丹粟[8]。

注释：[1]隅阳山：指澴水山，今湖北省孝感市城区。阳，读 yo，指澴。

[2]金玉：指沙河氏族。

[3]青雘：指高湖氏族。高，读音 qi，谐音青。高湖，今称王母湖。

[4]桑梓：读 su dzi，指九真氏族，今称九真村氏族。

[5]茈：指游家湾氏族。

[6]徐水：指献水，今称县河。

[7]江：指长江。

[8]丹粟：指刘姓氏族。刘，读音 due，谐音丹。

译文：由掇山往东三百里，有座山叫澴水山，西边住着沙河氏族，东边住着高湖氏族，中心住着九真氏族，住着游家湾移民。献水从这里流出，向东南流入长江，河边住着刘姓氏族。

## 岐山

（115,19202E；30,81969N）

又东二百五十里，曰岐山[1]，其上多白金[2]，其下多铁[3]，其木多梅梓[4]，多杻橿[5]。減水[6]出焉，东南流注于江[7]。

注释：[1]岐山：指崎山，今湖北省罗田县大崎镇。

[2]白金：指黄泥岗氏族，简称黄岗氏族。

[3]铁：指仓下垄氏族。铁，指下。

[4]梅梓：指李婆墩氏族，简称李墩氏族。

[5]杻橿：指过河湾氏族。杻，读 lao，指河；橿，指过。

[6]減水：指桂水，今称五桂河。

[7]江：指长江，这里将中间汇入的巴水河段列为桂水。实际向西南流。

译文：由瞏水山往东二百五十里，有座山叫崎山，它的西面住着黄泥岗氏族，东面住着仓下垄氏族，中心住着李婆墩氏族和过河湾氏族，桂水从这里流出，向西南流入长江。

## 勾檷山

（116,83329E；30,73282N）

又东三百里，曰勾檷之山[1]，其上多玉[2]，其下多黄金[3]，其木多栎柘[4]，其草多芍药[5]。

注释：[1]勾檷山：读“缴骊山”，指怀宁山。今安徽怀宁县城。

[2]玉：指大枫树塘氏族。

[3]黄金：指黄金水塘氏族。“黄金”在此是音译传承，含义应是指东岭。

[4]栎柘：指宁支系氏族，实际应是指令狐支系氏族。

[5]芍药：指姚老屋氏族。

译文：由崎山往东三百里，有座山叫怀宁山，西面住着大枫树塘氏族，东面住着黄金水塘氏族，中心住着宁支系氏族和姚老屋氏族。

## 风雨山

（117,48775E；30,65432N）

又东一百五十里，曰风雨之山[1]，其上多白金[2]，其下多石涅[3]，其木多棷樿[4]，多杨[5]。宣余之水[6]出焉，东流注于江，其中多蛇[7]，其兽多闾麋[8]，多麈豹虎[9]，其鸟多白鷮[10]。

注释：[1]风雨山：指江阴山，风指阴，雨指江。音译为凤仪山，今安徽池州城。

[2]白金：指牙埠氏族，今称百牙氏族。

[3]石涅：指池黎氏族，池读榭音，谐音石。黎在此作大解。

[4]棷樿：指秀山氏族。

[5]杨：指洋水河氏族。

[6]宣余水：指长乐水，今称秋浦河。

[7]蛇：指池口氏族。

[8]闾麋：指磨盘庄氏族。

[9]麈豹虎：指孔井房氏族。麈当用儒表达。今称孔井村氏族。

[10]白鷮：指梅湾氏族。

译文：由怀宁山往东一百五十里，有座山叫凤仪山，西面住着百牙氏族，东面住着池黎氏族，中心住着秀山氏族，住着洋水河氏族。长乐水从这里流出，向东北流入长江，河边住着池口氏族，住着磨盘庄氏族，住着孔井房氏族，住着梅湾氏族。

## 玉山

（118,19953E；31,07918N）

又东北二百里，曰玉山[1]，其阳多铜[2]，其阴多赤金[3]，其木多豫樟、楢、杻[4]，其兽多豕鹿麢臭[5]，其鸟多鸩[6]。

注释：[1]玉山：指龙山，今称峨山，峨指蛇，龙、蛇同类。今安徽繁昌县城。

[2]铜：指铜山冲氏族。铜为音译传承。

[3]赤金：指赤岭冲氏族。赤为音译传承。

[4]豫樟楢杻：龙山的种稻族。

[5]豕鹿麢㚖：凤山的牧民。麢作黎解，指人和民。

[6]鸩：指铁姓氏族。

注释：由凤仪山往东北二百里，有座山叫龙山，南面住着铜山冲氏族，北面住着赤岭冲氏族。中部住着龙山的种稻族，住着凤山的牧民，住着铁姓氏族。

## 熊山

（118,87733E；31,32886N）

又东一百五十里，曰熊山[1]。有穴焉，熊之穴[2]，恒出神人[3]。夏启而冬闭[4]，是穴也，冬启必有兵[5]。其上多白玉[6]，其下多白金[7]。其木多樗柳[8]，其草多寇脱[9]。

注释：[1]熊山：熊是华胥氏的称谓，所以也称为胥山，有河流名为胥水。因是华胥氏的游牧支系，又称游子山。

[2]熊之穴：华胥氏的国家，今江苏南京市高淳区。

[3]恒出神人：游人氏的集镇，也称游子氏的集镇。

[4]夏启而冬闭：高淳的部落。冬闭，原指氏族支系，在此指部落。

[5]冬启必有兵：漆河镇之门。冬启必，读邓漆沘，指漆河镇。

[6]白玉：指河埠夷。

[7]白金：指红岭夷，今称凤岭夷。

[8]樗柳：指淳僚氏族。

[9]寇脱：指高唐氏族。

译文：由龙山往东一百五十里，有座山叫胥山。那里有一个国家，叫华胥之国，是游子氏族的集镇，高淳的部落。这个国家是漆河镇之门。这个部落的西面住着河埠氏族，东面住着凤岭夷，中部住着淳僚氏族和高唐氏族。

## 騩山

（119,49073E；31,42847N）

又东一百四十里，曰騩山[1]，其阳多美玉赤金[2]，其音多铁[3]，其木多桃枝荆芑[4]。

注释：[1]騩山：指昆山，读音昆仑。今江苏溧阳县城。

[2]美玉赤金：指梅燕东岭氏族。

[3]铁：指胥渚氏族。

[4]桃枝荆芑：指开平集部落氏族，今称平陵集部落氏族。

译文：由胥山往东一百四十里，有座山叫昆仑。南面住着梅燕东岭氏族，北面住着胥渚氏族，中部住着平陵集部落氏族。

## 葛山

（120,27508E；31,90507N）

又东二百里，曰葛山[1]，其上多赤金[2]，其下多瑊石[3]，其木多柤栗橘櫾楢杻[4]，其兽多麢㚖[5]，其草多嘉荣[6]。

注释：[1]葛山：指澄江山，葛指清澈、明澄，今江苏江阴市澄江区。

[2]赤金：指运输部落氏族。

[3]瑊石：指管理氏族。

[4]柤栗橘櫾楢杻：固定的底层市民。柤栗，指固定的；橘櫾，指底层；楢杻，指市民。

[5]鸓鴸：指浮桥村氏族。

[6]嘉荣：指蒋家村氏族。

译文：由昆仑往东二百里，有座山叫澄江山，西面住着运输部落氏族，东面住着管理氏族，中部住着固定的底层市民、周围住着浮桥村氏族和蒋家村氏族。

## 贾超山

（120,97876E；32,21636N）

又东一百七十里，曰贾超之山[1]，其阳多黄垩[2]，其阴多美赭[3]，其木多柤栗橘櫾[4]，其中多龙脩[5]。

凡岷山之首，自女几山至于贾超之山，凡十六山，三千五百里。其神状皆马身而龙首[6]。其祠：毛用一雄鸡瘗。糈用稌。文山[7]、勾檷、风雨、騩之山，是皆冢也，其祠之：羞酒[8]，少牢具，婴毛一吉玉。熊山，席也[9]，其祠：羞酒，太牢具，婴毛一璧。干儛[10]，用兵以禳[11]；祈，璆冕舞[12]。

注释：[1]贾超山：指输港山，今南通市石港镇。贾，读 gu 音，与归谐音，指港。

[2]黄垩：指何部氏族，今已无遗迹。

[3]美赭：指斜天村氏族，今称屯天河村氏族。

[4]柤栗橘櫾：指坚坝、箕环氏族。

[5]龙脩：指蔡家圩氏族。

[6]马身而龙首：指僚族的苗蒙氏族形象。

[7]文山：指岷山。

[8]羞酒：用羊尊盛酒。

[9]席也：轩辕，指宗山中的轩辕，即最大的宗山。

[10]干儛：勇士列队。

[11]用兵以禳：跳傩祭祀。用兵，读雍比，指跳傩。

[12]璆冕舞：祭礼舞。

译文：由澄江山往东一百七十里，有座山叫输港山，南面住着何部氏族，北面住着天村氏族，中心住着坚坝、箕环氏族和蔡家圩氏族。

综观岷山山系，从金部落山到输港山，共十六座山，延绵三千五百里。这些山的山神皆为僚族的苗蒙氏族形象，祭祀的信玉要用软玉掩埋，食物用荞麦食物。岷山、怀宁山、凤仪山、昆仑是宗山，祭祀要用羊樽盛酒和用少牢礼，传信用一吉玉。胥山是最大的宗山，祭祀要用羊樽盛酒和用太牢礼，传信用一璧玉。由勇士列队跳傩祭祀，祈祷时跳祭礼舞。

## 中山经第十山系　首阳山

（108,33612E；33,99279N）

中次十经之首，曰首阳之山[1]，其上多金[2]，无草木[3]。

注释：[1]首阳山：指陕西秦岭首阳山，今陕西户县九焰乡。首即数，指九；阳，指艳。

[2]金：指岭上氏族，今称金岭氏族。

[3]无草木：游牧部落地区。

译文：中山经第十列山系为首阳山系，最东边的山叫首阳山。上面住着金岭氏族，是游牧部落地区。

张明友

## 虎尾山

（108,17356E；33,83524N）

又西五十里，曰虎尾之山[1]，其木多椒椐[2]，多封石[3]，其阳多赤金[4]，其阴多铁[5]。

注释：[1]虎尾山：指小王涧山。虎指王；尾，读伊，指小。实际往西南。

[2]椒椐：指北峁上氏族。

[3]封石：指王涧氏族。封即冯，指王。

[4]赤金：指东涧沟氏族。

[5]铁：读投音，指前咀子村氏族。

译文：由首阳山往西南五十里，有座山名叫小王涧山，那里住着北峁上氏族和王涧氏族，南面住着东涧沟氏族，北面住着前咀子村氏族。

## 繁缋山

（107,97355E；33,63974N）

又西南五十里，曰繁缋之山[1]，其木多楢杻[2]，其草多枝勾[3]。

注释：[1]繁缋山：指岩铧山，今称天华山。实际介绍山南的长角坝聚落，今称长角坝乡。

[2]楢杻：指龙草坪氏族。杻读 lao 音，即指草。

[3]枝勾：指苍角氏族，今称长角坝氏族。角，读 go 音，与勾谐音。

译文：由小王涧山往西南五十里，有座山叫岩铧山，那里住着龙草坪氏族，旁边住着长角坝氏族。

## 勇石山

（107,9902E；33,52455N）

又西二十里，曰勇石之山[1]，无草木[2]，多白金[3]，多水[4]。

注释：[1]勇石山：指龙河山。今陕西佛坪县城。

[2]无草木：游牧部落地区。

[3]白金：指黄家岭氏族，今称黄家湾氏族。白，读 be 音，指黄。

[4]水：指梨房沟氏族。水，读奢音，指梨。

译文：由岩铧山往西南二十里，有座山叫龙河山，是游牧部落地区，住着黄家湾氏族，住着梨房沟氏族。

## 复州山

（107,84621E；33,47569N）

又西二十里，曰复州之山[1]，其木多檀[2]，其阳多黄金[3]。有鸟焉，其状如鸮而一足彘尾[4]，其名曰跂踵[5]，见则其国大疫[6]。

注释：[1]复州山：指漂草山。复州，读浮卓，指漂草。

[2]檀：读棠，指栗子坝氏族。

[3]黄金：指漂草岭氏族。

[4]鸮而一足彘尾：西花村的种植夷。一足，在此指花村。

[5]跂踵：在此读丘牂，指杨家院氏族。

[6]大疫：指鞑靼夷。

译文：由龙河山往西南二十里，有座山叫漂草山，中心住着栗子坝氏族，南面住着漂草岭氏族。有一群人，是西花村的种植夷，名叫杨家院氏族，是那个地方的鞑靼夷。

## 槠山
（107,73677E；33,32573N）

又西三十里，曰槠山[1]，多寓木[2]，多椒椐[3]，多柘[4]，多垩[5]。

注释：[1]槠山：指星山，也称火星山，今谐音传承为城山和北城山，“北城”是火星的濮语读音。

[2]寓木：指沂蒙氏族，即苗夷。今称苗沟氏族。

[3]椒椐：指北城氏族，此时期的火星概念已经向北星演变。实际应称火星氏族。

[4]柘：指岩槽氏族。按谐音应称法则氏族，传承为法槽氏族。

[5]垩：指大垭氏族。

译文：由漂草山向西南三十里，有座山叫星山，那里住着苗沟氏族，火星氏族，法槽氏族和大垭氏族。

## 又原山
（107,65488E；33,20845N）

又西二十里，曰又原之山[1]，其阳多青雘[2]，其阴多铁[3]，其鸟多鸜鹆[4]。

注释：[1]又原山：指龙亭山，今陕西洋县龙亭镇。

[2]青雘：指园顶山氏族。

[3]铁：指万岭氏族。

[4]鸜鹆：指齐家坎夷，简称齐夷。

译文：由星山往西南二十里，有座山叫龙亭山，南面住着园顶山氏族，北面住着万岭氏族，中部住着齐夷。

## 涿山
（107,33345E；33,15226N）

又西五十里，曰涿山[1]，其木多榖柞杻[2]，其阳多㻬琈之玉[3]。

注释：[1]涿山：指望山，又称博望山。濮语读博望为固注、固涿。今陕西城固县城

[2]榖柞杻：指博望僚。榖柞，读固注，指博望。

[3]㻬琈玉：指白岩夷。

译文：由龙亭山往西五十里，有座山叫博望山，中心住着博望僚，南面住着白岩夷。

## 丙山
（107,02655E；33,07064N）

又西七十里，曰丙山[1]，其木多梓檀[2]，多弞杻[3]。

凡首阳山之首，自首阳之山至于丙山，凡九山，二百六十七里。其神皆龙身而人面[4]。其祠之：毛用一雄鸡瘗，糈用五种之糈。槠山也，冢也，其祠之：少牢之具。羞酒祠，婴毛一璧瘗。騩山[5]帝也，其祠羞酒太牢，其合巫祝二人儛，婴一璧。

注释：[1]丙山：指河滨山，今陕西汉中城。

[2]梓檀：指平关氏族。

[3]弜杻：指汉僚。持、拿、摘、取皆为弜，也读汉。

[4]龙身人面：指僚族居民的形象。

[5]騩山：指岩铧山。騩是缋的误写。

译文：由博望山往西七十里，有座山叫河滨山，中心住着平关氏族和汉僚。

综观首阳山系，从首阳山到河滨山，共九座山，延绵二百六十七里。这些山的山神皆为僚族居民的形象。祭祀的信玉用一软玉掩埋，食物用五种食物。星山是宗山，祭祀用少牢礼，用羊樽盛酒，信玉用一璧玉掩埋。岩铧山是帝山，祭祀用太牢礼，用羊樽盛酒，由巫、祝二人一起掩埋璧玉。

## 中山经第十一山系 荆山 翼望山

（109,87882；31,07452N）

中次十一经荆山之首，曰翼望之山[1]。湍水[2]出焉，东流注于济[3]，贶水[4]出焉，东南流注于汉[5]，其中多蛟[6]。其上多松柏[7]，其下多漆梓[8]，其阳多赤金[9]，其阴多珉[10]。

注释：[1]翼望山：指大巫山。实际指巫山县城。

[2]湍水：指桐子沟水。

[3]济水：今称大宁河。

[4]贶水：指马鞍沟水，沟口称小下马。

[5]汉水：指长江。长江称咸溢，咸，读 xian 音，在此被读为汉音了。

[6]蛟：读照音，指周家坪氏族。

[7]松柏：指筲箕岭氏族。

[8]漆梓：指东平氏族。

[9]赤金：指货运场氏族。

[10]珉：指庙湾氏族。

译文：中山经第十一列山系是荆山山系，最西端的山叫大巫山。桐子沟水从山间流出，向东流入大宁河；马鞍沟水从山间流出，向东南流入长江，河边住着周家坪氏族。山的西面住着筲箕岭氏族，东面住着东平氏族，南面住着货运场氏族，北面住着庙湾氏族。

## 朝歌山

（110,71333E；30,97895N）

又东南一百五十里，曰朝歌之山[1]，潕水[2]出焉，东南流注于荥[3]，其中多人鱼[4]。其上多梓枏[5]，其兽多麢麋[6]。有草[7]焉，名曰莽草[8]，可以毒鱼[9]。

注释：[1]朝歌山：指秭归山，在秭归老县城，即今归州镇，所介绍的城镇遗址已沉入长江库区。秭归，指香溪港，简称香港，读音秭归。

[2]潕水：指吴家沟水，今称香溪。

[3]荥：指长江。

[4]人鱼：指尹家湾氏族。

[5]梓枏：指秭归僚。

[6]麢麋：连庄氏族。

[7]草：在此指专门从事运输的族群。

[8]莽草：指江运族群，即长江运输族群。

[9]毒鱼：古老夷。

译文：由大巫山往东南一百五十里，有座山叫秭归山。吴家沟水从山间流出，向东南流入长江，河边住着尹家湾夷。山的西面住着秭归僚，住着连庄氏族。有一个专门从事运输业的族群，名叫江运族群，是夏国的古老夷。

## 帝囷山

（111,45774E；30,38592N）

又东南二百里，曰帝囷之山[1]，其阳多瑀琈之玉[2]，其阴多铁[3]。帝囷之水[4]出于其上，潜于其下，多鸣蛇[5]。

注释：[1]帝囷山：指拐角山，长江到此形成一个拐角，今湖北省宜都市。

[2]瑀琈玉：龟山夷。

[3]铁：指沙帽山氏族，在长江北岸。帽，读音 tie。

[4]帝囷水：指拐角水，今仍称长江水。拐角，长江在宜都段的称谓。

[5]鸣蛇：指茶店氏族，今称茶店子氏族。

译文：由秭归山往东南二百里，有座山叫拐角山，南面住着龟山夷，北面住着沙帽山氏族。长江水从拐角的西边向东边流去，江边住着茶店氏族。

## 视山

（111,7804E；30,17532N）

又东南五十里，曰视山[1]，其上多韭[2]。有井焉，名曰天井[3]，夏有水，冬竭[4]。其上多桑[5]，多美垩金玉[6]。

注释：[1]视山：指破河山，因地处破河边而得名，今湖北省松滋县城。有遗名破口、破庙。

[2]韭：指玉岭氏族。

[3]天井：指恒投部落，简称投部落，读音 t'ei ji。

[4]夏有水冬竭：东部的青云支系部落。水，指青云（lang sui）族，今称水族。

[5]桑：指外来的。

[6]美垩金玉：指南方部落夷。美垩，读米卧，指天南、南方。

译文：由拐角山往东南五十里，有一座山叫破河山，破河的西岸住着玉岭氏族。有一个部落，叫投部落，是东部的青云支系部落。那里还住着外来的南方部落夷。

## 前山

（112,90755E；29,81969N）

又东南二百里，曰前山[1]，其木多槠[2]，多柏[3]，其阳多金[4]，其阴多赭[5]。

注释：[1]前山：指圈山，因长江在此地绕圈子而得名。今湖北监利城。

[2]槠：指渔民氏族。

[3]柏：指江湾氏族。

[4]金：指顺星村氏族。星，读音 jie，谐音金。

[5]赭：指台子氏族，村名常以台命名。

译文：由破河山往东南二百里，有座山叫圈山，这里住着渔民氏族和江湾氏族。南面住着顺星村氏族，北面住着台子氏族。

## 丰山

（114,68866E；29,51594N）

又东南三百里，曰丰山[1]。有兽焉，其状如蝯[2]，赤目，赤喙，黄身[3]，名曰雍和，见则其国大恐[4]。神耕父[5]处之，常游清泠之渊[6]，出入有光[7]，见则其国为败[8]。有九钟焉[9]，是知霜鸣[10]。其上多金[11]，其下多穀、柞、杻橿[12]。

注释：[1]丰山：指石马山，简称马山，今湖北通山县九宫山镇。

[2]蝯：指雍姓氏族。

[3]赤目赤喙黄身：指放马放羊的山区氏族。

[4]大恐：指游牧氏族。大，指虤，即游牧；恐，指康，即氏族。

[5]神耕父：读奢勾畈，指黄陈畈。

[6]清泠之渊：指船埠河。渊，读 ye，指江河。

[7]出入有光：指交通方便。

[8]为败：指好客。

[9]九钟焉：指九宫山。焉，读嶷。

[10]知霜鸣：指揽胜之地，即游览圣地。

[11]金：指老甲乡。甲，读 dze 音，与金谐音。

[12]穀柞杻橿：指中港村岭。

译文：由圏山往东南三百里，有座山叫石马山。有一个氏族，是雍姓的放马放羊的山区氏族，称为雍和氏族，是这个国家的游牧族群，住在黄陈畈，以船埠河为运输，交通方便，这个国家很好客。这里有九宫山，是游览圣地，山的西边是老甲乡，东边中港村岭。

## 兔床山

（115,25517E；29,71985N）

又东北八十里，曰兔床之山[1]，其阳多铁[2]，其木多藷䓞[3]，其草多鸡穀[4]，其本如鸡卵[5]，其味酸甘[6]，食者利于人[7]。

注释：[1]兔床山：兔床读音 t'e ts'o，指跑运，音译为兔床、太冲，今湖北阳新县木港镇。

[2]铁：指跑岭冲氏族，音译为铁炉冲氏族，太冲氏族。

[3]藷䓞：指冲子河氏族。

[4]鸡穀：指陈部落氏族。

[5]鸡卵：指冲子部落氏族。

[6]其味酸甘：再南面是凤台垭。

[7]食者利于人：运河黎的居住地。人，读 re，指居住地。

译文：由石马山往东北八十里，有座山叫跑运港，南面住着跑岭冲氏族，中心住着冲子河氏族；旁边住着陈部落氏族，他们原本是冲子部落氏族。再南面是凤台垭氏族和运河黎的居住地。

## 皮山

（115,61858E；29,82401N）

又东六十里，曰皮山[1]，多垩[2]，多赭[3]，其木多松柏[4]。

注释：[1]皮山：指半甲山，今江西瑞昌市码头镇。

[2]垩：指湿地氏族。

[3]赭：指渔民。

[4]松柏：指苏山村氏族。

译文：由跑运港往东六十里，有座山叫半甲山，住着湿地氏族和渔民，中心住着苏山村氏族。

## 瑶碧山

（115,9899E；29,75684N）

又东六十里，曰瑶碧之山[1]，其木多梓枏[2]，其阴多青艧[3]，其阳多白金[4]。有鸟焉，其状如雉[5]，恒食蜚[6]，名曰鸩[7]。

注释：[1]瑶碧山：读雅沘山，指池河山，今湖北黄梅县小池镇。

[2]梓枏：指梅坝氏族。梓，指坝；枏，读 liu，指梅。

[3]青艧：指依高氏族。青，读 qi，指高；艧，指依、仰仗。

[4]白金：指指江滨部落氏族。

[5]雉：指梅坝的。

[6]恒食蜚：指统治氏族。

[7]鸩：指荣氏族。

译文：由半甲山往东六十里，有座山叫池河山，中心住着梅坝氏族，北面住着依高氏族，南面住着江滨部落氏族。有一群人，是梅坝的统治氏族，叫荣氏族。

## 支离山

（116,25014E；29,72815N）

又东四十里，曰支离之山[1]，济水出焉，南流注于汉[2]。有鸟焉，其名曰婴勺[3]，其状如鹊[4]，赤目，赤喙，白身[5]，其尾若勺[6]，其鸣自呼，多㸲牛[7]，多羬羊[8]。

注释：[1]支离山：指石钟山，今江西九江市湖口县城。

[2]汉：指鄱阳湖口，属赣江水系。

[3]婴勺：指殷哨，今称大殷村。

[4]鹊：指南面的。

[5]赤目赤喙白身：放马放羊的山区氏族。

[6]其尾若勺：再南是姚哨。

[7]㸲牛：指扎僚，即农业氏族。

[8]羬羊：读且赤，指东部移民。

译文：由池河山往东四十里，有座山叫石钟山，济水从山间流出，向南流入湖口。有一群人，名叫殷哨氏族，是南面的放马放羊的山区氏族，再南是姚哨氏族，他们也这样称呼自己。这里还住着农业氏族，住着东部移民。

## 袟篙山

（116,42146E；29,90334N）

又东北五十里，曰袟篙之山[1]，其上多松柏[2]、机柏[3]。

注释：[1]袟篙山：指积水坝山，简称积坝山，今安徽宿松县复兴镇。

[2]松柏：指西湾氏族。

[3]机柏：指下湾氏族。

译文：由石钟山往东北五十里，有座山叫积坝山，那里住着西湾氏族和下湾氏族。

## 堇理山

（116,27563E；30,42272N）

又西北一百里，曰堇理之山[1]，其上多松柏[2]，多美梓[3]，其阴多丹雘[4]，多金[5]，其兽多豹虎[6]。有鸟焉，其状如鹊[7]，青身白喙，白目白尾[8]，名曰青耕[9]，可以御疫[10]，其鸣自叫。

注释：[1]堇理山：指湖陵山，今安徽省太湖县老城区。

[2]松柏：指松明子，这里指火把山。

[3]美梓：指柴火子，这里指火神山。

[4]丹雘：指荡湖。

[5]金：指青岭，又称青岩。

[6]豹虎：指农业氏族和牧民。

[7]鹊：指南面的。

[8]青身白喙，白目白尾：且舍博维集市中心市民。白尾，指市夷，译作市民。

[9]青耕：指凉亭，在此指凉亭村人。

[10]御疫：指河滨夷。

译文：由积坝山往北一百里，有地方叫湖陵山，它的西面是火把山和火神山，北面是荡湖和青岭，这里的氏族是农业氏族和牧民。有一群人，是南面的且舍博维集市中心的市民，叫凉亭村人，是夏国的河滨夷，他们自己也这样说。

## 依轱山

（116,38761E；30,26692N）

又东南三十里，曰依轱之山[1]，其山多杻橿[2]，多苴[3]。有兽焉，其状如犬，虎爪有甲[4]，其名曰獜[5]，善駚牣[6]，食者不风[7]。

注释：[1]依轱山：指徐桥山，今安徽太湖县徐桥镇。

[2]杻橿：指种稻米的氏族。

[3]苴：指渡船屋氏族。

[4]犬，虎爪有甲：东边连湖的少数氏族。

[5]獜：指水淹地氏族。

[6]善駚牣：指丰屋畈氏族。

[7]食者不风：古老的王族。

译文：由湖陵山往东南三十里，有个地方叫徐桥山，这里住着种稻米的氏族，住着渡船屋氏族。有一个氏族，是东边连湖的少数氏族，名叫水淹地氏族，是丰屋畈的古老王族。

## 即谷山

（116,55574E；30,23071N）

又东南三十五里，曰即谷之山[1]，多美玉[2]，多玄豹[3]，多闾麋[4]，多麢臭[5]。其阳多珉[6]，其阴多青雘[7]。

注释：[1]即谷山：指计国山，今安徽望江县长岭镇。

[2]美玉：指茶夷。

[3]玄豹：指长岭氏族。

[4]闾麋：指湖边庄氏族，今称湖边村氏族。

[5]麢臭：指种菱氏族。

[6]珉：指桃园氏族。

[7]青䨼：指东山氏族。

译文：由徐桥山往东南三十五里，有座山叫计国山，住着荼夷、长岭氏族、湖边村氏族和种菱氏族。南面住着桃园氏族，北面住着东山氏族。

## 鸡山

（116,6931E；30,12388N）

又东南四十里，曰鸡山[1]，其上多美梓[2]，多桑[3]，其草多韭[4]。

注释：[1]鸡山：指星山，今安徽望江县城区。

[2]美梓：指望江坝氏族。

[3]桑：读中，指横山氏族。

[4]韭：指苗族。草，在此指移民。

译文：由计国山往东南四十里，有座山叫星山，这里住着望江坝氏族，住着横山氏族，住着苗族移民。

## 高前山

（117,02446E；30,09684N）

又东南五十里，曰高前之山[1]，其上有水[2]焉，甚寒而清[3]，帝台之浆也[4]，饮之者不心痛[5]。其上有金[6]，其下有赭[7]。

注释：[1]高前山：东立山，今称东至山。高，读 gou 音，指立。

[2]水：指氏族。

[3]甚寒而清：指摘云溪，因紧邻云峰山而得名，今称尧渡河。

[4]帝台之浆也：北面岭乡的。

[5]饮之者不心痛：针线专业的内行氏族。

[6]金：指云峰岭氏族。

[7]赭：指操山氏族。

译文：由星山往东南五十里，有一座山叫东至山。那里有个氏族，是摘云溪北岭乡针线专业的内行氏族。东至山的西边是云峰岭氏族，东边是操山氏族。

## 游戏山

（117,18197E；30,01762N）

又东南三十里，曰游戏之山[1]，多杻橿榖[2]，多玉[3]，多封石[4]。

注释：[1]游戏山：指高而美丽的山，音译为游戏、寓仙、仙寓，实际介绍山西边的洪方乡。

[2]杻橿榖：指稻米墩氏族，今称白面畈氏族。

[3]玉：指河滨氏族。

[4]封石：指黄荆坡氏族。石，读 se 音，指黄。

译文：由东至山往东南三十里，有座山叫寓仙山，住着白面畈氏族，住着河滨氏族，住着黄荆坡氏族。

## 从山

（117,38602E；29,94529N）

又东南三十五里，曰从山[1]，其上多松柏[2]，其下多竹[3]。从水[4]出于其上，潜于其下，其中多三足鳖，枝尾[5]，食之无蛊疫[6]。

注释：[1]从山：指箬篱山，音译为从山、寮山，今安徽祁门县箬坑乡。

[2]松柏：指易岭氏族。易，同刈，读音 so。

[3]竹：指落渚，即山冲，这里指山冲氏族，今称伦坑氏族。

[4]从水：指寮水，今称寮坑河。

[5]三足鳖枝尾：指外来的土家夷。土家族称比枝康。

[6]无蛊疫：指夏部落夷。

译文：由寓仙山往东南三十五里，有座山叫箬篱山，西面住着易岭氏族，东面住着伦坑氏族。寮水从山的西边流出，向东边流去，河边住着外来的土家夷，是古老的夏部落夷。

## 婴碑山

（117,51234E；29,895N）

又东南三十里，曰婴碑之山[1]，其上多松柏[2]，其下多梓櫄[3]。

注释：[1]婴碑山：指灵锁山，实际介绍山边的灵锁口，简称灵口，今安徽祁县历口镇。

[2]松柏：指灵锁山氏族。

[3]梓櫄：指同类街氏族，今称同铺里氏族。

译文：由箬篱山往东南三十里，有座山叫灵锁山，西面住着灵锁山氏族，东面住着同铺里氏族。

## 毕山

（117,71737E；29,85048N）

又东南三十里，曰毕山[1]，帝苑之水[2]出焉，东北流注于视[3]，其中多水玉[4]，多蛟[5]。其上多㻬琈之玉[6]。

注释：[1]毕山：指门山，又称祁门山，今安徽祁门县城。

[2]帝苑水：指敞江水，今称阊江水，实际向南流。

[3]视：指叹息水，今鄱阳湖叹息洲昌江出口处。昌、阊都是敞的拟音传承。

[4]水玉：指青云夷。

[5]蛟：指沟边氏族。

[6]㻬琈玉：指乾山夷，今称祁山夷。乾、祁都指极大。

译文：由灵口山往东南三十里，有座山叫祁门山，阊江水从山间流出，向东南流入叹息水，祁门山住着青云夷，住着沟边氏族，还住着祁山之夷。

## 乐马山

（117,81309E；29,84411N）

又东南二十里，曰乐马之山[1]。有兽焉，其状如彙[2]，赤如丹火[3]，其名曰【犭戾】[4]，见则其国大疫[5]。

注释：[1]乐马山：指涅冒山，汉语意为金字山，实际往东，今祁门县金字牌镇。

[2]彙：指南面的。

[3]赤如丹火：游牧的塔山氏族。丹火，指塔山。

[4]【犭戾】：指令狐氏。

[5]大疫：指塔山夷。

译文：由祁门山往东二十里，有座山叫金字山。那里有一个氏族，是南面游牧的塔山氏族，名叫令狐氏，是那个国家的塔山夷。

## 葴山

（117,97444E；29,83727N）

又东南二十五里，曰葴山[1]。视水[2]出焉，东南流注于汝水[3]，其中多人鱼[4]，多蛟[5]，多颉[6]。

注释：[1]葴山：指渔山，又称渔亭山，今安徽省休宁县渔亭镇。渔读 zhe 音，与葴谐音。

[2]视水：指横水、横江。

[3]汝水：指虞溪。实际是虞溪汇入横江。

[4]人鱼：指集镇夷。

[5]蛟：指沟边氏族。

[6]颉：指工匠氏族。

译文：由金字山往东南二十五里，有座山叫渔亭山，横水从山间流出，向东南流入虞水，这里住着集镇夷，住着沟边氏族，住着工匠氏族。

## 婴山

（118,18258E；29,7823N）

又东四十里，曰婴山[1]，其下多青雘[2]，其上多金玉[3]。

注释：[1]婴山：指息山、休山，实际介绍山南的休宁集镇，今已成为休宁县城。

[2]青雘：指东山氏族。

[3]金玉：指漂染夷。金，指染。

译文：由渔亭山往东四十里，有座山叫休山，东面住着东山氏族，西面住着漂染夷。

## 虎首山

（118,41222E；29,75893N）

又东三十里，曰虎首之山[1]，多苴椆椐[2]。

注释：[1]虎首山：指王族山，今安徽省黄山市王村镇。

[2]苴椆椐：指庆功岭，今称瑶岭。

译文：由休山往东三十里，有座山叫王族山，住着庆功岭氏族。

## 婴侯山

（118,53391E；29,80525N）

又东二十里，曰婴侯之山[1]，其上多封石[2]，其下多赤锡[3]，注释：[1]婴侯山：指漏口山，又称坑口山，今安徽省黄山市坑口乡。

[2]封石：指富贵氏族，音译为芳坑氏族。

[3]赤锡：指薛棠村氏族，今称薛潭村氏族。

译文：由王族山往东二十里，有座山叫坑口山，西边住着芳坑氏族，东边住着薛潭村氏族。

## 大孰山

（118,91847E；29,83582N）

又东五十里，曰大孰之山[1]。杀水[2]出焉，东北流注于视水[3]，其中多白垩[4]。

注释：[1]大孰山：读档素山，指郑族山，今浙江淳安县王阜乡。

[2]杀水：指砂水。实际向南流。

[3]视水：指胜水，今千岛湖深渡坞水域。

[4]白垩：读摆垩，指潭集氏族。摆指集，垩指潭。

译文：由坑口山往东五十里，有座山叫郑族山。砂水从这里流出，向南流入胜水。河边住着潭集氏族。

## 卑山

（119,11933E；29,85132N）

又东四十里，曰卑山[1]，其上多桃李苴梓[2]，多纍[3]。

注释：[1]卑山：指黄泥岭，今淳安县临岐镇。岐，读梓音。

[2]桃李苴梓：指和甫、林岐，即称合浦、临岐。

[3]纍：指金坑氏族。

译文：由郑族山往东四十里，有座山叫黄泥岭，那里住着合浦、临岐氏族，住着金坑氏族。

## 倚帝山

（119,35789E；29,84868N）

又东三十里，曰倚帝之山[1]，其上多玉[2]，其下多金[3]。有兽焉，状如鼣鼠，白耳白喙[4]，名曰狙如[5]，见则其国有大兵[6]。

注释：[1]倚帝山：指沈家山，实际指山边的久长摆，今称百江镇。

[2]玉：指摆水氏族，今称白水氏族。

[3]金：读举，指双坞溪氏族。

[4]鼣鼠白耳白喙：指久长摆的摆夷，即久长集的市民。

[5]狙如：指广饶氏，今称广王氏。

[6]大兵：指收捐氏族，即收税氏族。

译文：由黄泥岭往东三十里，有座山叫沈家山，西边住着摆水氏族，东边住着双坞溪氏族。有一个氏族，是久长摆的摆夷，名叫广饶，是那个国家的收税氏族。

## 鲵山

（119,54027E；28,89828N）

又东三十里，曰鲵山[1]，鲵水[2]出于其上，潜于其下，其中多美垩[3]。其上多金[4]，其下多青雘[5]。

注释：[1]鲵山：指姚山，今瑶琳镇。

[2]姚水：指分水。

[3]美垩：指桃源氏族。

[4]金：指荷岭氏族。

[5]青雘：指东山氏族，今称青山氏族。

译文：由沈家山往东三十里，有座山叫姚山，分水从西边流出，向东边流去，河边住着桃源氏族。山的西面住着荷岭氏族，东面住着青山氏族。

## 雅山

（119,66958E；29,98401N）

又东三十里，曰雅山[1]。澧水[2]出焉，东南流注于视水[3]，其中多大鱼[4]。其上多美桑[5]，其下多苴[6]，多赤金[7]。

注释：[1]雅山：指丫山，实际介绍山脚的胥口镇。

[2]澧水：指慢流水，今称徐水、胥江。

[3]视水：指松溪。

[4]大鱼：指征税吏。

[5]美桑：指查弯村氏族，简称查村氏族。

[6]苴：指冒山氏族，今谐音称假山头氏族。

[7]赤金：指金慈村氏族，金慈是音译传承，意为移岭。

译文：由姚山往东北三十里，有座山叫丫山。胥水从山间流出，向东南流入松溪。这里住着征税吏。山的西面住着查村氏族，东面住着假山头氏族和金慈村氏族。

## 宣山

（119,93428E；30,08411N）

又东五十里，曰宣山[1]。沦水[2]出焉，东南流注于视[3]，其中多蛟[4]。其上有桑[5]焉，大五十尺[6]，其枝四衢[7]，其叶大尺余[8]，赤理黄华青树[9]，名曰帝女之桑[10]。

注释：[1]宣山：指长山，音译为宣山、贤山，实际介绍贤山东侧的富阳城。

[2]沦水：指山冲水，音译为洛渚水、六谷水，今称白洋溪。

[3]视水：指富春江。

[4]蛟：指蒋村氏族。

[5]桑：指船帮。

[6]大五十尺：指运输码头，读达坞施蚩。

[7]其枝四衢：指久坪街肆。其枝，指久坪；四瞿，读肆丘，指街肆。

[8]其叶大尺余：指水运码头吏。

[9]赤理黄华青树：指小池南山的且舍，即小湖南山的且舍。且舍，古氏族名。

[10]帝女之桑：指砥砺之帮，即很顽强的群体。

译文：由丫山往东五十里，有座山叫贤山，白洋水从山间流出，向东南流入富春江，河边住着蒋村氏族。西岸有一个船帮，是运输码头久坪街肆的水码头吏，是小湖南山的且舍，称为砥砺之帮。

张明友

## 衡山

（120,08159E；30,15946N）

又东四十五里，曰衡山[1]，其上青雘[2]，多桑[3]，其鸟多鸜鹆[4]。

注释：[1]衡山：指转塘山，今杭州转塘街道。衡，指转，见彝文字典 156 页。

[2]青雘：指马驮氏族，即马帮氏族。

[3]桑：指船帮氏族。

[4]鸜鹆：指街城。

译文：由贤山往东四十五里，有座山叫转塘山，那里住着马驮氏族，住着船帮氏族，还有街城人群。

## 丰山

（120,17231E；30,24593N）

又东四十里，曰丰山[1]，其上多封石[2]，多桑[3]，多羊桃[4]，状如桃而方茎[5]，可以为皮张[6]。

注释：[1]丰山：指卖场山，因濮越语吴、封不分，又称吴山，今杭州上城区。

[2]封石：指商贾氏族。

[3]桑：指商会。

[4]羊桃：读烊弢，指商铺。

[5]桃而方茎：指集镇的卖场。

[6]为皮张：指商业疆域。为，指卖，皮指手工业、行业。

译文：由转塘山往东四十里，有座山叫卖场山，那里住着商贾氏族，有许多商会，许多商铺，是集镇的卖场，是夏国的商业区。

## 妪山

（120,35642E；30,46634N）

又东七十里，曰妪山[1]，其上多美玉[2]，其下多金[3]，其草多鸡谷[4]。

注释：[1]妪山：指荡湾，今浙江桐乡市崇福镇荡湾村。

[2]美玉：指庄湾夷。

[3]金：指漾夷。

[4]鸡谷：指张家凹氏族，简称张凹氏族。濮语凹读 gu 音，汉文写作“谷”或“角”。

译文：由卖场山往东七十里，有个地方叫荡湾，西面住着庄湾氏族，东面住着漾夷，这些人群是张凹氏族。

## 鲜山

（120,5649E；30,62918N）

又东三十里，曰鲜山[1]，其木多楢杻苴[2]，其草多亹冬[3]，其阳多金[4]，其阴多铁[5]。有兽焉，其状如膜大，赤喙[6]，赤目，白尾[7]，见则其邑有火[8]，名曰移即[9]。

注释：[1]鲜山：指凤山，今浙江桐乡市城区。

[2]楢杻苴：指九曲街。

[3]亹冬：指窑工氏族，今称灶家兜氏族。

[4]金：读 ji，指日，这里指日山港氏族。

[5]铁：指泡子氏族。

[6]膜大，赤喙：指窑工支系。

[7]赤目，白尾：指技艺部落夷。

[8]有火：指制镬氏族。

[9]拸即：指遗兴，意思为传承兴旺的氏族，今称宜兴氏族。

译文：由荡湾往东三十里，有一个地方叫凤山城，中心住着九曲街氏族，人们称为窑工氏族。凤山的南面住着日山港氏族，北面住着泡子氏族。有一个氏族，是窑工支系的技艺部落夷，是那个地方的制镬氏族，名叫宜兴氏族。

## 章山

（120,74918E；30,76196N）

又东三十里，曰章山[1]。其阳多金[2]，其阴多美石[3]。皋水[4]出焉，东流注于澧水[5]，其中多脆石[6]。

注释：[1]章山：指惋山，意思为一惋地的城，今浙江嘉兴市古城区域。

[2]金：指泾港氏族。

[3]美石：指芦席汇氏族。

[4]皋水：指环城河。

[5]澧水：指芦水，今称嘉善河。

[6]脆石：指瓶山氏族。

译文：由凤山城往东北三十里，有座山叫惋山，南面住着泾港氏族，北面住着芦席汇氏族。环城水从这里流出，向东流入嘉善河，城中住着瓶山氏族。

## 大克山

（120,92713E；30,82937N）

又东二十五里，曰大克之山[1]。其阳多金[2]，其木多穀柞[3]，无草木[4]。

注释：[1]大克山：指戈收山，演称为嘉善山，今浙江嘉善县城。

[2]金：指黄泾港氏族。

[3]穀柞：指指渡口氏族。穀，读勾，指渡；柞，指嘴，即口。

[4]无草木：泊运城，今演称为泊车港。无，读坞，指码头、指泊。

译文：由惋山往东二十五里，有座山叫戈收山。南面住着黄泾港氏族，中心住着渡口氏族和泊运城氏族。

## 区吴山

（121,21631E；30,93277N）

有东五十里，曰区吴之山[1]。其木[2]多苴[2]。

注释：[1]区吴山：指泖坞山，今上海市松江区泖港镇。

[2]苴：指渡口氏族。苴在濮语中是多音字，又读 gou 音，指渡。

译文：由戈收山往东五十里，有座山叫泖坞山，中心住着渡口氏族。

张明友

## 声匈山

（121,50131E；30,98911N）

又东五十里，曰声匈之山[1]，其木多穀[2]，多玉[3]，上多封石[4]。

注释：[1]声匈山：指金汇山，今上海市奉贤区金汇镇。

[2]穀：指顾姓氏族。

[3]玉：指漏下宅氏族，今称楼下宅氏族。

[4]封石：读汾姒，指东夏家氏族。

译文：由泖坞山往东五十里，有座山叫金汇山，中心住着顾姓氏族，住着楼下宅氏族，西面住着东夏家氏族。

## 大騩山

（121,78056E；31,0123N）

又东五十里，曰大騩之山[1]，其阳多赤金 [2]，其阴多砥石 [3]。

注释：[1]大騩山：读 dang go 山，指黄路山，今上海市浦东新区黄路镇。

[2] 赤金：指奚部落氏族。奚，读音同徙，濮语读 chi 音。

[3]砥石：指埭头氏族。埭，读 di，不读 dai。

译文：由泖坞山往东五十里，有座山叫黄路山，南面住着奚部落氏族，北面住着埭头氏族。

## 踵臼山

（121,83996E；31,03983N）

又东十里，曰踵臼之山[1]，无草木[2]。

注释：[1]踵臼山：读 zheng ju 山，指老港山，今上海浦东新区老港镇。

[2]无草木：这里指运输部落。

译文：由黄路山往东十里，有座山叫老港山，这里住着运输部落。

## 历石山

（121,83893E；31,3419N）

又东北七十里，曰历石之山[1]，其木多荆芑[2]，其阳多黄金[3]，其阴多砥石[4]。有兽焉，其状如狸而白首虎爪[5]，名曰梁渠[6]，见则其国大兵[7]。

注释：[1]历石山：指横沙山，今长江口横沙岛。

[2]荆芑：指堆沙氏族，也称墩沙氏族。

[3]黄金：指海星部落氏族。

[4]砥石：指沙圩氏族。

[5]狸而白首虎爪：横沙摆氏族东支系。

[6]梁渠：指大渠氏族。

[7]大兵：指河滨氏族。大，读迭，指滨；兵，读沘，指河。

译文：由老港山往东北七十里，有座山叫横沙山，中部住着墩沙氏族，南面住着海星部落氏族，北面住着沙圩氏族。有一个氏族，是横沙摆氏族的东支系，名叫大渠氏族，是那个国家的河滨氏族。

## 求山

（121,6463E；30,91584N）

又东南一百里，曰求山[1]。求水出于其上，潜于其下，中有美赭[2]。其木多苴[3]，多箘[4]。其阳多金[5]，其阴多铁[6]。

注释：[1]求山：指祭祀山，因供奉神灵，又称为奉山，今上海市浦东新区奉城镇。

[2]中有美赭：指君长由默遮传承。美赭，读默（me）遮，指老幺支系。

[3]苴：指祝告氏族。

[4]箘：指港湾氏族。箘字的濮文由坞字加词缀构成。

[5]金：指墩民。

[6]铁：指河对岸氏族。

译文：由横沙山往东南一百里，有座山叫奉山，奉水从西边向东边流去，这里的君长由默遮传承，中心住着祝告氏族，住着港湾氏族。奉山的南面住着墩民，北面住着河对岸氏族。

## 丑阳山

（122,45905E；30,72776N）

又东二百里，曰丑阳之山[1]，其上多椆椐[2]。有鸟焉，其状如乌而赤足[3]，名曰鴖鵌[4]，可以御火[5]。

注释：[1]丑阳山：指宫嵊山，今嵊泗列岛嵊泗县城。

[2]椆椐：指宫嵊部落氏族。

[3]乌而赤足：船码头的运输支系。

[4]鴖鵌：指平涌（chong）氏族。

[5]御火：指海夷。火，读音 hou，指海。

译文：由奉山往东二百里，有座山叫宫嵊山，住着宫嵊部落氏族。那里有一群人，是船码头的运输支系，名叫平涌氏族，是夏国的海夷。

## 奥山

（122,64998E；30,81921N）

又东三百里，曰奥山[1]，其上多柏杻橿[2]，其阳多㻬琈之玉[3]。奥水[4]出焉，东流注于视水[5]。

注释：[1]奥山：指绿华岛，华读 or 音，谐音奥。从奉山起算里程。

[2]柏杻橿：指西停泊场氏族，今西绿华岛氏族。

[3]㻬琈玉：指东库山夷。

[4]奥水：指泉水。

[5]视水：指嵊山洋。

译文：由奉山往东三百里，有座山叫绿华岛，它的西面住着西停泊场氏族，南面住着东库山氏族，那里有泉水从山间流出，向东流入嵊山洋。

## 服山

（122,8146E；30,71732N）

又东三十五里，曰服山[1]，其木多苴[2]，其上多封石[3]，其下多赤锡[4]。

注释：[1]服山：指马鞍列岛。

[2]苴：指双帕氏族，即双岸氏族，今称双胖、双盘氏族。

[3]封石：指盘氏族，即双盘氏族。

[4]赤锡：指工艺制作氏族，即手工业氏族。

译文：由绿华山往东南三十五里，有座山叫马鞍列岛，中心住着双帕氏族，西边住着盘氏族，东边住着工艺制作氏族。

## 杳山

（122,29369E；30,43504N）

又东三百里，曰杳山[1]，其上多嘉荣草[2]，多金玉[3]。

注释：[1]杳山：指龙泉山，今称衢山岛，从奉山起算里程。实际往东南。

[2]嘉荣草：指降央宫氏族，今称羊府殿氏族。草，读 chou 音，指宫殿。

[3]金玉：指场镇夷。

译文：由奉山往东南三百里，有座山叫龙泉山，西面住着降央宫氏族，住着场镇夷。

## 几山

（122,10778E；30,01992N）

又东三百五十里，曰几山[1]，其木多楢檀杻[2]，其草多香[3]。有兽焉，其状如彘，黄身白头，白尾[4]，名曰闻【豕粦】[5]，见则天下大风[6]。

凡荆山之首，自翼望之山至于几山，凡四十八山，三千七百三十二里。其神状皆彘身人首[7]。其祠：毛用一雄鸡祈瘗，用一珪，糈用五中之精。禾山[8]，帝也，其祠：太牢之具，羞瘗，倒毛[9]；用一璧，牛无常[10]。堵山[11]、玉山[12]冢也，皆倒祠[13]，羞毛少牢[14]，婴毛吉玉[15]。

注释：[1]几山：指马驮子山，简称驮山，音译为几山、金山，今浙江舟山市本岛，中心在定海区。从奉山算起程实际往东南。

[2]楢檀杻：指上马街氏族。

[3]香：指制作氏族，即手工业者。

[4]彘，黄身，白头，白尾：指驮山上的田中央田夷。田，在此读 bo 音，谐音白。

[5]闻【豕粦】：指泉黎，今称白泉夷，住在白泉镇。

[6]大风：指统治氏族。

[7]彘身人首：指农业定居氏族的形象。

[8]禾山：冯山，音译传承为洪山、禾山。

[9]羞瘗，倒毛：选择掩埋的神界信玉。羞在此指选择。倒，本指阴界，这里指神界。

[10]牛无常：祈祷五常神。牛：指祈。五常，杭州冯山五常乡，冯山山神供奉在五常乡，故称五常神。

[11]堵山：坑口山，音译传承为堵山。

[12]玉山：寓仙山的简称。

[13]倒祠：指阴祭，这里指与神界沟通的方式，

[14]羞毛少牢：按少牢礼选择信玉。

[15]婴毛吉玉：掩埋传信的吉玉。

译文：由奉山往东南三百五十里，有座山叫驮山，中心住着上马街氏族，人群为手工业者。有一个氏族，是驮山上的田中央田夷，名叫泉黎，是那个地方的统治氏族。

综观中山经第十一列山系荆山山系，从大巫山到驮山，共四十八座山，延绵三千七百三十二里。这些山的山神皆为农业定居氏族的形象。祭祀这些山神，信玉用一软玉掩埋，用一

珪，食物用五种精制食物。冯山是帝山，祭祀用太牢礼，选择往神界传信的玉，用一璧玉祈祷五常神。坑口山、寓仙山是宗山，与神界沟通选用少牢礼的信玉，掩埋传信的吉玉。

## 中山经第十二山系 洞庭山 篇遇山
（106,29828E；31,26816N）

中次十二经洞庭山[1]之首，曰篇遇之山[2]，无草木[3]，多黄金[4]。

注释：[1]洞庭山：指平坦山，以湖北建始县平坦山为标志。

[2]篇遇山：指仪邑山。仪，读 pi 音，今四川省仪陇县城。

[3]无草木：游牧部落地区。

[4]黄金：山区部落氏族。

译文：中山经第十二列山系是平坦山系，最西端的山叫仪邑山，是游牧部落地区，住着山区部落氏族。

## 云山
（106,56462E；31,07628N）

又东南五十里，曰云山[1]，无草木[2]，有桂竹[3]，甚伤人必死[4]，其上多黄金[5]，其下多瑻琈之玉[6]。

注释：[1]云山：指营山。今四川营山县城。

[2]无草木：游牧部落地区。

[3]桂竹：指城北肆，今称北观肆。

[4]甚伤人必死：朗池镇所属的集肆。甚伤人，读申榭惹，指朗池镇；必，指属；死，指肆。

[5]黄金：指岭上氏族，这里指翠屏村氏族。

[6]瑻琈玉：指白家山夷。

译文：由仪邑山往东南五十里，有座山叫营山，是游牧部落地区。有一个北观肆，是朗池镇所属的集肆。集镇的西面住着翠屏村氏族，东面住着白家山氏族。

## 龟山
（107,28E；31,06059）

又东南一百三十里，曰龟山[1]，其木多榖柞椆椐[2]，其上多金[3]，其下多青雄黄[4]，多扶竹[5]。

注释：[1]龟山：指渡山。龟，读 gou 音，指渡，今四川达州渡市镇。

[2]榖柞椆椐：指渡村白藉氏族。椆椐，指白藉。

[3]金：指岭上氏族。

[4]青雄黄：指溪峡口氏族。

[5]扶竹：指盘村氏族，今称金盘村氏族。扶，指盘。

译文：由营山往东一百三十里，有座山叫渡山，中心住着渡村白藉氏族，西面住着岭上氏族，东面住着溪峡口氏族，住着盘村氏族。

## 丙山
（107,86428E；31,08808N）

又东七十里，曰丙山[1]，多筀竹[2]，多黄金[3]、铜铁[4]，无木[5]。

注释：[1]丙山：指峨门山，简称门山、峨城，今达州开江区。峨，读音 hou。

[2]筀竹：指桂村氏族。

[3]黄金：指峨岭氏族。峨岭，今称万花岭。

[4]铜铁：指坝子氏族。

[5]无木：指部落中心。

译文：由渡山往东七十里，有座山叫门山，住着桂村氏族，住着峨岭氏族和坝子氏族，是部落中心。

## 风伯山

（108,34809E；30,83883N）

又东南五十里，曰风伯[1]之山，其上多金玉[2]，其下多痠石[3]、文石[4]，多铁[5]。其木多柳杻檀楮[6]。其东有林焉，曰莽浮之林[7]，美木鸟兽[8]。

注释：[1]风伯山：读斛伯，指斛山。今重庆万州区万斛城。斛是多音字，也读 jin。

[2]金玉：指千家岭夷。

[3]痠石：指沙河村。

[4]文石：指流水村。

[5]铁：指救兵村氏族。

[6]柳杻檀楮：指岔河旗村氏族。今称插旗村氏族。

[7]莽浮林：指密山府。在万州的长江东岸。

[8]美木鸟兽：指密蒙僚族。美木、密蒙都是指娘，密蒙僚族即娘僚族。

译文：由门山往东南五十里，有座山叫斛山，西面住着千家岭氏族，东面住着沙河村氏族、流水村氏族和救兵村氏族。中心住着岔河旗村氏族。东边有一个府，是密山府，是密蒙僚族的治府。

## 夫夫山

（109,46401E；31,01876N）

又东一百五十里，曰夫夫之山[1]，其上多黄金[2]，其下多青雄黄[3]，其木多桑楮[4]，其草多竹、鸡鼓[5]。神于兒居之[6]，其状人身而身操两蛇[7]，常游于江渊[8]，出如有光[9]。

注释：[1]夫夫山：指复堡山，后称鱼复，再后称奉节。今重庆市奉节县城。

[2]黄金：指复部落。

[3]青雄黄：东穴山，后称夔门。

[4]桑楮：指江湾。

[5]竹鸡鼓：指虎牙村，今谐音称竹枝街。

[6]神于兒居之：指长江的部落支系。

[7]人身而操两蛇：重要的运河肆。

[8]常游于江渊：蚩尤的乔夷。

[9]出入有光：建立之城。出入，指建竖、建立。

译文：由斛山往东一百五十里，有座山叫复堡山，西面住着复堡部落氏族，东面住着东穴山氏族，中心住着江湾氏族，虎牙村氏族。这里是长江的部落支系，是蚩尤的迁徙夷所建之城。

## 洞庭山

（109,7262E；30,60128N）

又东南一百二十里，曰洞庭之山[1]，其上多黄金[2]，其下多银铁[3]，其木多柤梨橘櫾[4]，其草多葌、蘼芜、芍药、芎藭[5]。帝之二女[6]居之，是常游于江渊[7]。澧沅之风[8]，交潇湘之渊[9]，是在九江之间[10]，出入必以飘风暴雨[11]，是多怪神[12]，状如人而载蛇[13]，左右手操蛇[14]，多怪鸟[15]。

注释：[1]洞庭山：指平坦山，今湖北恩施州建始城。

[2]黄金：指火石岭氏族。

[3]银铁：指菜园子村氏族。

[4]柤梨橘櫾：指纠黎蚩尤。

[5]葌、蘼芜、芍药、芎藭：指建庄部落茨川象街。

[6]帝之二女居之：叠枝阿黎部落支系，指刘姓人部落支系。

[7]常游于江渊：蚩尤的疆域。

[8]澧沅之风：定居胭脂山。澧，指定居；胭脂山，今称红土坪。

[9]交潇湘之渊：成割据之域。交，读 gao 音；潇湘，指割据。

[10]九江之间：读纠疆之纪，这里指苗疆区域。

[11]出入必以飘风暴雨：建立属于自己统治的部落邑。出入，指建立；必以，指属于；飘，指自己；风，指统治；暴雨，指部落邑。

[12]怪神：指专业氏族。

[13]人而载蛇：集镇的手工业氏族。载，读 zhe 音，是累的苗语读音。

[14]左右手操蛇：渚雍族的迁徙氏族。渚雍即良渚。

[15]多怪鸟：指笃古僚，即银匠。

译文：由复堡山往东南一百二十里，有座山叫平坦山，西面住着火石岭氏族，东面住着菜园子村氏族，中心住着纠黎蚩尤，住着建庄部落茨川象街氏族。这里是刘姓人部落支系蚩尤的疆域，他们定居胭脂山，成就割据之域，在苗疆的区域，建立属于自己部落邑。这里还住着专业的氏族，是集镇的手工业氏族，是良渚的迁徙氏族的银匠。

## 暴山

（110,67393E；30,19967N）

又东南一百八十里，曰暴山[1]，其木多棕柟荆芑[2]竹箭𥶡菌[3]，其上多黄金[4]，其下多文石铁[5]，其兽多麋鹿【鹿旨】就[6]。

注释：[1]暴山：指宝山，今称宝塔坡。今湖北宜昌五峰县城。

[2]棕柟荆芑：指僮僚场部落。即布依族部落。

[3]竹箭𥶡菌：诸李五峰氏族。

[4]黄金：指马鬃岭氏族。

[5]文石铁：指五峰肆营氏族。

[6]麋鹿【鹿旨】就：指香姑苗。香姑，今称香沟。

译文：由平坦山往东南一百八十里，有座山叫宝山，中心住着僮僚场部落诸李五峰氏族，西面住着马鬃岭氏族，东面住着五峰肆营氏族。这里还住着香姑苗。

## 即公山

（111,37996E；29,58439N）

张明友

又东南二百里，曰即公之山[1]，其上多黄金[2]，其下多瓀琈之玉[3]，其木多柳杻檀桑[4]。有兽焉，其状如龟，而白身赤首[5]，名曰蛫[6]，是可以御火[7]。

注释：[1]即公山：指壁门山，今称石门山。今湖南常德市石门县城。

[2]黄金：指界山氏族。

[3]瓀琈玉：指平山夷，今称坪山夷。

[4]柳杻檀桑：指岔河潭湾氏族。这里的潭，是接近汉语的苗契语。

[5]龟而白身赤首：竹编专业的手艺氏族。白身，读 bushe，指竹类的。

[6]蛫：指归姓氏族。归姓，得姓于做事专业。

[7]可以御火：夏国的传承氏族。这里指竹编传承氏族。御火，指传送。

译文；由宝山往东南二百里，有座山叫石门山，西边住着界山氏族，东边住着平山夷，中心住着岔河潭湾氏族。有一个氏族，是竹编专业的手艺氏族，叫归姓氏族，是夏国的竹编传承氏族。

## 尧山

（112,17005E；29,41105N）

又东南一百五十九里，曰尧山[1]，其阴多黄垩[2]，其阳多黄金[3]，其木多荆芑柳檀[4]，其草多藷藇术[5]。

注释：[1]尧山：指诸夭之山，简称夭山。诸夭，指低地。今湖南常德市安乡县城。

[2]黄垩：指垸部落氏族。

[3]黄金：指垸岭洲氏族，今称长岭洲氏族。

[4]荆芑柳檀：指清溪河族。

[5]藷藇术：指诸夭族，即低地氏族。

译文：由石门山往东南一百五十九里，有座山叫夭山，北面住着垸部落氏族，南面住着垸岭洲氏族，中心住着清溪河族，住着低地族移民。

## 江浮山

（112,75433E；29,04763N）

又东南一百里，曰江浮之山[1]，其上多银砥砺[2]，无草木[3]，其兽多豕鹿[4]。

注释：[1]江浮山：指苗语的右手山，今译为资年山，在湖南常德沅江市阳罗镇。

[2]银砥砺：指阴笋黎，今称阳罗黎。水北为阳，银读阴，指水之阳。

[3]无草木：指运输部落中心。

[4]豕鹿：指运输民。豕读施，指运输；鹿读鲁，指民。

译文：由夭山往东南一百里，有座山叫资年山，那里住着阳罗黎，是运输部落中心，氏族为运输民。

## 真陵山

（113,68189E；29,02197N）

又东二百里，曰真陵之山[1]，其上多黄金[2]，其下多玉[3]，其木多穀柞柳杻[4]，其草多荣草[5]。

注释：[1]真陵山：指板市山，也称板江山。今湖南岳阳市平江县板江乡。

[2]黄金：指卜巫场氏族，简称巫场。今称卜屋场氏族。

[3]玉：指河滨氏族。

[4]榖柞柳杻：指板江河支系氏族。

[5]荣草：指罗姓移民。

译文：由资年山往东二百里，有座山叫板市山，西面住着巫场氏族，东面住着河滨氏族，中心住着板江河支系氏族， 住着罗姓移民。

## 阳帝山

（114,24402E；29,00478N）

又东一百二十里，曰阳帝之山[1]，多美铜[2]，其木多橿杻檿楮[3]，其兽多麢麝[4]。

注释：[1]阳帝山：指杨泆山，又称渣津山。查姓即杨姓，泆、津都指河畔。今江西修水县渣津镇。

[2]美铜：指店前村氏族。

[3]橿杻檿楮：指渣津大村氏族。

[4]麢麝：指长潭村氏族。

译文：由板市山往东一百二十里，有座山叫杨泆山，住着店前村氏族，中心住着渣津大村氏族，住着长潭村氏族。

## 柴桑山

（113,93909E；28,7118N）

又南九十里，曰柴桑之山[1]，其上多银[2]，其下多碧[3]，多泠石赭[4]，其木多柳芑楮桑[5]。其兽多麋鹿[6]，多白蛇飞蛇[7]。

注释：[1]柴桑山：指姑湾山，也称咪噜湾山。谐音称长寿，今湖南平江县长寿镇。

[2]银：指泥坑氏族。

[3]碧：读河畔氏族。

[4]泠石赭：指量肆村氏族。量肆即商肆。

[5]柳芑楮桑：指塅溪渚湾氏族。

[6]麋鹿： 读咪噜，指姑湾氏族。

[7]白蛇飞蛇：摆肆、卖肆。

译文：由杨泆山往南九十里，有座山叫姑湾山，西面住着泥坑氏族，东面住着河畔氏族，住着量肆氏族。中心住着的塅溪渚湾氏族，主要是姑湾的摆肆、卖肆氏族。

## 荣余山

（115,07388E；28,68053N）

又东二百三十里，曰荣余之山[1]。其上多铜[2]，其下多银[3]。其木多柳芑[4]，其虫多怪蛇怪虫[5]。

凡洞庭山之首，自篇遇之山至于荣余之山，凡十五山，二千八百里。其神状皆鸟身而龙首[6]。其祠：毛一雄鸡，一牝豚刉[7]，糈用稌。凡夫夫之山，即公之山，尧山，阳帝之山，皆冢也，其祠皆肆瘗[8]，祈用酒，毛用少牢，婴毛一吉玉。洞庭、荣余之山神也[9]，其祠：皆肆瘗，祈酒太牢，祠婴用圭璧十五[10]，五采惠之[11]。

右中经之山志，大凡百九十七山，二万一千三百七十一里。

大凡天下名山五千三百七十，居也，大凡六万四千五十六里。

禹曰：天下名山经，五千三百七十山，六万四千五十六里，居地也。言其《五臧》[12]，盖其余小山甚众，不足记云。天地之东西二万八千里，南北二万六千里，出水之山者八千里，受水者八千里，出铜之山四百六十七，出铁之山三千六百九十。此天地之所分壤树谷[13]也，戈矛之所发也，刀鎩之所起也，能者有余，拙者不足。封于太山[14]，禅于梁父[15]，七十二家，得失之数，皆在此内，是谓国用。

右《五臧山经》五篇，大凡一万五千五百三字。

注释：[1]荣余山：指罗嵎山，又称罗市山。今江西奉新县罗市镇。

[2]铜：指黄泥山氏族。

[3]银：指泽下氏族。

[4]柳芑：指潦溪氏族。今称南潦河氏族。

[5]怪蛇怪虫：指黄冈墩移民。

[6]鸟身而龙首：农业氏族的僚族形象。

[7]牝豚刉：指珠白玉。这里的珠白是指一种河玉白。

[8]肆：远古时期专供书写用的麻布，也称可称作纸。氏丝为纸。这里指写祭词的肆。

[9]神也：指大神，大山神。

[10]十五：读祀武，指祭祀财神，这些山的山神，实际是财神。五，指买家，也称财神。

[11]五采惠之：指买卖兴隆。惠，读韦音，指卖。

[12]五臧：指东、西、南、北、中五大疆域。臧，指疆。

[13]分壤树谷：指分疆立国。

[14]太山：指山东泰山。

[15]梁父：梁父山在山东新泰县徂徕镇，梁父应读立胡，指福山。立，指福；胡，指山。又称地坛。

译文：由姑湾山往东二百三十里，有个地方叫罗嵎山，西面住着黄泥山氏族，东面住着泽下氏族。中心住着潦溪氏族，住着黄冈墩移民。

综观平坦山山系，从仪邑山到罗嵎山，共计十五座山，延绵二千八百里。山神皆为农业的僚族人的形象。祭祀信玉用软玉，用珠白玉，食物用荞麦食物。复堡山、石门山、天山、杨泆山，都是宗山，祭祀要写祭词掩埋，用酒祈祷，信玉用少牢礼，掩埋一吉玉。平坦、罗隅的神是大神，祭祀要写祭词掩埋，祈酒用太牢礼，用圭和璧祭祀埋给财神，祈求买卖兴隆。

上述中山十二列山，共计一百九十七山，二万一千三百七十一里。

所有天下名山，共五千三百七十座，可居住的有六万四千五十六里。

大禹说：天下名山，五千三百七十座，六万四千五十六里，可以居住。称为《五疆》，其它小山太多，不必记录。天地东西长二万八千里，南北长二万六千里，出水之山有八千里，受水之山有八千里，出铜之山有四百六十七座，出铁之山三千六百九十座。这些是分疆立国、发生刀兵杀伐的原因，先进强悍的民族就得到充足的物产资源，落后柔弱的民族，物资就会贫乏。那些去泰山和梁父山封禅的七十二家，兴衰得失皆因为这个原因。事关国家的战略。

上述《五臧山经》五篇，总共一万五千五百零三字。

## 第六卷 海外南经 结胸国

（103,71898E；27,33638N）

海外自西南陬至东南陬者[1]。

结胸国[2]在其西南，其为人结胸[3]。

注释：[1]陬：指角、角落。海外指近海的、离中原较近的。

[2]结胸国：指宰赫国，在云南昭通地区。濮语读为宰拜赫国，简称宰赫，音译为结胸。宰赫，也读者黑、者恒，者海，指交

易之市。如今有者海、者黑等地名遗存。

[3]其为人结胸：指定都于宰拜赫嘎，即今昭通城。

译文：海外南经从西南角记述到东南角。

宰赫国在西南，定都于宰拜赫嘎。

## 南山

（103,30006E；26,41518N）

南山[1]在其东南。自此山来[2]，虫为蛇[3]，蛇号为鱼[4]。一曰南山在结胸东南。

注释：[1]南山：指郎舍，即夜郎部落。在云南东川会泽地区。实际在宰赫国的南面。

[2]自此山来：指知痴夜舍僚。知痴夜是夜郎开国君主樊雅蒙的先祖，传三十一代至樊雅蒙时才建立了夜郎部落，又过三代后才东扩建立了大夜郎国。这里记录的是未东扩之前的夜郎部落。

[3]虫为蛇：建立部落。

[4]蛇号为鱼：部落号为益。即益那、夜郎。

译文：郎舍在东南面，是知痴夜舍僚建立的部落，部落号为夜郎。又说郎舍在宰赫国东南。

## 比翼鸟

（105,77046E；26,66358N）

比翼鸟[1]在其东，其为鸟青、赤[2]，两鸟比翼[3]。一曰在南山东。

注释：[1]比翼鸟：指大元国，历史误传为鳖国。比翼，指大元。鸟读“那”音，指国。

[2]其为鸟青、赤：此国区域为莲江、应江流域。莲江即牂牁江（今北盘江）；应江即今乌江（有遗存名印江）。

[3]两鸟比翼：国都在大元，今贵州省织金县老城区。

译文：大元国在东面，其国为莲江、应江流域，都城建在大元。又说，大元国在夜郎部落的东面。

## 羽民国

（107,77917E；26,98994N）

羽民国[1]在其东南，其为人长头[2]，身生羽[3]。一曰在比翼鸟东南，其为人长颊[4]。

注释：[1]羽民国：指沂蒙国。苗族大迁徙进入贵州后，仍按原籍部落名建国。

[2]其为人长头：定都于奢堵。长头读奢堵，指黄平。

[3]身生羽：指奢施溢帕，即今杉木河畔。

[4]长颊：指奢贾，即黄洼。

译文：沂蒙国在东南面，定都于黄平，在杉木河畔。又说，沂蒙国在大元国的东南面，定都城在黄洼。

## 二八神

（111,60015E；26,45404N）

有神人[1]二八[2]，连臂，为帝司夜于此野[3]。在羽民东。其为小人颊赤肩[4]，尽十六人[5]。

注释：[1]神人：指集肆。

[2]二八：读勒巴，指刺绣。二八神，即刺绣的集肆。

[3]连臂为帝司夜于此野：连江北端潇水河之乡。

[4]小人颊赤肩：部落名，潇惹贾且纪。今称永州。

[5]尽十六人：尽出娘惹。十，读 bei，指出；六人，读娘惹，即有修养的女孩。

译文：有一个集肆，叫勒巴肆，是连江北端潇水河之乡，在沂蒙国的东面，建镇于永州部落所在地，尽出娘惹。

## 毕方鸟

（113,03082E；25,79536N）

毕方鸟[1]在其东，青水[2]西，其鸟人面一脚[3]。一曰在二八神东。

注释：[1]毕方鸟：指贝濮国，有两层含义，一是指十濮僚部落联盟国，一是指南方濮僚国。有遗名为十都。

[2]青水：指东江。

[3]人面一脚：管理地在郴州。一脚，郴州的濮语音译。

译文：贝濮国在东面，在东江的西面，管理地在郴州。又说，贝濮国在勒巴肆的东面。

## 讙头国

（113,43168E；24,94457N）

讙头国[1]在其南，其为人人面有翼[2]，鸟喙[3]，方捕鱼[4]。一曰在毕方东。或曰讙朱国[5]。

注释：[1]讙头国：指桂头国。濮语读桂为惠，谐音讙。在广东乳源县桂头镇，其国包括乳源县。

[2]人面有翼：桂头镇古称龙门河。龙门之河读为人面有翼，今称桂头镇。

[3]鸟喙：僚族支系。

[4]方捕鱼：指山区濮夷。

[5]讙朱国：指桂村国、桂寨国。

译文：桂头国在南面，建都于龙门河，是僚族支系的山区濮夷。又说，桂头国在贝濮国的东面，或称桂寨国。

## 厌火国

（113,59044E；24,80076N）

厌火国[1]在其国南，兽身黑色[2]。生火出其口中[3]。一曰在讙朱东。

注释：[1]厌火国：指乐和国。今称乐合。濮语读“乐”为 ye，都城在广东韶关。

[2]兽身黑色：韶氏族的贵族部落国。

[3]生火出其口中：部落中心建于合园。此处的火读薨，指中心。口中，指口园，音意混译为合园，今乐园镇。

译文：乐合国在南面，是韶氏族的贵族部落国。建部落中心于合园。又说，乐合国在桂寨的东面。

## 三株树

（113,13648E；27,8288N）

三株树[1]在厌火北，生赤水上[2]，其为树如柏[3]，叶皆为珠[4]。一曰其数若慧[5]。

注释：[1]三株树：指外来族群居住的部落，简称外驻部落。三，读啥，指外；树，苗族人称部落支系为栋树。今湖南株洲。

[2]生赤水上：建在湘江边。湘江属长江水系，故也称赤水。

[3]柏：读樊音，指农业氏族。

[4]叶皆为珠：人们皆依水而居。为，在此作汶解，指水。

[5]慧：读 ve 音，指越。即越人的迁徙族群。

译文：外驻部落在乐合部落的北面，建在湘江边，这个部落是农业氏族部落，人们皆依水而居。又说，这个部落是越部落。

## 三苗国

（112,93414E；28,22546N）

三苗国[1]在赤水东，其为人相随[2]。曰三毛国[3]。

注释：[1]三苗国：指奢陌国，即河坎上的国家，在今湖南长沙市。

[2]相随：指湘寨，即湘店、湘肆。

[3]三毛：读奢陌，指河坎。

译文：奢陌国在湘江的东面，这个国家建都在湘肆。又说这个国家叫河坎国。

## 戴国

（113,63072E；28,14183N）

戴国[1]在其东，其为人黄[2]，能操弓射蛇[3]。一曰戴国在三毛东。

注释：[1]戴(die)国：指刘姓氏族的国家，今湖南浏阳。苗语读刘为戴。

[2]黄：读侯，指关口之口，今湖南浏阳县城。

[3]能操弓射蛇：原是照门的谢夷。山东半岛的古称为照门。

译文：刘国在长沙国的东面，建集镇在关口，原是山东照门的谢夷。又说，刘国在奢陌国的东面。

## 贯胸国

（115,89133E；28,67751N）

贯胸国[1]在其东，其为人胸有窍[2]。一曰在戴国东。

注释：[1]贯胸国：指灌湘国，今江西南昌。

[2]胸有窍：指洪城。

译文：灌湘国在东边，建都在洪城。又说，灌湘国在刘国的东边。

## 交胫国

（117,06302E；28,70955N）

交胫国[1]在其东，其为人交胫[2]。一曰在穿胸[3]东。

注释：[1]交胫国：交，读勾音，指陈集国。在江西万年县陈营镇。

[2]交胫：指陈集。

[3]穿胸：指灌湘国。

译文：陈集国在东面，建都在陈集。又说，陈集国在灌湘国的东边。

## 不死民

（117,95712E；28,43291N）

不死民[1]在其东，其为人黑色[2]，寿不死[3]。一曰在穿胸东。

注释：[1]不死民：指茅山庄，又称茅岭庄，今江西上饶。

[2]黑色：这里指信江边。

[3]寿不死：指前茅山，这里指前茅山部落。

译文：茅山庄在东面，建镇在信江边，是前茅山部落。又说，茅山庄在灌湘国的东边。

## 岐舌国

（118,87265E；28,95905N）

岐舌国[1]在其东。一曰在不死民东。

注释：[1]岐舌国：指衢肆国，今浙江衢州市城区。

译文：衢肆国在东面。又说在茅岭庄的东面。

## 昆仑墟

（119,6445E；29,08372N）

昆仑墟[1]在其东，墟四方[2]。一曰在岐舌东，为墟四方。

注释：[1]昆仑墟：指岭东部落与婺罗部落争肆堡的地方，简称为岭罗争，今称金华。昆，由岭演变而来，岭，读金音；仑由罗演变而来，罗又演变为诺，指女。后来演变为金星与婺女星争地盘的神话。

[2]墟四方：指争肆堡，也称争市场。商业竞争使这里繁华起来。墟，读斜，指争。四方，指肆堡。

译文：岭罗争在东面，争市场。又说岭罗争在衢肆的东面，是为争市场发展起来的集肆。

## 羿与凿齿战

（120,12691E；29,5504N）

羿[1]与凿齿[2]战于寿华之野[3]，羿射杀之[4]。在昆仑墟东。羿持弓矢[5]，凿齿持盾[6]。一曰戈[7]。

注释：[1]羿：指义部落，今称义乌。

[2]凿齿：指诸暨部落，今称诸暨。

[3]寿华之野：指安华乡，读音 so wo ye。

[4]射杀之：远遁而去。

[5]持弓矢：指迁到江肆。

[6]持盾：指迁到浦阳镇。

[7]戈：指城。

译文：义乌与诸暨战于安华之乡，义乌远遁而去，到了岭罗争的东面。义乌迁到江肆，诸暨迁到浦阳镇。又说诸暨迁到浦阳城。

## 三首国

（120,58719E；29,99621N）

三首国[1]在其东，其为人一身三首[2]，一曰在凿齿东。

注释：[1]三首国：读萨苏国，指富庶之国，今称绍兴。

[2]一身三首：大肆萨苏，今称绍兴大市。一，读耶音。

译文：绍兴国在东面，建都于大肆绍兴。又说，绍兴国在诸暨的东面。

## 周饶国

（121,14016E；30,04851N）

周饶国[1]在其东，其为人短小，冠带[2]。一曰焦侥国在三首东。

注释：[1]周饶国：指放蜂国，也称吁咽、焦侥，今称余姚。后传为防风氏国。

[2]短小冠带：指秀镇云门。今古名已失传。

译文：放蜂国在东面，建都于秀镇云门。又说，放蜂国在绍兴国的东面。

## 长臂国

（121,5487E；29,87307N）

长臂国[1]在其东，捕鱼水中[2]，两手各操一鱼[3]。一曰在焦侥东，捕鱼海中。

注释：[1]长臂国：读侉沘国，指岔河之国，在浙江宁波城。

[2]捕鱼水中：捕鱼水中与捕鱼海中，皆指濮夷贵族。

[3]两手各操一鱼：首都侉城之夷。

译文：岔河国在东面，这里的氏族是濮夷的贵族，是首都岔城之夷。又说，岔河国在照饶国的东面，居民是濮夷的贵族。

## 狄山离朱、视肉

（121,40004E；30,08199N）

狄山[1]，帝尧葬于阳[2]，帝喾葬于阴[3]。爰有熊、罴、文虎、蜼、豹、离朱、视肉[4]；吁咽、文王[5]皆葬其所。一曰汤山[6]。一曰爰有熊、罴、文虎、蜼、豹、离朱、【丘鸟】久[7]、视肉、虖交[8]。其范林方三百里[9]。

注释：[1]狄山：指北山，在宁波北面。

[2]帝尧葬于阳：周饶国的疆域在南面。

[3]帝喾葬于阴：考僚的疆域在北面。今称慈溪。

[4]熊、罴、文虎、蜼、豹、离朱、视肉：指逍林、老塘、洋浦、普惠、四塘、掌起、伏龙等村落。

[5]吁咽、文王：指余咽、玉皇山，属焦侥的村落。

[6]汤山：指田螺山。狄山又称田螺山。

[7]【丘鸟】久：指裘村。

[8]虖交：指附城。交，读勾音。

[9]范林方三百里：治府在湖荪京城。侉沘国的京城称为湖荪亳里。今有遗名叫荪湖。

译文：北山，周饶的疆域在南面，考僚的疆域在北面。还有逍林、老塘、洋浦、普惠、四塘、掌起、伏龙，有余咽、玉皇山等村落的疆域都在那里。又说叫田螺山，有逍林、老塘、洋浦、普惠、四塘、掌起、裘村、伏龙、附城等村落，治府在湖荪京城。

## 南祝融

（119,99028E；30,39278N）

南祝融[1]，兽身人面[2]，乘两龙[3]。

注释：[1]南祝融：读良渚雍，指良渚川。本条因正文没有“方”字，所以不是南方祝融。

[2]兽身人面：读收萨惹米，指富饶的居住地。

[3]乘两龙：读扯两僚，指凭借着两稻而著名。两稻，指海姆双稻，今称河姆双稻，即河姆籼稻与河姆粳稻。

译文：良渚地区是富饶的居住地，凭借着两稻而著名。

## 第七卷 海外西经 灭蒙鸟

（102,26748E；27,8832N）

海外自西南陬至西北陬者。

灭蒙鸟[1]在结胸国北，为鸟青，赤尾[2]。

注释：[1]灭蒙鸟：指妈妈国、娘国，今娘演变为凉，即凉山国。在四川凉山州。

[2]为鸟青赤尾：为良邛池峪，即建都在邛池峪，今称西昌。

译文：从海外西南角记述到西北角。

娘国在宰赫国的北面，建都在邛池峪。

## 夏后启

（103,2618E；29,23063N）

大运山[1]高三百仞，在灭蒙鸟北。

大乐之野[2]，夏后启于[3]此儛九代[4]，乘两龙[5]，云盖三层[6]，左手操翳，右手操环，佩玉璜[7]。在大运山北。一曰大遗之野[8]。

注释：[1]大运山：指大伊山，即峨眉山。又称峨眉洪所。

[2]大乐之野：指峨眉之乡。

[3]夏后启于：指所洪脚夷，即峨边夷。

[4]此儛九代：人名，蚩武举第，指维护功勋的人。举第，指铜帽、功勋。

[5]乘两龙：在两河口，也称双河口。

[6]云盖三层：在清河坪，今称铜河坝。

[7]左手操翳，右手操环，佩玉璜：一边从事渔业，一边从事畜牧业和农业。

[8]大遗之乡：指大河之乡。实际在峨眉山的南面，北应是指贝，即南面。

译文：峨眉山高三百仞，在娘国的北面。

峨眉之乡是峨边夷蚩武举第的支系的所在地，处两河口，他们在清河坪一边从事渔业，一边从事畜牧业和农业。峨眉之乡在峨眉山的南面，又说在大河之乡。

## 三身国

（102,99858E；29,98567N）

三身国[1]在夏后启北，一首而三身[2]。

注释：[1]三身国：读奢堵国，指凤坪国，在四川雅安。奢原意指凤，后来按鸡译为雅。

[2]一首而三身：雅族的凤坪国。

译文：凤坪国在峨边的北面，是雅族的凤坪国。

## 一臂国

（102,2053E；31,90603N）

一臂国[1]在其北，一臂[2]，一目[3]，一鼻孔[4]。有黄马虎文[5]，一目而一手[6]。

注释：[1]一臂国：指大金川国，今四川阿坝州府。

[2]一臂：大金川（包括麻尔曲河）。

[3]一目：指梭磨河。

[4]一鼻孔：指杜柯河。孔、洞，濮语读 du。

[5]黄马虎文：指马尔山、岷山氏族。

[6]一目一手：梭磨河边的大氏族。

译文：大金川国在凤坪国的北面，那里有大金川氏族、梭磨河氏族和杜柯河氏族。那里还有马尔山氏族、岷山氏族。这些氏族是梭磨河边的大氏族。

## 奇肱国

（99,99276E；31,62303）

奇肱之国[1]在其北[2]，其人一臂三目[3]，有阴有阳[4]，乘文马[5]。有鸟焉，两头，赤黄色，在其旁[6]。

注释：[1]奇肱国：指孜肱国，即孜门国，汉语称肱孜或甘孜，今四川甘孜县城。

[2]北：实际在大金川国的西南面，因北、贝同音而混淆。

[3]一臂三目：雅江边的高地上。一读雅；三读啥，指边。

[4]有阴有阳：分南、北两个聚居区。

[5]乘文马：座落在水岸边。文马，指汶陌，也称溢陌。

[6]两头，赤黄色，在其旁：利吐东山的沙鲁里支系青濮。两头赤黄，指利吐东山；色在，指沙鲁里支系；其旁，指青濮。利吐，今称白利。

译文：甘孜国在大金川国的西南面，集镇建在雅江边的高地上，分南北两个聚居区，座落于水岸边。有一群人，是利吐东山的沙鲁里支系的青濮族。

## 形天与帝争神

（100,3305E；32,30297N）

形天与帝至此争神[1]，帝断其首[2]，葬之常羊之山[3]。乃以乳为目[4]，以脐为口[5]，操干戚以舞[6]。

注释：[1]形天与帝至此争神：色达北端的嘎琼扎赛，今已更名为姑扎村。

[2]帝断其首：北端的氏族。

[3]葬之常羊之山：座落于长雅山。

[4]乃以乳为目：他们以乳为粮。

[5]以脐为口：以牛角为杯子。

[6]操干戚以舞：是长须干玛曲流域的部落。

译文：色达北端的嘎琼扎赛，是北端的氏族部落，座落于长雅山。他们以乳为粮，以牛角为杯子，是长须干玛曲流域的部落。

## 女祭女戚

（100,23813E；34,47771N。102,07684E；33,99755N）

女祭女戚[1]在其北，居两水间[2]，戚操鱼䱇[3]，祭操俎[4]。

注释：[1]女祭女戚：指玛沁部落和玛曲部落。即今青海的玛沁县城和瑪曲县城。

[2]居两水间：坐落于黄河的两岸。

[3]戚操鱼䱇：玛曲在河的下游。

[4]祭操俎：瑪沁在上游。俎，读举，指上游。

译文：玛沁部落和玛曲部落在嘎琼扎赛的北面，在黄河的两岸，玛曲部落在黄河的下游，玛沁部落在黄河的上游。

## 鵹鸟【鶬鸟】鸟

（100,57791E；34,47771N。101,43049E；36,0466N）

鵹鸟[1]【鶬鸟】鸟[2]，其色青黄[3]，所经国亡[4]。在女祭北，鵹鸟人面。居山上[5]。一曰维鸟，青鸟[6]，黄鸟所集[7]。

注释：[1]鵹鸟：指同德。濮语称河为僚，苗语称河为德。

[2]【鶬鸟】鸟：指贵德。【鶬鸟】，读鶬音，与表示“贵”的“傯”谐音。

[3]其色青黄：贵德水清，同德水黄。

[4]所经国亡：数纪国的部落，即共工国的部落。

[5]鵹鸟人面居山上：同德的集镇在山上。

[6]维鸟、青鸟：指南河，东河。

[7]黄鸟所集：黄河边的部落。

译文：同德部落和贵德部落以水得名，贵德的水清，同德的水黄，他们都是共工国的部落。他们在玛沁部落的北面，同德的集镇在山上。又说同德部落和贵德部落叫南河部落与东河部落，是黄河边的部落。

## 丈夫国

（100,13793E；37,3282N）

丈夫国[1]在维鸟北，其为人衣冠带剑[2]。

注释：[1]丈夫国：指折山国。又称刚察山、折夷刚德山，简称折山，读为折胡，谐音丈夫。

[2]衣冠带剑：指折夷刚德纪，即折夷刚德部落。今称刚察。有遗名折夷果东。

译文：折山国在南河部落的北面，定都在折夷刚德部落所在地。

## 女丑之尸

（100,16218E；39,15205N）

女丑之尸[1]，生而十日炙杀之[2]。在丈夫北。以其右手鄣其面[3]。十日居上[4]，女丑居山上[5]。

注释：[1]女丑之尸：指临泽之肆。泽读策音，与丑谐音。

[2]生而十日炙杀之：建于羌惹之外的集肆。十日，读羌惹，今称张掖。杀，指外。

[3]以其右手鄣其面：是由裕固族管理那个地方。

[4]十日居上：羌惹在北面。

[5]女丑居山上：临泽肆在北面的北面。山，在此读啥，指外面。

译文：临泽之肆，是建于张掖之外的集肆，它在折山国的北面，是由裕固族管理那个地方。张掖在北面，临泽在北面的北面。

## 巫咸国

（98,51037E；39,74462N）

巫咸国[1]在女丑北，右手操青蛇[2]，左手操赤蛇[3]。在登葆山[4]，群巫所上下也[5]。

注释：[1]巫咸国：指久部落国，今根据“久”谐音称为酒泉。

[2]右手操青蛇：东边是东肆，今称东洞。

[3]左手操赤蛇：西边是草肆，今称嘉峪关。

[4]登葆山：指登葆山隘口，又称葆登道，今称白登道。

[5]群巫所上下也：关内关外的部落人群都要从这里经过。

译文：酒泉部落国在临泽北面，国的东边是东肆，西边是草肆。其国在葆登山隘口，关里关外的部落人群都要从这里经过。

## 并封国

（98,90102E；39,97924N）

并封国[1]在巫咸东，其状如彘[2]，前后皆有首[3]，黑[4]。

注释：[1]并封国：指沘汾国。即东河国。沘汾，今称北大河。

[2]彘：指农业氏族。

[3]前后皆有首：前后皆，指东塔部落，今称金塔；有首，指氏族。

[4]黑：指赫胥氏，即哈萨克族。

译文：东河国在酒泉部落的东面，属农业部落国，是东塔部落的氏族，是哈萨克族。

## 女子国

（97,04527E；40,29179N）

女子国[1]在巫咸北，两女子居[2]，水周之[3]。一曰居一门[4]中。

注释：[1]女子国：指勒枝国，濮语读勒疏国，今称疏勒。

[2]两女子居：有两个勒疏部落，一个是玉门，一个是瓜州。

[3]水周之：疏勒河水照顾着他们。

[4]居一门中：玉门部落是宗主部落。

译文：疏勒国在酒泉部落国的北面，有两个疏勒部落，一个是玉门，一个是瓜州，疏勒河水照顾着他们。又说，玉门部落是宗主部落。

## 轩辕国

（93,50291E；42,83603N）

轩辕国[1]在此穷山之际[2]，其不寿者八百岁[3]，在女子国北。人面蛇身[4]，尾交首上[5]。

注释：[1]轩辕国：指匈夷国，在新疆哈密地区。

[2]此穷山之际：东博尔羌山的部落。

[3]其不寿者八百岁：氏族支系为巴里坤部落氏族。八百，指巴里坤部落。岁，指氏族。

[4]人面蛇身：是塞族居民。

[5]尾交首上：管理着塞上地区。尾交，读珥检，指管理。

译文：匈夷国支系是东博尔羌山的部落支系，其氏族为巴里坤部落氏族，在疏勒国的北面。他们是塞族居民，管理着塞上地区。

张明友

## 穷山

（93,01177E；43,59971N）

穷山[1]在其北，不敢西射[2]，畏轩辕之丘。在轩辕国北，其丘方[3]。四蛇相绕[4]。

注释：[1]穷山：指博尔羌山。

[2]不敢西射：博格达山的东面。西射（ye），指东面。

[3]其丘方：是博尔羌部落统治区。方，指冯，即统治。

[4]四蛇相绕：四个塞族部落治理着这个地方。四蛇，指巴里坤、博尔羌吉、大红柳峡和下涝坝四个支系。

译文：博尔羌山在北面，在博格达山东面，南面是匈夷城。在匈夷国的北面，是博尔羌部落统治区，有四个塞族支系治理着这个地方。

## 诸夭之野

（86,86638E；47,70377N）

此诸夭之野[1]，鸾鸟自歌[2]，凤鸟自舞[3]；凤凰卵，民食之[4]；甘露，民饮之[5]，所欲自从也[6]。百兽相与群居[7]。在四蛇北。其人两手操卵食之[8]，两鸟居前导之[9]。

注释：[1]诸夭之野：指准葛尔之乡。

[2]鸾鸟自歌：西部人的城镇。

[3]凤鸟自舞：东部人的部落。

[4]凤凰卵，民食之：东部人是原住民。食，指始，即原；民，读米，指住。

[5] 甘露，民饮之：外来民住在北面。甘，读嘎，指外。露，读鲁，指民。

[6]所欲自从也：是斋桑夷东迁之乡。

[7]百兽相与群居：在布尔斯王河建立部落。

[8]其人两手操卵食之：定都于乃施吉木，今称布尔津。

[9]两鸟居前导之：都城部落是浅堵支系，今称冲乎尔支系。

译文：在准葛尔之乡，有西部人的城镇，东部人的部落；东部人是原住民；外来民住在北面，北面是斋桑夷东迁之乡，人们在布尔斯王河建立部落，定都在乃施吉木，都城氏族是冲乎尔支系，在四塞族部落的北面。

## 龙鱼陵居

（83,76935E；53,35502N）

龙鱼陵居[1]在其北，状如狸[2]。一曰鰕[3]。即有神圣[4]乘此[5]以行九野。一曰鳖鱼[6]在夭野北，其为鱼，也如鲤[7]。

注释：[1]龙鱼陵居：指鄂沘瑙尔部落，在鄂沘的源头。鄂沘，即鄂毕河。华夏称鳄为龙，鄂沘就称为龙溢，称鄂沘瑙尔部落为龙溢瑙纪，谐音龙鱼陵居。今称巴尔瑙尔。

[2]狸：指尼塞族。

[3]鰕：指罗刹族，即俄罗斯族。

[4]神圣：指氏族人群。

[5]乘此：指从这里。

[6]鳖鱼：指鄂毕河，简称毕溢，谐音鳖鱼。

[7]其为鱼，也为鲤：既为河，也为交通线。

译文：鄂沘瑙尔部落在准葛尔之乡的北面，氏族是尼塞族。也有说是罗刹族。各部落的氏族人群都从这里行走九乡。又说鄂沘在准葛尔的北面，既为河，也是交通线路。

## 白民国

（82,89615E；54,98324N）

白民之国[1]在龙鱼北，白身被发[2]。有乘黄[3]，其状如狐[4]，其背有角[5]，乘之寿二千岁[6]。

注释：[1]白民国：指伯利亚国，在新西伯利亚。民，读米，指地方；利亚，指地方。

[2]白身被发：指伯利亚河岸。

[3]乘黄：指骆驼。

[4]狐：指马。濮语读马为胡。

[5]角：指驼峰。

[6]乘之寿二千岁：乘着它可到达托木斯克。寿二，读施勒，指到达；千岁，读托克，指托木斯克。

译文：伯利亚国在鄂沘瑙尔国的北面，在伯利亚河岸边。那里有骆驼，形状像马，背上有驼峰，乘着它可以到达托木斯克。

## 肃慎国

（86,0134E；56,08482N）

肃慎之国[1]在白民北。有树名曰雄常[2]，先入伐帝[3]，于此取之[4]。

注释：[1]肃慎国：指苏真斯克国。全称“安热罗苏真斯克”。

[2]雄常：氏族名，应是指匈奴游牧民。雄，指匈奴；常，指游牧。

[3]先入伐帝：安热罗河北岸。先入，读恩惹，指安热罗河；伐帝，读法狄，指北岸。

[4]于此取之：河边的茨克氏族支系。

译文：苏真斯克国在伯利亚国的北面。那里有个氏族名叫匈奴游牧民，住在安热罗河北岸，是河边的茨克氏族支系。

## 长股国

（73,39624E；61,25406N）

长股之国[1]在雄常北，披发[2]。一曰长脚[3]。

注释：[1]长股国：指斜尔古国，今称苏尔古特。

[2]披发：指河岸边。

[3]长脚：指下瓦尔国，全称“下瓦尔托夫斯克”。

译文：斜尔古国在匈奴游牧民国的北面，在河岸边。又说叫下瓦尔国。

## 西方蓐收

（30,33816E；59,95843N）

西方蓐收[1]，左耳有蛇[2]，乘两龙[3]。

注释：[1]西方蓐收：西面是罗刹国，今乌拉尔山以西地区，是古俄罗斯的疆域。

[2]左耳有蛇：是著名的国家。左耳，读卓尔，指著名的；蛇，在此指羲，即国家。罗刹实际读洛羲。

[3]乘两龙：有两条河养育着这个国家，一条是伏尔加河，一条是顿河。乘，凭借，依靠。

译文：西面是罗刹国，是著名的国家。有两条河养育着这个国家，一条是伏尔加河，一条是顿河。

## 第八卷 海外北经 无䏿国

（87,61246E；43,79137N）

海外自西北陬至东北陬者[1]。

无䏿之国[2]在长股东[3]，为人无䏿[4]。

注释：[1]海外自西北陬至东北陬者：从海外西北角记述到东北角。

[2]无䏿国：指乌鲁木克齐国，意为蜘蛛城，简称乌齐国。在新疆乌鲁木齐。

[3]在长股东：长股国在乌鲁木齐北面的俄罗斯境内，此处的长股应是指乌鲁木齐西面的昌城，今称昌吉。

[4]为人无䏿：定都于乌鲁木克齐。

译文：从海外西北角记述到东北角。

乌鲁木克齐国在昌吉的东面，定都于乌鲁木克齐。

## 钟山烛阴

（89,58648E；44,01425N）

钟山之神[1]，名曰烛阴[2]，视为昼[3]，瞑为夜[4]，吹为冬，呼为夏[5]，不饮，不食，不息[6]，息为风[7]。身长千里[8]。在无䏿东。其为物，人面，蛇身，赤色[9]，居钟山下。

注释：[1]钟山之神：指天山的氏族。

[2]烛阴：指草原氏族。

[3]视为昼：烛指草。昼是烛的变写，视是著的变写。

[4]瞑为夜：阴指原。夜是阴的变写；瞑是米，指地，即原。

[5]吹为冬，呼为夏：这两句是将吹呼与冬夏肢解了。吹呼，指草原胡，冬夏，指国家。

[6]不饮，不食，不息：指大月氏，塞族和匈奴。

[7]息为风：匈奴为王族。

[8]身长千里：指游牧的东部黎。长，指游牧；千里，读且黎，即东部黎。

[9]其为物，人面，蛇身赤色：部落居民是塞族游牧氏族。

译文：天山的氏族名叫草原氏族，烛指草，阴指原，是国家的草原胡，他们是大月氏、塞族和匈奴，匈奴为王族。他们是游牧的东部黎，部落居民是塞族游牧氏族，住在天山下。

## 一目国

（94,68793E；43,25092N）

一目国[1]在其东，一目中其面而居[2]，一曰有手足[3]。

注释：[1]一目国：指伊吾国。目，在此读乌音，乌、吾同音。

[2]一目中其面而居：伊吾山地区的国家。伊吾是裕固族部落的简称。

[3]有手足：裕固族支系。“有手”读“裕属”，是裕固族的简称。

译文：伊吾国在东面，是伊吾山地区的国家，又说是裕固族支系的国家。

## 柔利国

（97,28165E；42,95215N）

柔利国[1]在一目国东，为人一手一足[2]，反膝[3]，曲足居上[4]。一云留利[5]之国，人足反折[6]。

注释：[1]柔利国：指大狼国，因山形像一只狼而得名，在甘肃省玉门市大一明镇北端的中蒙边境上，集镇在蒙古国内，今称为大狼山、大甲山，蒙古国开辟为大甲戈壁国家公园。柔指狼，利指大。

[2]一手一足：指大爪大嘴。

[3]反膝：指岩脚。

[4]曲足居上：指喉结林边。

[5]留利：指大虎。

[6]人足反折：定村落在仓岩。

译文：大狼国在伊吾国的东面，定集镇在大爪大嘴岩脚的喉结林边。又说叫大虎国，定村落在仓岩。

## 共工之臣相柳氏

（101,0603E；41,95286N）

共工之臣曰相柳氏[1]，九首，以食于九山[2]。相柳之所抵[3]，厥为泽谿[4]。禹杀相柳[5]，其血腥[6]，不可以树五谷种[7]。禹厥之，三仞三沮[8]，乃以为众帝之台[9]。在昆仑之北，柔利之东。相柳者[10]，九首人面[11]，蛇身而青[12]。不敢北射[13]，畏共工之台[14]。台在其东[15]。台四方[16]，隅有一蛇，虎色[17]，首冲南方[18]。

注释：[1]共工之臣相柳氏：索额苏吉的沼泽河肆，今称额济纳。

[2]九首以食于九山：是索族建立的索部落。山，在此指部落。

[3]相柳之所抵：沼泽河旁边的坝子。

[4]厥为泽谿：皆为湿地。

[5]禹杀相柳：水进入沼泽河，

[6]其血腥：成为沼泽。

[7]不可以树五谷种：补苦氏用它来种五谷。补苦氏，是周族的祖先，属东胡族。

[8]禹厥之，三仞三沮：水养育了索额苏吉。

[9]乃以为众帝之台：勒伊维尚德区域。

[10]相柳者：沼泽河支系。

[11]九首人面：索族居民。有说是共工氏，有说是乌孙氏。但下一句强调是塞族的东部氏族，就为乌孙氏。

[12]蛇身而青：塞族的东部氏族。

[13]不敢北射：宝格山的北面，即巴彦宝都格的北面。射，读耶，指阴。

[14]畏共工之台：为索额苏吉的管理区。

[15]台在其东：管理着部落。东，读栋，指部落。

[16]台四方：管理着四方。

[17]隅有一蛇，虎色：边境上有一个氏族，是游牧族。

[18]首冲南方：照看着南方，守卫着南方。

译文：索额苏吉的沼泽河肆，是索族建立的索部落。沼泽河旁边的坝子，皆为湿地。水进入沼泽河，成为沼泽，补苦氏用它来种五谷。水养育了索额苏吉、勒伊维尚德区域。在昆仑的北面，在狼山国的东面。沼泽河支系氏族，是乌孙族居民，是塞族的东部夷，在宝格山的北面，为索额苏吉的管理区，管理着部落，管理着四方。边境上有一个氏族，是游牧族，守卫着南方。

## 深目国

（105,70933E；38,83884N）

深目国[1]在其东，为人举一手一目[2]。在共工台东。

注释：[1]深目国：指善目国。目，指管理中心，今称阿拉善盟，在内蒙古自治区西部。

[2]举一手一目：林夷族之目，即林胡族的中心。

译文：善目国在东面，定都于林胡族的中心，在索额苏吉的东面。

## 无肠国

（106,82038E；39,68389N）

无肠之国[1]在深目东，其为人长而无肠[2]。

注释：[1]无肠国：指乌桑国。因地处黄河的内湾边，故称为桑。在内蒙古乌海市。

[2]长而无肠：黄河的乌桑，今称海勃湾。长，指长河，黄河的别称。

译文：乌桑国在善目国的东面，定都于黄河岸边的乌桑。

## 聂耳国

（107,4199E；40,75559N）

聂耳之国[1]在无肠国东，使两文虎[2]，为人两手聂其耳[3]。县居海水中[4]，及水所出如奇物[5]。两虎在其东[6]。

注释：[1]聂耳国：指淖尔国。淖尔指沼泽。这里指巴颜淖尔。

[2]使两文虎：统治着两个水边的胡族部落。

[3]两手聂其耳：定都于淖尔。

[4]县居海水中：黄河部落杭族的农业区域。海水，指杭族；中，指农业区域。

[5]及水所出如奇物：乌加尔水所出灌溉着谷物。奇物，指穄物。穄，读奇音。

[6]两虎在其东：“两虎”指“良浮”，今称包头。

译文：淖尔国在乌桑国的东面，统治着两个水边的胡族部落，定都于巴彦淖尔，是黄河部落杭族的农业区域。乌加尔水所出灌溉着谷物。良浮国在他的东面。

## 夸父与日逐走

（112,57711E；40,8937N）

夸父与日逐走[1]，入日[2]，渴欲得饮[3]，饮于河渭[4]，河渭不足[5]，北饮大泽[6]。未至，道渴而死[7]。弃其杖[8]。化为邓林[9]。

注释：[1]夸父与日逐走：北胡的集镇卓资。

[2]入日：是一个管理的集镇。

[3]渴欲得饮：位于岱水的北面。渴，指位。欲得，指溢岱。

[4]饮于河渭：在阴山南。于河，读阴洪，指阴山。

[5]河渭不足：南面的氏族。不足，读补则，即氏族支系。

[6]北饮大泽：巴颜鞑支系。

[7]未至，道渴而死：南方疆域的托克氏。

[8]弃其杖：迁到东部疆域。

[9]化为邓林：开辟为镇府。邓林，指镇府。也称政府。

译文：北胡的集镇卓资，是一个管理的集镇，位于岱水的北面，阴山的南面。南面的氏族是巴颜鞑支系在南部疆域的托克氏，他们迁到东部疆域，将卓资开辟为政府。

## 博父国

（111,19174E；40,27707N）

博父国[1]在聶耳东，其为人大[2]，右手操青蛇[3]，左手操黄蛇[4]。邓林在其东[5]，二树木[6]。一曰博父[7]。

注释：[1]博父国：指巴颜胡国。

[2]大：指拐城，今内蒙古托克托县城。

[3]右手操青蛇：东边统治着东胡氏族。

[4]左手操黄蛇：西边统治着乌孙氏族。

[5]邓林：指卓资政府。

[6]二树木：第二次建的政治中心。

[7]一曰博父：又说叫北胡国。

译文：巴颜胡国在聶耳国的东面，建集镇在拐城，东边统治着东胡氏族，西边统治着乌孙氏族。现在的政府在东面，是第二次建的政治中心。又说叫北胡国。

## 禹所积石山

（109,746E；39,57561N）

禹所积石之山[1]在其东，河水所入[2]。

注释：[1]禹所积石山：指伊索金霍洛地区，今称伊金霍洛旗。在内蒙古鄂尔多斯市。实际在北胡国的南面。

[2]河水所入：指牧羊氏族居住的地方。

译文：伊金霍洛山在北胡国的南面，是牧羊氏族居住的地区。

## 拘缨国

（111,2356E；39,86548N）

拘缨之国[1]在其东，一手把缨[2]。一曰利缨之国[3]。

注释：[1]拘缨国：读诸夭国，指低地国，今内蒙古准格尔旗。

[2]一手把缨：氏族为巴颜氏。

[3]利缨：指低山。

译文：低地国在伊金霍洛山的东面，氏族为巴颜氏。又说叫低山之国。

## 寻木

（111,49878E；39,44263N）

寻木长千里[1]，在拘缨南，生河上西北[2]。

注释：[1]寻木长千里：寻木指偏关。千里，读芊黎，意为偏关，今山西偏关县城。

[2]生河上西北：建在黄河边的东山。西，读须，指东；北，读博，指山。

译文：寻木指偏关，在准格尔南面，建在黄河边的东山上。

## 跂踵国

（113,3022E；40,09356N）

跂踵国[1]在拘缨东，其为人大[2]，两足亦大[3]。一曰大踵[4]。

注释：[1]跂踵国：指平关国。濮语的跂、扯、堵都指“平”，跂、扯同时指“代”。

[2]其为人大：建集镇于平关。大，读音 dai，指代，指平。

[3]两足亦大：都城也在平关，后称平城，今山西大同。

[4]大踵：指代关，也就是平关。

译文：平关国在准格尔东面，建集镇于平关，都城也在平关。又说叫代关。

## 欧丝之野

（114,63059E；4025761N）

欧丝之野[1]在大踵东，一女子[2]跪据[3]树欧丝[4]。

注释：[1]欧丝之野：指化稍之乡。今河北省阳原县化稍营镇。

[2]一女子：耶律支系。

[3]跪据：北方部落。

[4]树欧丝：建立化稍集镇。在此仍称化稍营。

译文：化稍之乡在平关国的东面，是耶律支系的北方部落建立的化稍营。

## 三桑无枝

（116,4045E；39,90733N）

三桑无枝[1]，在欧丝东，其木长百仞[2]，无枝[3]。

注释：[1]三桑无枝：富饶的昌部落。

[2]其木长百仞：这个检目是昌部落的集镇。百，读巴音，指部落；仞，读惹音，指集镇。

[3]无枝：指昌部落，北平的远古称谓，今北京城。无，指部落；枝，指发展、昌盛。

译文：富饶的昌部落，在化稍营的东面，这个检目是昌部落的集镇，称为无枝。

## 平丘

（118,17443E；40,7693N）

平丘[1]在三桑东。爰有遗玉[2]、青鸟[3]、视肉[4]、杨柳[5]、甘柤[6]、甘华[7]，百果所生[8]。有两山夹上谷[9]，二大丘居中[10]，名曰平丘。

注释：[1]平丘：指板城，分为上板城和下板城两部分，代表滦河地区，今称承德地区。

[2]遗玉：指水泉，今称水泉镇。

[3]青鸟：东河，今称东营子。

[4]视肉：指龙须门，今称龙须门镇。

[5]杨柳：指大柳河部落，今称大营子镇。

[6]甘柤：指甲山，今称甲山镇。

[7]甘华：指化皮部落，今称化皮溜子镇。

[8]百果所生：建有很多部落国。

[9]有两山夹上谷：是滦河流域的国家。两山，读滦奢，指滦河；夹上，读颉苏，指经过，在此作流域解。

[10]二大丘居中：指上板城和下板城居中间。

译文：板城在昌部落的东面，那里有水泉、青河、龙须门、大柳河、甲山、化皮等，是多个部落建立的国家，是滦河流域的国家，有两大城镇居中间，称为板城。

## 范林

（118,96994E；42,27223N）

范林[1]，方三百里[2]，在三桑东，洲环其下[3]。

注释：[1]范林：读法能，指红岩，即赤峰，这里指赤峰国，在内蒙古赤峰市，是红山文化的中心，在北平的东北面。

[2]方三百里：京都在宝丰山下。方三，指宝丰山，百里读毫里，指京都。

[3]洲环其下：照恒其须，指称王东方。

译文：赤峰国，京都在宝丰山下，在北平的东北面，称王东方。

## 务隅山

（121,60206E；41,59782N）

务隅之山[1]，帝颛顼葬于阳[2]，九嫔葬于阴[3]，一曰有熊、罴、文虎、离朱、【丘鸟】久、视肉[4]。

注释：[1]务隅山：指濮夷山，后音变为巫医山（南方的武夷山也是如此）。在辽宁省锦州市北面。南至锦州市，北至阜新市。今称医巫闾山。

[2]帝颛顼葬于阳：北照羲的疆域在山的南面。

[3]九嫔葬于阴：九濮的疆域在山的北面。濮，可读 pu 音，也可读 fu 音，今称阜新。

[4]熊、罴、文虎、离朱、【丘鸟】久、视肉：指九道岭、清河门、卧凤山、凌渚，东梁和龙湾等村落。

译文：巫医山地区，北照羲的疆域在南面，九濮的疆域在北面。又说，有九道岭、清河门、卧凤山、凌渚、东梁、和龙湾等村落氏族在那里居住。

## 北海诸兽

（122,19E~124,33E；38,76N~43,19N）

北海内有兽[1]，其状如马[2]，名曰騊駼[3]。有兽焉，其名曰駮[4]，状如白马，锯牙[5]，食虎豹[6]。有素兽焉[7]，状如马，名曰蛩蛩[8]。有青兽[9]焉，状如虎[9]，名曰罗罗[11]。

注释：[1]北海内有诸兽：北海内有诸氏族。北海内指钜燕地区。

[2]马：指东胡族。

[3]騊駼：指吐谷氏，是东胡的支系。

[4]駮：指巴颜氏。

[5]白马，锯牙：巴颜蒙的钜燕氏族。

[6]食虎豹：从事游牧和农业两种劳动。

[7]素兽：指狩猎氏族。

[8]蛩蛩：指移民支系的氏族，读羌羌更恰当。

[9]青兽：指犬戎族。

[10]虎：指胡族。

[11]罗罗：一般指黑虎支系，这里指来自西部的氏族。

译文：北海外有氏族，是东胡族，名叫吐谷氏。有一个氏族，名叫巴颜氏，是巴颜蒙的钜燕氏族，从事游牧业和农业两种劳动。有一个狩猎氏族，服饰像胡族，名叫羌羌氏。有一个犬戎族，是游牧氏族，名叫罗罗。

## 北方禺彊

（121,3E~126,3E；43,8N~47,8N）

北方禺彊[1]，人面鸟身[2]，珥两青蛇，践两青蛇[3]。

注释：[1]北方禺彊：钜燕北面的松嫩平原是扶余疆域。禺彊，指扶余疆域。

[2]人面鸟身：定居的僚族。

[3]珥两青蛇，践两青蛇：这是一种分章拆句表达，实际指珥践四夷，即管理着四周之夷。

译文：再往北是扶余的疆域，定居的僚族管理着四周之夷。

## 第九卷 海外东经 【长差】丘

（120,58506E；31,37549N）

海外自东南陬至东北陬者。

【长差】丘[1]，爰有遗玉[2]、青马[3]、视肉[4]、杨柳[5]、甘相[6]、甘华[7]。甘果所生[8]，在东海。两山夹丘[9]，上有树木[10]。一曰嗟丘。一曰百果所在[11]，在尧葬[12]东。

注释：[1]【长差】丘：指丝街，在姑苏城北门外，当时还没有姑苏城。

[2]遗玉：指姑水，今称十字洋河，这里指姑水氏族。

[3]青马：指青苔氏族，今称青台氏族。

[4]视肉：读始柔，指元和塘氏族。

[5]杨柳：读雅柳，指虎丘。

[6]甘相：指后村。甘，读 ga 音，指后。

[7]甘华：指后湖。

[8]甘果所生：夏后氏建立的国家。

[9]两山夹丘：久街为都城。两山，指都城；夹丘，即【长差】丘。

[10]上有树木：那里有纺织检目。树木，也读苏目，指管理纺织的机构。

[11]百果所在：指黄桥纺仓。

[12]尧葬：指大阳山。山可读照，谐音葬。

译文：从海外的东南角记述到东北角。

丝街，所属氏族有姑水氏族、青苔氏族、元和塘氏族、虎丘氏族、后村氏族、后湖氏族，是夏后氏建立的国家，在东海地区，以丝街为都城，那里有纺织管理中心。也有说叫丝城，也有说叫黄桥纺仓，在大阳山的东面。

## 大人国

（119,91232E；32,45475N）

大人国[1]在其北，为人大[2]，坐而削船[3]。一曰在【长差】丘北。

注释：[1]大人国：指泰惹国，今称泰州，在江苏省泰州市及北部地区。

[2]为人大：定都于泰惹。

[3]坐而削船：后又转到宿迁。削船，指宿迁市。

译文：泰惹国在北面，定都于泰惹，后又转到宿迁。又说，泰惹国在丝街的北面。

## 奢比尸

（119,2412E；34,28897N）

奢比之尸[1]在其北，兽身，人面，大耳[2]，珥两青蛇[3]。一曰肝榆之尸[4]在大人北。

注释：[1]奢比尸：指奢沘肆，即黄河肆，在废黄河岸边的灌云。

[2]兽身，人面，大耳：氏族为定居的泰惹国氏族。

[3]珥两青蛇：管理着两个街肆。

[4]肝榆尸：奢沘肆又称灌云肆，谐音肝榆尸。

译文：黄河肆在北面，氏族是定居的泰惹国氏族，管理着两个街肆。又说灌云肆在泰惹的北面。

## 君子国

（117,67749E；36,22736N）

君子国[1]在其北，衣冠带剑[2]，食兽[3]，使二大虎在旁[4]，其人好让不争[5]。有薰华草[6]，朝生夕死[7]。一曰在肝榆之尸北。

注释：[1]君子国：指契那国。君子读纪枝、具枝、与契那同意。图腾为“金乌负日过山图”。

[2]衣冠带剑：指沂蒙岱纪，即沂蒙支系部落国。岱，在濮语中指树、栋、支系。

[3]食兽：古老的氏族部落。

[4]使二大虎在旁：建在莱达芜江畔。莱达芜江，又称牧汶江，今称牟汶河。莱达芜，今称莱芜。

[5]其人好让不争：这个集镇的统治氏族是苗族。好让，读冯儒，指统治；不争，读补纠，指苗族。

[6]有薰华草：沂煦山移民。今称沂蒙山移民。临煦南面的沂蒙山，古称沂煦山。

[7]朝生夕死：指照舍羲氏，即且舍氏。

译文：契那国在北面，是沂蒙支系部落国，是古老的氏族部落，建在莱达芜江畔，集镇的统治氏族是苗族，是沂蒙山移民的且舍氏。又说，契那国在灌云肆的北面。

## 虹虹

（117,33915E；38,37175N）

虹虹[1]在其北，各有两首[2]。一曰在君子北。

注释：[1]虹虹：指黄骅肆。

[2]各有两首：孤尤国的首都。有遗存名为孤东。

译文：黄骅肆在北面，是孤尤国的首都。又说，黄骅肆在契那国的北面。

## 朝阳之谷神天吴

（117,19212E；39,12951N）

朝阳之谷[1]，神曰天吴[2]，是为水伯[3]。在虹虹北两水间[4]。其为兽也，八首人面，八足八尾[5]，皆青黄[6]。

注释：[1]朝阳之谷：指朝阳国。

[2]神曰天吴：集肆叫天坞，今称天津。

[3]是为水伯：这里是水码头。

[4]两水间：指永定河与海河地区。

[5]八首人面，八足八尾：芝饶族居民，饶族饶夷。

[6]皆青黄：皆为东胡氏族。

译文：朝阳国的集肆叫天坞，这里是水码头。在黄骅肆北面的永定河与海河地区。这里的氏族是芝饶族居民，是饶族饶夷，皆为东胡氏族。

## 青丘九尾狐

（118,17753E；39,63388N）

青丘国[1]在其北，其狐四足九尾[2]。一曰在朝阳北。

注释：[1]青丘国：指城街国，又称城山国，因大城山而得名，今河北唐山市城区。

[2]其狐四足九尾：那里的游牧氏族是古老的缴夷。

译文：城街国在北面，那里的游牧氏族是古老的缴夷。又说城街国在朝阳国的北面。

## 帝命竖亥步

（119,9417E；40,81852N）

帝命竖亥步[1]，自东极至于西极，五亿十选九千八百步[2]。竖亥右手把算[3]，左手指丘北[4]。一曰禹令竖亥。一曰五亿十万[5]九千八百步[6]。

注释：[1]帝命竖亥步：北地的松黑山。帝命，狄米，指北地；竖亥步，指松岭、黑山山脉。

[2]五亿十选九千八百步：五溢十峰九坳口八部落山。

[3]竖亥右手把算：松黑山北面是巴数。巴数，指九濮部落地区。翁牛特刻文有记载。

[4]左手指丘北：南面是角山。丘北，读去博，指角山。

[5]万：指门。

[6]八百步：第一个八百步指八部落山，第二个八百步指八票阜。

译文：北地的松黑山，从东北至西南，共有五条河流、十座山峰，九个坳口和八个部落。松黑山的东北端是巴数地区，西南端是角山。人们又说，那是北蔺地区的松黑山，又说有五河十门九坳八票阜。

## 黑齿国

（123,43176E；41,80543N）

黑齿国[1]在其北，为人黑[2]，食稻啖蛇[3]，一赤一青[4]，在其旁[5]。一曰在竖亥北，为人黑首[6]，食稻使蛇[7]，其一蛇赤[8]。

注释：[1]黑齿国：指浑丘国。沈阳地区的古称谓，因属浑河流域而得名。

[2]为人黑：定都于浑丘。沈阳城，古称浑丘。

[3]食稻啖蛇：从此诞生了集肆。食，指始，从此；稻啖，指诞生；蛇，指集肆。

[4]一赤一青：有一个于红肆，有一个东肆。

[5]在其旁：在都城旁边。

[6]为人黑首：定都浑河。首，在此读蛇，指河。

[7]食稻使蛇：始生市肆。

[8]其一蛇赤：其中有一个集肆叫红肆。

译文：浑丘国在北面，定都于浑丘，从此诞生了集肆，有一个叫于红肆，一个叫东肆，在都城的旁边。又说浑丘国在松黑山北面，定都浑河边，始生市肆，其中一肆叫红肆。

## 汤谷十日[1]

（123,72327E；42,99917N）

下有汤谷[2]，汤谷上有扶桑[3]，十日所浴[4]，在黑齿北。居水中，有大木[5]，九日居下枝[6]，一日居上枝[7]。

注释：[1]汤谷十日：指通江十惹，分别为：通江口、两家子、四大家子、金家镇、照苏台（今称七家子）、曲家店、八面城、老四平、梨树、十家堡。

[2]下有汤谷：在东方有一条通江，今称照苏台河。

[3]汤谷上有扶桑：通江边的疆域。扶桑，指疆域。

[4]十日所浴：是十镇部落开辟。所浴，指开辟。

[5]居水中，有大木：照苏台是游牧部落的检目。

[6]九日居下枝：九个集镇住在河畔的东面。

[7]一日居上枝：一个集镇住在河畔的西面。

译文：在东方有一条通江，通江边的疆域，是十镇部落开辟，在浑丘国的北面。照苏台是游牧部落的检目，有九个集镇座落在河畔的东面，一个集镇座落在河畔的西面。

## 雨师妾

（125,30446E；43,34216N）

雨师妾[1]在其北。其为人黑，两手各操一蛇[2]，左耳有青蛇[3]，右耳有赤蛇[4]。一曰在十日北，为人黑身人面[5]，各操一龟[6]。

注释：[1]雨师妾：读伊施纪，指伊通部落。

[2]其为人黑，两手各操一蛇：定都于哈达岭下，首都在古绰河肆。各操一，指古绰溢，意为流动很汹涌的河，后称伊通河。

[3]左耳有青蛇：左边有东肆。

[4]右耳有赤蛇：右边有通肆。这里是按照左东右西表达。赤，指移动，在此作通解。

[5]为人黑身人面：定都于哈达岭下的集镇。

[6]各操一龟：古绰河的北面。

译文：伊通部落在北面，定都与哈达岭下，首都在古绰河肆，河的左岸有一个东肆，右岸有一个通肆。又说伊通部落在十镇部落的北面，定都于哈达岭下的集镇，在古绰河的北岸。

## 玄股国

（125,33599E；43,9167N）

玄股国在其北[1]，其为人衣鱼食驱[2]，使两鸟夹之[3]。一曰在雨师妾北。

注释：[1]玄股国：指长城国，又称宽城国，今称长春宽城区。

[2]其为人衣鱼食驱：定都于伊通河畔的奢岭旁。衣鱼，指伊溢，伊通河；食驱，指奢角、奢岭。奢，即长。

[3]使两鸟夹之：从事并管理渔业和农业两种职业。

译文：长城国在北面，定都于伊通河畔的奢岭旁，从事并管理着渔业和农业两种职业。又说长城国在伊通国北面。

## 毛民国

（126,64251E；45,75759N）

毛民国[1]在其北，为人身生毛[2]。一曰在玄股北。

注释：[1]毛民国：读陌米国，指河岸边的国家，这里指松花江畔的国家。

[2]为人身生毛：定都于松花江畔。身生毛，读松蛇陌，指松花江畔，今称哈尔滨。

译文：陌米国在北面，定都于松花江畔。又说陌米国在长城国北面。

## 劳民国

（127,52691E；50,29088N）

劳民国[1]在其北，其为人黑[2]。或曰教民[3]。一曰在毛民北，为人面目首足尽黑[4]。

注释：[1]劳民国：指沼泽地的国家。劳民，即淖尔米，指沼泽地。

[2]其为人黑：定都于黑河。

[3]教民：读诸米，指低地，也称张米、张地。

[4]为人面目首足尽黑：定都于母系的狩猎氏族部落的黑河。面目，指娘，母系；首足，指氏族；尽，读纪，指部落。

译文：沼泽国在北面，定都于黑河，又称低地国。又说沼泽国在陌米国的北面，定都于母系的狩猎氏族部落的黑河。

## 东方句芒

（129,12E~144,84E；46,87N~55,34N）

东方句芒[1]，鸟身人面[2]，乘[3]两龙[4]。

注释：[1]东方句芒：东方，指沼泽国的东方，要站在黑河对岸的张地淖尔的位置向东看，中心点在伯力；句芒，指基姆族，主要生活在两江下游至出海口地区。基姆族群分为三大族群，即句芒族群、倭基姆族群（日本族群）、爱斯基姆族群（北极族群）。倭，指南部，不是指矮。

[2]鸟身人面：是僚族居民。

[3]乘：指集中在、世代居住在。

[4]两龙：指两江下游，即松花江与黑龙江下游至出海口地区。

译文：沼泽国的东面是基姆族的生活地区，他们是僚族居民，集中在松花江和黑龙江两江下游至出海口地段。

# 第十卷 海内南经

## 瓯居海中

（116,7E~121,3E；24,3N~28.4N）

海内东南陬以西者[1]。

瓯居海中[2]。闽在海中[3]，其西北有山。一曰闽中山[4]在海中。

注释：[1]海内东南陬以西者：从海内东南角记述到西南角。海内，指离中原较远的地区。

[2]瓯居海中：瓯，指东瓯，古代浙江南部和温州地区；海中，指沿海地区。东瓯在沿海地区。后来的海中是检目行政单位，包括江苏、浙江和福建省。

[3]闽在海中：闽，福建古称七闽；七闽在沿海地区。

[4]闽中山：指七闽地区。

译文：从海内东南角记述到西南角。

东瓯在沿海地区。七闽在沿海地区，它的西北面为山区。又说七闽地区属东南沿海地区。

## 三天子鄣山

（119,26311E；28,48184N）

三天子鄣山[1]在闽西北。一曰在海中。

注释：[1]三天子鄣山：指福建西北部浙江境内的九龙山，有松阳、遂昌、遂昌大柘三个山间平地，被称为三妥柘堵山，谐音称为三天子都山或三天子鄣山，同时也称为柘岭或柘岱。

译文：三天子鄣山在闽西北。又说三天子鄣山在沿海地区。

## 桂林八树

（117,1693E；27,13604N）

桂林[1]八树[2]在番隅[3]东。

注释：[1]桂林：指杉岭南端的桂林乡，属福建邵武市。

[2]八树：读音“饶舍”，指八个氏族支系，今称为八个行政村，分别为：惠林、桂林、槎口、下岚、盖竹、横坑、余山和大岭。为便于表达，按八舍解读。

[3]番隅：指西溪。又称番溢。

译文：桂林八舍在西溪的东面。

## 伯虑国

（116,64008E；27,56886N）

伯虑国[1]、离耳国[2]、雕题国[3]、北朐国[4]皆在郁水[5]南。郁水出湘陵南海[6]。一曰相虑[7]。

注释：[1]伯虑国：读贝略国，指南城。

[2]离耳国：读黎流国，指黎川。

[3]雕题国：读妥体国，指广昌。

[4]北朐国：读贝盱国，指南丰。

[5]郁水：指盱江。

[6]湘陵南海：江西古称灌湘和湘陵，南部地区则称湘陵南海。

[7]相虑：湘陵的谐音。

译文：南城国、黎川国、广昌国、南丰国皆在盱江南部地区。盱江发源于湘陵的南部。又说此四国在湘陵南部。

## 枭阳国

（114,9151E；27,039N）

枭阳国[1]在北朐之西。其为人人面长唇[2]，黑身有毛[3]，反踵[4]，见人笑亦笑[5]；左手操管[6]。

注释：[1]枭阳国：指峡阳国。在江西省峡山南面，今称吉安县。相邻的赣江古称峡溢、峡江。

[2]人面长唇：指草禾场集镇。

[3]黑身有毛：王族是有苗，即苗族。

[4]反踵：善于管理。

[5]见人笑亦笑：这个集镇与峡江相邻。

[6]左手操管：在峡江的西面建立的城镇。左手，在此指西面。

译文：峡阳国在南丰国的西面，定都于草禾场集镇，王族为苗族，是善于治理的氏族。这个集镇与峡江相邻，是在峡江的西岸建立的城镇。

## 兕

（113,04065E；25,80055N）

张明友

兕[1]在舜葬[2]东，湘水南。其状如牛[3]，苍黑[4]，一角[5]。

注释：[1]兕：指苏城，又称郴州。在湖南郴州市。

[2]舜葬：指纹身氏族的疆域。

[3]牛：指僚族。

[4]苍黑：指郴恒，贝濮僚国的王都，称为郴恒。

[5]角：读郭，指城。

译文：苏城在纹身氏族疆域的东面，在湘水的南面，是僚族的郴恒之城。

## 苍梧山

（111,98804E；25,34963N）

苍梧之山[1]，帝舜葬于阳[2]，帝丹朱葬于阴[3]。

注释：[1]苍梧山：指九嶷山。

[2]帝舜葬于阳：纹身氏族的疆域在南面。

[3]帝丹朱葬于阴：诸苗氏族的疆域在北面。丹，是濮文“大”的谐音。大，读朵音，指落后的，大弓为夷，即落后的支系为夷，这是汉语的造字定义，由此，诸苗被称为大诸，谐音丹朱。

译文：九嶷山，纹身氏族的疆域在南面，诸苗氏族的疆域在北面。

## 泛林

（111,27661E；24,81748N）

泛林[1]，方三百里[2]。在狌狌[3]东。

注释：[1]泛林：指天府，今谐音传承为天丰、富川，在广西富川县城。

[2]方三百里：天丰部落的都城。方三，指天丰；百里，读亳里，指都城。

[3]狌狌：读生生。这里指奢肆，即阳朔。

译文：天府，天丰部落的都城，在奢肆的东面。

## 狌狌知人名

（110,49373E；24,7766N）

狌狌知人名[1]，其为首如豕而人面[2]，在舜葬[3]西。

注释：[1]狌狌知人名：指凤鸣坪集镇，今广西桂林市阳朔县阳朔镇。

[2]豕而人面：集肆的居民。

[3]舜葬：指纹身氏族疆域。

译文：凤鸣坪集镇，那里的氏族是集肆居民，在纹身氏族疆域的东面。

## 犀牛

（109,40952E；24,33518N）

狌狌西北[1]有犀牛[2]，其状如牛而黑[3]。

注释：[1]狌狌西北：指奢肆西南。北，读贝音，指南。

[2]犀牛：读肆僚，指僚肆，即河边的集肆。今谐音传承为柳肆、柳州。

[3]牛而黑：指柳部落的王城。牛而黑，读柳而恒。

译文：奢肆的西南面有僚肆，是河边部落的王城。

## 夏后启之臣孟涂

（108,08683E；24,68741N）

夏后启之臣[1]曰孟涂[2]，是司神于巴[3]。人请讼于孟涂之所[4]，其衣有血者乃执之[5]。是请生[6]，居山上[7]，在丹山西[8]。丹山在丹阳南，丹阳居属也[9]。

注释：[1]夏后启之臣：长河池的部落。臣，读纪，指部落。

[2]孟涂：指毛吐部落。

[3]是司神于巴：建在金城江畔。今河池市城区。

[4]人请讼于孟涂之所：定检署在毛吐所 。请讼，指施政台，也称检署。

[5]其衣有血者乃执之：这里的氏族是有池部落的拉沙氏。

[6]是请生：建检舍。

[7]居山上：在河的西岸。山，读舍，在此指河。

[8]在丹山西：在丹舍的东面。山，读舍，在此指部落。

[9]丹阳居属也：丹阳部落所属之乡，今广西南丹县。

译文：长河池的部落叫毛吐部落，建在金城江畔，定检署在毛吐所。这里的氏族是有池部落的拉沙氏，建检舍在河的西岸，在丹舍的东面。丹舍在丹阳的南面，是丹阳部落之乡。

## 窫窳龙首

（109,22697E；23,7342N）

窫窳龙首[1]，居弱水中[2]，在狌狌知人名之西，其状如龙首[3]，食人[4]。

注释：[1]窫窳龙首：指大河龙族。大河，指红水河。

[2]弱水：指龙水，又称古瓦水。古瓦为龙。弱水地区，今称为广西来宾城。

[3]龙首：指古瓦氏族，是最早称龙的氏族。

[4]食人：古老的集镇氏族。

译文：大河龙族，住在古瓦水地区，在凤鸣坪地区的西南面，是龙族古老的集镇氏族。

## 建木

（107,99423E；23,73643N）

有木[1]，其状如牛，引之有皮[2]，若缨，黄蛇[3]。其叶如罗，其实如栾[4]，其木若蓲[5]，其名曰建木。在窫窳西弱水上[6]。

注释：[1]木：指管理中心，也称建木、检目。

[2]牛引之有皮：红河的大元河段。牛引，指大河，即红河；有皮，读耶比，指大元。

[3]若缨黄蛇：叫大化肆。

[4]其叶如罗，其实如栾：指骆越的绣部落支系氏族。

[5]蓲：读瓯，指内桑。

[6]在弱水上：在古瓦河的西面。

译文：有一个管理中心，在红河的大元河段河岸边，叫大化肆。氏族支系是骆越的绣部落支系氏族，管理中心在内桑，名叫建木，在红水河流域古瓦河地区的西面。

张明友

## 氐人国

（107,65833E；23,97551N）

氐人国[1]在建木西，其为人人面而鱼身[2]。

注释：[1]氐人国：指堵惹国，后称都阳国，都阳镇，在广西大化县都阳镇。

[2]人面而鱼身：勉箐山下的丰江边。人面，指勉箐，即瑶山的大箐；鱼身，指丰江。

译文：都阳国在建木的西面，定都在勉箐山下的丰江边。

## 巴蛇食象

（106,61698E；23,89774N）

巴蛇食象[1]，三岁而出其骨[2]，君子服之[3]，无心腹之疾[4]。其为蛇青黄赤黑[5]，一曰黑蛇青首[6]，在犀牛西[7]。

注释：[1]巴蛇食象：指博涩部落建立王国。巴蛇，指博涩，濮文意为阳圩东南，今广西百色。象，指王、王国。

[2]三岁而出其骨：三年而成其国。

[3]君子服之：棘枝冯纪。国名叫棘枝王国，即南方王国。

[4]无心腹之疾：读汝喜胡之纪，指迎龙山的部落国。

[5]其为蛇青黄赤黑：下属分舍为青黄赤黑四舍。

[6]黑蛇青首：黑舍排在第一。

[7]犀牛：指左江与红河，在此指左江。

译文：博涩建国，三年才成其国，叫棘枝王国，是迎龙山的部落国，其下属划分为青黄赤黑四舍，黑舍排在第一，在左江的西面。

## 旄马

（105,09649E；24,49178N）

旄马[1]，其状如马，四节有毛[2]，在巴蛇西北，高山[3]南。

注释[1]旄马：指毛南苗，今称毛南族，毛马部落，今称西林，在广西西林市。

[2]马，四节有毛：苗族支系的驮娘江部落的苗族。驮娘江部落，谐音传承为八达镇，在西林市城区。

[3]高山：读耿山，今称隆林。林读耿、举，此处读耿，谐音高。今广西隆林县城。

译文：毛南苗，是苗族的驮娘江部落苗族，在百舍的西面，隆林的南面。

## 匈奴开题之国

（103,76536E；24,53093N。103,99387E；24,82615N。103,42164E；24,40938N）

匈奴[1]、开题之国[2]、列人之国[3]并在西北。

注释：[1]匈奴：指煦泸国，也称泸煦国，今云南泸西县。

[2]开题国：指丝宗国，今云南师宗县。

[3]列人国：指勒惹国，今云南弥勒县。这个记录证明，弥勒县的名称形成远早于佛教文化的传入，而我们却在忘记自己的文化资源，并被外来文化所取代。

译文：煦泸国、丝宗国、勒惹国都在毛南苗部落的西北面。

# 第十一卷 海内西经

## 危与贰负杀窫窳

（103,30006E；26,41518N）

海内西南陬以北者。

贰负之臣[1]曰危[2]，危与贰负杀窫窳[3]。帝乃梏[4]之疏属之山[5]，桎其右足[6]，反缚两手与发[7]，系之山上木[8]。在开题西北。

注释：[1]贰负之臣：诺洪鲁的部落。诺洪鲁，山脉名，指乌蒙山，西侧主峰牛山，今称黎山。臣，读纪音，指部落。

[2]危：指会泽部落。

[3]贰负杀窫窳：诺洪鲁的大河边。

[4]帝乃梏：武樊固育育的第十一代后裔蒂乃苦。

[5]疏属之山：直系后裔的根据地。

[6]桎其右足：知痴夜，又称樊雅夜，樊雅蒙之父。足，指支系。

[7]反缚两手与发：开拓都城于大岩。大岩，今称金钟山。

[8]系之山上木：建立了河边的管理中心。山上，读奢啥，指河边。

译文：从海内西南角记述到西北角。

诺洪鲁的部落，叫会泽部落，会泽部落在诺洪鲁的大河边。蒂乃苦的直系后裔知痴夜支系开拓都城于大岩，建立了大河边的管理中心，在师宗的西北面。

## 大泽

（104,64231E；28,75833N）

大泽方百里[1]，群鸟所生及所解[2]。在雁门北[3]。

注释：[1]大泽方百里：宜宾王国的都城。大泽，指耶沘，即金沙江，传承为宜宾。方，读冯，指王国；百里，读亳里，指京城、都城。

[2]群鸟所生及所解：许多僚族的发源地和出发地。

[3]雁门北：指盐门南面。北，在此指南。盐门，今称自贡，贡也指门。

译文：宜宾王国的都城，是许多僚族的发源地和出发地，在盐门的南面。

## 雁门山

（104,77817E；29,33939N）

雁门山[1]，雁出其间[2]。在高柳北[3]。

注释：[1]雁门山：指盐门所，今称自贡。

[2]雁出其间：盐出产于这里。

[3]在高柳北：高柳，指里江、内江，今称内江。北，指南。

译文：盐门所，盐出产于这里，在内江的南面。

## 高柳

（105,06611E；29,58642N）

高柳[1]在代北[2]。

注释：[1]高柳：指内江，原读音果僚，谐音高柳，今称内江市。

[2]代北：代，指堵，意为平川，又称资，今称资阳市。北，读音同贝，指南。

译文：内江在资阳的南面。

## 后稷之葬

（104,65164E；30,12192N）

后稷之葬[1]，山水环之[2]。在氐国西[3]。

注释：[1]后稷之葬：后稷，指候接，四川资阳的古称谓。之葬，指平坦的疆域，也称资疆。

[2]山水环之：指龙泉山和沱江环绕着。

[3]氐国：指堵国，今丹山镇，在资阳的东面，在此以丹国解读。

译文：候接资疆这个山水环绕的美丽地方，在丹国的西面。

## 流黄酆氏国

（103,83415E；30,04234N）

流黄酆氏之国[1]，中方三百里[2]；有涂四方[3]，中有山[4]。在后稷葬西。

注释：[1]流黄酆氏国：指眉山堡肆之城，今四川省眉山市城区。国，读音 go，在此指城。

[2]中方三百里：是眉部落王国的都城。

[3]有涂四方：有四个管理区，分别为彭山、仁寿、青神、丹棱。

[4]中有山：并设有治所。

译文：眉山堡氏族之城是眉部落王国的都城，有四个管理区，并设有治所。该城在候接资疆的西面。

## 流沙

（103,51536E；30,58678N）

流沙[1]出钟山[2]，西行又南行昆仑之墟[3]，西南入海，黑水之山[4]。

注释：[1]流沙：读 lao xie，音译为流沙、流斜、斜江，指长河，在今四川崇州市大邑县。

[2]钟山：指雾钟山，简称钟山，今称雾中山。

[3]昆仑之墟：指正山口。正山，读音 k'o lu，谐音昆仑。实际向东南。

[4]西南入海，黑水之山：转向东南流入大海， 是长江的水源之一。

译文：斜江发源于雾中山，东行又南行至正山口，又转向东南流入大海，是长江的水源之一。

## 东胡

（103,5637E；30,90664N）

东胡[1]在大泽东[2]。

注释：[1]东胡：读朵胡，指丈人山，今称青城山。山边的江称为朵江，音译为都江。

[2]大泽：指青城后山的泰安镇，今称水磨古镇。

译文：丈人山在泰安镇的东面。

## 夷人

（103,58493E；31,47751N）

夷人[1]在东胡东。

注释：[1]夷人：读溢惹，指河边的集镇，今称汶川，实际在丈人山的东北面。

译文：汶川在丈人山的东面。

## 貊国

（103,85393E；31,68597N）

貊国[1]在汉水[2]东北。地近于燕[3]，灭之[4]。

注释：[1]貊国：指茂国，今四川省茂县。

[2]汉水：指夏水，读音则柯淖，今称扎谷脑，同时是汶川镇的别称。

[3]地近于燕：在礼数乡，今称凤仪镇。地，指在。

[4]灭之：指坪台，今称坪头寨。

译文：茂国在夏水东北，在礼数乡坪头寨。

## 孟鸟

（103,6008E；32,64751N）

孟鸟[1]在貊国东北。其鸟文赤、黄、青，东乡[2]。

注释：[1]孟鸟：指岷江源，今四川省松潘县，实际在茂县的北面。

[2]其鸟文赤、黄、青东乡：河源由羊洞河、川主河、曲其格曲汇成。鸟文，指河源；东乡，指汇在一起，是倒装句。

译文：岷江源在茂国的北面。河源由羊洞河、川主河、曲其格曲汇成。

## 海内昆仑墟

（93,5533E；35,71969N）

海内昆仑墟[1]，在西北，帝之下都[2]，昆仑之墟，方八百里，高万仞。上有木禾[3]，长五寻[4]，大五围[5]。面有九井，以玉为槛[6]。面有九门[7]，门有开明兽守之[8]，百神所在[9]。在八隅之岩[10]，赤水之际[11]，非仁羿莫能上冈之岩[12]。

注释：[1]昆仑墟：指昆仑山口。海内，指比海外远的地方。

[2]西北帝之下都：唐古拉山的东麓。西北帝，读曦鳖抵，指彤老剌，即唐古拉。

[3]上有木禾：那里有扎曲。扎曲，古称木禾河。

[4]长五寻：楚玛须河。五，读梅音，与玛谐音。

[5]大五围：达玛维河，今称通天河。

[6]面有九井，以玉为槛：山上有无数的源泉，是由冰融化而成。

[7]面有九门：上面有许多通道。

[8]有开明兽守之：有丝绸族通过。这里的丝绸族是指丝绸贩运氏族。

[9]百神所在：到达巴斯蜀纪。

[10]赤水之纪：且舍的部落。

[11]非仁羿莫能上冈之岩：从事织绸的能沽之乡。非仁，指专门；羿莫，指织绸；能冈，指能沽洛略；岩，指乡。

译文：海内昆仑山口，在唐古拉山东麓，属昆仑山脉的东部，方圆八百里，高万仞。那里有木禾河、楚玛须河、达玛维河。那上面有无数的源泉，是由冰融化而成。那上面有许多通道，有丝绸族从那里通过，到达巴斯蜀纪、且舍部落和专门从事织绸的能沽之乡。

## 赤水

（97,38499E；32,82766N~104,63339E；28,76544N）

张明友

赤水[1]出东南隅[2]，以行其东北[3]，西南流入南海[4]，在厌火东[5]。

注释：[1]赤水：指金沙江，原读音澈澈那液，简称赤水。

[2]东南隅：昆仑墟的东南隅。

[3]以行其东北：指至凤足河转向东北流。以行其，指凤足河，今称鸡足河或枯木河。

[4]西南流入南海：指又转向东南流入大海，这里的“南海”是指大海。

[4]在厌火东：指乐和国东面。

译文：金沙江发源于昆仑山的东南隅，流至凤足河转向东北流去，又转向东南流入大海，出海口在乐和国的东面。

## 河水

（97,77007；35,0845N~119,25315E；37,8213N）

河水[1]出东北隅，以行其北，西南又入勃海[2]，又出海外[3]，即西而北，入禹所导积石山[4]。

注释：[1]河水：指黄河。

[2]勃海：指红原至诺尔盖地区。

[3]又出海外：指又折返离去。

[4]禹所导积石山：指大禹疏导的陕西与山西交界的黄河段，即兴门至佳川河段。

译文；黄河发源于昆仑山的东北隅，从北向南进入诺尔盖地区，又折返离去，向西又转向北，再向南进入大禹疏导的河段。（以后再折向东北流入大海。）

## 洋水

（98,0273E；33,39977N~101,80351E；26,60223N）

洋水[1]，黑水[2]出西北隅[3]，以东，东行，又东北，南入海，羽民南[4]。

注释：[1]洋水：指雅砻江。

[2]黑水：指泥曲河，又称兴水河，至雅江县与雅砻江汇合。

[3]西北隅：指东南隅，即发源于白鹤山。

[4]羽民南：山东沂蒙山及苏北地区，古称沂蒙地区，长江的出海口在沂蒙南。

译文：雅砻江、泥曲河发源于白鹤山，向东南行，又向东北，从东南面流入大海，即从沂蒙地区的南面入海。

## 弱水

（100,38916E；33,61452N~103,7666E；29,54499N）

（102,81164E；30,38278N~103,71716E；29,55335N）

弱水[1]、青水[2]，出西南隅[3]，以东，又北，又西南，过毕方东[4]。

注释：[1]弱水：濮语马可河的意译，下游为大渡河，发源于巴颜喀拉山。马可指不旺。

[2]青水：指青衣江，发源于夹金山脉的四姑娘山。

[3]西南隅：指东南隅。

[4]毕方东：指贝濮国的东面，今湖南地区的东面。

译文：大渡河、青衣江发源于昆仑墟的东南面，向东，又向北，又向东南，流向贝濮国的东面。

## 开明兽

（104,0657E；30,6625N）

昆仑南渊深三百仞[1]。开明兽身[2]大类虎而九首[3]，皆人面[4]，东向立昆仑上[5]。

注释：[1]昆仑南渊深三百仞：昆仑南乡富饶的部落集镇区。

[2]开明兽身：丝绸氏族。早期部落为三星堆大月氏陀尼部落，著名的君长名叫知那那。后期为小月氏开明部落，著名的君长名叫格杰杰。实际上是德阳与成都分治。开明氏族对君长的称呼叫阻摩，谐音纵目，君长塑像也以纵目表达阻摩。

[3]大类虎而九首：游牧胡的共工氏族。共工国最早建于青海。

[4]皆人面：皆织绸。

[5]东向立昆仑上：国家建于昆仑旁边。东向，指国家。

译文：昆仑南乡富饶的部落集镇区，是丝绸氏族游牧胡的共工氏族地区，人们皆织绸，这个族群的国家最早建于昆仑旁边。

丝绸族的开明部落图腾

知那那的仿真人像

知那那的拟名像

## 开明西凤凰

（103,29585E；30,58141N）

开明西有凤凰[1]、鸾鸟[2]，皆戴蛇[3]践蛇[4]，膺有赤蛇[5]。

注释：[1]凤凰：指灌口（今出江镇）及西岭氏族。

[2]鸾鸟：指西河氏族。

[3]戴蛇：指丹巴氏族。

[4]践蛇：指夹金氏族。

[5]膺有赤蛇：住在且舍地区。

译文：丝绸族的西面有灌口及西岭氏族，有西河氏族，皆是丹巴氏族和夹金氏族，住在且舍地区。

## 开明北不死树

（97,00952E；32,99993N。100,24337E；34,47287N）

开明北有视肉、珠树、文玉树、玗琪树、不死树[1]。凤凰、鸾鸟皆戴瞂[2]。又有离朱、木禾、柏树、甘水、圣木曼兑[3]，一曰挺木牙交[4]。

注释：[1]视肉、珠树、文玉树、不死树：指玉树地区的集镇扎多、治多、玉树、曲麻莱。

[2]凤凰、乱鸟皆戴瞂：胡族和西部僚皆择水而居。戴瞂，指择水。

[3]离朱、木禾、柏树、甘水、圣木曼兑：指瑪沁地区的集镇久治、玛沁、班玛树、甘德、玛多。圣木，指面部彩绘的族群，即赭面蒙。

[4]挺木牙交：指万神之城，实际指众多氏族之城。

译文：丝绸族的北面有扎多、治多、玉树、曲麻莱集镇。有胡族和西部僚，皆择水而居。又有久治、玛沁、班玛树、甘德和瑪多集镇，又说玛多叫万神之城。

## 开明东诸巫夹窫窳之尸
（106,15332E；33,32827N~106,58548E；29,56908N）

开明东有巫彭、巫抵、巫阳、巫履、巫凡、巫相[1]，夹窫窳之尸[2]，皆操不死药以距之[3]。窫窳者，蛇身人面[4]，贰负臣所杀也[5]。

注释：[1]巫彭、巫抵、巫阳、巫履、巫凡、巫相：指嘉陵江边的彭部落（今彭城镇）、氐部落（今略阳县）、阳部落（今阳平关镇）、苍溪部落（今阆中）、果部落（今南充）、汇部落（今合川）。

[2]夹窫窳之尸：借助大河的便利。这里的大河是指嘉陵江。

[3]皆操不死之药以距：皆建埠肆之要津以盘踞。

[4]窫窳者，蛇身人面：大河支系的氏族，都是种植氏族的居民。蛇，在此作种植解。

[5]贰负臣所杀也：这里指能沽国之外的氏族，有蚌氏、有月氏、也有僚族。也，指夷。

译文：丝绸氏族区域的东面有彭部落、氐部落、阳部落、苍溪部落、果部落、汇部落僚族部落，借助大河的便利，皆建埠肆之要津以盘踞。大河支系的氏族，都是种植氏族的居民，是能沽国之外的氏族。

## 服常树上三头人
（109,46401E；31,01876N）

服常树[1]，其上有三头人[2]，伺琅玕树[3]。

注释：[1]服常树：指奉节部落氏族地区。服，指复堡，常指查，即部落。

[2]三头人：奢投惹，指凤坪镇。苗族人称坪、平为 da，音译为投。

[3]伺琅玕树：夏国苗族。伺琅，指姒那，即夏国；玕树，指嘎属，即苗族。

译文：复堡部落氏族地区，那里有个集镇叫凤坪镇，那里的氏族是夏国的苗族。

## 开明南树鸟
（104,64231E；28,75833N）

开明南有树鸟[1]，六首[2]；蛟[3]、蝮[4]、蛇[5]、蜼[6]、豹[7]、鸟秩树[8]，于表池树木[9]，诵鸟[10]，鶽视肉[11]。

注释：[1]树鸟：树，指九，在此指众多、很多。树鸟指很多僚族。

[2]六首：指母系氏族。

[3]蛟：指北方南下的羌族。

[4]蝮：指濮族。

[5]蛇：指凉山葫胡，一种由塞族人与僚族融合的氏族。

[6]蜼：指迁徙而来的苗族。

[7]豹：指僰族。

[8]鸟秩树：指纳西族。秩、西，都指东。所以纳西族又称东巴族。

[9]于表池树木：宜宾城是管理中心，

[10]诵鸟：指沐川僚。

[11]鹌视肉：绥江僚。

译文：丝绸族的南面有众多僚族，是母系部落氏族；有羌族、濮族、荫胡、苗族、僰族、纳西族，宜宾城是部落中心，还有沐川僚和绥江僚。

## 第十二卷 海内北经

### 蛇巫山上操柸人

（35,47232E；28,72305N）

海内西北陬以东者。

蛇巫之山[1]，上有人[2]操柸而东向立[3]。一曰龟山[4]。

注释：[1]蛇巫山：指塞利部落山，在土尔其开塞利地区。

[2]上有人：那里有个集镇，指开塞利城。

[3]操柸而东向立：是游牧部落建立的国家。操柸，读撮邦，指游牧部落；东向，读栋羲，指国家。

[4]龟山：指开塞利山。

译文：从海内西北角记述到东北角。

在塞利部落山，那里有一个集镇，是游牧部落建立的国家。又说叫开塞利山。

### 西王母

（37,01041E；39,74841N）

西王母[1]梯几而戴胜杖[2]。其南[3]有三青鸟[4]，为西王母取食[5]，在昆仑墟[6]北。

注释：[1]西王母：这里的西王母指锡瓦斯高原，在土尔其中部。

[2]梯几而戴胜杖：万际的储水疆域。梯几，指万际的、宽广的；戴，读德，指水；胜，指储。

[3]其南：作那里解，不作南解。

[4]三青鸟：指幼发拉底河、底格里斯河、克孜勒河三条河流。

[5]取食：指起始、发源于。

[6]昆仑墟：这里的昆仑墟指开塞利山。

译文：锡瓦斯高原是很宽广的储水疆域。那里有幼发拉底河、底格里斯河、克孜勒河三条河流发源于锡瓦斯高原，在开塞利山的北面。

### 大行伯

（51,38327E；35,69136N）

有人曰大行伯[1]，把戈[2]，其东有犬封国[3]。贰负之尸[4]在大行伯东。

注释：[1]大行伯：指德黑兰，在今伊朗境内。

[2]把戈：读博贾歌，指都城。

[3]犬封国：指班迪突厥斯坦山国。

[4]贰负之尸：指阿富汗之肆。

译文：有个集镇叫德黑兰，是都城，它的东面有班迪突厥斯坦山国。阿富汗的集肆也在德黑兰的东面。

## 犬封国

（63,13295E；34,98691N）

犬封国[1]曰犬戎国，状如犬。有一女子[2]，方跪进柸食[3]。有文马[4]，缟身朱鬣[5]，目若黄金，名曰吉量[6]，乘之寿千岁[7]。

注释：[1]犬封国：指班迪突厥斯坦山国。

[2]女子：指瑙孜堡。

[3]方跪进柸食：统治着北边部落的氏族。方，读冯，指统治；跪，指北边；进柸，读纪邦，指部落。

[4]文马：指大宛马。

[5]缟身朱鬣：白身红鬃。

[6]吉量：指汗血。

[7]乘之寿千岁：乘着它可以日行千里。寿，指通过、行进。

译文：犬封国又叫犬戎国，是犬戎族的国家。那里有一个集镇叫瑙孜堡，统治着北面的部落氏族。那里有宛马，白身红鬃，目若黄金，名叫汗血马，乘着它可以日行千里。

## 鬼国

（58,39784E；37,93698N）

鬼国[1]在贰负之尸北，为物人面而一目[2]。一曰贰负神在其东，为物人面蛇身[3]。

注释：[1]鬼国：指北国，即土库曼斯坦。

[2]为物人面而一目：国家的管理集镇叫雅什哈巴顿检目。为物原是指部落，在此指国。

[3]蛇身：谢拉赫斯。

译文：北国在阿富汗之肆的北面，国家的管理集镇叫雅什哈巴顿检目。又说阿富汗氏族在它的东面，北国定部落集镇在谢拉赫斯。

## 蜪犬

（68,7855E；38,56267N）

蜪犬[1]如犬，青[2]，食人从首始[3]。

注释：[1]蜪犬：指塔吉克犬戎。

[2]青：指多数民族。

[3]食人从首始：古老的草原塞族。食人，指古老的；从，指草原；首始，指塞族。

译文：塔吉克犬戎，是犬戎的多数民族，是古老的草原塞族。

## 穷奇

（75,29527E；42,85091N）

穷奇[1]，状如虎，有翼[2]，食人从首始。所食被发[3]。在蜪犬北。

注释：[1]穷奇：指乔犬，即高大的犬戎，又称吉尔吉斯犬戎。

[2]虎，有翼：游牧族的支系。

[3]所食被发：圣城在比什河畔，这里指中心城托克马克。发，指岩，这里指河畔。

译文：穷奇是游牧族的支系，是古老的草原塞族，圣城在比什河畔，在塔吉克犬戎的北面。

## 帝尧台

（81,32178E；43,9188N）

帝尧台[1]、帝喾台[2]、帝丹朱台[3]、帝舜台[4]，各二台[5]，台四方[6]，在昆仑[7]东北。

注释：[1]帝尧台：指北幼水地区，今称伊犁河地区。台，指区域。帝，指北部。

[2]帝喾台：指塔尔迪库尔干地区。

[3]帝丹朱台：指奎屯诸区。

[4]帝舜台：指乌孙地区，今称塔城。

[5]各二台：指江布尔地区。

[6]台四方：指博尔塔拉，即第四区域，今称博乐地区。

[7]昆仑：指南天山。

译文：北幼水地区、塔尔迪库尔干、奎屯诸区、乌孙地区、江布尔、博乐地区，在南天山的东北面。

## 大蜂

（88,33243E；43,80208N）

大蜂[1]，其状如螽[2]。朱蛾[3]，其状如蛾[4]。

注释：[1]大蜂：指博格达山。蜂，是山“冯”的谐音。

[2]螽：指钟山，即天山。

[3]朱蛾：指准葛尔。

[4]蛾：指盆地。

译文：博格达山，实际就是天山；准葛尔，实际就是盆地。

## 蟜

（81,87128E；41,79658N）

蟜[1]，其为人虎文[2]，胫有䏿[3]。在穷奇东。一曰状如人[4]，昆仑墟北所有[5]。

注释：[1]蟜：读桥音，指拜部落，在今拜城至库车一带。

[2]其为人虎文：定都于弱水。虎文，原读音伊马克，指弱水，是木扎尔河的支流。

[3]胫有䏿：国名叫有拜。

[4]人：指惹氏，一个擅长于制造兵器的氏族。

[5]昆仑墟北所有：南天山东北面的氏族。

译文：拜氏族，定都于弱水，国名叫有拜。在穷奇的东面。又说是惹氏族，是南天山东北面的氏族。

## 闟非

（89,18513E；42,95152N）

闟非[1]，人面而兽身[2]，青色[3]。

注释：[1]闟非：指吐鲁番氏族。

[2]人面而兽身：定居的氏族。

[3]青色：指祁善氏，又称鄯善氏。

译文：吐鲁番氏族，是定居的氏族，是祁善氏。

## 据比尸

（106,28752E；36,00786N）

据比之尸[1]，其为人折颈被发[2]，无一手[3]。

注释：[1]据比尸：清水河肆，今称固原。据比，读泾泚，指清水河。

[2]其为人折颈被发：座落于清水河畔。其为人，指设定集镇、坐落；折，指在；颈被，指泾泚；发，指岩、岸、河畔。

[3]无一手：指裕固族的部落。无，指部落；一手，指裕固属。

译文：清水河肆，座落于清水河畔，是裕固族的部落。

## 环狗

（107,30891E；36,57002N）

环狗[1]，其为人兽首人身[2]，一曰蝟[3]，状如狗，黄色[4]。

注释：[1]环狗：指环部落国，在今甘肃庆阳市环县。狗，指勾纪，部落国的称谓。

[2]兽首人身：指所水惹舍，是环县县城的古称谓，又称洪德惹舍，与所水惹舍含义相同。

[3]蝟：指华池。

[4]黄色：指洪德惹舍。

译文：环部落国，定都于所水惹舍，又称为华池，实际是环固国的所水惹舍，后称为洪德惹舍。

## 袜

（109,32882E；36,86389N）

袜[1]，其为物，人身黑首[2]从目[3]。

注释：[1]袜：读绵（mie），指克绵氏族，即丝绸族。

[2]人身黑首：惹舍的王族。惹舍，集镇名，这里指陕西安塞。

[3]从目：读纵目，氏族名，指头饰帽缨和留额发髻的氏族。

译文：丝绸氏族，是安塞部落的王族，是纵目人。

## 戎

（110,2632E；37,50189N）

戎[1]。其为人，人首三角[2]。

注释：[1]戎：指戎部落。

[2]人首三角：指定水绥城。角，读郭音，指城。今称绥德，在陕西绥德县。德，指水。

译文：戎部落，定都于定水绥城。

## 林氏国驺吾

（110,49323E；38,84271N）

林氏国[1]有珍兽[2]，大若虎[3]，五采毕具[4]，尾长于身[5]，名曰驺吾[6]，乘之日[7]行千里[8]。

注释：[1]林氏国：指古辽国。

[2]珍兽：指支系氏族。

[3]大若虎：指游牧的胡族。

[4]五采毕具：属东北的部落。五采，指东北。

[5]尾长于身：南迁至黄河边。尾长，指南迁；于身，读溢奢，指黄河。

[6]驺吾：指周部落氏族，简称周族。周，濮语读照。

[7]乘之日：指发展于。日，读曰，同濮语的“于”。

[8]行千里：指溪窋野，即窋野河。

译文：古辽国的支系氏族，游牧胡，原属东北的部落，南迁至黄河边，名叫周部落。周部落发展于窋野河地区。

## 昆仑墟南氾林

（110,49323E；38,84271N）

昆仑墟南所[1]，有氾林[2]方三百里[3]。

注释：[1]昆仑墟南所：指窟野河的南部地区。

[2]氾林：指神府，今称神木。有的版本写为氾，氾不能译为神，只有氾能译为神。

[3]方三百里：藩王的都城。

译文：在窟野河南部地区，有一个集镇叫神木，是藩王的都城。

## 从极之渊冰夷

（112,56111E；37,87316N）

从极之渊[1]深三百仞[2]，维冰夷[3]恒都焉，冰夷人面[4]，乘两龙[5]，一曰忠极[6]之渊。

注释：[1]从极之渊：指尖草之乡，在山西省太原市城区。

[2]深三百仞：读叟萨巴惹，指富饶的部落集镇。

[3]冰夷：指太原部落。冰夷，读博原，以十字太阳“博”的读音命名。

[4]冰夷人面：太原居民。

[5]乘两龙：从事两种以上的劳动，指游牧业和农业，或手工业和农业。

[6]忠极：指雀尖。

译文：尖草之乡是富饶的部落集镇，是太原部落的恒都，太原居民从事两种以上的劳动。又说，叫雀尖之乡。

## 阳汙山

（113,88666E；39,27488N）

阳汙山[1]，河[2]出其中；凌门山[3]，河出其中。

注释：[1]阳汙山：指横崖山，濮语读横崖为阳乌，在山西繁峙县横涧乡，是滹沱河北支流的源头。

[2]河：指滹沱河。

[3]凌门山：指五台山，濮语读五台为庾梅，谐音凌门，在山西五台县，是滹沱河南支流的源头。

译文：横崖山，滹沱河北支流发源于这里；五台山，滹沱河南支流发源于这里。

## 王子夜尸

（116,39785E；39,9N）

王子夜之尸[1]，两手[2]、两股[3]、胸[4]、首[5]、齿[6]，皆断异处[7]。

注释：[1]王子夜尸：读无枝耶肆，指昌部落大肆，此表述是大范围介绍，各个部落国定都的地点不同，有多个大肆。

[2]两手：指速剌部落，属医巫闾地区的氏族部落。

[3]两股：指古剌部落，即补苦氏部落，属红山地区的东胡。

[4]胸：指匈奴部落。

[5]首：指肃慎部落。

[6]齿：指古契丹部落。

[7]皆断异处：都曾经定都于此。

译文：昌部落大肆，速剌、古剌、匈奴、肃慎、古契丹部落，都曾定都于此。

## 宵明、烛光

（121,61365E；38,91545N。122,12451E；37,5259N）

舜妻[1]登比[2]氏生[3]宵明[4]、烛光[5]，处河大泽[6]，二女之灵[7]能照此所百里[8]。一曰登北氏[9]。

注释：[1]舜妻：辽河古称通溪，濮语读为“输期”，谐音舜妻。

[2]登比：黄河，濮语读为档沘，传承变音为德沘，谐音登比。档，指黄色。

[3]氏生：指出口处。

[4]宵明：读啥门，指外门，是辽东半岛的别称。

[5]烛光：读照拱，指天门，是山东半岛的别称。

[6]大泽：指渤海。

[7]二女之灵：二流之篱，指两条河流的大门。

[8]能照此所百里：能护卫着这个海域数百里。

[9]登北氏：黄河门神。

译文：辽河、黄河出口处的外门和照门，地处河外的渤海，两河之门能护卫着这个海域数百里。又称为黄河门神。

# 第十三卷  海内东经  钜燕

（122,99449E；41,11231N）

海内东北陬以南者。

钜燕[1]在东北陬。

注释：[1]钜燕：全称钜燕那，是东北著名的部落国之一。

译文：从海内东北角向南描述。

钜燕在海内的东北角。

## 盖国

（122,36544E；40,40002N）

盖国[1]在钜燕[2]南，倭[3]北。倭属燕。

注释：[1]盖国：指盖汝米那，今称盖州，在辽宁盖州市。

[2]钜燕：辽宁鞍山市以及北面地区，古称燕国。

[3]倭：指吴姑，今属大连。古时属燕国。

译文：盖国位于钜燕国的南面，在吴姑的北面。吴姑国臣属于燕国。

## 国在流沙中者

（126,18466E；41,1232N。125,36241E；41,26526N）

国在流沙[1]中者埻端[2]、玺㬈[3]，在昆仑墟[4]东南。一曰海内之郡[5]，不为郡县[6]，在流沙中。

注释：[1]流沙：读 lang she，指绿江，后称鸭绿江。中，指北岸。

[2]埻端：指丸都，今称集安。

[3]玺㬈：又读玄浑、玄桓，浑江的远古称谓，这里实际指玄桓集镇，后称玄菟、桓州，今为桓仁县城。

[4]昆仑墟：古时，较高的山都称为昆仑。这里指龙岗山。

[5]郡：读纪，指部落。

[6]不为郡县：是重要的码头部落。不，指是；为郡，码头部落；县，重要的。

译文：在鸭绿江北岸的国家有丸都、玄桓，在龙岗山的东南面。又说是海内东北角的部落，是重要的码头部落，在鸭绿江边。

集安市博物馆“丸都”瓦片复制

## 国在流沙外者

（127,7813E；41,4231N。124,95344E；40,45029N）

（126,6439E；412,45798。127,12987E；40,97667N）

国在流沙外者，大夏[1]、竖沙[2]、居繇[3]、月支[4]之国。

注释：[1]大夏：读那沙，指大河，今朝鲜龙河镇。

[2]竖沙：指丰饶水，今朝鲜朔州竖棚镇。

[3]居繇：指朝鲜的芝城，今称慈城。

[4]月支：指朝鲜的狼林。

译文：在鸭绿江南岸的国家有龙河、竖棚、慈城、狼林之国。

## 西胡白玉山

（129,21524E；41,71342N）

西胡白玉山[1]在大夏[2]东，苍梧[3]在白玉山西南，皆在流沙[4]西，昆仑墟[5]东南。昆仑山[6]在西胡西。皆在西北[7]。

注释：[1]西胡白玉山：指朝鲜的东山摩天岭。

[2]大夏：指龙河。

[3]苍梧：指朝鲜的长白部落，今称惠山。

[4]流沙西：指鸭绿江东。

[5]昆仑墟：这里指长白山。

[6]昆仑山：指镜面山，今称咸镜山。

[7]皆在西北：指皆在长白山的东北面。

译文：东山摩天岭在龙河的东面，长白部落在摩天岭的西南面，皆在鸭绿江的东面，在长白山的东南面。咸镜山在摩天岭的东面，皆在长白山的东北面。

朝鲜

（12437783E~129,46724E；33,24099N~40,33346N）

朝鲜在列阳[1]东，海北山[2]南。列阳属燕。

注释：[1]列阳：即连阳，今称丹东。

[2]海北山：指咸镜山。镜是北的濮语音译。

译文：朝鲜在连阳的东面，在咸镜山的南面。连阳属燕国。

列姑射

（133,90572E；34,67331N）

列姑射[1]在海河洲[2]中。

注释：[1]列姑射：指冈山列岛，今日本国。

[2]河洲：读哼洲，指弹丸陆地、小陆地。

译文：冈山列岛在大海中的小陆地上。

射姑国

（131,6652E；32,58327N）

射姑国[1]在海中，属列姑射[2]。西南，山环之。

注释：[1]射姑国：指延冈国。

[2]属列姑射：属冈山列岛的九州岛。

译文：延冈国在海中，属冈山列岛的九州岛，是西南岛国，周围都是山。

大蟹

（129,49162E；28,37932N）

大蟹[1]在海中。

注释：[1]大蟹：指大喜，即大岛和喜界岛。大岛，濮语读为“奄美屿”，属琉球国。

译文：大岛和喜界岛在海中。

陵鱼

（127,79944E；26,28422N）

陵鱼人面[1]，手足[2]，鱼身[3]，在海中。

注释：[1]陵鱼人面：指中心屿居民。中心屿，今称那霸屿，在琉球国的中部。

[2]手足：指姒族，即夏族，是江苏宿迁骆马湖迁徙到琉球群岛的夏族。

[3]鱼身：指渔业氏族。

译文：中心屿的居民，是夏族的渔业氏族，住在海岛上。

## 大鯾

（124,15829E；24,37531N）

大鯾[1]居海中。

注释：[1]大鯾：指大鯾列岛，包括宫古岛、多良间岛、东鯾岛（今石垣岛）、小鯾岛、西鯾岛、与那国岛等。鯾，读 bio 音，指鱼。

译文：大鯾列岛在海中。

## 明组邑

（120,67305E；24,14745N）

明组邑[1]居海中。

注释：[1]明组邑：指台湾岛，原称妈祖屿，读音灭组邑，谐音明组邑。

译文：妈祖屿在海中。

## 蓬莱山

（120,89964E；16,60139N）

蓬莱山[1]在海中。

注释：[1]蓬莱山：指帕拉山，即菲律宾北部的中科迪勒拉山和马德雷山。

译文：帕拉山在海中。

## 大人之市

（125,45274E；7,19003N）

大人之市[1]在海中。

注释：[1]大人市：指菲律宾的南部重镇达沃，古称达惹，谐音大人。

译文：达沃市在海岛上。

## 琅琊台

（119,91406E；35,6418N）

琅琊台[1]在勃海[2]，琅琊之东。其北有山[3]，一曰海间[4]。

注释：[1]琅琊台：原意指灵的芝，“台”指集、芝，并非台地，实际介绍山东狼牙山南面的台东和台西集。古称灵的芝，今称灵芝，所以解读时再加一个“集”字才通顺。

[2]勃海间：勃，读 be,指黄。勃海间，指黄海缴、黄海边。

[3]山：因介绍海边的是灵芝集肆，所以描述其北有山。

[4]海间：指海州的北面。间，读缴，在此指北面。

译文：灵芝集在黄海边，在灵芝府的东面，北面有山。又说在海州的北面。

## 都州

（119,19617E；34,60562N）

都州[1]在海中[2]，一曰郁州。

注释：[1]都州：指云州，云读待，谐音都。今江苏连云港。

[2]海中：苏北地区古称海州，在海州地区的集镇称为在海中。

译文：云州在海中，又说称为郁州。

## 雷泽中雷神

（118,27409E；33,952N）

雷泽[1]中有雷神[2]，龙身而人头[3]，鼓其腹[4]。在吴西[5]。

注释：[1]雷泽：指骆马湖地区，在江苏宿迁市。

[2]雷神：指骆肆，即宿迁城。

[3]龙身而人头：僚族的政治中心。

[4]鼓其腹：东夏的王城。鼓其，指东夏国。腹，指王，这里指王城。

[5]吴西：吴，指契乌部落国，后称吴国。西，指东面。

译文：骆马湖地区有一个骆肆，是僚族的政治中心，是东夏国的王城，在吴国的东面。

## 韩雁

（119,0255E；33,59666N）

韩雁[1]在海中[2]，在都州南。

注释：[1]韩雁：指淮安，雁读 an 音。

[2]海中：指海州地区。

译文：淮安在海州地区，在云州的南面。

## 始鸠

（120,97879E；32,21641N）

始鸠[1]在海中[2]，辕厉[3]南。

注释：[1]始鸠：指施港，也称司港、丝港，意为通港，在此仍以施港解读。

[2]海中：指海州地区。

[3]辕厉：读 rue li，意为龙岗，今称如皋。

译文：施港在海州地区，在龙岗的南面。

## 会稽山

（120,6409E；29,68764N）

会稽山[1]在大楚[2]南。

注释：[1]会稽山：南具区山。南具区，濮语读为会稽。会，读维音，并不是指计功开会。

[2]大楚：指具区大泽，古称具区，今称太湖。区，读欧音。

译文：南具区山，在具区的南面。

# 第十四卷 大荒东经

## 少昊之国

（122,05637E；37,19775N）

东海之外大壑[1]，少昊[2]之国。少昊孺帝颛顼于此[3]，弃其琴瑟[4]。有甘山者[5]，甘水出焉[6]，生甘渊[7]。

注释：[1]大壑：指泰山国，今称昆嵛山国，都城在文登城。濮语称泰山为泰洪、泰博。

[2]少昊：指海边，少昊之国，指海边的国家。在此仍按少昊表达。

[3]孺帝颛顼于此：管理的照羲东部区域。孺、儒，指管理、治理。

[4]弃其琴瑟：称为且舍。

[5]有甘山者：是苗山支系。

[6]甘水出焉：苗族的发源地。

[7]生甘渊：是苗族诞生之乡。

译文：东海之外的泰山国，是少昊之国，是少昊管理的照羲东部区域，称为且舍，是苗山支系的苗族的发源地，是苗族诞生之乡。

## 甘山

（121,75704E；37,27368N）

有甘山者[1]，甘水出焉[2]，生甘渊[3]。

注释：[1]有甘山者：有一个苗山，指昆嵛山。

[2]甘水出焉：是苗族的发源地。

[3]生甘渊：是苗族诞生之乡。

译文：有一座苗山，是苗族的发源地，是苗族诞生之乡。

## 皮母地丘

（120,46789E；36,38849N）

大荒东南隅有山，名皮母地[1]丘[2]。

注释：[1]皮母地：指制绸业。

[2]丘：指城、街肆。皮母地丘，指制绸业之城。今称即墨城。

译文：大地的东南面有一个地方，叫制绸业之城。

## 大言山

（120,6314E；36,18342N）

东海之外，大荒之中，有山名曰大言[1]，日月所出。

注释：[1]大言：又称大延山、大任山、那罗延、崂山。今称崂山。

译文：东海外的大地中有座山，名叫崂山，是太阳和月亮升起的地方。

张明友

## 大人国大人市

（118,08489E；36,35981N）

有波谷山[1]者，有大人[2]之国，有大人之市，名曰大人之堂[3]。有一大人踆其上[4]，张其两耳[5]。

注释：[1]波谷山：指博崮山，今称博山、鲁山。

[2]大人：读达惹，指落后的。

[3]大人之堂：指开拓落后的集肆，简称迟拓肆。

[4]大人踆其上：落后的部落在上面，由此得名迟上部落，在今淄博市博山区池上镇。

[5]张其两耳：是安迟国的首府。

译文：东海外地区有一个落后的国家，叫安迟国。那里有一个落后的集肆叫迟拓肆，有一个落后的部落叫迟上部落。迟拓肆是安迟国的首府。

## 小人国靖人

（118,54282E；36,51408N）

有小人国[1]，名靖人[2]。

注释：[1]小人国：指朐惹国，今山东临朐县。

[2]靖人：指先进的集镇，先进的国家。

译文：有一个国家叫朐惹国，是一个先进的国家。

## 犁䰠尸

（118,47463E；36,68434N）

有神[1]，人面兽身[2]，名曰犁䰠之尸[3]。

注释：[1]神：在此指集肆。

[2]人面兽身：织绸族的集肆。

[3]犁䰠尸：指青府肆，后称青州肆。

译文：有一个集肆，是织绸族的集肆，名叫青州肆。

## 蒍国

（117,02061E；36,66782N）

有潏山[1]，杨水[2]出焉。有蒍国[3]，黍食[4]。使四鸟[5]：虎、豹、熊、罴[6]。

注释：[1]潏山：读橘山，指济山。

[2]杨水：指羊水，出海口称羊口，实际应读豁口，羊读 huo 音。

[3]蒍国：指潏蒍国，今称济南。蒍，即维，指南。

[4]黍食：氏族为原住民。

[5]四鸟：指四种劳动。

[6]虎、豹、熊、罴：指牧业、农业、狩猎业、手工业。

译文：有一个地方叫济山，羊水从那里流向渤海。那里有一个国家叫济南国，氏族是原住民，从事四种劳动，即牧业、农业、狩猎业、手工业。

## 合虚山

（117,4984E；38,1405N）

大荒之中，有山名曰合虚[1]，日月所出。

注释：[1]合虚：指海兴，在河北海兴。

译文：东海的大地中，有一个地方叫海兴，太阳和月亮最先从那里升起。

## 中容国

（115,8718E；39,05016N）

有中容之国[1]。帝俊[2]生中容，中容人食兽[3]，木实[4]，使四鸟：豹、虎、熊、罴。

注释：[1]中容国：今河北容城。

[2]帝俊：北方部落。

[3]中容人食兽：中容镇氏族是古老的氏族。

[4]木实：指慕容氏。

译文：大地中有一个国家叫中容国。北方部落建起了中容集镇，中容集镇氏族是古老的氏族，叫慕容氏，从事农业、牧业、狩猎业和手工业四种劳动。

## 君子国

（116,30943E；39,43787N）

有东口[1]之山，有君子之国[2]，其人衣冠带剑[3]。

注释：[1]东口：指邓口，即镇守的关口。

[2]君子国：指很平的国度，在河北固安。“固”，指门。

[3]其人衣冠带剑：名叫水门邓纪。邓，濮语“镇”的音译；纪，指部落国。

译文：有一个镇守关口的地方，是一个很平坦的国家，名叫水门邓纪。

## 司幽国

（116,05591E；39,6172N）

有司幽之国[1]。帝俊生晏龙[2]，晏龙生司幽[3]，司幽生思士，不妻；思女，不夫[4][5]。食黍，食兽[6]，是使四鸟[7]。

注释：[1]司幽国：指幽燕国。

[2]帝俊生晏龙：北方部落养育、分出了燕僚氏族。

[3]晏龙生司幽：燕僚氏族建立了一个司幽国。

[4]思士、思女：指青年男女。

[5]不妻、不夫：指实行走婚制，不建立家庭，属于母系社会。

[6]食黍、食兽：以古老的方式传承氏族。

[7]使四鸟：从事四种劳动。

译文：燕山南部地区有一个国家，叫司幽国。北方的部落中有燕僚氏族，燕僚氏族建立了司幽国。司幽国的青年男女不嫁不娶，实行走婚制，以古老的方式传承氏族。他们从事四种劳动。

张明友

## 明星山

（116,70868E；40,58595N。116,84498E；40,69778N）

有大阿山[1]者。

大荒中有山，名曰明星[2]，日月所出。

注释：[1]大阿山：指云蒙山，在北京市密云区。大阿，读待卧，指云蒙。

[2]明星山：指迎锋山，今称迎风山，在云蒙山的东北侧。

译文：有一个叫云蒙山的地方，紧挨着一座山叫迎风山，人们常能看到太阳和月亮从山后升起。

## 白民国

（117,96511E；40,18772N）

有白民之国[1]。帝俊生帝鸿[2]，帝鸿生白民[3]，白民销姓[4]，黍食[5]，使四鸟：虎、豹、熊、罴。

注释：[1]白民国：指博米国，即兴化国，在河北遵化县城。博，指化；民，指兴。

[2]帝俊生帝鸿：北方的部落分支出北胡。

[3]帝鸿生白民：北胡分支出兴化氏族。

[4]白民销姓：兴化氏族为萧姓，是古契丹姓氏。

[5]黍食：古老的氏族。

译文：有一个兴化之国。北方的部落中分支出了北胡，北胡分支出了兴化氏族。兴化氏族为萧姓，是古老的氏族。他们从事四种劳动：牧业、农业、狩猎业和手工业。

## 青丘国

（118,17753E；39,63388N）

青丘之国[1]，有狐[2]，九尾[3]。

注释：[1]青丘国：指城街国，又称城山国，今河北唐山市。

[2]有狐：是游牧民族的国家。

[3]九尾：指缴夷，属赤峰缴胡联盟国之夷。

译文：大城山国，是游牧氏族的国家，氏族叫缴夷。

## 柔仆民

（121,12887E；41,11637N）

有柔仆民[1]，是维嬴土之国[2]。

注释：[1]柔仆民：指辽濮地，今辽宁锦州地区。柔，指亮，后演变为辽。

[2]是为嬴土之国：是医巫部落联盟管理的国家。土，濮文写作白，指管理。

译文：有一个辽濮之地，是医巫部联盟落管理的国家。

## 黑齿国

（123,43176E；41,80543N）

有黑齿之国[1]。帝俊生黑齿，姜姓[2]，黍食[3]，使四鸟[4]。

注释：[1]黑齿国：指浑丘国，今沈阳地区。

[2]姜姓：指王族，这里仍按姜姓表述。

[3]黍食：古老的氏族。

[4]使四鸟：从事四种劳动。

译文：有一个国家叫浑丘国。北方的部落建立了浑丘国，浑丘国的氏族是姜姓氏族，是古老的氏族，从事四种劳动。

## 天吴

（125,32432E；43,90164N）

有夏州之国[1]。有盖余之国[2]。

有神人[3]。八首人面[4]，虎身十尾⑤，名曰天吴[5]。

注释：[1]夏州国：指长州国，即长春。

[2]盖余国：指吉夷国。

[3]神人：指肆镇。

[4]八首人面：指芝饶族聚居地。

[5]虎身十尾：胡族的石韦。

[6]天吴：指宽城部落。

译文：大地的东北边有一个长州国，是吉夷之国。那个肆镇，是芝饶族的聚居地，是石韦胡族部落，称为宽城部落。

## 鞠陵于天山

（126,56767E；43,42777E）

大荒之中，有山名曰鞠陵于天[1]、东极[2]、离瞀[3]，日月所出。名曰折丹[4]，东方曰折，来风曰俊[5]，处东极以出入风[6]。

注释：[1]鞠陵于天：指鞠陵伊通山，今称哈达岭。

[2]东极：指老爷岭。

[3]离瞀：指张广才岭。上述为吉林东部三山在夏商时期的古称谓。

[4]折丹：指丹江，又称牡丹江。

[5]来风曰俊：来风指山里人，俊指镜泊，山里人称牡丹江为镜泊江。

[6]出入风：指童子峰。

译文：大地东北角有山名叫吉林伊通山、东极山、离瞀山，太阳和月亮从山的东面升起。这里有条江名叫牡丹江，东边的人称它为牡丹江，山里人称它为镜泊江，发源于老东极山的童子峰。

## 禺虢、禺京

（131,94282E；43,80154N。130,96674E；45,29532N）

东海之渚中，有神[1]，人面鸟身[2]，珥两黄蛇，践两黄蛇[3]，名曰禺虢[4]。黄帝生禺虢[4]，禺虢生禺京[6]。禺京处北海[7]，禺虢处东海[8]，是为海神[9]。

注释：[1]神：指氏族。

[2]人面鸟身：定居河边的氏族。也称河边的定居氏族。

[3]珥两黄蛇、践两黄蛇：管理着双河地区的胡族。双河只是河流名，并没有两条。

[4]禺虢：指双河，在海参崴地区。

[5]黄帝生禺虢：北方的游牧民建立了双河部落。

[6]禺京：穆棱河及下游的乌苏里江，在古代统称鸡溪，濮语读为溢鸡，谐音禺京。鸡溪部落不一定是珲春河部落所建，“禺虢生禺京”是造神的附会。

[7]禺京处北海：鸡溪部落在北面。

[8]禺虢处东海：双河部落在东面。

[9]是为海神：也就是海参崴地区。

译文：在东海低地的地区，有一个氏族是河边的定居氏族，管理着双河地区的游牧民族，名叫双河部落。北方的游牧民族建立了双河部落，又建立了鸡溪部落。鸡溪部落在北面，双河部落在东面。双河部落所在地实际就是海参崴地区。

## 玄股国

（130,93207E；45,81609N）

有招摇山[1]，融水[2]出焉。有国曰玄股[3]，黍食[4]，使四鸟。

注释：[1]招摇山：指七台山。今称北长白山。

[2]融水：指倭肯河，又称七台河。

[3]玄股国：指兴勾国，今称新兴区，在七台河。此处的玄股国不是海外东经所述的玄股国。

[4]黍食：古老的氏族。

译文：东北大地中有座山叫七台山，融水发源于这座山的西北麓。这里有一个国家叫兴勾，住着古老的氏族，从事着四种劳动。

## 有易潜出

（132,04151E；47,25081N）

有困民国[1]，勾姓而食[2]。有人曰王亥[3]，两手操鸟[4]，方食其头[5]。王亥托于有易，河伯仆牛[6]。有易杀王亥取仆牛[7]，河念有易[8]，有易潜出[9]，为国于兽[10]，方食之[11]，名曰摇民[12]。帝舜生戏[13]，戏生摇民[14]。

注释：[1]困民国：指富强的国家。指友谊部落被迫迁徙后变成了富强之国。

[2]勾姓而食：指勾羲的氏族。勾羲、勾尔泚、戈汝米那，应属远古的东北补苦氏族。

[3]有人曰王亥：有个集镇叫乌赫，今称双鸭山镇，在黑龙江省双鸭山市。

[4]两手操鸟：是移民氏族的都城。

[5]方食其头：统治着原住民的区域。

[6]王亥托于有易，河伯仆牛：乌赫部落想将统治区域拓宽到友谊、宝山等仆挠河流域。

[7]有易杀王亥取仆牛：友谊部落旁边的乌赫部落想攻占仆挠河流域的消息。

[8]河念有易：宝山部落及时通知了友谊部落。河，指河伯，即宝山部落。

[9]有易潜出：友谊部落提前转移。“潜出”，指向东迁移。友谊，音译词，指昌盛。

[10]为国于兽：立国于富锦地区。

[11]方食之：治理着那里。

[12]摇民：指饶米，即富饶之地，今称富锦。

[13]帝舜生戏：北边的松花江造就了温馨的疆域。

[14]戏生摇民：温馨的疆域成就了饶米之国。

译文：在七台山的北面，有一个富强之国，是勾羲氏族建立的国家。有一个集镇叫乌赫，是移民氏族的都城，统治着原住民的区域。乌赫部落想将统治区域托宽到宝山、友谊等仆挠河流域。友谊地区旁边的乌赫部落想攻占仆挠河流域的消息，被宝山部落及时通知了友谊部落，友谊部落提前转移，建国于富锦地区，治理着那里，取名叫饶米国。北方的松花江造就了温馨的疆域，温馨的疆域成就了饶米国。

## 女丑、大蟹

（134,3043E；46,44151N）

海内[1]有两人[2]，名曰女丑[2]。女丑有大蟹[4]。

注释：[1]海内：指海外地区。

[2]两人：指重镇。两，指良，即主要的，中心的。

[3]女丑：指内切，今称卢切戈尔斯克。

[4]大蟹：读大湘，指大沼泽，也称大湖。

译文：在东海外海参崴的北边，有一个重要的集镇，叫内切。内切有一个大湖。

## 孽摇頵羝山与汤谷扶木

（137,02257E；50,5425N）

大荒之中，有山名孽摇頵羝[1]。上有扶木[2]，柱三百里[3]，其叶如芥[4]。有谷曰温源谷[5]。汤谷上有扶木[6]，一日方至，一日方出[7]，皆载于乌[8]。

注释：[1]孽摇頵羝：烈奥万丹山东面的坝子叫孽摇頵羝，意为霜剑之甸。

[2]上有扶木：那里有一个统治中心。统治中心的名称也叫孽摇頵羝，今称共青城。

[3]柱三百里：指外族的都城。

[4]其叶如芥：支系为基姆族。

[5]有谷曰温源谷：有国家叫乌溢国，即乌苏里河国。

[6]汤谷上有扶木：中心国外还有治所。

[7]方至、方出：指比金、伯力。汉语按比进、伯离译为方至、方出。

[8]皆载于乌：皆座落于乌苏里江畔。

译文：在大地中有个地方叫孽摇頵羝，那里有一个统治中心，是外族的都城，氏族支系为基姆族。这个国家的名称叫乌溢国。中心国外还有治所，一个集镇叫比金，一个集镇叫伯力，都座落于乌苏里江畔。

## 奢比尸

（136,49517E；52,42251N）

有神[1]，人面，大耳，兽身[2]，珥两青蛇[3]，名奢比尸[4]。

注释：[1]有神：有一个氏族。

[2]人面，大耳，兽身：定居的游牧氏族。

[3]珥两青蛇：管理着东边的两个集肆区域，即奥西片科肆与红亚尔肆。

[4]奢比尸：指奥西片科氏。

译文：有一个氏族，是定居的游牧氏族，管理着东边的两个集肆区域，名叫奥西片科氏。

## 五彩鸟相乡弃沙

（140,20216E；53,54295N）

有五彩之鸟[1]，相乡弃沙[2]，惟帝俊下友[3]。帝下两坛[4]，彩鸟是司[5]。

注释：[1]五彩鸟：指奇利亚部落。五，指部落；彩鸟，指奇利亚。

[2]相乡弃沙：指尚塔尔群岛。小的岛屿称沙。

[3]帝俊下友：北方部落的东部属地。帝，指北；下，指东。

[4]帝下两坛：东北边的两个区域。

[5]彩鸟是司：奇利亚部落管理的地方。

译文：有一个奇利亚部落和尚塔尔群岛，是北方部落国东边的属地。东北边的两个区域，是奇利亚部落管理的地方。

## 猗天苏门山

（135,56656E；62,65301N）

大荒之中，有山名叫猗天苏门[1]，日月所生。有壎民国[2]。

注释：[1]猗天苏门：读溢丹苏木，指恒的勾，今汉德加。溢丹，指阿尔丹河；苏木，指管理中心、集镇。溢丹苏木山，指外兴安岭。今称斯塔洛夫山。

[2]壎民国：指湿地国、沼泽地国，地图标注为 saydy。

译文：东北大地中有座山，叫溢丹苏木山，是太阳和月亮升起的地方。那里有个国家叫湿地国。

## 壑明俊疾山

（171,15737E；61,95458N）

有綦山[1]。又有摇山[2]。有䰝山[3]，又有门户山[4]，又有盛山[5]。又有待山[6]。有五彩之鸟[7]。

东荒之中，有山名曰壑明俊疾[8]，日月所出。有中容之国[9]。

注释：[1]綦山：指切尔斯基山。

[2]摇山：指雅布洛夫山。

[3]䰝山：指中部山，又称堪察加半岛。

[4]门户山：指穆霍莫尔山，又称楚科奇山。

[5]盛山：指萨哈林山，又称库页岛。

[6]待山：指塔洛夫卡山，又称科里亚克山。

[7]五彩鸟：指东方的部落。

[8]壑明俊疾山：读壑穆俊纪山，指海岸卡拉金部落山，今称科里亚克山。

[9]中容国：指美丽之国。即烈奥万丹国，又称乌溢国。

译文：在须伯利亚，有切尔斯基山，有雅布洛夫山，有中部山，有穆霍莫尔山，有萨哈林山，有塔洛夫山，有东方的部落。

在东部地区，有座山叫海岸美丽之国山，是日月升起的地方。有美丽之国。

## 三青马、三骓

（粮食类，无需标注坐标）

东北海外，又有三青马[1]、三骓[2]、甘华[3]。爰有遗玉[4]、三青鸟[5]、三骓、视肉[6]、甘华、甘柤[7]。百谷所在。

注释：[1]三青马：指外穄馍，即黑麦。

[2]三骓：外穄、奢穄，即黄米。

[3]甘华：读嘎华，指小麦。

[4]遗玉：指水芋，即芋头。

[5]三青鸟：指老麦、青稞、外青麦。

[6]视肉：读厶挠，指稻谷。

[7]甘柤：一种散穗的麦类，也称燕麦。

译文：东北海外地区，有黑麦、黄米、小麦，又说有芋头、老麦、黄米、稻谷、小麦、燕麦等谷物，是百谷生长的好地方。

## 女和月母国

（173,24818E；66,50574N）

有女和月母之国[1]。有人名曰鵷[2]，北方曰鵷，来风曰【犭炎】[3]，是处东极隅，以止日月[4]，使无相间出没[5]，司其短长[6]。

注释：[1]女和月母国：指穆霍高原国，今称穆霍莫尔国。女读 me 音；月母，指高原。

[2]鵷：读汶，指奥莫隆，即水岸的村庄。

[3]【犭炎】：指溢，水岸，即奥莫隆。

[4]以止日月：指伊孜诺耶，今称穆霍莫尔诺耶。伊孜，指水源；诺耶，即淖尔。

[5]使无相间出没："使无"，建立部落；"相间"，指称王；"出没"，指楚科奇高原。

[6]司其短长：统治着各个城镇。"短长"，即邓丘，指城镇。

译文：东北角有一个国家叫穆霍莫尔国。有一个集镇部落叫奥莫隆，山里人称为溢莫隆，这个部落迁到东边的伊孜诺耶，建立穆霍莫尔国，称雄于楚科奇高原，统治着各个城镇。

## 应龙杀蚩尤与夸父

（127,35749E；70,68402N）

大荒东北隅中，有山名曰凶犁土丘[1]。应龙处南极[2]，杀蚩尤与夸父，不得复上[3]，故下数旱[4]。旱而为应龙之状[5]，乃得大雨[6]。

注释：[1]凶犁土丘：指丘休尔地区。

[2]应龙处南极：部落名，指伊勒楚那纪。

[3]杀蚩尤与夸父，不得复上：外迁入的北胡的巴塔迈支系。

[4]故下数旱：甘斯萨赫支系。

[5]旱而为应龙之状：霍尔维伊勒支系。

[6]乃得大雨：游牧的鞑夷。

译文：在大地东北角的丘休尔地区，有一个部落国叫伊勒楚那纪。那里的氏族是外迁入的北胡的巴塔迈支系、甘斯萨赫支系、霍尔维伊勒支系，是游牧的鞑夷。

## 东海夔牛

（127,79944E；26,28442N）

东海中有流波山[1]，入海七千里。其上有兽，状如牛，苍身而无角[2]，一足[3]，出入水则必风雨[4]，其光如日月[5]，其声如雷[6]，其名曰夔[7]。黄帝得之，以其皮为鼓[8]，橛以雷兽之骨[9]，声闻五百里[10]，以威天下。

张明友

注释：[1]流波山：指琉球群岛。

[2]牛，苍身而无角：僚族在夏草的夏部落支系。苍身，指夏草，又称宿迁；无角，读武鼓，指夏部落。

[3]一足：指大氏族。

[4]出入水则必风雨：迁子支系于统属地。

[5]其光如日月：让族人管理着移居地。光，指族人；日，指居住；月，指越。

[6]其声如雷：声名显赫。

[7]夔：指夏僚。夔牛也指夏僚。

[8]其皮为鼓：其祖为夏族。

[9]橛以雷兽之骨：祖籍为骆马湖支系的夏族。

[10]声闻五百里：表彰于部落和京城。

译文：东海中有一个琉球群岛，离海岸有七千里，那里的氏族是僚族在夏草的夏部落的大氏族。他们迁子支系于统属地，让族人管理着移居地，声名显赫，他们的氏族名称叫夏僚。黄帝得知这个情况，以他们的祖先是夏族，祖籍在骆马湖的夏部落，在各个部落以及京城表彰他们，以威天下。

# 第十五卷 大荒南经

## 跊踢、双双

（108,9056E；25,753N。111,6109E；26,42357N）

南海之外，赤水[1]之西，流沙之东[2]，有兽，左右有首[3]，名曰跊踢[4]。有三青鸟[5]相并，名曰双双[6]。

注释：[1]赤水指湘江。湘江属长江水系，故称赤水。

[2]流沙：读腊舍，指红水河。

[3]左右有首：指招瑶之族，即过山瑶。

[4]跊踢：读苏体，指九万大山氏族。

[5]三青鸟：三个东部的僚族。指毛南、么佬和苗族。

[6]双双：指舜舜氏族，即纹身氏族。

译文：在南海外的大地中，在湘江的西面，在红水河的东面，有一个氏族是过山瑶支系，名叫九万大山氏族。与九万大山氏族相邻的，有三个东部的僚族，他们是刺绣和纹身的氏族。

## 苍梧之野

（112,10267E；23,75711N）

有阿山者[1]。南海之中，有氾天之山[2]，赤水穷焉[3]，赤水之东有苍梧之野[4]，舜与叔钧之所葬也[5]。爰有文贝[6]、离俞[7]、【丘鸟】久[8]、鹰[9]、贾[10]、委维[11]、熊、罴、象、虎、豹、狼、视肉[12]。

注释：[1]阿山者：指大阿山支系，即岭南支系。大阿，读歹卧，指岭南。

[2]氾天山：指数歹山，数歹，即九岭，今称九嶷山。

[3]赤水穷焉：湘江的源头。

[4]苍梧之野：指苍部落之乡。这里指九嶷山地区。

[5]舜与叔钧之所葬也：纹身的九嶷部落的疆域。叔钧，读数纪，指九嶷部落。

[6]文贝：指贝江部落。

[7]离俞：指宁远部落。

[8]【丘鸟】久：指蓝山部落，原读且照部落。

[9]鹰：指英水部落。

[10]贾：指道部落。

[11]委维：指江华部落。

[12]熊、罴、象、虎、豹、狼、视肉：指狩猎业、手工业、制漆业、牧业、农业、种麻业、种稻业。泛指各行各业。

译文：有岭南支系的氐族。在南方地区，有座九嶷山，是湘江的源头，湘江的东面是苍部落之乡，是纹身的九嶷山部落的疆域。那里有贝江部落、宁远部落、蓝山部落、英水部落、道部落、江华部落氏族，从事着各行各业的劳动。

## 黑水玄蛇

（113,29223E；25,85476N）

有荣山[1]，荣水[2]出焉。黑水[3]之南，有玄蛇[4]，食麈[5]。

注释：[1]荣山：指雍山，汉语称为罗围山，今称天鹅山，在湖南郴州资兴市。

[2]荣水：指罗围河，今称山河。

[3]黑水：指湘江。湘，读 hang 音，与黑谐音。

[4]玄蛇：指东河，又称东江。

[5]食麈：指通航。

译文：有一座山叫罗围山，罗围水发源于这里。湘江的南部，有一条东江，通航。

## 巫山黄鸟

（114,16663E；26,02009N）

有巫山[1]者，西有黄鸟[2]。帝药、八斋[3]。黄鸟于巫山，司此玄蛇[4]。

注释：[1]巫山：指沤山，今称诸广山。

[2]黄鸟：指沤河，又称沤水。

[3]帝药、八斋：北面有八面山。

[4]司此玄蛇：流入东江。

译文：有一座山叫沤山，它的西面有一条河叫沤水。北面有八面山。沤水从沤山流向东江。

## 三身国

（114,28962E；26,74716N）

大荒之中，有不庭之山[1]，荣水[2]穷焉。有人三身[3]，帝俊妻娥皇[4]，生此三身之国[5]，姚姓，黍食[6]，使四鸟。有渊四方[7]，四隅皆达，北属黑水，南属大荒。北方名曰少和之渊[8]，南方名曰从渊[9]，舜之所浴也[10]。

注释：[1]不庭山：指万山，今称万洋山。

[2]荣水：指灉水。

[3]有人三身：有惹厦堵，有一个集镇叫厦坪。

[4]帝俊妻娥皇：北面的碧溪湖。

[5]生此三身之国：建此厦堵之国，建此厦坪之国。

[6]姚姓，黍食：是苗瑶的古老氏族。

[7]有渊四方：有四方乡。

[8]少和之渊：指年彤之乡。

[9]从渊：指拿乡。从，指持、拿。

[10]舜之所浴也：指纹身氏族之乡。

译文：在南方地区，有一座山叫万洋山，灕水发源于这座山。这里有一个集镇叫厦坪，是北面的碧溪湖部落建立的厦坪国，是古老的苗瑶氏族的生活地，他们从事着四种劳动。这里有四方乡村，四处相通，北属黑水，南属大荒，北面属年彤之乡，南面是拿乡，是纹身氏族之乡。

## 季禺国、羽民国、卵民国

（114,03923E；2763371N。114,3877E；27,79274N。114,61693E；27,38275N）

又有成山[1]，甘水[2]穷焉。有季禺之国[3]，颛顼之子[4]，食黍[5]。有羽民之国[6]，其民皆生毛羽[7]。有卵民之国[8]，其民皆生卵[9]。

注释：[1]成山：指卢山，今称武功山。

[2]甘水：指赣江。

[3]季禺国：指芦溪国。

[4]颛顼之子：指萍国的支系。颛顼，读藻羲，指萍国。

[5]食黍：古老氏族。

[6]羽民国：指宜春国。春，读音 mei，谐音民。

[7]其民皆生毛羽：其民皆是苗夷。

[8]卵民国：指寮地国，今江西吉安市安福县，有遗存名寮塘。

[9]其民皆生卵：其民皆是僚族。

译文：南方地区有座山叫武功山，是赣江的源头之一。那里有一个芦溪国，是萍国支系的古老氏族；有一个宜春国，那里的氏族皆为苗夷；有一个寮米国，那里的氏族皆为僚族。

## 不姜山

（114,57566E；29,36491N）

大荒之中，有不姜之山，黑水穷焉[1]，又有贾山，汔水[2]出焉。又有言山[3]。又有登备山[4]。有恝恝之山[5]。又有蒲山，澧水[6]出焉。又有隗山，其西有丹，其东有玉[7]。又南有山[8]，漂水[9]出焉。有尾山[10]，有翠山[11]。

注释：[1]不姜山，黑水穷焉：指幕阜山脉，山的东麓到了长江边。

[2]贾山，汔水：贾山，指通道山，简称通山，是幕阜山主峰；汔水，指修水。

[3]言山：指梅山。言读音 niu，梅读音 liu，二者谐音。

[4]登备山：指连云山。

[5]恝恝山：指洛霄山，今称罗霄山。

[6]蒲山，澧水：蒲山，指濮山，今称复山，今江西修水县复原乡；澧水，指漫江。

[7]隗山，其西有丹，其东有玉：隗山，指官山，在江西宜丰县黄岗乡；丹，指灯盏窝氏族；玉，指龙潭氏族。

[8]有山：指七宝山，因“宝”与古汉语的“有”读音相近，被汉译为“有山”。

[9]漂水：指牛膀水，读音渌撇溢，今称渌水，发源于湖南浏阳东侧的七宝山。

[10]尾山：指武陵岩，属九岭山北麓。

[11]翠山：指庐山。

译文：南方大地中有幕阜山脉，山的东麓到了长江边，又有通山，是修水的源头；又有梅山，又有连云山，有洛霄山；又有复山，漫江水从这里流出；又有官山，山的西面有灯盏窝氏族，东面有龙潭氏族。再往南是七宝山，渌水从这里流出。有武陵岩，有庐山。

## 盈民国

（117,21772E；29,34606N）

有盈民之国[1]，於姓，黍食[2]。又有人方食木叶[3]。

注释：[1]盈民国：指水地国，古称溢米国，今江西浮梁县城。

[2]於姓，黍食：因水而形成私稻氏族。於姓，指水形成。黍食，倒装句，私稻族。

[3]有人方食木叶：有个集镇是禾杆岭的大检目。方食，指稻杆、禾杆；木叶，指大检目。

译文：在大地中有一个水地国，因水而形成私稻氏族，那里有一个集镇，是禾杆岭的大检目。

## 不死国

（177,95712E；28,43291N）

有不死之国，阿姓[1]，甘木是食[2]。

注释：[1]不死国，阿姓：指茅山国，以茅山而得名，在今江西上饶。

[2] 甘木是食：是苗族人建立的国家。甘木是，读嘎蒙氏，指苗族人。

译文：有一个茅山国，以茅山得名，是苗族人建立的国家。

## 去痓山

（114,4926E；24,36926N）

大荒之中有山，名曰去痓[1]。南极果[2]，北不成[3]，去痓果。

注释：[1]去痓：指广东南岭的连平山，那里有一个连平县，古称去痓国。

[2]南极果：指大吉国，今江西赣州市全南县大吉山镇。

[3]北不成：指广东韶关市翁源县城，古称贝布城。

译文：在南方大地中有座山，叫连平山。那里有三个相邻的部落：大吉国、贝布城、连平国。巫师们将这三个部落名连起来成为一句咒语，用以祈祷平安，读为："南极果，北不成，去痓果"。

## 不廷胡余

（113,9139E；22,03619N）

南海渚中，有神，人面[1]，珥两青蛇，践两赤蛇[2]，曰不廷胡余[3]。

注释：[1]有神、人面：有氏族居民。

[2]珥两青蛇，践两赤蛇：古时香港、澳门都属万山群岛区域，东边的九龙、香港为东部氏族，西边的氹仔、横琴为西部氏族，管理这些氏族，称珥践四夷。

[3]不廷胡余：指万山群岛，在广东珠江出海口外的南海中。不廷，指万山；胡余，读濮屿，指群岛。

译文：在南海渚中，有一个定居的氏族，管理着四周的水上夷民，叫万山群岛氏族。

张明友

珠江口的万山群岛

因因乎

（114,69626E；23,73428N）

有神名曰因因乎[1]，南方曰因乎，夸风曰乎民[2]，处南极[3]以出入风[4]。

注释：[1]因因乎：濮族的一个支系，叫雍雍濮、罗濮。

[2]夸风曰乎民：北山的人称为濮民。

[3]南极：指僚纪，这里泛指岭南僚族部落地区。

[4]出入风：罗浮山古称游龙山。“游龙”，濮语读绰惹，谐音“出入”。

译文：有一个氏族叫雍雍濮，南方称为罗濮，北山的人称为濮民，住在僚族部落的游龙山地区。

季釐国

（116,36995E；2355281N）

有襄山[1]。又有重阴山[2]。有人食兽[3]，曰季釐[4]。帝俊生季釐[5]，故曰季釐之国。有缗渊[6]。少昊[7]生倍伐[8]，倍伐降处缗渊。有水四方，名曰俊坛[9]。

注释：[1]襄山：指广东丰顺县。

[2]重阴山：指广东潮州。

[3]人食兽：定居的古老氏族。

[4]季釐：读揭羲，指揭羲国，今称揭阳。

[5]帝俊生季釐：帝俊，在此指句甸，即大坝子。大坝子养育了揭羲氏族。

[6]缗渊：指广东汕头市的南澳海域。

[7]少昊：指海上。

[8]倍伐：指南澳岛。

[9]俊坛：指最好的拜海的神坛。

译文：在丰顺和潮州之间，有一个定居的古老氏族，叫揭羲氏。平阳大坝养育了揭羲氏族，揭羲氏族建立了揭羲国。那里有一个南澳海域，海上有一个南澳岛，南澳岛座落于南澳海。南澳岛四周都是水，因此成为最好的祭拜大海的地方。

臷民国

（115,36612E；22,77768N）

有臷民之国[1]。帝舜生无淫[2]，降臷出[3]，是谓巫臷民[4]。巫臷民朌姓，食谷[5]，不绩不经，服也[6]；不稼不穡，食也[7]。爰歌舞之鸟[8]，鸾自歌，凤自舞[9]。爰有百兽，相群爰处[10]。

百谷所聚[11]。

注释：[1]蜮民国：指平地之国。

[2]帝舜生无淫：汕尾坝子养育了雍部落。帝舜，指甸汕。无淫，指雍部落。

[3]降蜮出：读姜蜮处，指管理着坝子区域。

[4]巫蜮民：指坝子部落。

[5]肦姓食谷：海姓的古老国家。

[6]不绩不经，服也：补绩补经是制衣氏族。

[7]不稼不穑，食也：补稼补穑是种植氏族。

[8]歌舞之鸟：城镇和部落的人们。

[9]鸾自歌，凤自舞：不论是西部的城镇，还是东部的部落。

[10]爰有百兽，相群爰处：所有氏族都和谐相处。

[11]百谷所聚：是国家团结的象征。

译文：南方地区有一个平地之国。汕尾坝子养育了雍部落氏族，他们管理着坝子地区，称为坝子部落。坝子部落是海姓的古老国家，补绩补经，是制衣氏族，补稼补穑是种植氏族。这里的城镇和部落人群，不论是西部的城镇，还是东部的部落，所有氏族都和谐相处。这是国家团结的象征。

## 融天山

（114,83924E；22,72104N）

大荒之中，有山，名曰融天[1]，海水南入焉。

注释[1]融天：是涌铁的音译，指一个叫涌的地区，今称铁涌（cong），在广东大亚湾。

译文：在南方，有一个地方名叫涌铁，是进出海的南入口。

## 羿杀凿齿

（114,42069E；23,11308N）

有人曰凿齿[1]，羿杀之[2]。

注释：[1]凿齿：读照炽，广东惠州的古称谓，指太阳的恩惠。

[2]羿杀之：在此指圩沙地区。圩，在此读于，谐音羿。

译文：有一个集镇叫照炽，在圩沙地区。

## 蜮民国

（113,67336E；22,8149N）

有蜮山者[1]，有蜮民之国[2]，桑姓，黍食，射蜮是食[3]。有人方扜弓[4]射黄蛇[5]，名曰蜮人[6]。

注释：[1]蜮山者：指河边的地方。这里指珠江口。

[2]蜮民之国：指溢陌之国，即河岸边的国家。

[3]桑姓黍食，射蜮是食：河湾的古老氏族；桑，指河湾；射蜮是食，指以水上运输为业。

[4]有人方扜弓：有个集镇叫虎门。方扜，切韵为虎，实际指东水。方扜弓，指东水门。

[5]射黄蛇：指沙维肆，即南沙肆。

[6]蜮人：指蜮惹，即水边的集镇。

译文：在珠江口，有一个水岸之国，那里住着河湾的古老氏族，他们以水上运输为业。那里有集镇叫虎门、南沙肆，是水边的集镇。

## 宋山枫木

（113,83899E；22,90622N）

有宋山者[1]，有赤蛇[2]，名曰育蛇[3]，有木生山上[4]，名曰枫木[5]。枫木，蚩尤所弃其桎梏[6]，是为枫木。

注释：[1]宋山：指松山，今称大岭，在虎门镇东侧。

[2]赤蛇：指东边的聚落。

[3]育蛇：指大舍，即大的聚落。

[4]有木生山上：有一个管理中心建在那里。

[5]枫木：指敷目，意为东边的检目。

[6]蚩尤所弃其桎梏：地址在濂溪东边的平凹地带。

译文：有一个松山，山的东边有一个聚落，名叫大舍，有一个检目建在那里，名叫敷目。之所以称敷目，是因为地址在濂溪东边的平凹地带，所以称为敷目。

## 相状尸

（113,24832E；23,1147N）

有人方齿[1]虎尾[2]，名曰相状之尸[3]。

注释：[1]方齿：读 fu ci，指王此、统治着、雄踞。

[2]虎尾：指东南。

[3]相状之尸：指广疆之肆，今广州肆。相，指广。

译文：有一个集镇统治着东南地区，名叫广疆肆。

## 焦侥国

（113,29478E；22,80627N）

有小人[1]，名曰焦侥国[2]，几姓[3]，嘉谷是食[4]。

注释：[1]小人：指顺惹，又称顺邓，今称顺德。

[2]焦侥国：指沙河国。

[3]几姓：读瑾，指丁姓氏族，又称陈姓氏族。这几个姓氏的濮文都为“口”，应是同源关系。

[4]嘉谷是食：沙国的古老氏族，实际指沙河国的古老氏族。

译文：有一个顺德镇，名叫沙河国，是丁姓氏族国家。丁姓氏族是沙河国的古老氏族。

## 禹攻云雨

（113,08316E；22,5793N）

大荒之中，有山名死涂之山[1]，青水[2]穷焉。有云雨之山[3]，有木名曰栾[4]。禹攻云雨[5]。有赤石焉生栾[6]，黄木，赤枝，青叶[7]，群帝焉取药[8]。

注释：[1]死涂山：指顺中山，又称秀中山。今称中山市，在广东中山。

[2]青水：指西江，属珠江流域西水系。

[3]云雨山：指大泽山。

[4]有木名栾：有管理中心，名叫沙朗。沙朗，意为商号。

[5]禹攻云雨：指江门大泽。这里泛指江门的大江边。

[6]有赤石焉生栾：有移民氏族建的商号。

[7]黄木、赤枝、青叶：指会木（今称新会）、沙堆、莲溪。

[8]群帝焉取药：这些集镇都是越人的街肆。

译文：在南方地区，有个地方叫秀中山，是西江的尽头。那里有大泽镇，有管理中心，名叫沙朗。在江门的大江边，有许多移民氏族建立的商号：会木、沙堆、莲溪，这些集镇都是越人建的街肆。

## 有国曰颛顼

（110,222E~112,762E；20,94N~22,443N）

有国曰颛顼[1]，生伯服，食黍[2]。有鼬姓之国[3]。有苕山[4]。又有宗山[5]。又有姓山[6]，又有壑山[7]。又有陈山[8]，又有东州山[9]。又有白水山[10]，白水出焉生白渊[11]，昆吾之师所治也[12]。

注释：[1]颛顼：指照羲，意为很温暖的地区。

[2]生伯服，食黍：养育了百濮古老氏族。

[3]鼬姓之国：腰兴之国，指云浮市。

[4]苕山：指台山，即江门市。

[5]宗山：指照山，即阳江地区。

[6]姓山：指信宜山，今信宜地区。

[7]壑山：指化山，今化州地区。

[8]陈州山：指赤坎部落，今赤坎、湛江地区。

[9]东州山：指东海岛。

[10]白水山：指雷水山，今雷州地区。

[11]白渊：指雷州湾。

[12]昆吾之师所治也：昆吾，读凯巫，指南方部落。师，指氏族。南方部落氏族所治之乡。

译文：在南海地区，有热带的国家，养育了百濮古老氏族。有腰兴之国，有台山，有照山，有信宜山，有化山，有赤坎部落，有东海岛，有雷水山，雷水流出后形成雷州湾，是南方部落氏族治所之乡。

## 张弘国

（109,70904E；21,02233N）

有人名曰张弘[1]，在海上捕鱼[2]。海中有张弘之国，食鱼[3]，使四鸟。

注释：[1]张弘：指江洪镇，在广东雷州半岛西侧。

[2]海上捕鱼：指海边的濮夷。

[3]食鱼：古老的哲氏族，即渔业氏族。

译文：有一个集镇叫江洪，是海边濮夷的集镇。又说，南海中有一个江洪之国，住着古老的渔业氏族，从事四种劳动。

## 驩头国

（109,19933E；21,66218N）

张明友

有人焉，鸟喙，有翼[1]，方捕鱼于海[2]。大荒之中，有人名曰驩头[3]。鲧妻士敬[4]，士敬子曰炎融[5]，生驩头。驩头人面鸟喙，有翼，食海中鱼[6]，杖翼而行[7]。维宜芑苣[8]，穋杨是食[9]。有驩头之国。

注释：[1]有人，鸟喙，有翼：有一个集镇，是南流江瑶夷的集镇。鸟喙，指南流江。

[2]方捕鱼于海：统治渔民于南海地区。捕，同补，指族群

[3]驩头：指土目的铺子，演称为合浦，今广西北海市合浦县城。

[4]鲧妻士敬：指双溪河部落。鲧，读 gang，指双。

[5]士敬子曰炎融：双溪河部落支系的大合氏。（这里有重复的语句。）

[6]食海中鱼：古老的海上渔民。

[7]杖翼而行：以渔为业。杖，读则，指渔。行，在此指业。

[8]维宜芑苣：南流江的换市。芑苣，读 qi ts'e，指换市。

[9]穋杨是食：读洛雅施始，指古老的流通之城。

译文：有一个集镇，是僚族支系瑶夷的集镇，统治渔民于南海地区。在南海地区，有一个城镇叫合浦。双溪河部落的支系叫大合，建了合浦城。合浦居民是南流江的瑶夷，是古老的海上渔民，以渔为业。南流江的换市，是古老的流通之城，称为合浦之国。

岳山

（109,46257E；22,45777N）

帝尧、帝喾、帝舜[1]葬于岳山[2]。爰有文贝、离俞、【丘鸟】久、鹰贾、延维、视肉[3]、熊、罴、虎、豹[4]；朱木、赤枝、青华、玄实[5]。有申山者[6]。

注释：[1]帝尧、帝喾、帝舜：指广西罗阳山的集镇浦北、福旺、北神。

[2]岳山：指罗阳山。岳，读瘫音，指罗。

[3]文贝、离俞、【丘鸟】久、鹰贾、延维、视肉：指伯劳河、小江、久隆街、旧州、武利河、神流河。

[4]熊、罴、虎、豹：指四业濮僚。

[5]朱木、赤枝、青华、玄实：指那蒙、钦州、青塘、那丽。

[6]申山者：指通鱼山，今称铜鱼山。这里指铜鱼山部落。

译文：浦北、福旺、北神部落的疆域在罗阳山。那里还有伯劳河、小江、久隆街、旧州、武利河、神流河等集镇，有四业濮僚，还有较大的城镇那蒙、钦州、青塘、那丽，还有铜鱼山部落。

天台高山

（108,62663E；21,96534N）

大荒之中，有山名曰天台高山[1]，海水入焉[2]。

注释：[1]天台高山：指上下蒌园，是钦州的古称谓。天，读 ti，指下；台，读 ta，指上。

[2]海水入焉：是海边的港湾。

译文：在南海海边，有个地方叫上下蒌园，是海边的港湾。

羲和生日

（108,35566E；21,76213N）

东南海之外，甘水[1]之间，有羲和之国[2]，有女子名曰羲和[3]，方日浴于甘渊[4]。羲和者，帝俊之妻[5]，生十日[6]。

注释：[1]甘水：指苗岭江。今称茅岭江。

[2]羲和之国：指东海国。今广西钦州。

[3]有女子名曰羲和：指龙平，又称龙门港、东海、防镇。

[4]方日浴于甘渊：防镇座落于钦州湾。甘渊，因为苗岭江出口而得名。今称钦州湾。

[5]帝俊之妻：指台浸部落。

[6]生十日：建立的博惹。十日，读博惹，指都城。

译文：在东南海之滨，茅岭江的出口处，有东海之国，有一个龙平镇，又叫东海镇，防镇。防镇座落于钦州湾。东海镇是台浸部落支系建立的都城。

## 盖犹山

（109,76875E；19,24867N）

有盖犹之山[1]者，其上有甘柤[2]，枝干皆赤[3]，黄叶，白华，黑实[4]。东又有甘华[5]，枝干皆赤，黄叶[6]。有青马，有赤马，名曰三骓[7]。有视肉[8]。

注释：[1]盖犹山：指苗瑶山，今称海南岛。盖，读嘎，指苗。

[2]甘柤：读嘎举，指苗部落。

[3]枝干皆赤：枝干，指著名的、突出的，英勇的。皆赤，指部落。

[4]黄叶、白华、黑实：指大岭、穷崖（今称琼崖）、那罗（指大亶）部落。

[5]甘华：指苗部落。

[6]枝干皆赤，黄叶：英勇的大黄岭蚩尤部落。枝干，指英勇的。

[7]青马、赤马，名曰三骓：青苗、红苗，称为外住苗。

[8]视肉：指厶饶，即稻谷。

译文：南海海中有苗瑶山，上面有苗部落，是著名的部落，有大岭、穷崖、和那罗部落。东部又有苗部落，是英勇的大黄岭蚩尤部落，那里有青苗、红苗，称为外住苗。那里的粮食为稻谷。

## 小人菌人

（110,32969E；20,02699N）

有小人[1]，名曰菌人[2]。

注释：[1]小人：指秀惹，今称海口市。

[2]菌人：读群惹，群，通琼，即琼惹，今称琼山区。

译文：苗瑶山的北端有一个集镇，叫秀惹，又称琼惹。

## 南类山

（109,16597E；18,3708N）

有南类之山[1]。爰有遗玉[2]，青马[3]，三骓[4]，视肉[5]、甘华[6]。百谷所在。

注释：[1]南类山：指大亶山。濮语读为“亶大”，读音 na lei，是崖州的古称谓。

[2]遗玉：指芋头。

[3]青马：指青芒。

[4]三骓：指外穇。

[5]视肉：指稻谷。

[6]甘华：指小麦。

译文：苗瑶山的南端，叫大疍山，那里有芋头、青芒、外穇、稻谷、小麦等食物，是百谷所生之地。

## 第十六卷 大荒西经

### 女娲之肠

（109,21314E；34,36934N）

有神十人[1]，名曰女娲之肠[2]，化为神[3]，处栗广之野[4]；横道而处[5]。

注释：[1]有神十人：有一个京都的集肆。十，读博，指十字太阳概念，也指京都地区。神，指肆。

[2]女娲之肠：指骊华之场，在陕西西安市临潼区骊门乡，今华清池北面。

[3]化为神：华南肆，今临潼老城区，称为骊华之场。

[4]处栗广之野：座落于骊门之乡。

[5]横道而处：恒都之处。恒都，指姜寨。

译文：有一个京都的集肆，名叫骊华之场——华南肆，座落于骊门之乡，恒都之处。

### 西周国

（111,067E；39,02832N）

有西周之国，姬姓，食谷[1]。有人方耕[2]，名曰叔均[3]。帝俊生后稷[4]，稷降以百谷[5]。稷之弟曰台玺[6]，生叔均[7]。叔均是代其父及稷播百谷[8]，始作耕[9]。有赤国妻氏[10]。有双山[11]。

注释：[1]姬姓，食谷：姬姓的古老国家，在陕西最北端。

[2]有人方耕：有一个集镇叫府谷。

[3]名曰叔均：是叔均部落。

[4]帝俊生后稷：北方地区有一个海则部落。陕西府谷至今有海则庙遗存。

[5]稷降以百谷：海则是姜嫄地区的部落国。

[6]稷之弟曰台玺：海则的北面是台玺部落。弟，指狄，即北面。

[7]生叔均：酋长是叔均。

[8]叔均代其父及稷播百谷：叔均创立台玺并兼并了海则部落国。

[9]始作耕：开始建立国家。耕，读勾，指部落国。

[10]赤国妻氏：游牧国犬戎氏族。

[11]双山：指双山部落。

译文：有一个西周之国，是姬姓的古老国家。有一个叫府谷的集镇，那里是叔均的部落。北方地区有一个海则部落，海则部落是姜嫄地区的部落国。海则的北面是台玺部落，酋长是叔均。叔均创立了台玺并兼并了海则部落国，开始建立国家，包括有游牧国的犬戎氏族，有双山氏族。

### 长胫国

（106,20219E；37,9902N）

西北海外，赤水之东，有长胫之国[1]。

注释：[1]长胫国：指通场国，今称利通，在宁夏吴中市。长，读绰，指迁移，疏通；胫，指场镇。

译文：在西北地区，黄河的东岸，有一个通场之国。

## 盖山国

（105,40373E；37,88614N）

有盖山之国[1]。有树[2]，赤皮枝干，青叶[3]，名曰朱木[4]。

注释：[1]盖山国：中卫市，古称嘎勒赛汉国，在宁夏中卫市。

[2]有树：有一个管理中心。

[3]赤皮枝干青叶：黄河旁边犬戎的中心。

[4]朱木：读偬昧，偬卫，今称中卫。

译文：有一个嘎勒赛汉国。有一个管理中心，是黄河边的犬戎的中心，名叫中卫。

## 柜格松

（105,18997E；37,51196N）

西海之外，大荒之中，有方山者[1]，上有青树[2]，曰柜格松[3]。日月所入也[4]。

注释：[1]方山者：指部落统治区。

[2]青树：指东胡族的建目。

[3]柜格松：指沙坡头，在宁夏中卫市。柜格，读音 ji ge，指沙帽、沙坡；松，指笼头。

[4]日月所入也：柔然族治理之乡。

译文：在西海外的大地中，有一个部落统治区，那里有东胡的检目，叫沙坡头，是柔然族治理之乡。

## 白氏国

（104,17261E；36,54143N）

有大泽之长山[1]。有白氏之国[2]。

注释：[1]大泽长山：指莲池山，在甘肃省白银市城区的北面。

[2]白氏之国：指白肆，今称白银市。

译文：在沙坡头的西面，有一座莲池山，那里有一个白肆之国。

## 先民国

（103,83881E；36,05389N）

西北海之外，赤水之西，有先民之国[1]，食谷，使四鸟。

注释：[1]先民：甘肃兰州，古称金地，读音斜米、先民，治所在金城，今兰州市城关区。

译文：在西北海之外，在黄河的西部地区，有一个金地之国，是一个古老的国家。这里的氏族从事四种劳动。

## 夏耕尸

（103,61995E；36,10054N）

有人无首[1]，操戈盾立[2]，名曰夏耕之尸[3]。故成汤[4]伐夏桀于章山[5]，克之，斩耕厥前[6]。耕既立[7]，无首，走厥咎，乃降于巫山[8]。

注释：[1]有人无首：有一个北方氏族的集镇。

[2]操戈盾立：绰歌当的治府，今谐音称为陈官当。

[3]夏耕尸：指金门肆，今谐音称为西固肆、西固区，在甘肃兰州。

[4]故成汤：绰歌当的变写。

[5]伐夏桀于章山：统治金门部落的疆域。

[6]克之，斩耕厥前：指连接丝绸之路的门纪关关口。

[7]耕既立：指门纪关，今称水洞门。

[8]无首，走厥咎，乃降于巫山：北方氏族边关统领贾氏的驻地。走厥咎，指边关统；乃降，指贾氏；巫山，指驻地。

译文：有一个北方的氏族集镇，是绰歌当的治府，名叫金门肆，是绰歌当统治金门部落的疆域，是连接丝绸之路的门纪关关口，门纪关是北方氏族边关统领贾氏的驻地。

## 淑士国

（100,62182E；36,27507N）

有国名曰淑士[1]。颛顼之子[2]。

注释：[1]淑士国：读数羲，指青海共和地区，汉语称共和、共工。

[2]颛顼之子：颛顼指贤德，贤德指长水，长水就是黄河。颛顼之子，即黄河边的部落。

译文：有一个部落国，名叫数羲，是黄河边的部落国。

## 不周负子山

（94,18509E；37,35545N）

西北海之外，大荒之隅，有山而不合[1]，名曰不周负子[2]，有两黄兽守之[3]。有水曰寒暑之水[4]。水西有湿山[5]，水东有幕山[6]，有禹攻共工国山[7]。

注释：[1]有山而不合：有一个叫灶火湖的地方。不合，指贝湖，即灶火湖。

[2]不周负子：指灶火湖盆地。不，读贝，指火。今称柴达木盆地。

[3]有两黄兽守之：属最大的咸水湖盆地。两黄，读良湖，指首湖；兽守，读 shui shei，指咸水；之，指盆地。

[4]寒暑之水：哈鲁苏河与素梭河，简称哈素之水，谐音寒暑之水。

[5]湿山：指夏日哈山。

[6]幕山：指牦牛山。

[7]禹攻共工国山：指伊科布拉格山，今称布青山。

译文：在西北海外的大地之间，有一个叫灶火湖的地方，称为灶火湖盆地，是最大的咸水湖盆地，有哈鲁苏河与素梭河水流入其中。湖水的西面有夏日哈山，东面有牦牛山和伊科布拉格山。

## 北狄国

（103,13906E；36,97125N）

有北狄[1]之国。黄帝[2]之孙[3]曰始均[4]，始均生北狄。

有芒山，有桂山、有摇山，其上有人，号曰太子长琴[5]。颛顼生老童[6]，老童生祝融[7]，祝融生太子长琴，是处摇山，始作乐风[8]。

注释：[1]北狄：北，在此读博，指山；狄，指北。北狄，即北山。

[2]黄帝：指北山。

[3]孙：指氏族。

[4]始均：指草原部落氏族。

[5]太子长琴：指天祝草沁。

[6]颛顼生老童：黄河边形成了中央氏的僚族，

[7]老童生祝融：中央氏僚族分支出了草原氏族。

[7]始作乐风：开始建立游牧王国。乐，读勒，指游牧；风，读冯，指王国。

译文：有一个北山之国。北山的氏族，叫草原部落氏族，草原部落氏族建立了北山国。

有芒山、桂山、摇山，那里有居民区，叫天祝草沁。黄河边的中央氏僚族的一个分支变成了草原氏族，草原氏族居住天祝草沁，座落于摇山，从此开始建立游牧王国。

## 五彩鸟三名

（102,89851E；37,47173N）

有五彩鸟三名[1]：一曰皇鸟[2]，一曰鸾鸟[3]，一曰凤鸟[4]。

注释：[1]五彩鸟三名：祁连部落山的河流有三条。五彩，指祁连部落，今称古浪县；

[2]皇鸟：指哈溪河，又称黄羊河。

[3]鸾鸟：指柳条河，又称古浪河。

[4]凤鸟：指凤河，后称鸡冠河、萱麻河。

译文：发源于祁连部落山的河流有三条，一条是哈溪河，一条是柳条河，一条是凤河。

## 吴回

（102,63658E；37,92805N）

有人名曰吴回[1]，奇左[2]，是无右臂[3]。

注释：[1]吴回：指武威。

[2]奇左：座落在。

[3]是无右臂：石武羊河，今称石羊河。

译文：有一个集镇名叫武威，座落在石羊河边。

## 狂鸟

100,463751E；38,9433822N

有五彩之鸟[1]，有冠[2]，名曰狂鸟[3]。

注释：[1]五彩鸟：指祁连部落的国家。

[2]有冠：指裕固族之国。

[3]狂鸟：指北河国，今甘肃省张掖市。北河，即黑河的古称谓。

译文：有一个祁连部落的国家，是裕固族之国，称为北河国。

## 灵山十巫

（98,49549E；39,75029N）

有灵山[1]，巫咸、巫即、巫朌、巫彭、巫姑、巫真、巫礼、巫抵、巫谢、巫罗[2]十巫，从此升降[3]，百药爰在[4]。

注释：[1]灵山：指篱山，即关山口，又称葆登山口，在甘肃酒泉。

[2]巫咸、巫即、巫朌、巫彭、巫姑、巫真、巫礼、巫抵、巫谢、巫罗：指酒泉、芨芨、板滩、并封、高台、勒者、临泽、河坝、河东、石包城十个部落。

[3]从此升降：从这里进出。

[4]百药爰在：是国家的大关卡。

译文：在西北地区有一个关山口，有酒泉、芨芨、板滩、并封、高台、勒者、临泽、河坝、河东、石包城十个部落人群从这里进出，是国家的大关卡。

## 丰沮玉门山

（97,04967E；40,29078N）

大荒之中，有山名曰丰沮玉门[1]，日月所入[2]。

注释：[1]丰沮玉门：指玉门王国。丰沮，读冯纪，指王国。

[2]日月所入：是游牧氏族的集镇。此处因未提到东胡，不能按柔然解读。

译文：西北大地中，有个地方名叫玉门王国，是游牧氏族的集镇。

## 有虫状如菟

（95,77714E；40,52701N）

有虫状[1]如菟[2]，胸以后者[3]裸不见[4]，青如猨状[5]。

注释：[1]有虫状：有一个游牧的疆域。指瓜州、敦煌、肃北、阿克塞一带。

[2]如菟：指管理区。

[3]胸以后者：匈夷王族支系。

[4]裸不见：指罗布纪，即罗布部落。

[5]青如猨状：东部的疆域。

译文：有一个游牧疆域的管理区，是匈夷国的罗布部落在东部的疆域。

## 沃民沃野

（93,51203E；42,81821N）

西有王母之山[1]，壑山[2]，海山[3]。有沃民之国[4]，沃民是处沃之野，凤鸟之卵是食[5]，甘露是饮[6]。凡其所欲，其味尽存[7]。爰有甘华、甘柤、白柳、视肉、三骓[8]、璇瑰、瑶碧、百木、琅玕、白丹、青丹[9]、多银铁[10]。鸾凤自歌，凤鸟自舞[11]，原有百兽，相群是处[12]，是为沃之野[13]。

注释：[1]王母之山：指很高的山。

[2]壑山：指托木尔提山。

[3]海山：大黑山。

[4]沃民之国：指哈密国。沃，指好，译音与哈谐音。

[5]凤鸟之卵是食：东边的人是原住民。

[6]甘露是饮：外来民在北面。

[7]凡其所欲，其味尽存：统治着这里的夷民和犬戎部落的草原民。

[8]甘华、甘柤、白柳、视肉、三骓：指小麦、小米、山芋、稻谷、外穄。

[9]璇瑰、瑶碧、百木、琅玕、白丹、青丹：指棉花、葡萄、盘桃、苎麻、白提、青提。

[10]多银铁：北方系列的农作物。银，指北方；铁，指系列。

[11]鸾凤自歌，凤鸟自舞：西部牧民的城镇，东部人的部落。

[12]爰有百兽，相群是处：所有部落氏族和谐相处。

[13]是为沃之野：这里是很好的家乡。

译文：在西北地区有很高的山，有托木尔提山、大黑山，有哈密国。哈密是个好地方，东边的人群是原住民，外来民族在北面。哈密王族统治着这里的夷民和犬戎部落的草原民。这里有小麦、小米、山芋、稻谷和外穄；又有棉花、葡萄、盘桃、苎麻、白提、青提等多种农作物。这里有西部牧民的城镇和东部人群的部落，所有部落氏族都和谐相处。这里是美好的家乡。

## 三青鸟

（89,18872E；42,95156N）

有三青鸟[1]，赤兽黑目[2]，一名曰大鵹[3]，一名曰少鵹[4]，一名曰青鸟[5]。

注释：[1]三青鸟：指吐鲁番青河流域的三个远古集镇。远古时期以托克逊为中心，所以称为青鸟的集镇。青鸟，指青河。

[2]赤首黑目：犬戎族的恒目，即管理中心。

[3]大鵹：妥尼的变音，吐鲁番远古时期称妥尼，即中青城。

[4]少鵹：指鄯善镇。鵹，指藺、府。因远古时的政治结构较松散，读为镇恰当一些。

[5]青鸟：又称青汶、青河，后称托克逊。有遗名琼外合帕。

译文：青河地区有三个集镇，是犬戎族的管理恒目，一个叫中青城，一个叫鄯善，一个叫青河。

## 轩辕台

（86,56638E；42,05793N）

有轩辕之台[1]，射者[2]不敢西向射[3]，畏轩辕之台[4]。

注释：[1]轩辕台：匈夷的区域。台，读妥，指区域。

[2]射者：指焉耆。汉译者为造神话，故意将耆改为者。

[3]不敢西向射：博嘎羲湘耶，指博嘎羲湖之乡。今称博斯腾湖。

[4]畏轩辕之台：南匈夷地区。畏，即渭，指南。

译文：有一个匈夷地区，是焉耆博嘎羲湖之乡，是南匈夷地区。

## 石夷

（86,06388E；44,30143N）

有人名曰石夷[1]，来风曰韦[2]，出西北隅以司日月之长短[3]。

注释：[1]石夷：指斯溢，以玛纳斯河而得名。今称石河子。

[2]来风曰韦：牧民称为斯汶、石韦。

[3]司日月之长短：接待游牧迁徙之休整。日月，读勒触，指游牧；长，读绰，指迁徙；短，指休整。

译文：有一个集镇叫石河子，牧民称为石韦，座落于西北角，负责游牧迁徙休整的接待。

## 龙山

（82,07391E；44,90472N）

大荒之中，有龙山[1]，日月所[2]入。有三泽水，名曰三淖[3]，昆吾之所食也[4]。

注释：[1]龙山：指阿拉套山，今新疆博乐地区。

[2]日月所入：游牧民族管理的地方。

[3]三淖：指阿拉湖、艾比湖、赛里木湖。

[4]昆吾之所食：昆吾，指高山的雪水，吾，指雪；所食，流入形成。

译文：在大地中，有阿拉套山，是游牧民族管理的地方。那里有三个湖泊，称为三淖，是高山的雪水流入而形成的。

## 女丑尸

（81,32086E；43,92183N）

有人衣青[1]，以袂蔽面[2]，名曰女丑之尸[3]。

注释：[1]衣青：指伊沁，即今新疆伊犁草原。

[2]以袂蔽面：伊梅沘陌，指伊梅河畔。伊梅河，今称伊犁河。

[3]女丑之尸：犁查之肆，即犁部落肆，今称伊犁。

译文：有一个伊犁草原的集镇，座落于伊梅河畔，名叫犁查肆。

## 女子国

（82,50297E；43,78768N）

有女子国[1]。

注释：[1]女子国：指玉兹地区，今称巩留和尼勒克。玉兹，越濮语读为女子，在新疆伊犁巩留县和尼勒克县。

译文：在犁查肆的东面，有一个玉兹国。

## 桃山

（80,12533E；42,045N）

有桃山[1]。有茧山[2]。有桂山[3]。有于土山[4]。

注释：[1]桃山：指托木尔山，在新疆阿克苏。

[2]茧山：指木扎尔山，今称汗腾格里峰，在阿克苏。

[3]桂山：指库尔干山，在阿克苏。

[4]于土山：指英阿瓦提山，在阿克苏。

译文：在阿克苏地区，有托木尔山，有木扎尔山，有库尔干山，有英阿瓦提山。

## 丈夫国

（80,24038E；41,27102N）

有丈夫之国[1]。

注释：[1]丈夫国：阿克苏，古称温宿国。“温宿”在濮语中是指丈夫。

译文：有一个国家，名叫温宿国。

## 弇州山鸣鸟

（75,98958E；39,46733N）

有弇州之山[1]，五彩之[2]鸟仰天[3]，名曰鸣鸟[4]。爰有百乐歌儛之风[5]。

注释：[1]弇州之山：指月氏之所，即新疆喀什地区。

[2]五彩之：指乌恰部落的。

[3]鸟仰天：指阿克陶人。

[4]鸣鸟：指天山人，即南天山人，也称米僚。米、鸣，是濮语天的音译。

[5]百乐歌儛之风：游牧部落城邦的统治。百乐，指游牧部落；歌，指城；儛，本指队伍，这里做邦解。

译文：有一个月氏地区，那里住着乌恰部落的阿克陶人，称为天山人。他们隶属于游牧部落城邦的统治。

## 轩辕国

（73,24992E；39,72729N）

有轩辕之国[1]。江山之南[2]栖为吉[3]。不寿者[4]乃八百岁[5]。

注释：[1]轩辕国：指萨雷耶国，今萨雷塔什城。

[2]江山之南：指天山南面的，实际是南天山南面的。

[3]栖为吉：指小集市部落国。栖为，指小集市。

[4]不寿者：氏族支系。

[5]乃八百岁：这句话有两层含义，一是指游牧部落的山区氏族；一是指刺绣部落的氏族。根据当地不谈刺绣的情况，选择前者。

译文：有一个萨雷耶国，是南天山南面的小集市部落国，这里的氏族是游牧部落的山区氏族。

## 西海神弇兹

西海陼中，有神[1]，人面鸟身[2]，珥两青蛇，践两青蛇[3]，名曰弇兹[4]。

注释：[1]神：指氏族。

[2]人面鸟身：指定居的草原氏族。鸟，读“老”音，在此作草解。

[3]珥两青蛇，践两青蛇：指珥践四夷，即管理着四周的族群。

[4]弇兹：指月氏氏族。

译文：在西海陼中，有一个氏族，是定居的草原氏族，管理着四周的族群，名叫月氏。

## 黄姬尸、比翼鸟、天犬

（107,35828E；29,71746N~111,05042E；30,82534N）

有巫山[1]者。有壑山[2]者。有金门之山[3]，有人名曰黄姬之尸[4]。有比翼之鸟[5]。有白鸟[6]，青翼，黄尾，玄喙[7]。有赤犬，名曰天犬[8]，其所下者有兵[9]。

注释：[1]巫山：今仍称巫山。

[2]壑山：指观面山，在长江三峡北岸。

[3]金门山：今称金缸山，在长江三峡南岸秭归县茅坪镇。门，濮语读攻，谐音缸。

[4]黄姬尸：指万斛（jin）肆。今称万州。

[5]比翼鸟：指大元河，今称乌江河。

[6]白鸟：指白龙江，今称小江。

[7]青翼、黄尾、玄喙：指汇成白龙江的三条支流。称为东河、巫南河，长沙河。长沙河，今称普里河。

[8]赤犬，天犬：赤犬，指移民的城镇；天犬，指天城。

[9]其所下者有兵：“所下者”，指长江三峡；“有兵”，指隶属。全句为：这些都是长江三峡的区域。

译文：这里有巫山、观面山、金门山。有万斛肆，有乌江河，有小江，有东河、巫南河、长沙河。有一个移民的城镇，名叫天城。这些都是长江三峡的区域。

## 屏蓬

（107,50428E；31,21311N）

有兽，左右有首[1]，名曰屏蓬[2]。

注释：[1]左右有首：指州江流域的氏族，范围较宽。州江，今称州河，在四川达州境内。

[2]屏蓬：读妣(pi)彭，指彭祖氏族，今称土家族。

译文：有一个氏族，是州江的氏族，名叫彭祖氏族。

## 鏖鏊钜山

（106,63166E；30,45852N）

大荒之中，有山名曰鏖鏊钜山[1]，日月所入[2]。

注释：[1]鏖鏊钜山：指华安广山，后称广安。

[2]日月所入：是游牧部落统治的地区。

译文：大地之中，有一个地方叫华安广山，是游牧部落统治的地区。

## 孟翼之攻颛顼之池

（10627604E；29,97212N）

有池[1]，名曰孟翼之攻[2]颛顼[3]之池。

注释：[1]池：指城、城池。

[2]孟翼之攻：指蒙渝之门。蒙，指涪江；渝，指嘉陵江。蒙渝之门是嘉陵江与涪江的会合口。

[3]颛顼：指照羲，巴国在苗蒙统治时期的国名。照羲城，今称合川，在重庆市合川区。

译文：有一个城池，名叫蒙渝之门，照羲之城。

## 常羲生月

（105,96806E；31,58132N）

有女子[1]方浴月[2]。帝俊妻[3]常羲[4]，生月十有二[5]，此始浴之[6]。

注释：[1]女子：指阆竺，今称阆中，"阆"是苍的濮语读音，在四川阆中。

[2]方浴月：统治的月氏氏族地区。月，指月氏氏族。

[3]帝俊妻：指北方的部落。

[4]常羲：指賨羲部落，后演称为苍溪部落，检目在阆竺。

[5]生月十有二：发展为十二个支系。

[6]此始浴之：从此开始管理他们。浴，读儒，指治理、管理。

译文：有一个阆竺检目统治的月氏部落地区。北方的苍溪部落发展为十二个支系，阆竺检目从此开始管理他们。

## 青鸾黄鷔

（104,77877E；31,89069N~105,86577E；30,18216N）

有玄丹之山[1]。有五色之鸟[2]，人面有发[3]。爰有青鸾、黄鷔、青鸟、黄鸟[4]，其所集者其国亡[5]。

注释：[1]玄丹之山：河镇之所，指河岸边的集镇部落。

[2]五色之鸟：指安河之僚，今称涪江之僚。

[3]人面有发：定居于河岸边。

[4]青鳶、黄鷔、青鸟、黄鸟：指郪江僚，凯江僚，梓江僚、琼江僚等涪江支流的僚族。凯江又称南水，读音卧汶；梓江又称东江，读音青鸟；琼浆又称白马河，读音胡鸟。

[5]其所集者其国亡：集中起来像一条巨龙。国亡，读古瓦，指龙。

译文：有河岸边的集镇部落，那里有涪江之僚定居于河岸边，还有郪江僚、凯江僚、梓江僚、琼江僚等涪江支流的僚族，集中起来像一条巨龙。

## 日月山

（104,0659E；30,65851N~104,39496E；31,12655N）

大荒之中，有山名曰日月山[1]，天枢也[2]。吴姬天门[3]，日月所入[4]。有神，人面无臂[5]，两足反属于头[6]。山名曰嘘[7]。颛顼生老童[8]，老童生重黎[9]，帝令重献上天[10]，令黎卬下地[11]。下地是生噎[12]，处于西极，以行日月星辰之行次[13]。

注释：[1]日月山：在此指织乡之所，即四川成都、德阳平原。

[2]天枢也：天枢之乡。枢，指织机；天枢之乡，比喻织绸业发达之乡。

[3]吴姬天门：广元部落的天门，今称剑门。吴，指部落；姬，指广。

[4]日月所入：织乡的治理区。

[5]有神，人面无臂：有一个氏族定居于绵远河边。无臂，即无沘，指远河，今称绵远河，是涪江的上游河段。

[6]两足反属于头：都城王族之境。

[7]山名曰嘘：部落国名叫蜀的羲，也称叔德羲，指制作丝绸的国家，今四川德阳市。

[8]颛顼生老童：大自然养育了劳动者。

[9]老童生重黎：劳动者分支出游牧民和种植民。

[10]帝令重献上天：北蔺的游牧部落在高寒地区。

[11]令黎卬下地：南蔺的种植部落在低凹的热带。

[12]下地是生噎：低地的地区又分支出织绸氏族。

[13]出于西极，以行日月星辰之行次：迁至东边，以行织乡先进的蚕业。次，读崔，指蚕。

译文：在大地中，有个地方名叫织绸之乡，被喻为天枢之乡。从北面南下，过了广元部落的天门，就进入了织乡的辖区。有一个统治氏族，定居于涪江都城王族之境，部落国的名称叫蜀的羲。大自然养育了劳动者，劳动者分支出游牧民和种植民，北蔺的游牧民住在高寒地区，南蔺的种植民住在低凹的热带。低地的地区又分支出织绸氏族，他们迁至东边，以行织乡先进的蚕业。

## 天虞

（104,39496E；31,12655N）

有人反臂[1]，名曰天虞[2]。

注释：[1]有人反臂：有一个隶属王族的集镇。反臂：读冯毕，指王属。

[2]天虞：指旌阳镇。旌阳，古称旌川，濮语读为 to ye，谐音天虞，今四川德阳城。

译文：有一个隶属王族的集镇，名叫旌川镇。

## 大荒山

（103,33421E；29,522N）

大荒之中，有山，名曰大荒之山[1]。

注释：[1]大荒山：指达洪鲁，汉译为皇木山。今称峨眉山。

译文：大地之中，有座山叫达洪之山。

## 夏后开

（103,2618E；29,23063N）

西南海之外，赤水之南，流沙之西[1]，有人珥两青蛇，乘两龙[2]，名曰夏后开[3]。开上三嫔于天[4]，得《九辩》与《九歌》以下[5]。此天穆之野[6]，高二千仞[7]，开焉得始歌《九招》[8]。

注释：[1]流沙之西：指流沙之东。流沙指金沙江，属长江上游。

[2]珥两青蛇，乘两龙：在两河口管理着两河边的氐族。两河口，今峨边县城。

[3]夏后开：指所洪启，即峨边。

[4]三嫔于天：指设置金河支系。三嫔，读 she bi，指金河；天，读音 t'e，指设置。

[5]得《九辩》与《九歌》以下：治理共和与五渡于东。九辩，读音 shu be，指共和；九歌，原是伍勾，指盟渡，因盟与共有近义，被改为《九歌》创造神话，今称五渡镇。

[6]此天穆之野：指码头之乡。天穆，即天坞，指码头。

[7]高二千仞：读郭勒丘惹，指河流集镇地区。

[8]开焉得始歌《九招》：所洪启部落维护着通渡的数个村落。焉得，指庇佑治理，即维护；九招，读数卓，指数个村落。始歌，即施勾，指通渡，也可理解为通航。

译文：在西南海之外，在黄河源头的南面，金沙江的东面，有一个集镇在两河口管理着两河边的氐族，叫所洪启部落。所洪启部落在西面设置金河的村寨，又在东面治理着共和与五渡码头之乡、河流集镇区域，维护着通航的数个村落。

## 偏句、常羊山

（101,74208E；28,30698N。102,37586E；28,72871N）

有大巫山[1]。有金之山[2]。西南，大荒之中隅，有偏句[3]、常羊之山[4]。

注释：[1]大巫山：指大雪山。巫，指雪。

[2]金之山：指牦牛岭，又称金山，在凉山州冕宁县，是大雪山的南端。

[3]偏句山：指屏锦山，今称锦屏山，在西昌地区。

[4]常羊山：指小相岭，在西昌地区。

译文：那里有大雪山，有金山。在西南大地之中，有屏锦山，有小相岭。

## 互人国

（102,26675E；27,89203N）

有互人之国[1]。炎帝之孙名曰[2]灵恝[3]，灵恝生互人[4]，是能上下于天[5]。

注释：[1]互人国：指马镇国。马，读胡，谐音互。马镇，西昌的古称谓，有遗名马道镇。

[2]炎帝之孙名曰：指大凉山地区的。

[3]灵恝：指良贾，即首府。

[4]灵恝生互人：良贾建立了马镇。

[5]是能上下于天：这里是能素的广阔之境。能素，今称彝族；上下，读妥体，指千万、广阔。

译文：有马镇之国。大凉山地区的良贾，建立了马镇，这里是能素的广阔之境。

## 鱼妇

（102,54102E；27,37851N）

有鱼偏枯[1]，名曰鱼妇[2]。颛顼死即复苏[3]。风道北来[4]，天乃大水泉[5]，蛇乃化为鱼[6]，是为鱼妇。颛顼死即复苏。

注释：[1]鱼偏枯：指蒲口夷，今称普格彝。

[2]鱼妇：指荫胡，曾被译为鱼凫，属小月氏氏族。

[3]颛顼死即复苏：照羲蓍纪的胡族。照羲，指新疆北天山地区。蓍纪，指草原部落。

[4]风道北来：统治螺髻山地区。北来，读博螺，指螺髻山。

[5]天乃大水泉：指云雾河鞑族犬戎，今称黑河彝族。

[6]蛇乃化为鱼：塞族演变为荫。荫，三星堆文为一大十字套四小十字。

译文：有普格夷，称为荫胡，是照羲蓍纪胡族，统治螺髻山地区的云雾河鞑族犬戎，由塞族演变为荫，称为荫胡。实际是照羲蓍纪胡族。

## 【鸟蜀】鸟

（101,50699E；29,00106N）

有青鸟[1]，身黄[2]、赤足、六首[3]，名曰【鸟蜀】鸟[4]。

注释：[1]青鸟：在此指犬戎。

[2]身黄：指胡族。

[3]赤足、六首：游牧的母系氏族。

[4]【鸟蜀】鸟：指数傺，即九河氏族，在今康定九龙县。

译文：有犬戎胡族，是游牧的母系氏族，称为九河氏族。

## 三面一臂人

（101,07994E；29,39395N）

有人焉三面[1]，是颛顼之子[2]。三面一臂[3]，三面之人不死[4]。是谓大荒之野[5]。

注释：[1]三面：指沙绒濮，在四川雅江县波斯河镇和普沙绒镇。

[2]颛顼之子：指长河边的集镇，这里指雅砻江边的集镇。

[3]三面一臂：雅江边的沙绵氏族。

[4]不死：指波斯河镇。

[5]大荒之野：指大雪山之乡。

译文：有一个沙绒濮的集镇，是长江流域的集镇。在雅江边住着沙绒氏族，沙绒氏族的集镇叫波斯河镇，称为大雪山之乡。

## 一臂民

（101,01534E；30,03215N）

有一臂民[1]。

注释：[1]一臂民：指雅江地区。今雅江县城。

译文：有雅江这个地区。

## 昆仑西王母

（92,44287E；34,21468N）

西海之南，流沙之滨，赤水之后，黑水[1]之前，有大山，名曰昆仑之丘[2]。有神，人面虎身，有文有尾[3]，皆白，处之[4]。其下有弱水之渊环之[5] ，其外有炎火之山，投物辄然[6]。有人戴胜[7]，虎齿[8]，有豹尾，穴处[9]，名曰西王母[10]。此山万物尽有[11]。

注释：[1]赤水、黑水：指黄河、长江。西海之南，指大地西部。

[2]昆仑之丘：指昆仑山，也称唐古拉山。

[3]有神，人面虎身，有文有尾：有一个氏族，是定居的胡族，依鄂茸夷。依鄂茸，指斯依鄂茸陇巴。

[4]皆白，出之：出自白马部落支系。

[5]其下有弱水之渊环之：东边有弱水之乡的恒投支系。

[6]其外有炎火之山，投物辄然：南面有雅壑砻恒投部落农业集镇区。其外，指其南。投物，指恒投部落。

[7]有人戴胜：有个集镇叫多尔丘索。

[8]虎齿：指游牧地区。

[9]有豹尾，穴处：有山夷，山间很冷。

[10]西王母：指雪域高原。

[11]此山万物尽有：山上只有金矿、玉石、冰雪和野生动物，说万物尽有只是一个美丽的遐想。

译文：在大地西部的流沙河地区，在黄河源头的后面，长江源头的前面，有大山名叫昆仑山。那里有个氏族，是定居的依鄂茸夷，出自白马支系。东面有弱水之乡的恒投支系，南面是雅砻恒投部落农业集镇区。昆仑山有一个集镇叫多尔丘索，是游牧地区，有山夷，山间很冷，称为雪域高原。此山万物尽有。

昆仑雪域高原

## 常阳山

（93,08128E；33,69234N）

大荒之中，有山名曰常阳之山[1]，日月所入[2]。

注释：[1]常阳之山：指恰日升山，旁边是多尔丘索部落。

[2]日月所入：游牧部落管理区。

译文：大地之中，有座山叫恰日升山，是游牧部落管理区。

## 女祭、女薎

（92,78431E；34,37235N。95,12015E；33,67139N）

有寒荒之国。有二人女祭[1]、女薎[2]。

注释：[1]女祭：在此指陇琼吉，即茶措村。

[2]女薎：在此指龙莫弄。

译文：那里有寒荒之国，叫楚玛须国。有两个集镇，一个叫陇琼吉，一个叫龙莫弄。

## 寿麻国

（95,79897E；34,12702N）

有寿麻之国[1]。南岳娶[2]州山女，名曰虔[3]。女虔生季格[4]，季格生寿麻。寿麻正立无景[5]，疾呼无响[6]。爰有大暑[7]，不可以往[8]。

注释：[1]寿麻国：指曲麻莱，古称寿麻国，又称不死国、不死药。

[2]南岳娶：指通天曲，即通天河。

[3]州山女虔：指草山麻沁氏族。

[4]女虔生季格：麻沁氏族建立部落。

[5]季格生寿麻，寿麻正立无景：部落又发展成寿麻国，叫寿麻当陇部落国。

[6]疾呼无响：国家统治着北羌。

[7]爰有大暑：又统治着鞑属族。

[8]不可以往：补苦的部落。

译文：有一个寿麻国。通天河的草山麻沁氏族，建立了部落，部落发展成为寿麻国，叫寿麻当陇部落国，统治着北羌的氏族，还统治着鞑族和补苦的部落。

# 第十七卷 大荒北经

## 附禺山

（124,82138E；45,11422N）

东北海之外，大荒之中，河水之间[1]，附禺之山[2]，帝颛顼与九嫔葬焉[3]。爰有【丘鸟】久、文贝、离俞、鸾鸟、凤鸟、大物、小物[4]。有青鸟、琅鸟、玄鸟、黄鸟、虎、豹、熊、罴、黄蛇、视肉、璿瑰、瑶碧[5]，皆出卫于山[6]。丘方员三百里，丘南帝俊竹林在焉[7]，大可为舟[8]。竹南有赤泽水，名曰封渊[9]。有三桑无枝[10]。丘西有沈渊[11]，颛顼所浴[12]。

注释：[1]河水之间：指松花江与嫩江的交汇处。

[2]附禺山：指扶余部落，即前郭尔罗斯，今松原。前郭尔，应读投郭尔，指松花江。

[3]帝颛顼与九嫔葬焉：北方照羲与九濮部落的疆域。九濮部落，称为巴数，红山文化刻文有记载。

[4]【丘鸟】久、文贝、离俞、鸾鸟、凤鸟、大物、小物：指城镇居民、河埠居民、种植民、西部僚、东部僚、游牧民和狩猎氏族。

[5]青鸟、琅鸟、玄鸟、黄鸟、虎、豹、熊、罴、黄蛇、视肉、璿瑰、瑶碧：指吉拉人、嫩江人、松江人、东浪河人、牧民、农民、猎人、手工业者、扶余人、私粟人、松城人、幼河人，今已无遗名。

[6]皆出卫于山：皆陪伴过这个地方。

[7]丘方员三百里，丘南帝俊竹林在焉：城镇为扶余部落的亳里，城南的江北是祚耶的墓园，在富达、富康、常保三村的交汇处。亳里指京都；帝俊竹林指江北墓园；在焉指祚耶。

[8]大可为舟：游牧可汗的冥府。舟，指冥府。

[9]赤泽水，名曰封渊：移土形成的水泡，称赤泽水；封渊即扶泡子，今称富康泡。

[10]三桑无枝：指富饶的平原。

[11]沈渊：沈，读音 cheng，查干湖的“查”的变音。

[12]颛顼所浴：著名的冬季渔场，颛顼，读 zhe xi，指冬季渔场；所浴，指著名的。

译文：在东北海之外的大地中，松花江与嫩江交汇的地方，有一个扶余部落的地区，是照羲与九濮部落的疆域。那里有城镇居民、河埠居民、种植民、西部僚、东部僚、游牧民和狩猎氏族。有吉拉人、嫩江人、松江人、东浪河人、牧民、农民、猎人、手工业者、扶余人、私粟人、松城人、幼河人，皆陪伴着这个地方。城镇为扶余部落的亳里。城南的江北岸是扶余部落祚耶的墓园，是游牧可汗的冥府。墓园南面有移土泡子，名叫扶渊。还有富饶的平原。城西有沈渊，是著名的冬季渔场。

扶余可汗祚耶

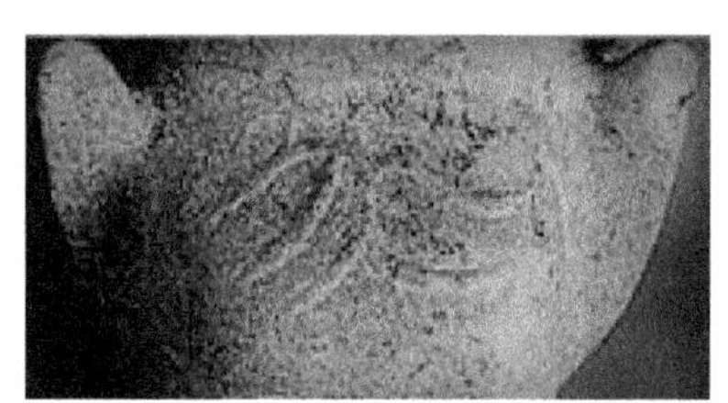

祚耶头顶的“扶余”字样

## 胡不与国

（125,08314E；45,52205N）

有胡不与国[1]，烈姓[2]，黍食[3]。

注释：[1]胡不与国：指马蹬泡之国，今黑龙江省肇源县。

[2]烈姓：指从事游牧业的。

[3]黍食：指古老氏族。

译文：北边有一个马蹬泡之国，是从事游牧业的古老氏族国家。

## 肃慎国

（122,07614E；46,07444N）

大荒之中，有山名曰不咸[1]，有肃慎氏之国[2]。有蜚蛭，四翼[3]。有虫[4]，兽首蛇身[5]，名曰琴虫[6]。

注释：[1]不咸：读博兴，指大兴安岭。

[2]肃慎国：指以狩猎为主的国家，今乌兰浩特。

[3]蜚蛭，四翼：指管理着四周的夷民。

[4]虫：指游牧民。

[5]兽首蛇身：指输通河氏，今称洮儿河。

[6]琴虫：指科尔沁游牧民。

译文：在西面的大地中，有一座山叫大兴安岭，那里有一个肃慎国，管理着四周的夷民。有一个游牧氏族，是输通河氏，称为科尔沁游牧民。

## 大人国

（125,34105E；46,41109N）

有人名曰大人[1]。有大人之国[2]，釐姓，黍食[3]。有大青蛇[4]，黄头，食麈[5]。

注释：[1]大人：指大惹，应是今安达。

[2]大人之国：指达惹国。

[3]釐姓，黍食：指游牧的古老氏族。釐读勒音。

[4]大青蛇：指大庆肆。

[5]黄头，食麈：指王都根据地。

译文：有一个集镇叫达惹，那里有一个达惹国，是古老的游牧氏族的国家。那里有一个大庆肆，是王都的根据地。

## 鲧攻程州山

（123,95698E；47,34151N）

有榆山[1]，有鲧攻程州[2]之山。

注释：[1]榆山：指扎龙山地区。榆，龙 rue 的变音。

[2]鲧攻程州：指奎门盐仓，今齐齐哈尔地区。奎门，即北门；陈州，楚则的变音。

译文：有一个扎龙山地区，那里有一个叫奎门盐仓的地方。

## 先民山槃木

（128,84083E；47,72672N）

大荒之中，有山名曰衡天[1]。有先民之山[2]，有槃木千里[3]。

注释：[1]衡天山：指万桐山，今称万猪山，在小兴安岭伊春河畔。

[2]先民之山：指小兴安岭地区。

[3]槃木千里：指河畔的建目且里。建目，指管理中心；且里，指城镇。实际指伊春。

译文：在东北大地中，有座山叫万桐山，是小兴安岭地区，那里有河岸边的管理城镇。

## 叔歜国

（127,32509E；49,42302N）

有叔歜国[1]，颛顼之子，黍食[2]，使四鸟：虎、豹、熊、罴[3]。有黑虫如熊状[4]，名曰猎猎[5]。

注释：[1]叔歜国：指孙楚部落，简称孙吴，今黑龙江孙吴县。

[2]颛顼之子，黍食：长河支系的古老氏族。长河，指孙河。

[3]使四鸟，虎、豹、熊、罴：从事四种劳动，牧、农、猎、手工业。

[4]黑虫如熊状：黑河移民的狩猎氏族。

[5]猎猎：指那拉氏。黑河的那拉氏，称为溢黑那拉氏，今称叶赫那拉氏。

译文：有一个孙吴国，那里住着孙河的古老氏族，他们从事四种劳动：牧业、农业、狩猎业和手工业。那里有黑河移民的狩猎氏族，名叫那拉氏。

张明友

## 北齐国

（126,1983E；48,51436N）

有北齐之国[1]，姜姓[2]，使虎豹熊罴[3]。

注释：[1]北齐国：贝池国，即温暖的池子之国，今称五大连池。

[2]姜姓：老黑山氏族。姜，指黑色。

[3]使虎豹熊罴：从事牧、农、猎、手工业四种劳动。

译文：有一个贝池国，住着老黑山氏族，从事牧、农、猎、手工业四种劳动。

## 先槛大逢山、禹所积石山

（128,47702E；49,58023N。128,65103E；49,62199N）

大荒之中，有山，名曰先槛大逢之山[1]，河济所入[2]，海北注焉。其西有山，名曰禹所积石[3]。

注释：[1]先槛大逢山：指逊克鞑胡镇，今称逊克。

[2]河济所入：黑龙江从这里流过。

[3]禹所积石：指伊索季斯克，今称波亚尔科沃。

译文：东北大地中有一个地方，叫逊克鞑胡镇，黑龙江从这里流过，向东北流入北海。逊克鞑胡的西边有一个集镇，名叫伊索季斯克。

## 始州国

（126,95944E；47,45922N）

有阳山者[1]。有顺山者[2]，顺水[3]出焉。有始州之国[4]，有丹山[5]。

注释：[1]阳山：指通肯河西侧的乾丰山。

[2]顺山：指通肯河源头的顺楞山。

[3]顺水：指通肯河。濮语读通为苏、顺。

[4]始州国：指苏尔沁咀子，简称苏咀，谐音始州。后称海伦市。在大、小兴安岭的结合部地区。

[5]丹山：指丹豪山，意为平顶山，在小兴安岭西南部边缘。

译文：在大兴安岭与小兴安岭的结合部，有一座阳山，有一座顺山，通肯河发源于顺山。那里有一个国家，叫苏尔沁咀子。再往东边，还有一座平顶山。

## 大泽

（松花江）

有大泽[1]方千里[2]，群鸟所解[3]。

注释：[1]大泽：指大江，这里指松花江。

[2]方千里：统属千里。

[3]群鸟所解：会集所有的支流。

译文：有一条大江统属千里，汇集所有的支流。

## 毛民国

（126,64251E；45,75759N）

有毛民之国[1]，依姓，食黍，使四鸟[2]。禹生均国[3]，均国生役采[4]，役采生修鞈[5]，修鞈杀绰人[6]。帝念之[7]，潜之为国[8]，是为毛民。

注释：[1]毛民国：毛，指溢陌，即河岸，毛民国读陌米国，指河岸地区之国，今哈尔滨。

[2]依姓，食黍，使四鸟：河边的古老氏族，从事四种劳动。依，指溢，即河边。

[3]禹生均国：大河形成了部落国家。

[4]均国生役采：部落国养育了水边的游牧氏族。役，指溢，即水边；采读驰，指游动。

[5]役采生修鞈：水边的游牧氏族分支出住房氏族。修鞈，指宿房、住房。

[6]修鞈杀绰人：住房氏族另外建立集镇。杀，指外；绰，指建、造；人，指惹、集镇。

[7]帝念之：北临大江。

[8]潜为之国：游牧部落南面的国家。

译文：有一个河岸边的国家，住着河边的古老氏族，从事四种劳动。大河流域形成了部落国，部落国养育了游牧氏族，游牧氏族分支出了住房氏族，住房氏族另外建立集镇，北临大江，是游牧部落南面的国家，称为陌米国。

## 儋耳国

（129,28263E；47,13678N）

有儋耳之国[1]，任姓[2]，禺号子，食谷[3]。北海之渚中，有神，人面鸟身[4]，珥两青蛇，践两赤蛇[5]，名曰禺强[6]。

注释：[1]儋耳国：指带岭国，今黑龙江省伊春市南岔县。

[2]任姓：氏族名与地名相同，称为任姓。

[3]禺号子，食谷：浩良河支系的古老国家。

[4]有神，人面鸟身：有一个氏族，是定居的僚族。

[5]珥两青蛇，践两赤蛇：管理着周边四个支流的氏族，东面是朱拉比拉河氏族、亮子河氏族，西面是大青川氏族、西岔河氏族。

[6]禺强：指翠河氏族。禺强，读溢翠，今称永翠河。

译文：有一个带岭国，是带岭氏族在浩良河支系的古老国家。在北海渚中，有一个氏族，是定居的僚族，管理着周边四个支流的氏族，名叫翠河氏。

## 北极天柜山

（177,02218E；68,1378N）

大荒之中，有山名叫北极天柜[1]，海水北注焉[2]。有神九首，人面鸟身[3]，名曰九凤[4]。又有神衔蛇操蛇[5]，其状虎首人身[6]，四蹄长肘[7]，名曰彊良[8]。

注释：[1]北极天柜山：指楚科奇山，在须伯利亚东北端。天柜(ju)，指部落区域。

[2]海水北注焉：北极海岸之乡。

[3]九首人面鸟身：楚族定居的僚族。九首指楚族，即楚科奇族。

[4]九凤：指楚胡，即楚科奇胡。

[5]衔蛇操蛇：指赛伊草原夷。蛇，在此读夷音。

[6]虎首人身：定居的胡族。

[7]四蹄长肘：指斯特列尔恰移民。

[8]彊良：读“恰黎”，指斯特列尔恰人。

译文：大地之中有座山，名叫楚科奇山，是北极海岸之乡。那里有楚族定居的僚族，名叫楚胡。还有一个氏族是赛伊草原夷，是定居的胡族，是斯特列尔恰移民，名叫恰黎。

## 夸父追日

（112,57711E；40,8937N）

大荒之中，有山名曰成都载天[1]。有人珥两黄蛇，把两黄蛇[2]，名曰夸父[3]。后土生信，信生夸父[4]。夸父不量力，欲追日景[5]，逮之于禺谷[6]。将饮河而不足也，将走大泽[7]，未至，死于此[8]。应龙已杀蚩尤，又杀夸父[9]，乃去南方处之[10]，故南方多雨[11]。

注释：[1]成都载天：卓资，又称绰堵，谐音成都。载天，读辄提，指管理区，也可译为察哈尔草原。

[2]有人珥两黄蛇，把两黄蛇：有一个集镇管理着四周的胡族。

[3]夸父：指北胡国。

[4]后土生信，信生夸父：浩特部落发展到兴旺时期，建立了北胡国。

[5]夸父不量力，欲追日景：北胡草原人逐日而居。不量力，指补僚黎；僚读老，指草。

[6]逮之于禺谷：读韃之于溢谷，指游牧于有水草的地方。

[7]将饮河而不足，将走大泽：管理着荫凉湖边的氏族，管理着王族的巴颜韃支系。

[8]未至，死于此：南方疆域的草原游牧民。未至，指渭枝，即南部疆域。

[9]应龙杀蚩尤，又杀夸父：燕僚入侵蚩尤地区，又入侵北胡地区。燕僚，指黄帝集团。

[10]乃去南方处之：驱逐僚濮于荆楚。乃去，指放牧、驱赶。

[11]故南方多雨：只留下了僚濮的夏族。故南方，读古僚濮；多雨，只余，只留下。

译文：大地之中，有一个地方名叫卓资管理区。那里有一个集镇，管理着四周的胡族，名叫北胡国。浩特部落发展到兴旺时期，建立了北胡国。北胡国的草原人逐日而居，游牧于有水草的地方。他们管理着荫凉湖边的氏族，管理着王族的巴颜韃支系，管理着南部疆域的草原游牧民。燕僚入侵蚩尤地区，又入侵北胡地区，驱逐僚濮于荆楚，只留下了僚濮的夏族。

## 无肠国

（106,82038E；39,68389N）

又有无肠国[1]，是任姓[2]。无继，食鱼[3]。

注释：[1]无肠国：指乌桑国，因地处黄河的内湾边，故称为桑，今内蒙古乌海市。

[2]是任姓：氏族就叫乌桑。

[3]无继，食鱼：北方部落的古老氏族。

译文：有一个乌桑国，氏族就叫乌桑，那里的氏族是北方部落的古老氏族。

## 共工臣相繇

（101,0603E；41,95286N）

共工臣名曰相繇[1]，九首蛇身，自环[2]，食于九土[3]。其所歍所尼，即为源泽[4]，不辛乃苦[5]，百兽莫能处[6]。禹湮洪水，杀相繇，其血腥臭[7]，不可生谷[8]；其地多水，不可居也[9]。禹湮之，三仞三沮，乃以为池[10]，群帝是因以为台[11]。在昆仑北。

注释：[1]共工臣名曰相繇：指索额苏吉地区的幼泽。今内蒙古额济纳地区的弱水。

[2]九首蛇身，自环：弱水的塞上地区的居延海。

[3]食于九土：发源于祁连山。

[4]其所歍所尼，即为源泽：远道而来，成为水源的渠道。

[5]不辛乃苦：指补苦氏。

[6]百兽莫能处：农业馔僚之地。

[7]禹湮洪水，杀相繇，其血腥臭：水从山里进入弱河，形成沼泽。

[8]不可生谷：补苦氏族用以种谷。

[9]其地多水，不可居也：水最多的地方是补苦氏的居延海。

[10]禹湮之，三仞三沮，乃以为池：水养育了索额苏吉等勒伊维尚德部落的城镇居民。

[11]群帝是因以为台：这里是勒伊维尚德部落的政治中心。群帝，指这里。

译文：索额苏吉地区的幼泽，弱水的塞上地区的居延海，发源于祁连山。祁连山雪水远道而来，成为水源的唯一渠道，这里是补苦氏农业馔僚的区域。水从山里进入弱水河，形成沼泽，补苦氏族用以种谷；水最多的地方是补苦氏的居延海。水养育了索额苏吉等勒伊维尚德部落的城镇居民，这里是勒伊维尚德部落的政治中心，在昆仑山的北面。

## 岳山寻竹

（97,28165E；42,95215N）

有岳之山[1]。寻竹生焉[2]。

注释：[1]岳山：指大狼山。在甘肃西北端。

[2]寻竹生焉：因狩猎老虎而形成的家乡。

译文：有一个大狼山，是因狩猎老虎而形成的家乡。

## 不句山

（89,58648E；44,01425N）

大荒之中，有山名曰不句[1]，海水入焉[2]。

注释：[1]不句山：读不勾山，指博格达山。

[2]海水入焉：海水，指赫胥氏，今称哈萨克族。入焉，指治理的家乡。

译文：大地之中，有座山名叫博格达山，是赫胥氏治理的家乡。

## 黄帝女魃

（86,56638E；42,05973N）

有系昆之山者，有共工之台，射者不敢北乡[1]。有人衣青衣，名曰黄帝女魃[2]。蚩尤作兵伐黄帝[3]，黄帝乃令应龙攻之冀州之野[4]。应龙畜水，蚩尤请风伯雨师[5]，纵大风雨[6]。黄帝乃下天女曰魃，雨止[7]，逐杀蚩尤。魃不得复上[8]，所居不雨[9]。叔均言之帝[10]，后置之赤水之北[11]。叔均乃为田祖[12]。魃时亡之[13]，所欲逐之者，令曰："神北行"，先除水道[14]，决通沟渎[15]。

注释：[1]共工之台，射者不敢北乡：指共和地区，焉耆博嘎羲湖之乡。今博斯腾湖地区。

[2]有人衣青衣，名曰黄帝女魃：有一个集镇叫焉耆邑，又称为北和的牧区农业部落。

[3]蚩尤作兵伐黄帝：草原天河边的北和。

[4]黄帝乃令应龙攻之冀州之野：北和牧王焉犁巩的部落之乡。焉犁巩，指小月氏。

[5]应龙畜水，蚩尤请风伯雨师：乌拉斯河、草原沁的开都河都流入这里。

[6]纵大风雨：指形成水泡子，这里指形成湖水。

[7]黄帝乃下天女曰魃，雨止：北和王带领特乌鲁之农业氏族——焉孜氏。也称月氏氏。

[8]逐杀蚩尤，魃不得复上：进入草原农业氏族的湖边地区。

[9]所居不雨：和硕、和静、博湖、焉耆四个乡镇。

[10]叔均言之帝：和硕、和静在北面。

[11]后置之赤水之北：博湖、焉耆族在南面。后置，指博海、博湖；赤水，指焉耆族。北，读贝，指南。

[12]叔均乃为田祖：和硕、和静区域为农业基地。

[13]魃时亡之：种稻于平野。

[14]所欲逐者，令曰："神北行！"先除水道：苏夷雀河是王国通向南部沼泽的通道。苏夷雀，即孔雀。

[15]决通沟渎：是盐碱国度。

译文：大地中有系昆山，有共和的焉耆博斯腾湖之乡。有一个集镇叫焉耆邑，称为北和的牧区农业部落，是草原天河边的北和牧王焉犁巩的部落之乡。乌拉斯河、草原沁的开都河都流入这里，形成湖水。北和王带领特乌鲁之农业氏族——月氏氏，进入草原农业氏族的湖边地区，建立和硕、和静、博湖、焉耆四个乡镇。和硕、和静在北面，博湖、焉耆氏族在南面。和硕、和静为农业基地，种稻谷于平野。苏夷雀河是王国通向南部沼泽的通道，那里是盐碱地区。

北和的特乌鲁农业氏族

## 深目民国

（86,06388E；44,30143N）

有人方食鱼[1]，名曰深目民之国[2]，昐姓，食鱼[3]。

注释：[1]有人方食鱼：有个集镇管理着瑪纳斯河地区。

[2]深目民之国：瑪纳斯河畔之国。指石河子市。深目，读奢陌，指河畔。

[3]昐姓，食鱼：河畔的古老氏族。

译文：有一个集镇管理着瑪纳斯河地区，名叫河畔之国。这里住着河畔的古老氏族。

## 赤水女子献

（81,32086E；43,92183N）

有钟山者[1]。有女子衣青衣[2]，名曰赤水女子献[3]。

注释：[1]钟山者：指南天山支系。

[2]女子衣青衣：指玉兹夷和伊沁夷，在新疆伊犁地区。

[3]赤水女子献：指犬戎族的玉兹国。

译文：这里有南天山支系氏族，有玉兹氏族和伊沁夷，国名叫犬戎族的玉兹羲。

## 犬戎（赤兽戎宣王尸）

（79,4635E；43,5366N）

大荒之中，有山名曰融父山[1]，顺水入焉[2]。有人名曰犬戎[3]。黄帝生苗龙[4]，苗龙生融吾[5]，融吾生弄明[6]，弄明生白犬[7]，白犬生牝牡[8]，是为犬戎，肉食[9]。有赤兽，马状无首[10]，名曰戎宣王尸[11]。

注释：[1]融父山：戎胡地区，指哈萨克地区。

[2]顺水入焉：乌孙氏族统治之乡。

[3]有人名曰犬戎：所有的集镇都是犬戎族的集镇。

[4]黄帝生苗龙：北胡地区形成了缅奴。

[5]苗龙生融吾：缅奴建立了戎部落。

[6]融吾生弄明：戎部落中又分支出西部缅。

[7]弄明生白犬：西部缅中又分支出白犬戎。

[8]白犬生牝牡：白犬戎开始争雄。

[9]是为犬戎肉食：这就是犬戎相残。

[10]有赤兽，马状无首：有一个游牧氏族，是春贾部落氏族。马状，读梅贾，指春贾。

[11] 戎宣王尸：指戎羲乌肆，即戎国的部落集肆。

译文：西部大地中，有个地方是戎胡地区，是乌孙氏族统治之乡，所有的集镇都是犬戎族的集镇。北胡地区形成了缅奴，缅奴建立了犬戎部落，犬戎部落中又分支出西部缅，西部缅中又分支出白犬戎，白犬戎开始争雄，这就是犬戎相残。还有一个游牧氏族，是春贾部落氏族，称为戎羲乌氏。

## 齐州山

（65,48395E；44,84923N）

有山名曰齐州之山[1]，君山[2]，鬵山[3]，鲜野山[4]，鱼山[5]。

注释：[1]齐州山：指克孜勒奥尔达部落，在哈萨克斯坦锡尔河流域。

[2]君山：指肯套部落，在锡尔河流域。

[3]鬵山：指奇伊利部落，在锡尔河流域。

[4]鲜野山：指希姆肯特部落，在锡尔河流域。

[5]鱼山：指塔拉兹部落，在锡尔河流域。

译文：在锡尔河流域，有克孜勒奥尔达部落，有肯套部落，有奇伊利部落，有希姆肯特部落，有塔拉兹部落。

## 一目人

（69,46099E；56,10872N）

有人一目[1]，当面中生[2]，一曰威姓[3]，少昊之子，食黍[4]。

注释：[1]有人一目：有一个集镇叫伊希姆，在俄罗斯境内。

[2]当面中生：坦缅贵族建造。

[3]威姓：南面的氏族。

[4]少昊之子，食黍：绍尔坦胡支系的古老氏族。

译文：有一个集镇叫伊希姆，是坦缅贵族建造的集镇。又说是南面的绍尔坦胡支系的古老氏族所建。

## 继无民

（83,8454E；49,71617N）

张明友

有继无民[1]，继无民任姓[2]，无骨子[3]，食气鱼[4]。

注释：[1]继无民：指乌斯季卡缅地区。

[2]继无民任姓：指斯基泰部落氏族。

[3]无骨子：北国支系。

[4]食气鱼：古老的犬戎夷。

译文：有一个乌斯季卡缅地区，住着斯基泰部落氏族，是北国支系古老的犬戎夷。

## 中輻国

（78,38212E；49,01779N）

西北海外，流沙[1]之东，有国名曰中輻[2]，颛顼之子，食黍[3]。

注释：[1]流沙：指哈萨克的萨雷耶西阿特劳沙漠。

[2]中輻国：指塔尔迪库尔干国。

[3]颛顼之子，食黍：指萨雷耶西支系的古老氏族。

译文：在西北海外，萨雷耶西克阿特劳沙漠的东面，有一个国家叫塔尔迪库尔干国，住着萨雷耶西支系的古老氏族。

## 犬戎国

（71,44486E；51,15221N）

有国名曰赖丘[1]。有犬戎国。有神，人面兽身[2]，名曰犬戎。

注释：[1]赖丘：指淖尔丘，又称赖丘、阿斯塔纳，今称努尔苏丹。今仍按赖丘表述。

[2]有神，人面兽身：氏族是定居的塞族。

译文：有一个国家叫赖丘，那里是犬戎国，氏族是定居的塞族，称为犬戎。

## 苗民

（73,76244E；43,60557N）

西北海外，黑水之北，有人有翼[1]，名曰苗民[2]。颛顼生驩头[3]，驩头生苗民[4]，苗民釐姓，食肉[5]。有山名曰章山[6]。

注释：[1]黑水之北，有人有翼：在纳伦河的北面，有一个繁荣的集镇。有翼，指繁荣。

[2]苗民：读么米，指中心，因是楚河国的统治中心而得名，今称楚城。

[3]颛顼生驩头：楚河边建起了一个恒都。恒都，指都城。

[4]驩头生苗民：恒都建在中心。

[5]苗民釐姓，食肉：中心的草原氏族是古老的月氏氏族。釐姓，在此读蓍氏，指草原氏族。

[6]章山：指天山，实际指南天山。

译文：在西北地区，纳伦河的北面，有一个繁荣的集镇，名叫中心。楚河上建起了恒都，恒都建在楚河盆地中心，中心的草原氏族是古老的月氏氏族。那里有座山，名叫天山。

## 洞野山

（68,7552E；38,58454N）

大荒之中，有衡石山[1]、九阴山[2]、洞野之山[3]，上有赤树[4]，青叶赤华[5]，名曰若木[6]。

注释：[1]衡石山：指罕肆山，即萨马尔罕。

[2]九阴山：指杨吉尤尔，是塔什干的古称谓。

[3]洞野山：指杜墅别，今称杜尚别。

[4]赤树：指卡桑赛，即长岗，这里指长岗之城。

[5]青叶赤华：指奇尔奇胡。

[6]若木：音译为纳曼，指纳曼干，即若木城。

译文：在西北海大地中，有一个罕肆，有一个杨吉尤尔肆，有一个杜墅别，还有一个长岗之城，是奇尔奇胡的城镇，名叫纳曼干。

## 牛黎国

（60,63137E；41,55192N）

有牛黎之国[1]。有人无骨[2]，儋耳之子[3]。

注释：[1]牛黎国：乌兹别克斯坦的阿姆河，古称鲁尼河、泚鲁尼，鲁尼河流域的国家称为鲁尼国，谐音牛黎国。

[2]有人无骨：有一个集镇叫乌尔根奇。

[3]儋耳之子：图尔特人的管理中心。子，读儒，指管理。

译文：在大月氏的北面，有一个鲁尼河边的国家，有一个集镇叫乌尔根奇，是图尔特人的管理中心。

## 章尾山烛龙

（73,7378E；41,05043N）

西北海之外，赤水之北，有章尾山[1]。有神，人面蛇身而赤[2]，直目正乘[3]，其瞑乃晦，其视乃明[4]，不食不寝不息[5]，风雨是谒[6]。是烛九阴，是谓烛龙[7]。

注释：[1]章尾山：指天山南山，即南天山，在喷池河的北面。

[2]有神，人面蛇身而赤：有氏族，是定居的塞族犬戎。

[3]直目正乘：指直目人的支系氏族。当属小月氏氏族，包括塔吉克和吉尔吉斯氏族。

[4]其瞑乃晦，其视乃明：这个地方是宝贵的游牧草场之地。晦，指宝贵；视，指草场。

[5]不食不寝不息：指补私氏，犬戎族，匈奴。

[6]风雨是谒：都曾统治过这个地区。谒，指家乡，在此作地区解。

[7] 是烛九阴，是谓烛龙：这里是天山草原，又称为草山。

译文：在西北海之外，喷池河的北面，有一个南天山山脉。这里的氏族是直目人支系。这个地方是宝贵的游牧草场之地，补私氏、犬戎族、匈奴都曾统治过这里。这里是天山草原，又称为草山。

# 第十八卷 海内经

## 韰市

（77,98612E；45,24859N）

西海之内，流沙[1]之中，有国名曰韰市[2]。

注释：[1]流沙：指萨雷耶西阿特劳沙漠，简称劳沙、流沙。

[2]韰市：指乌什国，今称乌什托别。

译文：西海内的劳沙地区，有一个国家叫乌什国。

张明友

## 汜叶

（73,76244E；43,60551N）

西海之内，流沙之西[1]，有国名曰汜叶[2]。

注释：[1]流沙之西：指阿特劳沙漠的西面，实际是西南面。

[2]汜叶：指奢液，意为长河，今称楚河，以奢液流域扩展形成的国家叫奢液国。

译文：在西海之内，劳沙的西南面，有一个国家叫奢液国。

## 鸟山

（64,26252E；49,02001N）

流沙之西，有鸟山[1]者，三水[2]出焉。爰有黄金、璿瑰、丹货、银铁[3]，皆流于此中[4]。又有淮山[5]，好水[6]出焉。

注释：[1]鸟山：指哈萨克斯坦的乌勒套山。流沙之西，是指阿特劳沙漠的西面。

[2]三水：指图尔盖河、兹班河、奇伊利河。

[3]黄金、璿瑰、丹货、银铁：指兹班、阿克沙拉、拉赫梅特、吕孜鲁伊四个集镇的氏族。

[4]皆流于此中：皆定居于这里。

[5]淮山：乌勒套山北部区域称北山，读"武山"。濮语 w、h 不分，武谐音淮。

[6]好水：伊希姆河的南支流，称沃姆水。濮语"南"与"好"同音。

译文：在阿特劳沙漠的西面，有一座乌勒套山，有三条河流发源于这里。又有兹班、阿克沙拉、拉赫梅特、和吕孜鲁伊等集镇氏族定居在这里。这里还有武山，沃姆水发源于这里。

## 韩流生帝颛顼

（65,50042E；44,84812N）

流沙之东[1]，黑水之西[2]，有朝云之国[3]，司彘之国[4]。黄帝妻雷祖[5]，生昌意[6]。昌意降处若水[7]，生韩流[8]。韩流擢首[9]，谨耳[10]，人面[11]，豕喙[12]，麟身[13]，渠股[14]，豚止[15]，娶淖子曰阿女[16]，生帝颛顼[17]。

注释：[1]流沙之东：实际指萨雷沙丘陵的西面。

[2]黑水之西：实际指咸海之东。

[3]朝云之国：指草原之国。

[4]司彘之国：指种植之国。

[5]黄帝妻雷祖：北山脚的游牧区。

[6]生昌意：形成了一条楚河。昌意，指楚溢，即楚河。

[7]昌意降处若水：楚河的西面是弱水。弱水又称奇伊利河。

[8]生韩流：汇入锡尔河。

[9]韩流擢首：锡尔河流域的游牧氏族集镇。

[10]谨耳：克孜勒奥尔达。

[11]人面：指热米，即热孜卡孜甘。

[12]豕喙：指萨特帕耶夫。

[13]麟身：扎林斯克。

[14]渠股：奇伊利甘。

[15]豚止：突厥斯坦。

[16]娶淖子曰阿女：塔拉兹的阿雷西。

[17]生帝颛顼：皆建在锡尔河边。

译文：在萨雷沙的西面，咸海的东面，有草原之国，有种植之国。北山脚的游牧区有一条楚河，楚河向西汇入弱水后再汇入锡尔河。锡尔河的游牧氏族集镇，有克孜勒奥尔达、热孜卡孜甘、萨特帕耶夫、扎林斯克、奇伊利甘、突厥斯坦、塔拉兹的阿雷西，这些集镇皆建在锡尔河边。

## 不死山

（59,3513E；45,14299N）

流沙之东[1]，黑水之间[2]，有山名曰不死之山[3]。

注释：[1]流沙：这里指咸海东岸的卡拉库姆沙漠，咸海在其西面。

[2]黑水：指咸海。

[3]不死山：指复活岛。

译文：在卡拉库姆沙漠的西面，在咸海中间，有一座山叫复活岛。

## 肇山柏高

（71,39286E；42,89967N）

华山青水之东[1]，有山名曰肇山[2]。有人名曰柏高[3]，柏高上下于此[4]，至于天[5]。

注释：[1]华山青水之东：指活山楚水之东，即复活岛与楚河的东面。

[2]肇(shao)山：指别肇兹，即肇兹山，今标注为别萨兹。别，指山。

[3]柏高：指摆鬲，即鬲昆人的场镇，在今塔拉兹地区。

[4]上下于此：妥体于敕，即游牧区域。

[5]至于天：指塔拉兹，即塔河平原。兹、至都指平原；于天、塔拉都指塔河。

译文：在复活岛与楚河的东边，有一座山叫肇兹山，山边有一个集镇叫摆鬲，摆鬲坐落于游牧区域的塔河平原。

## 都广之野

（75,29472E；442,84858N）

西南黑水[1]之间，有都广之野[2]，后稷葬焉[3]。爰有膏菽、膏稻、膏黍、膏稷[4]、百谷自生[5]，冬夏播琴[6]。鸾鸟自歌，凤鸟自儛，灵寿实华[7]，草木所聚[8]。爰有百兽，相群爰处[9]。此草也，冬夏不死[10]。

注释：[1]西南黑水：指锡尔河与纳伦河，西南，读锡潦，指锡尔河。

[2]都广之野：指吉尔吉斯之乡。吉尔吉斯，指广而又广，简称都广。

[3]后稷葬焉：读哈纪藏原，指月亮氏族的疆域。

[4]膏菽、膏稻、膏黍、膏稷：指拉拉勾纪、柳克特勾纪、扎苏勾纪、卡吉勾纪。

[5]百谷自生：许多自然形成的部落。

[6]冬夏播琴：国家联盟。

[7]灵寿实华：指黎族胡族，即种植民和牧民。

[8]草木所聚：人们相聚在一起。

[9]爰有百兽，相群爰处：所有氏族，和谐相处。

[10]此草也，冬夏不死：此草也，指吉尔吉斯草原；冬夏不死，是国家的草山。不死，读博薯，指草山。

译文：在锡尔河与纳伦河之间的地区，有吉尔吉斯之乡，是月亮氏族的疆域。这里有拉拉勾纪、柳克特勾纪、扎苏勾纪、卡吉赛勾纪等许多自然形成的部落，不论是西部的城镇还是东部的部落，不论是种植民还是牧民，所有氏族都和谐相处。吉尔吉斯草原，是国家的草山。

## 若木

（71,64035E；41,00757N）

南海之外，黑水[1]青水[2]之间，有木名曰若木[3]，若水[4]出焉。

注释：[1]黑水：指纳伦河，在吉尔吉斯斯坦。南海之外应是指西南海之外。

[2]青水：指锡尔河。青、锡都是指东。

[3]若木：指纳曼干城。若木指纳曼，干，是城（歌）的音译，在乌兹别克斯坦。

[4]若水：指月氏氏族。

译文：在西南海之外的纳伦河与锡尔河的连接处，有一个管理中心，叫纳曼干，是月氏氏族居住之乡。

## 灵山螟蛇

（72,80446E；40,53431N）

有禺中之国[1]。有列襄之国[2]。有灵山[3]，有赤蛇生木上[4]，名曰螟蛇[5]。

注释：[1]禺中国：指水寨国，又读奥卡国，在吉尔吉斯奥卡河流域。

[2]列襄国：指湿地边的国家。列，指邻；襄，同湘，指湿地。

[3]灵山：指阿赖山、外阿赖山。

[4]有赤蛇生木上：有游牧氏族建立的外检目。上，读音 sha，指外。

[5]螟蛇：指奥什。

译文：有一个水寨国，是湿地边的国家，那里有阿赖山，有一个游牧氏族建立的外检目，名叫奥什。

## 盐长国鸟氏

（73,29775E；40,77165N）

有盐长之国[1]。有人焉，鸟首[2]，名曰鸟氏[3]。

注释：[1]盐长国：指察江国，在吉尔吉斯贾拉拉巴德地区的察江流域。

[2]鸟首：指小月氏的鸟俗氏，又称乌兹氏。

[3]鸟氏：指乌兹根。鸟禽类在濮语中读乌。

译文：有一个察江国，那里有一个集镇，是鸟俗氏的集镇，名叫乌兹根。

## 九丘建木

有九丘[1]，以水络之：名曰陶唐之丘[2]、有叔得之丘[3]、孟盈之丘[4]、昆吾之丘[5]，黑白之丘[6]、赤望之丘[7]、参卫之丘[8]、武夫之丘[9]、神民之丘[10]。有木，青叶紫茎，玄华黄实，名曰建木[11]，百仞无枝[12]，有九欘，下有九枸[13]，其实如麻，其叶如芒[14]。大暤爰过[15]，黄帝所为。

注释：[1]九丘：黄帝统一华夏时划分的九个大区。

[2]陶唐丘：管理区域为陕西、山西、河北南部，治所在山西太原。

[3]叔得丘：指三星堆地区，治所在德阳。叔得，原文三留，读音叔得，今称三星堆。

[4]孟盈丘：山东苏北徽州地区，治所在青州。

[5]昆吾丘：河南地区与安徽西部与南部地区，治所在偃师。

[6]黑白丘：辽宁巫医山地区，治所在北镇。

[7]赤望丘：江西、苏南、浙江北部地区，治所在苏州黄桥。

[8]参卫丘：东瓯、七闽地区，治所在温州。

[9]武夫丘：指北胡地区，治所在阜资。

[10]神民丘：甘肃、青海地区，治所在兰州。

[11]有木，青叶紫茎，玄华黄实，名曰建木：有行政中心，负责管理百姓和部落国，执行王事，称为检目。检，实际读音为jie，指理。

[12]百仞无枝：联盟政府在昌部落（今北京）。

[13]有九欘，下有九枸：行政建制为九欘九枸。

[14]其实如麻，其叶如芒：再下分就如麻如芒。

[15]大皞爰过，黄帝所为：浩瀚的大国，是黄帝所创立。

译文：华夏有九大行政区，以河流相连接，称为陶唐、叔得、孟盈、昆吾、黑白、赤望、参卫、武夫、神民之丘。各大区都有行政中心，负责管理百姓和部落国，负责执行王事，称为检目。联盟政府在昌部落，行政建制为九大区，各大区下设九个部落，各部落又下设氏族聚落，氏族聚落又下分各支系族群，管理建制细分如麻如芒。如此浩瀚的大国，是黄帝所创立。

## 窫窳、猩猩

（103,76299E；29,55572N）

有窫窳，龙首[1]，是食人[2]。有青首，人面[3]，名曰猩猩[4]。

注释：[1]窫窳龙首：指大河僚族。在四川乐山市。

[2]是食人：是古老的居民。

[3]青首人面：穿青衣氏族居民。

[4]猩猩：青衣江，又称迎江、迎溪。濮语读迎溪为喜溪，谐音猩猩。

译文：这里有大河僚族，是古老的居民。有穿青衣的氏族居民，名叫迎江氏。

## 巴国

（106,27604E；29,97212N）

西南有巴国。大皞[1]生咸鸟[2]，咸鸟生乘釐[3]，乘釐生后照[4]，后照是始为巴人[5]。

注释：[1]大皞：指大自然。

[2]咸鸟：指长江。

[3]乘釐：指擅长于撑船的人群。

[4]后照：指后照羲国，是蚩尤族群西迁后建立的国家。

[5]是始为巴人：开始建立巴国的集镇。巴国，指河畔之国。

译文：西南地区有一个巴国，大自然形成了长江，长江边产生了会撑船的人群，撑船人群的生活区形成了后照羲国，后照羲国开始建立起巴国的集镇。

## 流黄辛氏国

（106,75888E；31,85686N）

有国名曰流黄辛氏[1]，其域中方三百里[2]，其出是尘土[3]。有巴遂山[4]，渑水出焉[5]。

注释：[1]流黄辛氏国：指南江巴肆国。彝濮语读巴为辛。

[2]中方三百里：中方三，指摇铃舍、擂鼓舍，是巴中的古称谓；百里，读亳里，指都城。

[3]其出是尘土：这个地方是賨人管辖。其出，指这个地方。

[4]巴遂山：指大巴山。

[5]渑水出焉：前江流域之乡。

译文：有一个国家名叫南江巴肆国，这个地域的都城在擂鼓舍，这个地方是賨人的辖区，它的东面是大巴山，是前江流域之乡。

## 朱卷国

（115,89134E；28,67752N）

又有朱卷之国[1]。有黑蛇[2]，青首[3]，食象[4]。

注释：[1]朱卷：江西南昌，古称朱建。

[2]黑蛇：指黑舍，濮族支系的称谓；黑舍为贵族。

[3]青首：这里指青云濮。

[4]食象：建立的国家。

译文：又有一个朱建国，是黑舍的青云濮建立的国家。

## 赣巨人

（114,9151E；27,039N）

南方有赣巨人[1]，人面长臂[2]，黑身有毛[3]，反踵[4]，见人笑亦笑[5]，因即逃也[6]。

注释：[1]赣巨人：指赣吉镇，今老吉安县城。

[2]人面长臂：座落于草禾河边。长臂，读绰沘，指草禾河。

[3]黑身有毛：贵族为苗族。

[4]反踵：善于管理。

[5]见人笑亦笑：这个集镇紧邻峡江。

[5]因即逃也：所以是一个吉祥之境的家乡。即，指吉；逃，读妥，指境；也，指乡。

译文：南方有一个赣吉镇，座落于草禾河边，贵族为苗族，善于管理。这个集镇紧邻峡江，所以是一个吉祥之境的家乡。

## 黑人

（114,512E；26,31322N）

又有黑人[1]，虎首鸟足[2]，两手持蛇[3]，方啖之[4]。

注释：[1]黑人：指禾镇，今称遂川，在江西遂川。

[2]虎首鸟足：濮族的僚支系。

[3]两手持蛇：建都于岔河口。

[4]方啖之：是王族的集镇。

译文：又有一个禾镇，是濮族的僚支系建都于岔河口而形成的集镇，是王族的集镇。

## 嬴民、封豕

（117,21772E；29,34606N）

有嬴民[1]，鸟足[2]，有封豕[3]。

注释：[1]嬴民：读溢米，指水地，今称浮梁。

[2]鸟足：指僚族，这里指僚族部落。

[3]封豕：指稻杆，今称禾杆，是水地的中心、检目。

译文：有一个地方叫水地，是僚族部落区域，那里有禾杆检目。

## 苗民神延维

（117,85873E；29,25849N）

有人曰苗民[1]。有神焉，人首蛇身[2]，长如辕[3]，左右有首[4]，衣紫衣[5]，冠旃冠[6]，名曰延维[7]，人主得而飨食之[8]，伯天下[9]。

注释：[1]苗民：在此指秋米，即河岸之地，今江西婺源县。秋，读 mou 音。

[2]人首蛇身：定居的种植氏族。

[3]长如辕：指丛村河，今称北河。

[4]左右有首：指慕口氏族，今称思口氏族。

[5]衣紫衣：指段莘水，今称东河。紫衣，濮语段莘的音译。

[6]冠旃冠：指蒋镇岗氏族，今称蒋村岗氏族。

[7]延维：延山南面的氏族称延维氏。

[8]人主得而飨食之：定中心集镇在香肆坪。主，指基地，这里指中心。

[9]伯天下：下香边，今婺源县城。下香，指下香坑口。伯，指方位、边。

译文：有一个集镇叫秋米。这里的氏族，是定居的种植氏族。丛村河住着思口氏族，段莘水住着蒋镇岗氏族，他们统称为延维氏族。中心集镇定在香肆坪的下香边。

## 鸾鸟、凤鸟

（富春江流域）

有鸾鸟自歌，凤鸟自舞[1]。凤鸟首文曰德[2]，翼文曰顺[3]，膺文曰仁[4]，背文曰义[5]，见则天下和[6]。

注释：[1]有鸾鸟自歌，凤鸟自舞：有西河的城镇，东河的部落。

[2]首文曰德：第一条河叫建德河，今称新安江。

[3]翼文曰顺：第二条河叫顺河，今称衢江。

[4]膺文曰仁：第三条河叫龙溪，音读音为 rue，被译作仁，今称分水溪。

[5]背文曰义：第四条河叫武义江。

[6]见则天下和：那里四通八达，犹如一体。描述的是富春江流域。

译文：有西河的城镇，东河的部落。东河地区第一条河是建德河，第二条河是顺河，第三条河是龙溪，第四条河是武义江，那里四通八达，犹如一体。

## 【山/囷】狗、孔鸟

（119,64542E；29,08014N）

又有青兽如菟[1]，名曰【山/囷】狗[2]。有翠鸟[3]。有孔鸟[4]。

注释：[1]青首如菟：指赤松山的管理区。在浙江金华市。

[2]【山/囷】狗：指金城，即金华城。

[3]翠鸟：指富春江。

[4]孔鸟：指北界河。

译文：有赤松山的管理区，名叫金华城。那里有富春江与北界河。

## 三天子都山

（119,26311E；28,48184N）

南海之内，有衡山，有菌山，有桂山[1]。有山名三天子都山[2]。

注释：[1]衡山、菌山、桂山：指常山、江郎山、九龙山。

[2]三天子鄣山：指福建西北部浙江境内的九龙山，有松阳、遂昌、遂昌大柘三个山间平地，被称为三妥柘堵山，谐音称为三天子都山或三天子鄣山，同时也称为柘岭或柘岱。

译文：在南海之内，有常山、江郎山、九龙山。九龙山又称三妥柘堵山。

## 苍梧丘

（111,98804E；25,34963N）

南方苍梧之丘，苍梧之渊[1]，其中有九嶷山，舜之所葬[2]，在长沙零陵界中。

注释：[1]苍梧之渊：指苍梧之乡。

[2]舜之所葬：纹身、刺绣氏族的疆域。

译文：南方苍梧地区，苍梧之乡，那里有九嶷山，是纹身、刺绣氏族的疆域，在长沙零陵境内。

## 朝鲜、天毒

东海之内，北海之隅，有国名曰朝鲜，天毒[1]，其人水居[2]，偎人爱之[3]。

注释：[1]天毒：日本岛的古称谓。

[2]其人水居：东瀛族的部落国。其人水，指东瀛族；居，指部落国。

[3]偎人爱之：指倭基姆地区，即日本列岛。爱之，读阿之，指地区。

注释：在东海内的北海一角，有一个国家叫朝鲜；还有一个国家叫天毒，是东瀛族的部落国，是倭基姆地区。

## 蛇山、翳鸟

北海之内，有蛇山[1]者，蛇水出焉，东流入于海[2]，有五彩之鸟[3]，飞蔽一乡[4]，名曰翳鸟[5]。又有不距之山[6]，巧倕葬于西[7]。

注释：[1]蛇山：指色楞格山。

[2]海：指贝加尔湖。

[3]五彩之鸟：指五岔之河。彩，读音 chou，指岔。

[4]飞蔽一乡：贯穿全境。

[5]翳鸟：指叶尼塞河。

[6]不距之山：指雅布洛诺夫山，简称布纪山。

[7]巧倕葬于西：赤塔城的疆域在东面。巧倕在此指赤塔。西，指东。

译文：在北海内，有一座色楞格山，色楞格河发源于这座山，向东流入贝加尔湖。有一条五岔之河，贯穿全境，称为叶尼塞河。有雅布洛诺夫山，赤塔城的疆域在它的东面。

## 相顾之尸

（100,71883E；46,19569N）

北海内，有反缚盗械[1]，带戈常倍[2]之佐，名曰相顾之尸[3]。

注释：[1]反缚盗械：指冯胡妥羲。外蒙部落国的名称。

[2]带戈常倍：指戈壁阿尔泰山。

[3]相顾之尸：指洪戈尔肆。

译文：在北海内，有一个叫冯胡妥羲的国家，在戈壁阿尔泰山旁边，都城称为洪戈尔肆。

## 伯夷父

（113,37362E；49,24433N）

伯夷父生西岳[1]，西岳生先龙[2]，先龙是始生氐羌[3]，氐羌乞姓[4]。

注释：[1]伯夷父生西岳：巴颜湖边形成了聚落。西岳读希略，指聚落。

[2]西岳生先龙：聚落产生了国家。

[3]先龙是始生氐羌：国家最早由氐羌建立。

[4]氐羌乞姓：氐羌属犬戎族。

译文：巴颜湖边形成了聚落，聚落产生了国家，国家最早由氐羌建立，氐羌属犬戎族。

## 幽都山、大幽国

（121,06513E；50,99581N）

北海之内，有山，名曰幽都之山[1]，黑水[2]出焉。其上有玄鸟[3]、玄蛇[4]、玄豹[5]、玄虎[6]、玄狐蓬尾[7]。有大玄之山[8]。有玄丘之民[9]。有大幽之国[10]。有赤胫之国[11]。

注释：[1]幽都山：指耳朵山，濮语读帝都。大兴安岭西北麓。

[2]黑水：指额尔古纳河。

[3]玄鸟：达斡尔族。玄鸟，指鹰，读达。

[4]玄蛇：鄂温克族。玄蛇，指长河，读乌汶克。

[5]玄豹：鄂伦春族。玄豹，指高山，读乌姆隆。

[6]玄虎：东胡族。

[7]玄狐蓬尾：指以大兴安岭命名的锡伯族。

[8]大玄之山：指大兴安岭。

[9]玄丘之民：指根河地区。玄丘，读 she qie，指根河。也谐音西尼契。

[10]大幽之国：指得尔布尔国，今称根河市。

[11]赤胫之国：指游牧部落国，又称西尼契部落国。

译文：在北海内，有一座山叫耳朵山，额尔古纳河发源于这座山。这个地区有达斡尔族、鄂温克族、鄂伦春族、东胡族、还有锡伯族。这里是大兴安岭的根河地区，有得尔布尔之国，有西尼契部落国。

## 钉灵国

（128,1353E；51,37848N）

有钉灵之国[1]，其民从膝已下[2]有毛[3]，马蹄善走[4]。

注释：[1]钉灵国：指德内国。即斯沃博德内。

[2]从滕已下：指从捷溢东边的，即结雅河的东边。

[3]有毛：读溢陌，指河岸之国。

[4]马蹄善走：指江域驮运。

译文：有一个德内国，那里是从捷溢东边的河岸之国，是一个以江河流域驮运业而兴起的国家。

## 伯陵生鼓、延、殳

炎帝之孙伯陵[1]，伯陵同[2]吴权之妻[3]阿女缘妇[4]，缘妇孕三年[5]，是生鼓、延、殳[6]。始为侯[7]，鼓、延是始为钟，为乐风[8]。

注释：[1]炎帝之孙伯陵：北方的西伯陵，指北方的贝加尔湖的西边。

[2]伯陵同：读伯陵妥，指贝加尔湖地区。

[3]吴权之妻：指乌斯季犬戎。

[4]阿女缘妇：指奥尔耶胡。

[5]缘妇孕三年：耶胡统治萨彦岭地区。

[6]是生鼓、延、殳：在这里建立了库兹涅茨克、伊尔库茨克、苏真斯克三个城镇。鼓、延都是指巴尔虎氏族。“虎”读“古”音。

[7]始为侯：苏真斯克为侯国。

[8]鼓、延是始为钟、为乐风：库兹涅茨克、伊尔库茨克为王城，为游牧王国。

译文：北方贝加尔湖西部地区的乌斯季犬戎奥尔耶胡，统治着萨彦岭地区，在那里建立了库兹涅茨克、伊尔库茨克、苏真斯克三个城镇，苏真斯克为侯国，库兹涅茨克、伊尔库茨克为王城，为游牧王国。

鼓、延部落的“巴尔古”纹身

## 鲧

黄帝[1]生骆明[2]，骆明生白马[3]，白马是为鲧[4]。

注释：[1]黄帝：在此指氐胡。

[2]骆明：指西部地区。

[3]白马：氐羌的部落名，有白日巴马、白日窝马等。

[4]鲧：指昆仑奴。

译文：氐胡来源于西部地区，西部的氐羌氏族，有白马、白日巴马、白日窝马等部落，统称为昆仑奴。

## 番禺、奚仲

帝俊[1]生禺号[2]，禺号生淫梁[3]，淫梁生番禺[4]，是始为舟。番禺生奚仲[5]，奚仲生吉光[6]，吉光是始以木为车[7]。

注释：[1]帝俊：在此指大自然。

[2]禺号：指海洋。

[3]淫梁：指大河。

[4]番禺：指河畔氏族。

[5]奚仲：指贤明的人。

[6]吉光：指太阳智慧。

[7]车：以太阳之圆移动的器物称为车，最初读“吉”音，是用太阳的读音来表达。

译文：大自然形成了海洋，又形成了大河，大河边聚集了河畔氏族，他们开始发明了一种碗形的器物，以碗的濮语读音命名为笠，后来又称为舟。在发明了笠之后，河畔氏族中有贤明之人，受到了太阳智慧的启发，便用木头做成形如太阳光芒四射的圆，并且像太阳一样可以移动的器物，人们便以太阳的濮语读音将这种器物命名为“車”，“車”即且，指太阳。

## 般

少皞生般[1]，般是始为弓矢。

注释：[1]般：指工匠头领。相当于工程师。由布、恩二字拼成。布，指师；恩，指头。

译文：少皞部落中最早产生了工匠头，工匠头最早发明了弓箭。

## 帝俊赐羿彤弓素矰

帝俊[1]赐羿彤弓[2]素矰[3]，以扶下国[4]，羿是始去恤下地之百艰[5]。

注释：[1]帝俊：大地中。

[2]赐羿彤弓：指蚩尤中国。

[3]素矰：指九夷支系。

[4]以扶下国：指大伏羲国。

[5]羿是始去恤下地之百艰：尤最早开创东方的首脑之国。百艰，读博贾，指首脑。

译文：在大地之中，有一个蚩尤中国的九夷支系，称为大伏羲国。蚩尤最早开创了东方的首脑之国。

## 晏龙

（121,76312E；37,26963N）

帝俊生晏龙[1]，晏龙是为琴瑟[2]。

注释：[1]晏龙：指昆嵛山，简称嵛山，读音嵛陇，谐音晏龙。

[2]琴瑟：指且舍。

译文：大自然形成了昆嵛山，昆嵛山就是且舍地区。

张明友

## 帝俊八子

帝俊有子八人[1]，是始为歌舞[2]。

注释：[1]帝俊有子八人：北方有芝饶惹。帝俊，在此指北方；子八人，读芝饶惹。

[2]是始为歌舞：是最早的北方城镇。指赤峰古城。是芝饶石韦蒙羲的都城。

译文：北方有一个集镇叫芝饶惹，是最早的北方城镇。

## 巧倕、叔均

（111,06552E；39,25102N）

帝俊生三身[1]，三身生义均[2]，义均是始为巧倕[3]，是始作下民百巧[4]。后稷是播百谷[5]。稷之孙曰叔均[6]，是始作牛耕[7]。大比赤阴[8]，是始为国。禹、鲧是始布土[9]，均定九州[10]。

注释：[1]三身：指较平缓的地区。

[2]义均：指水边部落。

[3]巧倕：指穄氏族，代指种粮氏族。

[4]下民百巧：指国家种粮部落。百巧，读巴穄。

[5]播百谷：农业部落国。

[6]稷之孙曰叔均：海则之肆的叔均。

[7]是始作牛耕：最早建立河边之国。牛耕，指河边之国。

[8]大比赤阴：读档沘澈溢，指清水河镇，是叔均兼并海则部落前的部落名和集镇名。

[9]禹、鲧是始布土：窟野河是最早征服的地区，称为博吐。

[10]均定九州：叔均将它定为叔周。

译文：大自然形成了较平缓的地区，又产生了河边的部落。河边的部落最早形成粮食氏族，最早形成了国家的种粮部落。海则部落是农业部落国。海则之肆的叔均最早建立河边的城镇，叫清水河镇，是最早建立的国家联盟。窟野河是叔均最早征服的地区，并将其定为叔周。

## 炎帝之孙

炎帝之妻[1]，赤水之子听訞生炎居[2]，炎居生节并[3]，节并生戏器[4]，戏器生祝融[5]。祝融降处江水，生共工[6]。共工生术器[7]，术器首方颠[8]，是复土穰[9]，以处江水[10]。共工生后土[11]，后土生噎鸣[12]，噎鸣生岁十有二[13]。

注释：[1]炎帝之妻：大地中的犬戎。

[2]赤水之子听訞生炎居：黄河支系的大庭氏建立了大部落联盟。听訞，指大庭氏；炎居，指大部落联盟。

[3]焉居生节并：大部落联盟叫吉博，也称博羲、包牺。

[4]节并生戏器：吉博中有煦犬戎。也称华胥犬戎。

[5]戏器生祝融：煦犬戎分支出草原氏族。

[6]祝融降处江水，生共工：草原氏族得势辉煌，分支出共工氏。

[7]共工生术器：共工氏分支出蜀犬戎。

[8]术器首方颠：蜀犬戎族统治的能沽平原。颠，指甸、平原。

[9]是复土穰：成为濮族地区的王。穰，指龙，代指王。

[10]以处江水：再度辉煌。

[11]共工生后土：共工后裔的恒投氏。

[12]后土生噎鸣：恒投氏形成了织绸氏族。

[13]噎鸣生岁十有二：织绸氏族分支成十二个支系，就是十二个月亮氏族，被喻为常羲生月。

译文：大地中的犬戎，黄河支系的大庭氏建立了大部落联盟，称为博羲联盟。博羲联盟中的华胥犬戎的草原氏族，在辉煌时期分支出了共工氏。共工氏分支出的蜀犬戎，因统治着能沽平原，成为濮族地区的王而再度辉煌。共工氏的后裔恒投氏在能沽平原形成了织绸氏族，并分支为十二个支系。

## 鲧窃息壤

（110,31322E；38,56515N）

洪水滔天[1]。鲧窃帝之息壤以堙洪水[2]，不待帝命[3]。帝令祝融[3]杀鲧于羽郊[5]。鲧复生禹[6]。帝乃命禹卒布土[7]以定九州[8]。

注释：[1]洪水滔天：胡族饕餮，即胡族侵蚀夏土。

[2]鲧窃帝之息壤以堙洪水：夏启北上攻杀以战胡族。息壤，指攻杀；堙，指战。

[3]不待帝命：布兵于北地。待，指兵；帝命，狄米，指北地。

[4]帝令祝融：北蔺的草原氏族。

[5]杀鲧于羽郊：入侵夏的羽召。羽召，指北朝歌，即北王城，又称圣城，读音石峁（mu）。

[6]鲧复生禹：夏王收复了羽召。鲧复，指夏王；禹，指羽召。

[7]帝乃命禹布土：北地羽召管理区。

[8]以定九州：定给叔周。九，读“数”音，是“叔”的谐音。

译文：胡族侵蚀夏土，夏启北上攻杀以战胡族，布兵于北地。北蔺的草原氏族入侵夏的羽召，夏王收复了羽召，将北地羽召管理区定给叔周部落管理。

## 山海经山经线路图

一、南山经线路图：

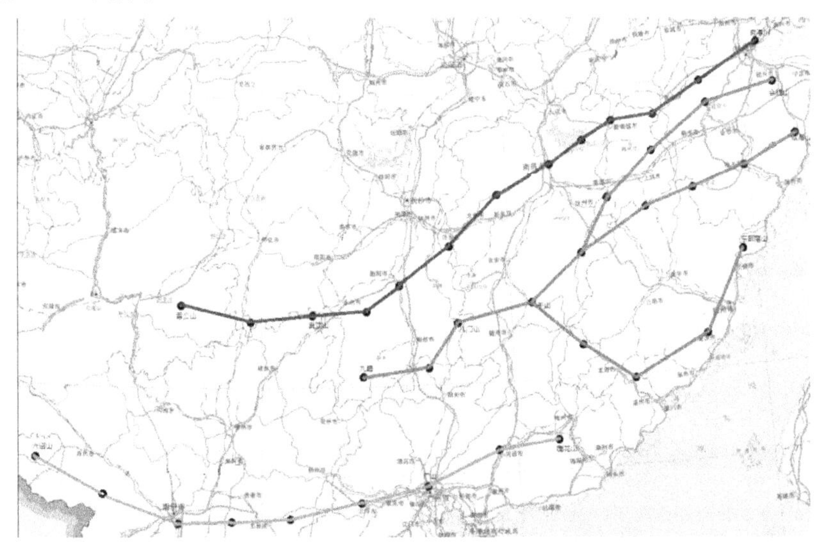

南山经顺序为绿、红、深红

二、西山经线路图 1、2：

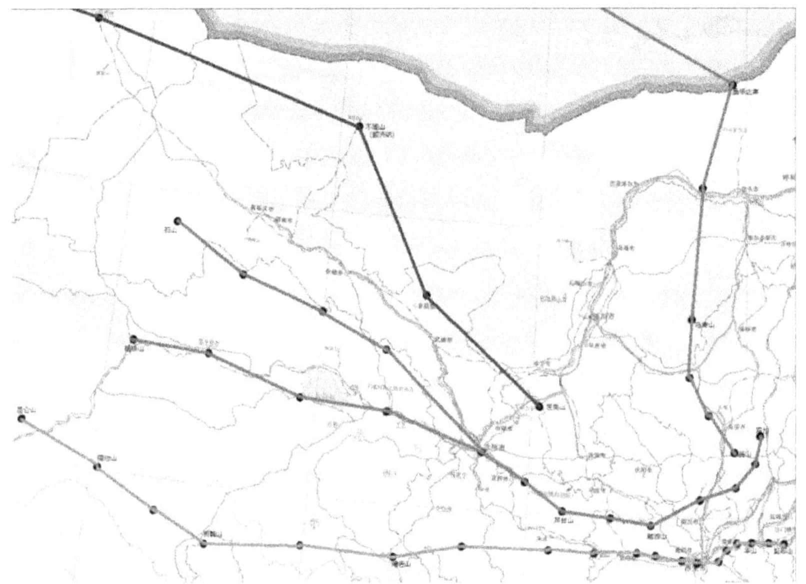

西山经图 1.　1、2、3、4 经顺序为绿、红、深红、紫

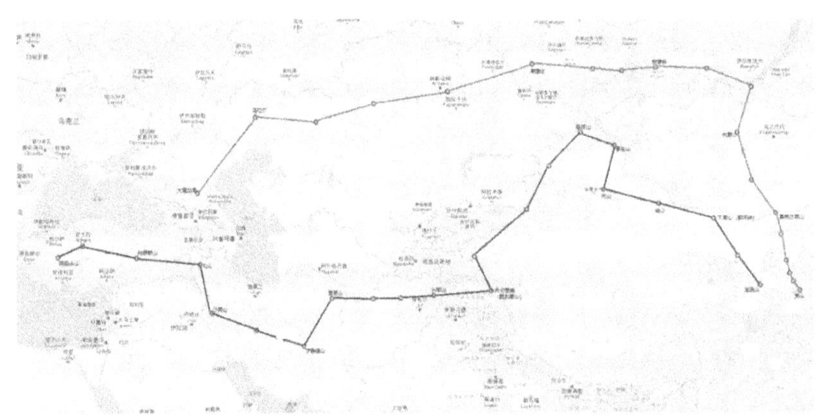

西山经图 2.　3、4 经顺序为深红、紫

三、北山经线路图 1、2：

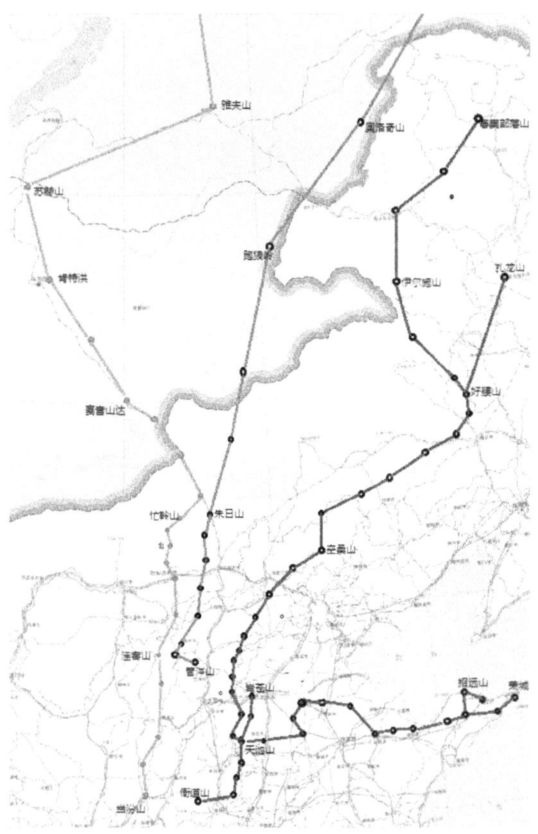


北山经图 1.　1、2、3 经顺序为绿、红、深红

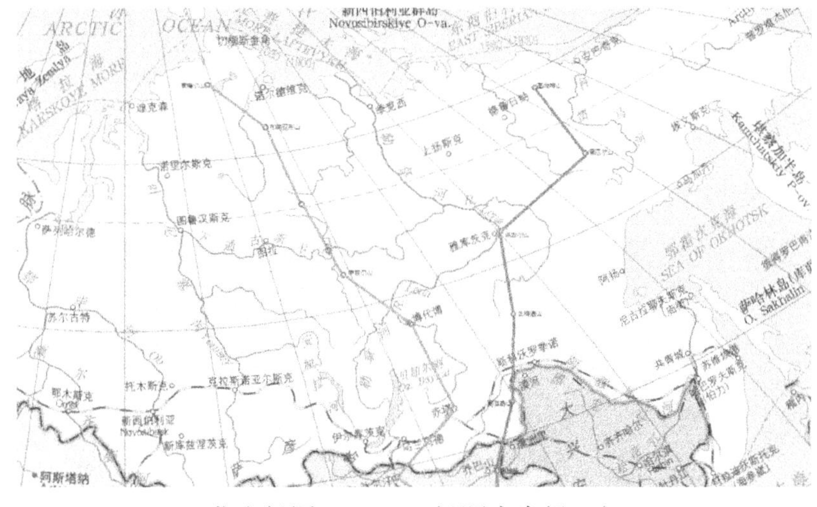


北山经图 2.　1、2 经顺序为绿、红

四、东山经线路图：

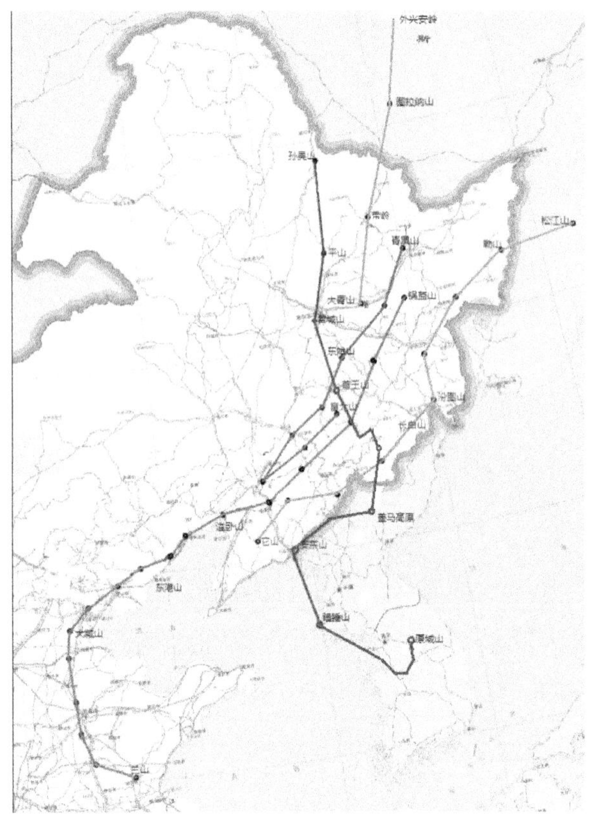


东山经顺序为绿、红、深红、紫

五、中山经线路图：

（一）1、2、3、4 经：

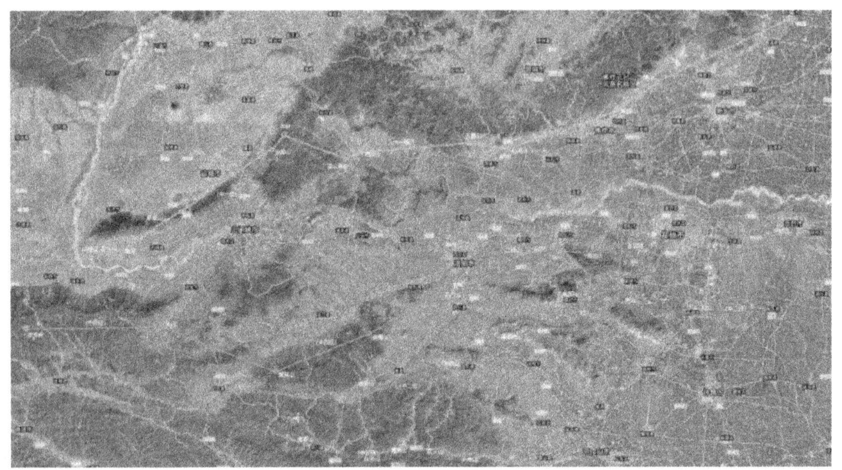

1、2、3、4 经顺序为绿、红、深红、紫

（二）5、9、10 经：

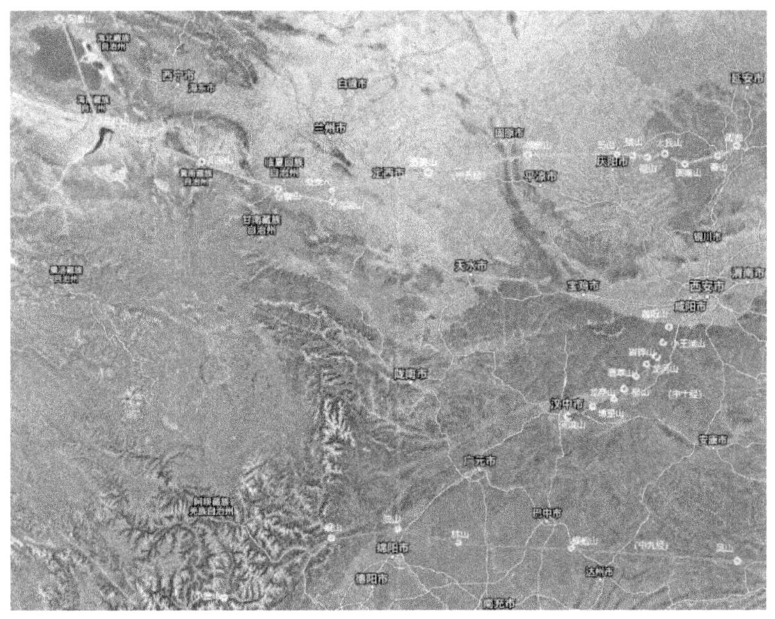


5、9、10 经顺序为绿、红、深红

（三）6、7、12 经：

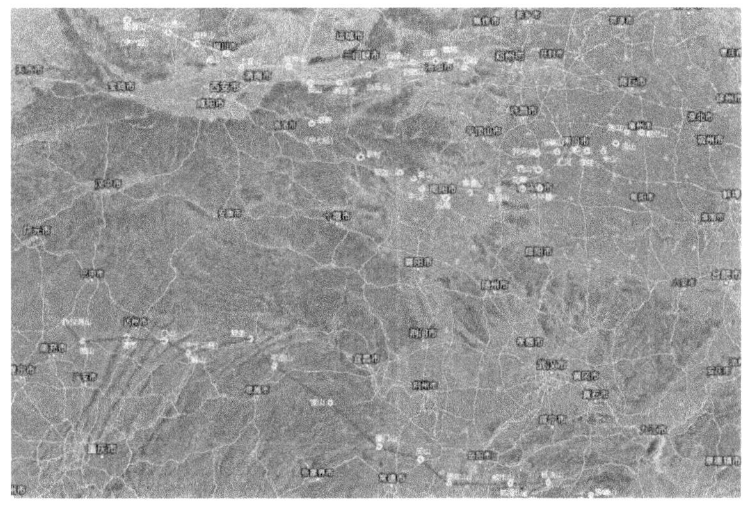

6、7、12 经顺序为绿、红、深红

（四）8、9、11 经：

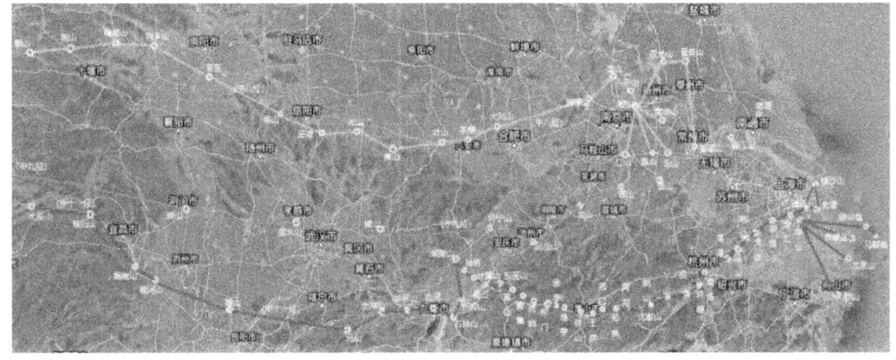

8、9、11 经顺序为绿、红、深红

张明友

# 山海经海经线路图

一、海外南经：

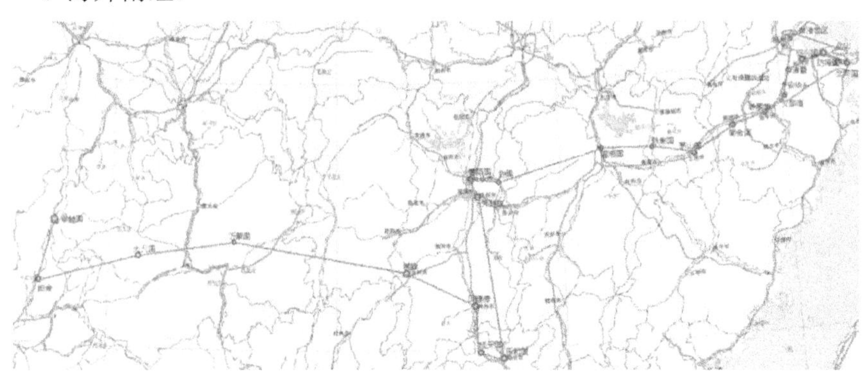

二、海外西经：

三、海外北经：

四、海外东经：

五、海内南经：

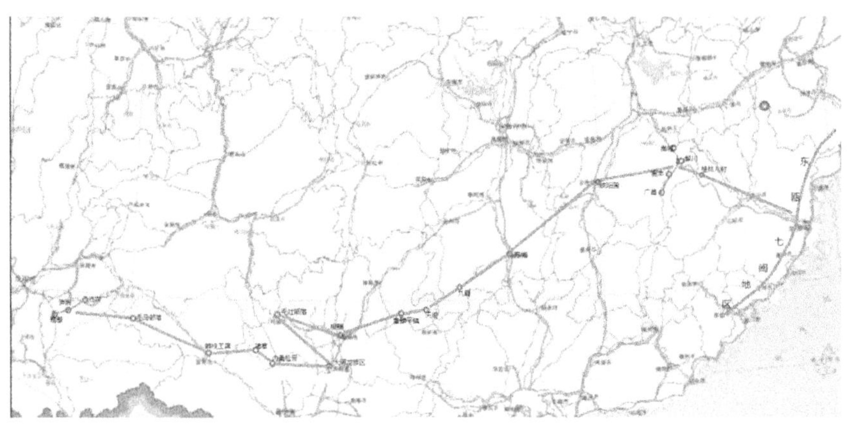

六、海内西经：

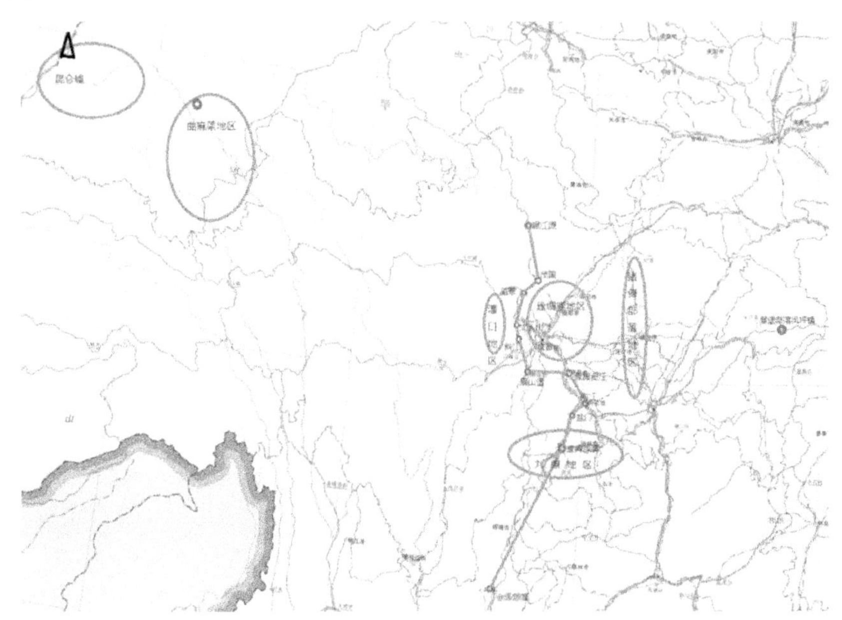

七、海内北经：

八、海内东经：

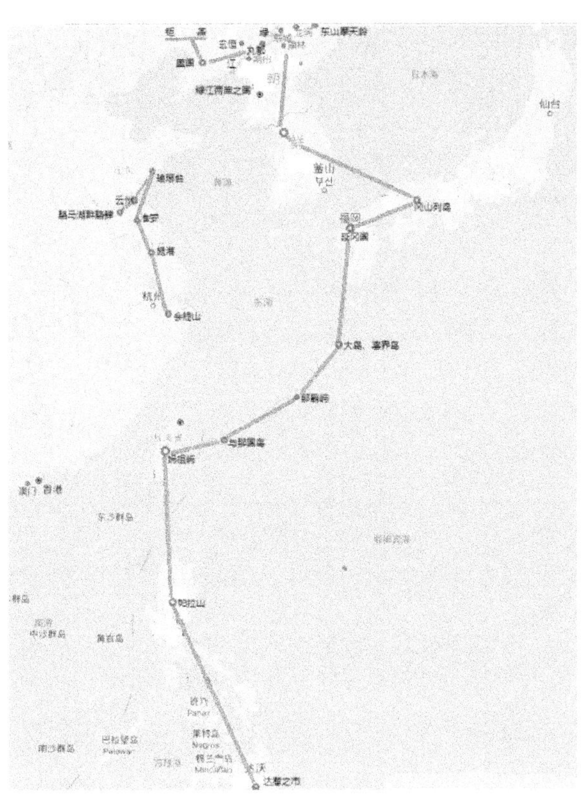


## 山海经大荒经线路图

### 一、大荒南经：

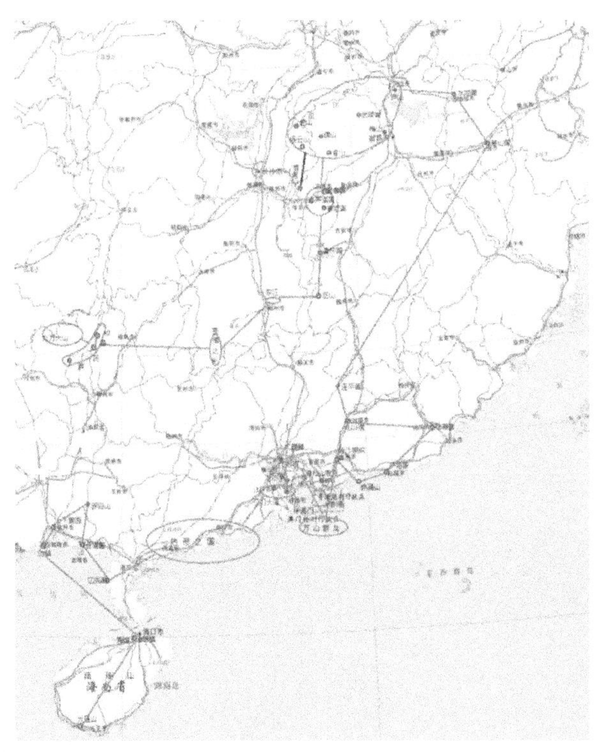

张明友

二、大荒西经：

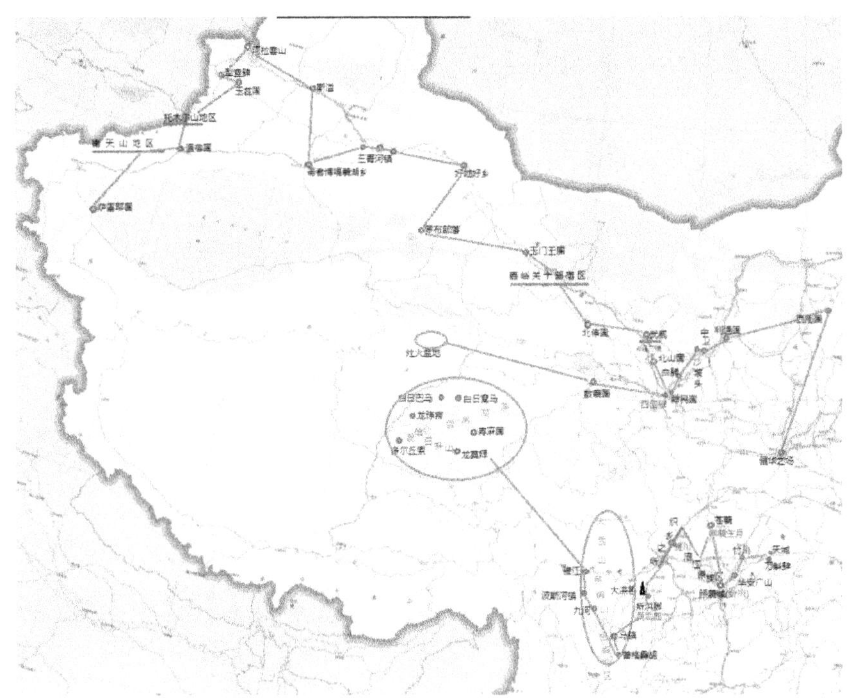


三、大荒北经（1、2）：

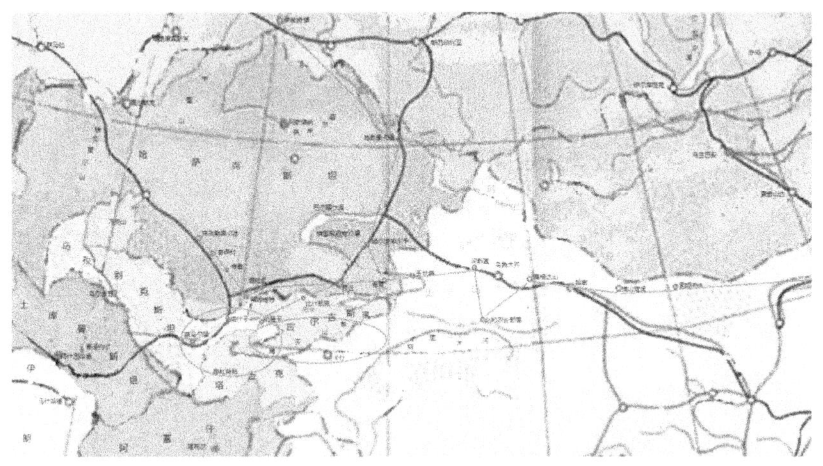

四、大荒东经：

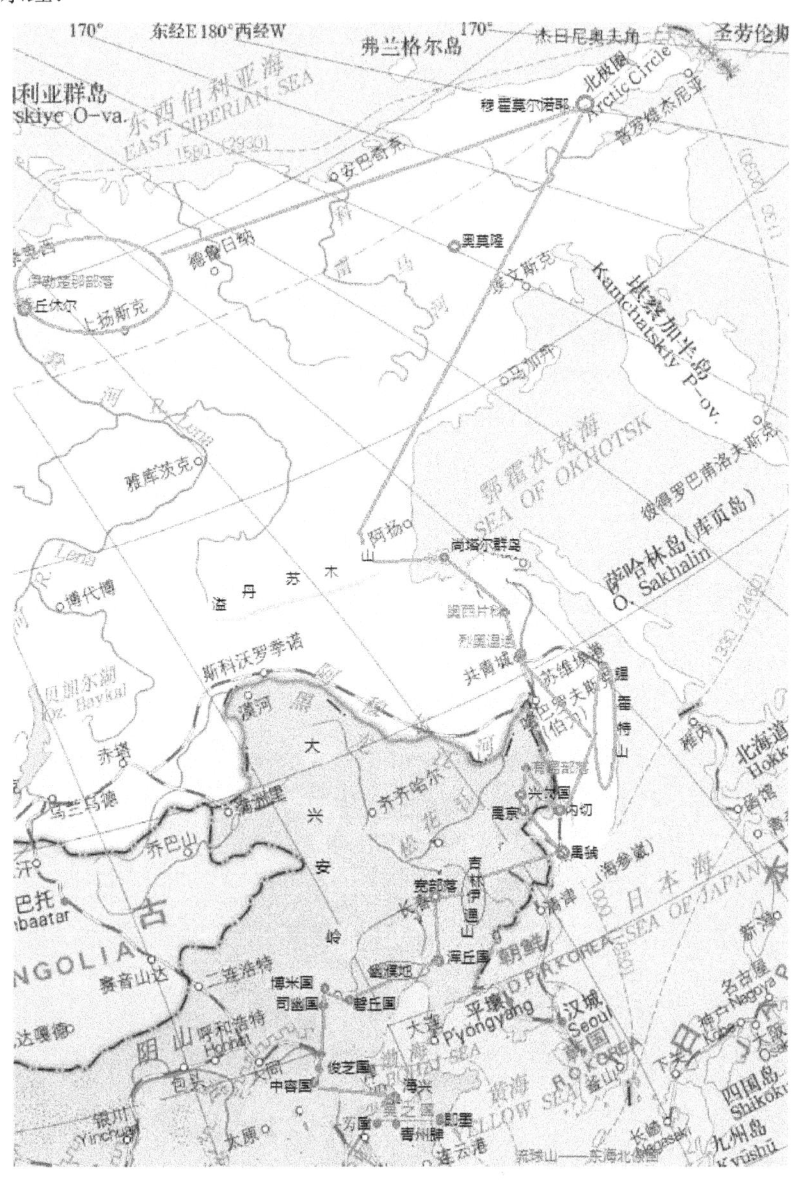
170°
东经E 180° 西经W
170°
弗兰格尔岛
杰日尼奥夫角
圣劳伦斯
东西伯利亚海
EAST SIBERIAN SEA
北极圈
Arctic Circle
安巴奇克
奥莫隆
雅库茨克
鄂霍次克海
SEA OF OKHOTSK
萨哈林岛(库页岛)
O. Sakhalin
彼得罗巴甫洛夫斯克
贝加尔湖
Oz. Baykal
斯科沃罗季诺
漠河
黑
大
兴
安
岭
齐齐哈尔
松花江
满洲里
乔巴山
赤塔
古
MONGOLIA
二连浩特
呼和浩特
阴山
包头
太原
银川
Yinchuan
平壤
Pyongyang
汉城
Seoul
韩国
KOREA
朝鲜
日本海
SEA OF JAPAN
黄海
YELLOW SEA
北海道
名古屋
Nagoya
神户
Kobe
大阪
四国岛
Shikoku
九州岛
Kyushu
长崎
Nagasaki
大连
连云港

www.ingramcontent.com/pod-product-compliance
Lightning Source LLC
Chambersburg PA
CBHW080943190726
48292CB00009B/2900

* 9 7 8 1 9 5 0 7 9 7 2 6 4 *